Tourism &
Information and
Communications
Technologies

관광과 ICT

변정우 · 정남호

도서출판 청람

■ 관광과 ICT를 기술하며

관광분야는 정보통신기술(ICT: Information & Communication Technology)과 매우 밀접한 관계를 갖고 있다. '관광과 ICT'라는 제목의 책을 통해서 관광분야와 밀접한 ICT부문들을 구체적으로 정리하고 이를 쉽게 이해시키고자 저술하게 되었다.

디지털 기반의 ICT는 세상의 변화에 많은 영향을 주었다. 이것을 사람에 따라 발전적이라 보기도 하지만, 일부 사람들은 너무 세상을 복잡하게 만들었다고 한다.

분명한건 ICT가 생활에 많은 편의를 가져다주었으며 관광을 비롯한 산업과 경제 등에 새로운 성장동력으로서 큰 역할을 하고 있다는 것이다.

이 책은 미력하지만 관광부문을 중심으로 해서 ICT가 시대 변화 속에 어떻게 진화·발전하여서 관광부문에 많이 사용되고 있는지를 알기 쉽게 기술하고자 노력하였다. 특히 관광부문을 중심으로 ICT와 관련된 실제 사례들을 다양하게 제시하여, 공부하는 학생들이 왜 필요한지를 느끼고, 현장에서 어떻게 사용되고 있는지를 이해시키려 노력했다.

이 책은 크게 3개의 부와 11개의 장으로 구성되었으며, 각 장에 대해 간략하게 설명하면 다음과 같다.

제1장에서는 아날로그와 디지털에 대해 설명하고, 특히 디지털 기술들이 어떻게 진화해왔는지를 다양한 사례를 통해 이해시키려고 노력했다.

제2장에서는 ICT를 중심으로 해서 새로운 제품들을 만들어내는 파괴적 기술에 대해 설명하고, 보존적 기술과의 차이를 사례 등을 통해 설명하였다.

제3장에서는 ICT를 기반으로 융합과 협업이 무엇인지?, 이것이 새로운 비즈니스를 만들거나, 새로운 제품을 만들어가는 것들로 어떠한 것들이 있는지 기술하였다.

제4장에서는 관광산업과 ICT라는 주제로 관광관련 기업들이 사용하는 경영정보시스템에 대해 설명하였다. 특히 EIS(중역정보시스템)와 ERP(전사적 자원관리), SCM(공급사슬관리), DSS(의사결정지원시스템) 등이 무엇이며, 호텔 및 관광기업 등에서 어떻게 사용되고 있는지

등을 기술하였다.

제5장에서는 호텔관광정보시스템이 관련 산업부문에서 어떻게 활용되고 있는지? 관광정보시스템이란 무엇인지? 관광부문에서 많이 사용하는 항공예약시스템인 CRS(Computer Reservation System)와 GDS, 호텔운영에 필수적인 호텔정보시스템(HIS)들에 대해서 예제와 함께 기술하였다.

제6장에서는 정보관리에 필수적인 데이터베이스가 무엇인지? 어떻게 사용되는지 등과 함께 데이터를 가공하는 데이터마이닝과 데이터마트 등을 기술하였다. 또한 최근 수많은 데이터들을 분석해 다양한 분야에서 사용되는 빅데이터, 고객관계관리 등을 기술하였다.

제7장에서는 인터넷 환경에서의 비즈니스 변화라는 제목을 통해 인터넷을 기반으로 새로운 비즈니스 모델이 탄생하고 이를 통해 새롭게 나타나는 산업들에 대해 관광부문을 중심으로 기술하였다.

제8장에서는 현재 많은 관심을 받고 있는 클라우드 컴퓨팅이 무엇인지?, 관광부문에서 어떻게 활용되고 있는지? 향후 어떠한 변화들이 나타날 것으로 예측되는지? 등을 기술하였다.

제9장에서는 SNS전략이라는 제목으로 SNS의 다양한 사례들을 소개하고, 집단지성과 크라우드 소싱(Crowd Sourcing) 등을 관광부문을 중심으로 해서 소개하고, 이것이 관광산업에 어떠한 영향을 가져다주었는지 등을 기술하였다.

제10장에서는 모바일과 관광이란 주제로 많은 사람들이 사용하는 스마트폰 등 모바일이 관광부문에서 어떻게 활용되고 있는지 등을 실제 사례를 통해서 기술하였다.

제11장은 4차산업과 관광산업의 변화라는 주제로 현재 많은 관심을 받고 있는 4차산업에 대해 기술하고, 관광부문에는 어떠한 영향을 가져다주었고, 미래엔 어떠한 변화들이 예상되는지 등에 대해 관련 사례들과 함께 설명하였다. 특히 새롭게 각광받고 있는 증강현실과 가상현실 등이 관광산업부문에 어떻게 활용되고 있는지를 설명하였다.

이 책을 통해서 관광부문에서 많이 활용되는 ICT기술들에 대해 전반적으로 관련 예제를 중심으로 쉽게 이해시키려고 노력하였다.

특히 저자는 대학에서 컴퓨터를 전공하고, 호스피탈리티, 관광영역에서 ICT와 연관된 부문들에 대해 많은 시간 관련 강의와 관련된 연구를 해왔다. 최근 이삼십년간 ICT와 관광분야는 융합을 통해 새로운 비즈니스 및 다양한 변화를 가져다주었다. 향후에는 지금의 변화보다 더 많은 변화들이 있을 것이라 예상되며, 호텔 및 관광부문을 공부하는 학생들은 이를 빠르게 이해하고 활용하고자 하는 노력이 필요할 것으로 판단된다.

관광을 중심으로 한 변화에 ICT가 큰 영향을 주었으며, 향후에도 변하지 않을 것 같다. 관광은 다양한 산업과의 융합 · 복합을 통해 새로운 변화들이 계속 나타날 것이다. 이를 통해서 관광이 우리 생활에 어떠한 변화들을 가져다주었는지? ICT가 관광 비즈니스적인 측면에서 어떠한 영향을 주었는지? 등에 대해 좀 더 살펴볼 수 있는 계기가 되었으면 한다.

본 책에 기술한 내용들 모두가 객관적 사실이 되기엔 다소 한계가 있다. 특히 저자의 경험과 생각들이 중심이 되어서 기술한 부분들이 많이 있을 수 있다. 이에 대해 독자 여러분의 넓은 이해와 양해를 바란다. 감사드리며…

저자를 대표해서 변정우 드림

■ 차례

PART 01 디지털의 발전과 생활의 변화

PART 01

디지털의 발전과 생활의 변화

CHAPTER 01

아날로그에서 디지털로의 변화

학습목표

- 아날로그란 무엇인지, 또 아날로그 기술에 대해 이해하자.
- 디지털이 무엇인지, 또 디지털 기술에 대해 이해하자.
- 아날로그와 디지털의 차이가 무엇인지 이해하자.
- 디지털 기술들이 어떻게 발전해왔는지 이해하자.
- 디지털 기술이 우리 생활에 미친 영향들에 대해 이해하자.
- 과거 디지털 기술을 보았을 때 향후 디지털 기술의 발전에 대해 공부하자.

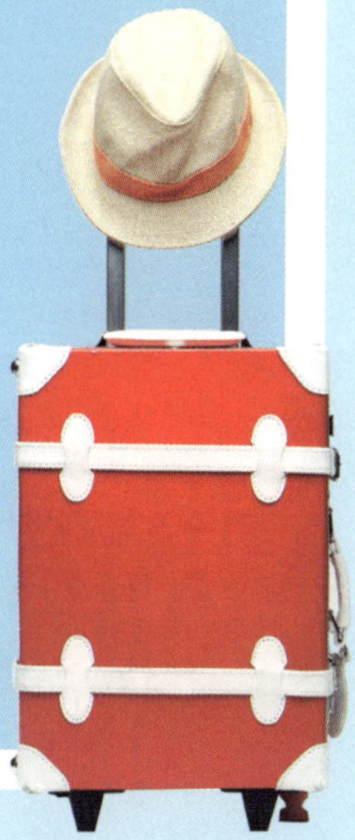

우리가 디지털(digital)이란 용어를 사용하게 된 것은 컴퓨터로부터 출발했다고 해도 과언은 아니다. 1과 0으로 표시되는 신호체계를 갖고 각종 업무처리를 하는 컴퓨터의 발명은 인류의 많은 발명품 중에서도 가장 큰 영향을 준 기기 중 하나이다. 이러한 디지털 기반의 기기들을 사용하면서 우리 생활도 많이 변화하였다. 이러한 변화는 산업 · 문화 · 사회 전반에 걸쳐서 다양한 모습으로 그 영향이 나타나고 있다. 현재 우리는 이러한 디지털 시대에 살고 있다.

과거 에디슨이 전구를 발명하고, 연이어 축음기, 라디오 등을 발명하여 인류 문화생활에 많은 변화를 가져다주었다. 특히 문화적 측면에서 지금은 음악 현장을 가지 않고도 인터넷을 통해 실황을 보고 들을 수 있으며, 또 컴퓨터에 음악파일을 저장하여 필요할 때 언제든지 음악을 들을 수 있게 되었다. 특히 새로운 기기들의 발명과 지속적인 발전으로 인해 문화에 디지털은 많은 영향을 주었다. 축음기가 발전하여 오디오(Audio) 하이파이(HiFi: High Fidelity) 시대가 열리면서, 음악 애호가들에겐 획기적인 영향을 주었다. 이후 실제 영상과 소리가 함께 나오는 텔레비전(TV)이 발명되어 문화적으로 인류에 커다란 변화를 가져다주었다.

또한 지금은 인터넷이라는 통신매체를 사용하여 원거리에서 얼마든지 원하는 정보를 얻거나 이용할 수 있게 되었다. 디지털 저장기술의 발달은 동영상, 음악파일 등 다양한 파일을 쉽게 저장하고 이용할 수 있게 된 편리한 세상에 살고 있다. 향후에는 더욱 더 디지털 중심의 편리한 제품들이 많이 나올 것이라 예상하는 것도 이러한 이유 때문일 것이다.

1. 아날로그에서 디지털로

컴퓨터의 등장과 정보통신기술(ICT)의 발달은 산업의 효율성과 효과성을 높여주었고, 우리 생활에 편리함도 가져다주었다. 과거의 기술은 점차 우리의 생활 속에서 사라지고, 디지털 기반의 기술로 만들어진 기기들이 등장하면서 오늘날 우리 생활에 편리함을 제공하고 있다. 언제부터인가 아날로그(analog) 시대에서 디지털 시대로 빠르게 변화하면서 우리 생활도 변화하였다. 그렇다면 우리가 말하는 아날로그란 무엇이며? 디지털은 무엇인가? 또한, 아날로그에서 디지털로 기술의 변화를 가져다주면서 우리 생활에는 어떤 변화가 있었는지

카세트테이프와 MP3

카세트테이프(cassette tape)는 오디오기기에 사용되기 위해 개발된 자기(마그네틱) 기록 테이프를 의미한다. 1962년 필립스에 의해 처음 개발된 이래 업무용으로 주로 사용이 많이 되었지만 1970년대 이후 성능이 많이 개선되어 음반이나 녹음용으로 활용된 대표적인 아날로그 매체라고 볼 수 있다. 그러나, 1980년대 디지털 방식의 CD 플레이어가 등장하면서 카세트테이프가 점차 외면받기 시작하였으며, MP3 플레이어가 등장하면서 카세트와 CD의 입지는 거의 사라졌다. MP3와 같은 디지털 매체의 등장은 음반산업의 비즈니스 방식을 바꿔 놓았다는 데에서 큰 의미를 찾을 수가 있다.

카세트테이프와 같은 아날로그 방식의 경우에는 주로 음반사들이 테이프를 얼마나 많이 판매했는지에 대한 판매수익모델이 주요한 비즈니스 방식이었다. 그런데, MP3와 같은 디지털 방식이 됨에 따라 최근에는 온라인 사이트에서 일정금액을 가입비로 내고 노래를 다운로드받는 형태의 가입비 또는 수수료 방식으로 변화하고 있어 음반시장에 큰 변화로 나타나고 있다. 이와 같이 아날로그에서 디지털로의 변화는 매체의 변화뿐만 아니라, 비즈니스 환경의 변화를 야기할 수 있다는 점에서 이해할 필요가 있다.

생각해보자.

1) 아날로그 문화

아날로그라는 용어는 지금은 잘 사용하지 않는다. 대부분의 사람들이 디지털 시대에 살고 있기 때문에 아날로그라는 용어를 잘 알지 못하는 것이다. 1990년대 이전까지만 해도 대부분의 기기들이 아날로그 기반으로 만들어진 것이 많았다.

인간이 사용하는 언어와 노래, 소리, 동물들의 소리, 오케스트라 연주 등 우리가 귀로 듣는 음악을 포함해서 모든 자연의 소리는 모두 아날로그로 되어 있다. 우리는 아날로그라는 용어는 모르지만 어릴 적부터 이러한 아날로그 형태의 소리를 친숙하게 받아들이는 문화 속에서 살아온 것이다.

시간이 지나고 기술이 발전함에 따라 새로운 문화생활에 적용된 디지털 기기들이 나왔다. 이러한 디지털 기기들은 생활에 편리함을 가져다주었고, 점점 사람들 손에 익숙해지고 진화하면서 좋은 제품들로 나타났다.

MP3나 다양한 기능을 가진 스마트폰 등이 디지털 제품의 대표적인 예이다. 이러한 제품

그림 1-1 ○ 아날로그와 디지털

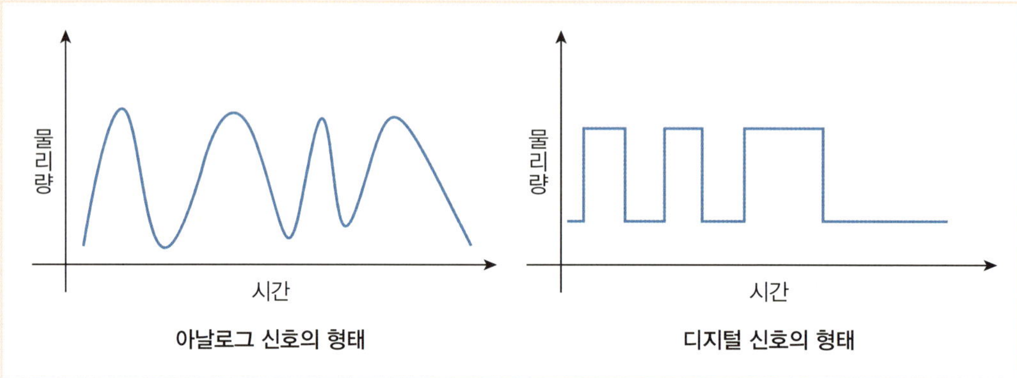

들은 시간이 지나면서 사람들에게서 많은 사랑을 받는 기기가 되었다. 그러나 "**디지털이 무엇이냐?**"고 물으면 쉽게 답하는 사람들은 많지 않다.

우리 일상생활에서 접하는 자연의 모든 소리들은 아날로그(analog) 형태이다. 과거 음악 LP판이나 카세트테이프 등을 재생하는 음악기기, 흑백TV나 초창기 컬러TV 등도 아날로그 형태의 전자제품들이다. 1980년대 가장 유명한 전자회사들은 대부분 일본 회사들이었다. 특히 소니가 만든 워크맨이라는 휴대용 음향기기는 그 시대 젊은층들에게 매우 인기가 높았다.

아날로그의 개념을 사전적으로 정의하면 "**물리학적인 어떤 수치를 연속적으로 나타내는 것**"이라 할 수 있다. 즉, 어떠한 물리적 움직임과 수치의 변화가 연속적이며, 그 흐름이 연결되어 있는 방식이라 말한다. 시계를 예로 들면, 아날로그 방식의 시계는 시계 초침이 끊이지

그림 1-2 ○ 디지털 신호

않고 연속적인 흐름 속에서 움직이면서 시간이라는 수치를 변화시킨다. 이렇게 끊이지 않고 물리적 흐름의 변화를 전달하는 방식을 아날로그라고 설명할 수 있다.

우리가 아날로그의 상대적 표현으로 사용하는 디지털은 사전적으로 전자회로, 즉 컴퓨터의 입력체계인 숫자 '0'과 '1'만을 사용하는 이진법의 계산방식으로 어떠한 정보를 전달하는 방식을 말한다. 디지털 방식의 시계는 시간이라는 정보를 전달하는 데 있어서 이진법이라는 숫자로 이루어진 정보전달체계로 이루어진다. 즉, 연속적인 흐름의 정보가 아닌 단절된 신호체계를 전달하는 것이다.

표 1-1 | 아날로그와 디지털의 특성 비교

	아날로그	디지털
특징	연속값으로 표현되는 자연계에 존재하는 신호	모든 정보를 0과 1, 두 숫자로 표시하는 것으로 인간이 만들어낸 신호
장점	• 자연의 신호에 가깝다. • 미세한 부분까지 측정이 쉽다.	• 데이터 변환이 쉽고 압축도 가능하다. • 데이터를 암호화할 수 있다. • 오류가 생겨도 복원할 수 있다. • 정보처리가 명확하고 신뢰도가 높다.
단점	• 신호값이 연속 처리되어 정확한 구분이 어렵다. • 변질되기 쉽고 신호의 가공이 어렵다.	• 미세한 부문을 표현하기 어렵다. • 변환기가 필요하다.
표기	눈금	숫자
정확성	낮다	높다
전력공급	×	○

디지털 제품은 컴퓨터 또는 스마트폰, 이와 유사한 기기들(태블릿PC 등)이나 이를 응용하였거나 융합된 제품들이 많다. 우리 생활에는 디지털화된 제품들이 대부분이다. 디지털 카메라로 만들어진 디지털화된 영상, MP3에 저장되어서 듣고 싶을 때 쉽게 음악을 들을 수 있도록 만들어진 디지털 음원 등 다양한 제품들이 만들어졌고, 우리는 이를 일상생활에서 편리하게 사용하고 있는 것이다.

자연 속에 있는 대부분의 것들은 아날로그라고 할 수 있다. 그러나 이제 컴퓨터의 등장으로 인해 아날로그 세계를 구성하는 자연, 물질적인 인공물, 비물질적인 문화적 창조물을 대부분 디지털로 전환하여서 사용하게 되었다. 그 이유는 디지털로 전환하면 편리하게 응용할 수 있기 때문이다.

인터넷상에서의 온라인 동호회, 다양한 형태의 블로그에 올라오는 많은 사진이나 동영상들은 자연이라는 아날로그 사실을 디지털로 촬영해서 디지털화된 영상파일로 바꾸어서 올린 것으로, 이 영상을 원하는 사람들은 쉽게 다운로드받을 수 있게 되었다.

과거 일반 카메라인 경우 사진촬영을 하려면 필름을 카메라에 삽입하고, 촬영한 후에 인화라는 과정을 거쳐야만 했다. 이는 단순히 사진으로 촬영된 아날로그 자연현상을 있는 그대로 현상하는 과정만 있을 뿐이었다. 그러나 디지털 카메라를 사용해 촬영한 경우 카메라에 디지털화된 파일이 저장되고, 이를 디지털 기기에서 얼마든지 복사, 출력, 전송이 가능함에 따라 생활에서 편리하게 사용할 수 있다는 장점이 있다.

이러한 디지털 능력은 우리 가정에 전기밥솥, 고화질(UHD: Ultra High Definition)TV, 디지털화된 냉장고 등 디지털의 영향이 미치지 않는 곳이 거의 없을 정도이다. 디지털의 역사는 하루아침에 만들어진 것이 아니라, 아날로그라는 세상을 거쳐서 지금에 이르렀고, 점점 진화 · 발전하고 있으며, 그 진화속도는 빨라지고 있다.

우리가 애용하는 스마트폰도 디지털 기기이며, 내비게이션(navigation), MP3 등 일상생활에서 사용하는 대부분의 기기들이 디지털화된 제품이다. 이러한 기기들로 인해 우리 생활에 커다란 변화를 가져다주고 있다. 가정에 있는 유선전화를 사용하기보다는 무선의 스마트폰을 이용하고, 인터넷을 이용함에 있어서도 대부분 컴퓨터, 태블릿PC, 노트북, 스마트폰 등을 필요에 따라 이용하는 세상에서 살고 있게 된 것이다.

이 같이 디지털 기술은 이미 기술 차원이 아닌 우리 생활과 문화에 깊숙이 자리하고 있는 중요한 구성요소가 되었다. 디지털 기술이 발전하면서 우리 생활도 거기에 맞추어서 변화하고 있다. 이것은 새로운 문화를 창조하고 관련 산업을 만들어서 많은 사람들이 그곳에서 근무하면서 나름대로 삶의 생태계를 형성하게 된 것이다.

디지털 역사는 이 시대 문화에 중요한 위치로 자리매김을 계속하고 있다고 해도 과언이 아닐 것이다.

2) 아날로그의 쇠퇴와 디지털 문화의 등장

아날로그 기술이 대부분 디지털 기술로 전환 또는 흡수되면서 우리 생활환경에는 많은 변화가 생겼다. 디지털 기술이 사회 전반으로 영향을 주면서 디지털 혁명, 디지털 경제, 디지털 문화와 같은 새로운 용어가 등장한 것이다. 이것은 산업과 문화, 생활의 변화를 뜻하는 것이라 할 수 있다. 아날로그 기술이 디지털화되는 과정을 가장 잘 보여주는 좋은 예가 일본 소니전자이다. 소니전자는 1980~2000년대에 이르기까지 미국시장을 중심으로 세계 전자제품시장에서 독보적인 위치를 차지하였다. 특히 새롭고 다양한 경쟁력 있는 제품을 생산하면서 세계시장을 좌지우지하였다. 가정용 컬러TV, 비디오(video), 가정용 오디오에 이르기까지 다양한 전자제품이 소니라는 이름으로 팔려나갔고 소니는 명실상부 전자제품시장의 거대한 공룡으로 성장하였다.

그림 1-3 소니의 워크맨, 컬러TV, 비디오 카세트테이프[1)]

아날로그 기술이 디지털화되는 과정은 대중매체를 통해 1980~1990년대 초의 문화를 표현하는 데에서 그 모습을 찾아볼 수 있다.

음악을 듣는 생활상을 보았을 때 1970~1980년대 초까지 음악을 듣기 위해서 LP판이나 카세트테이프 등을 이용하였다. 이 시대에 음악감상은 음악이 흘러나오는 장소(음악다방 등)이던가 아니면 집안 거실에서 레코드판을 틀고 음악을 감상하는 것이 일반적이었다.

1980년대 초반에는 소니전자의 대표적인 히트상품인 워크맨의 등장으로 인해 휴대용 카세트라는 것이 대세가 되었다. 워크맨의 등장은 음악을 크게 틀어놓고 여럿이 함께 듣던 문화에서 개개인이 자신만이 원하는 음악을 들을 수 있는 새로운 문화적 생활양상을 만들어냈다. 이것은 이후 CD(Compact Disk)의 등장과 CDP(Compact Disk Player)로 이어지는 문화에서 그대로 적용되었고 하나의 새로운 문화를 만들어갔다.

2000년대 초반에 디지털 음원을 사용할 수 있는 MP3가 등장하면서 새로운 문화를 만들어갔다. 과거 카세트테이프나 CD를 사용하던 시절에는 하나의 음반을 구입해야만 음악을 들을 수 있었지만 MP3라는 디지털 음원의 등장은 내가 원하는 음원만을 구매해서 들을 수 있고 음원의 이동, 즉 복사가 용이해짐에 따라 새로운 문화적 흐름을 만들어냈다.

이로 인해 음반산업에 커다란 혁명과 같은 변화를 가져왔다. MP3의 등장으로 인해 기존 음반업계는 막대한 산업적 손실이 나타났지만, 인터넷 기반의 온라인이라는 새로운 시장이 만들어지는 등 음악 관련 시장구조의 커다란 변화를 가져다준 것이다.

디지털 음악이 문화적인 흐름에서 주류로 나타나면서, 기존 음반을 판매하면서 수익을 올리던 음악산업은 인터넷을 통해 디지털 음원을 제공하는 디지털 콘텐츠 산업으로 변화하였다.

그림 1-4 아날로그에서 디지털로의 변화과정[2)]

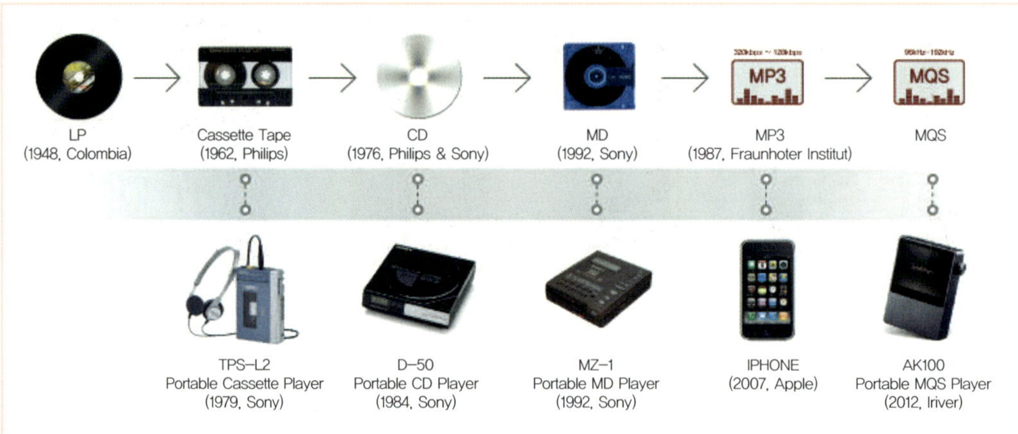

2. 디지털 기술의 발전과정

앞에서 아날로그 기술이 디지털 기술로 발전하면서 발생한 시대적인 변화에 대해서 이야기하였다. 이미 디지털 기술은 우리 사회 전반에 걸쳐 모든 구성요소에 들어와 있으며 컴퓨터, 통신네트워크 특히 인터넷 기술 등을 통해서 우리의 생활을 변화시키고 있다. 기술의 변화는 산업의 변화를 가져오고 또 이것은 새로운 문화의 흐름으로 이어졌다. 즉, 디지털 혁명이라는 사회 변화를 가져왔고, 우리의 생활도 변화시키고 있는 것이다.

표 1-2 | 시대별 경제 산업혁명

디지털 혁명			
구분	농업 경제	산업 경제	디지털 경제
발전의 동인	농업혁명 (제1의 물결)	산업혁명 (제2의 물결)	정보혁명 (제3의 물결)
시대	3000년	18세기	20세기 후반
가치	공동화	표준화	시스템화
인간활동 도구	철, 연장	기계	컴퓨터
사회척도	곡물 수확량	칼로리	비트
격차의 원인	물질적 격차 (material divide)	물질적 격차 (material divide)	디지털 격차 (digital divide)
국력척도	군사력	정치력	경제력

표 1-3 | IT의 역사적 주요 사건(1955~2007년)[3]

연도	대상	내용
1975	빌 게이츠	마이크로소프트(MS)사 창업
1976	스티브 잡스 스티브 워즈니악 로널드 웨인	애플컴퓨터 창업 – 애플1 출시, 200여 대 판매
1981	IBM	첫 번째 PC 발표
	마이크로소프트	MS-DOS 개발
1984	애플(Apple)	매킨토시 컴퓨터 출시
1984	HP	잉크젯 프린터 상용화 성공
1995	제리 양 데이빗 파일로	Yahoo 창업
	제프 베조스	Amazon 창업
	피에르 오미디야르	e-Bay 창업
1998	마이크로소프트	Windows98 발표 익스플로러(Explorer) 브라우저(Browser) 전쟁 승리
	세르게이 브린 래리 페이지	Google 공동창업
1999	마이크로소프트(MS)	MSN 메신저서비스 시작

2000	야후(Yahoo)	구글을 공식 검색엔진으로 사용
	구글	전 세계 검색건수의 40% 점유
2001	애플	아이팟(iPod)과 애플스토어(App store) 발표
2003	애플	아이튠즈(iTunes) 뮤직스토어 오픈
2004	마크 주커버그	페이스북(Facebook) 창업
2005	구글	구글지도와 구글어스 서비스 시작
	스티브 첸 채드 헐리 자베드 카림	유튜브(Youtube) 창업
2006	트위터(Twitter)	서비스 시작
2007	애플	아이폰 발표로 스마트폰 시장 장악
	구글	안드로이드(Android) 플랫폼 공개
2008	Skype	Wi-Fi, 인터넷전화 출시
2009	애플	한국 첫 아이폰인 '아이폰3GS' 공식 출시
2010	모바일시장에 클라우드(cloud)서비스 확산	
	삼성	갤럭시 탭 출시, 태블릿 전쟁 시작
2012	모바일 시장의 활성화로 인한 IT 스타트업 열풍	
	카카오톡	2009년 출시 이후 사용자수 6,000만 명 돌파 소셜 그래프와 게임의 융합으로 인한 '애니팡' 출시
	삼성, 애플	특허전쟁
2014	바이두, 알리바바, 텐센트, 샤오미	중국 IT산업의 신흥 강자들 세계 및 한국시장 진출
	카카오톡	정부 검열, 정부의 개인정보 열람
2015	모바일페이	삼성페이, 카카오페이, 애플페이, 구글페이 등 모바일페이 전쟁

1) 디지털 기술의 발전

디지털 기술로 인한 커다란 변화를 '**디지털 혁명**'이라 표현하였다. 디지털 기술의 등장은 1800년대 산업혁명 이후 가장 큰 사회적 변혁이라 할 수 있다. 또한 디지털 혁명은 과거의 시대적 흐름과 다르게 굉장히 빠른 속도로 진화 · 발전하고 있다.

과거 산업혁명 이후 우리 산업은 100여 년 가까이 큰 변화 없이 이어져 왔다. 하지만 컴퓨터 기술과 통신네트워크 기술의 발전은 디지털 혁명, 인터넷 혁명, 모바일 혁명과 같은 새로운 기술의 등장과 함께 사회적 · 문화적 변화를 빠르게 이끌어내고 있다.

특히 점점 더 IT가 우리 사회 전반에 커다란 영향을 주고, 최근엔 4차 산업이란 말이 나올 정도로 우리의 모든 삶에서 다양한 IT기술들의 활용이라는 측면이 매우 주목받고 있어서 향후엔 더욱더 그 중요성이 더 크게 작용할 것이라 예상된다.

우리 사회가 IT 중심의 디지털 기술이 발전되면서 이러한 변화에 주도적인 역할을 한 주요한 인물들을 요약하여 정리하였다.

표 1-4 | IT 대기업의 주요 인물

IT 대기업의 주요 인물[4]	
애플(Apple)	
스티브 잡스  	애플의 창업자. 애플2로 개인용 컴퓨터 혁명, 아이폰으로 스마트폰 혁명이라는 IT 역사에 길이 남을 혁명을 두 번이나 일으킨 천재. 애플2 이후 IBM PC의 등장으로 어려움을 겪으면서 자신이 데려온 존 스컬리[01]에 의해 애플에서 쫓겨남. 하지만 픽사와 넥스트를 거치면서 창의적인 리더십으로 재무장하고 돌아온 뒤 애플의 전성기를 열어감.
스티브 워즈니악 	스티브 잡스와 함께 애플을 창업. 애플2를 실질적으로 개발해 낸 희대의 천재 엔지니어. 스티브 잡스와 환상적인 호흡을 자랑하며 애플 성공을 이끌었다. 부에 집착하지 않고, 자신이 좋아하는 일에 열정적으로 뛰어들며, 외부 시선을 의식하지 않는 기발하고 상상력 넘치는 괴짜로 유명함.
조나단 아이브 	디자인의 천재. 매킨토시에 반해 애플에 입사한다. 처음에는 그의 천재성을 알아보는 사람들이 없었으나 스티브 잡스의 복귀와 함께 최고의 스타로 부각된 디자인 천재. 아이맥과 다양한 파워맥, 아이팟, 아이폰 등 애플을 대표하는 제품 디자인을 직접 책임지며, 오늘날 가장 성공한 디자이너로서 많은 사람들의 존경을 받고 있음.
마이크로소프트(Microsoft)	
빌 게이츠 	MS사의 공동창업자. SW의 전성기를 열면서 MS-DOS와 윈도우, 오피스로 대표되는 MS라는 거함을 진두지휘. 뛰어난 사업전략과 협상기술로 IBM과 협력하면서, 동시에 자신들이 직접 헤게모니를 쥐는데 성공. 이후 MS를 세계 최고의 기업으로 키웠고, 세계를 위한 많은 자선활동을 함.

01 존 스컬리(John Scully): 전 펩시콜라 및 애플의 CEO. 마케팅의 천재, 스마트폰의 아버지라 불린다.

스티브 발머 	전 MS사의 CEO. 하버드대학에서의 인연으로 빌 게이츠와 함께 MS사라는 제국을 완성. 불같은 성격에 고집이 세서 빌 게이츠와도 여러 차례 갈등을 일으켰으며, 2000년 빌 게이츠 이후 MS사 CEO 자리에 오름. 이후 10년 동안 새로운 혁신에 실패하면서 애플과 구글이라는 라이벌들의 추격을 허용함.
제이 알라드 	MS의 CEO 및 CTO. 보스턴 출신으로 MS사에 인생을 건 창의적인 인물. 윈도우와 오피스에 안주하던 MS사를 비판하고, 인터넷 시대를 준비해야 한다는 메모로 빌 게이츠가 뒤늦게나마 인터넷 잠재력을 깨닫게 만든 주인공. 엑스박스와 준(Zune) 같은 MS사의 혁신적 프로젝트를 성공적으로 수행한 젊은 인재.
빅 군도트라 	MS사 출신으로 세상을 이끌어갈 젊은 신성으로 주목받았던 인물. MS의 미래전략이었던 닷넷 전도사로서 세계적인 주목을 받았지만, 2006년 홀연 MS를 그만두고 1년의 휴식기를 거쳐 구글에 입사 후 수석부사장으로 안드로이드와 크롬이라는 양대 플랫폼과 소셜 웹(구글+) 부분까지 지휘. 구글의 두 창업자와 에릭 슈미트를 제외하면 구글에서 가장 영향력 있는 인물로 성장했으나, 2016년 현재는 의료 IT 기업인 엘라이브코(AliveCor) CEO.
구글(Google)	
세르게이 브린 	구글의 공동 창업자. 구소련에서 유태인이라는 이유로 차별을 받다가 부모님과 함께 미국으로 건너온 컴퓨터 천재. 래리 페이지와 구글을 설립하면서 세계에서 가장 영향력 있는 인물이 되었다. 지금도 인권이나 민주화 같은 이슈에 민감하다.
래리 페이지 	스탠포드대학 선배였던 세르게이 브린과의 운명적인 만남을 통해 구글을 창업. 현재 구글 CEO. 내성적이지만 비즈니스에 밝고 치밀한 성격의 소유자로 고집도 강한 것으로 알려져 있다. 세계의 웹사이트를 복사하고 검색랭킹을 만드는, 구글의 기본적인 아이디어를 만들어낸 장본인.
에릭 슈미트 	전 구글의 CEO, 대학시절에 유닉스 운영체제용 유틸리티 프로그램을 제작할 정도로 뛰어난 프로그래머로, 실리콘밸리의 대표적 기업 썬마이크로시스템즈 기술총 책임자 자리에까지 오른 인물. 노벨의 CEO를 거쳐 구글의 좌충우돌하는 젊은 창업자들을 이끌어갈 CEO로 뽑혀 장기간 CEO를 역임.

셰릴 샌드버그 	현 페이스북 COO(최고운영책임자) 하버드대학 경제학과와 MBA 역사상 최고의 여성인재 중 한 명으로 클린턴 행정부 시절 스승인 로렌스 서머스를 따라 백악관 비서진으로도 일했던 여걸. 에릭 슈미트의 권유로 구글에 입사한 뒤 검색광고 애드워즈를 탄생시킴. 페이스북 CEO인 마크 주커버그와 만남을 계기로 페이스북으로 자리를 옮김.
에반 윌리엄스 	트위터의 창업자. 웹 기반의 개인관리 서비스를 제작하는 파이라랩스를 창업, 그 중 일부 서비스인 블로거 서비스 플랫폼을 만들면서 구글 식구가 됨. 창업정신이 충만했던 탓에 다시 독립을 하여 팟캐스트[02]를 위한 서비스 오데오를 창업하지만, 본 서비스보다는 임시로 만들었던 트위터가 큰 성공을 거두면서 오늘날 가장 영향력 있는 인물 중의 한 명이 되었다. 어찌 보면 운을 몰고 다니는 사나이.

그 외 주요 인물

제프 베조스 	이베이와 함께 닷컴 열풍을 일으킨 아마존 CEO. 인터넷을 통해 처음으로 책을 판매하면서 전자상거래의 전형을 보여주었고, 고객 데이터베이스를 과감하게 개방해 쇼핑몰을 열어주는 개방형 마켓정책을 도입함. 50년간 버려졌던 전자잉크 기술을 활용한 리더기 킨들[03]로 혁신을 일으키는 등 놀라운 직관력을 가졌다. 구글의 두 창업자를 만난 자리에서 바로 거액의 수표를 끊어주며 투자를 감행할 정도로 실행력이 있으며, 시대 변화에 발 빠르게 대응하는 명장임.
마크 주커버그 	페이스북의 창업자이자 CEO. 하버드대학 재학시절 인맥을 연결하고, 이를 일종의 공공앨범으로 엮어내려던 프로젝트가 미국의 여러 대학을 거쳐 전 세계로 퍼져나가면서 일약 구글을 견제할 수 있는 다크호스로 성장한다. 20대 후반의 젊은 나이지만, 뛰어난 창의력과 실행력뿐만 아니라 셰릴 샌드버그, 브렛 테일러[04] 등 뛰어난 인물들을 영입하고 설득하는 카리스마까지 갖추었다. 빌 게이츠의 재림이라는 평가도 있음.

02 팟캐스트(pod cast): 인터넷망을 통해 오디오나 비디오 파일 형태로 뉴스나 드라마 등 다양한 콘텐츠를 제공하는 서비스. 애플의 아이팟(ipod)과 방송(broadcasting)을 합성한 신조어

03 킨들(kindle): 아마존의 전자책 전용 단말기

04 브렛 테일러(Bret Taylor): 페이스북 최고기술책임자(CTO), 2009년 프렌드피드 최고경영자(CEO)

2) 디지털 환경과 생활의 변화

디지털 기기들은 계속 진화하고 있다. 이것도 과거와 같이 단순한 기술적인 진보에서 벗어나 생활 속에 자리 잡기 위해서 사용자들을 위해 어떻게 변화하는 것이 좋은지? 등 다양한 접근방식들을 적극적으로 받아들여서 제품을 만들고 있다.

여기에서 몇 가지 주요한 특징들을 찾아볼 수 있다. 첫째, 고객 즉 사용자 입장을 고려한 제품들이 많이 나오고 있다. 사용자의 연령층이나 생활환경의 차이를 고려하기 시작한 것이다. 즉 1인 고객을 위한 작은 밥솥이 개발되고, 작은 크기의 냉장고 등은 '싱글족'이란 새로운 소비자 생활환경을 반영한 제품이다. 고객 입장을 반영하는 것에서 더 나아가서 고객이 직접 제품을 만드는 과정에 참여하거나, 아이디어를 제공하는 경우들도 나타나고 있다. 두 번째로, 제품을 만들 때 타 산업과의 융합과 협업을 통해서 새로운 디지털 환경에 맞는 제품들로 만들어지고 있다. 과거엔 복합성능을 가진 제품이 고객에게 사랑받지 못한 적이 있었지만, 최근엔 복합기능을 가진 제품들이 사랑받는 것도 이러한 이유일 것이다. 이렇게 디지털 부분들은 다양한 분야와도 밀접한 관련성을 갖고 있어서 향후 융합·복합적 부문을 활용한 다양한 기기나 소프트웨어들로 진화가 계속될 것이다.

가정에서 사용하는 많은 전자제품들은 대부분 디지털화되어 있다. 전자밥솥의 경우 마이크로프로세서가 들어가 있어서 밥을 할 때, 진밥, 누룽지밥, 꼬드밥 등 원하는 형태로 할 수 있다. 그 이유는 프로세서에 이러한 밥을 할 수 있도록 사전에 프로그램에 해놓아서 소비자가 선택만 하면 원하는 밥을 지을 수 있게 된 것이다. 냉장고, 텔레비전, 에어콘 등 대부분의

그림 1-5 디지털 가전제품[5]

전자제품이 디지털화되어 우리 생활에 편의성을 높여주고 있다. 디지털화되면 사전에 만들어놓은 프로그램을 통해서 다양한 기능들을 만들 수 있기 때문이다.

과거엔 오프라인 중심의 전자게임이었다면 인터넷이 일반화되면서 전자게임도 온라인 중심으로 바뀌는 등 지속적으로 진화 · 발전하고 있는 것을 볼 수 있다.

관광분야는 디지털 환경변화를 가장 빠르게 받아들인 분야 중의 하나이다. 과거엔 여행을 가거나 아니면 호텔을 예약하기 위해선 여행사를 직접 방문하거나, 전화로 상담할 수밖에 없었다. 지금은 컴퓨터, 태블릿PC, 스마트폰 등의 디지털 기기를 인터넷에 연결하여 앱(app)이나 포털(portal)사이트 검색 등을 통해서 사전에 원하는 정보를 얻고, 예약 및 전자결제하는 등 처리가 쉬워졌다. 최근에는 스마트폰을 이용한 모바일 검색이 쉽고 편리해서 검색결과를 보고, 시간과 공간의 제약없이 예약과 전자결제도 할 수 있는 환경이 되어 있다.

문화예술도 마찬가지이다. 관련 공연을 사전에 홍보하고, 공연 내용은 인터넷을 통해 확인하고, 필요한 경우 티켓구매 등을 인터넷으로 쉽게 처리할 수 있게 되었다. 인터파크가 대표적인 예이다. 이러한 디지털 환경의 급속한 변화는 과거엔 어려웠던 것을 인터넷과 디지털 기기를 통해 손쉽게 처리할 수 있는 환경이 된 것이다.

이러한 결과는 온라인을 통한 거대한 글로벌 기업들을 탄생시키는 결과를 나았고, 이를 통한 새로운 비즈니스 모델들이 계속 만들어지고 있다. expedia.com, travelocity.com, priceline.com 등은 인터넷을 기반으로 하는 온라인 글로벌 여행사들이다.

공유경제 측면에서 탄생한 온라인 기업으로는 숙박 중심의 AirB&B(airbnb.com), 자동차 렌탈(rental) 중심의 우버(uber.com) 등이 대표적이다.

그림 1-6 ○ AirBnB, Uber사이트 홈페이지[6]

그림 1-7 ◎ 반도체와 TV의 발전과정[7]

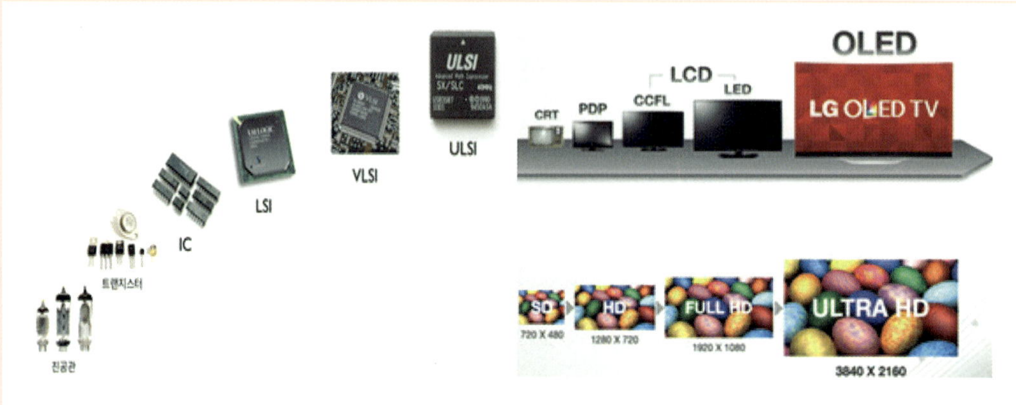

디지털로의 환경변화는 다양한 소비자들의 욕구를 충족시키고자 하는 측면이 강조되는 부분도 있다. 기존 제품에 소비자가 요구하는 새로운 기능을 추가하거나 아니면 기존 제품의 문제점을 개선하기 위해 디지털화된 기능을 중심으로 개선하는 것이 대부분이다.

그림 1-8 ◎ 모바일 기기 예약[8]

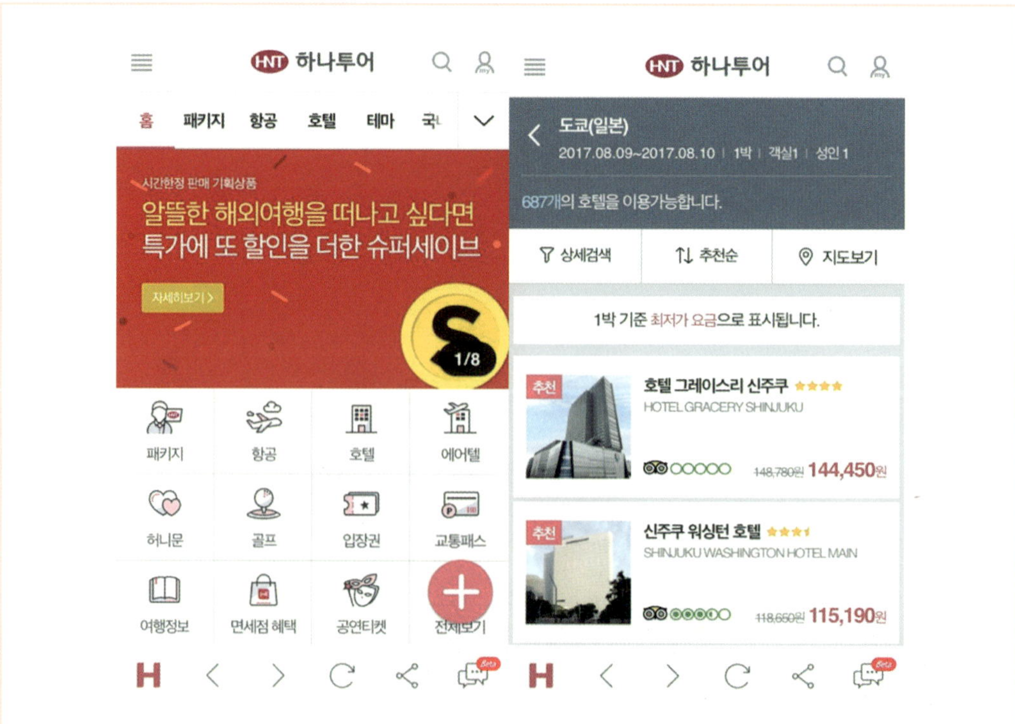

고가의 자동차에는 트립컴퓨터(trip computer)가 내장되어 있다. 내장된 컴퓨터를 통해 자동차의 오일교체시기, 주행 중 연료사용 상태, 자동차 부품진단 등 다양한 기능들이 삽입되어서 자동차를 운전하는 운전자에게 편의성을 제공한다.

각 개개인의 생활도 각기 개성을 중시하는 환경으로 변하면서 개인의 취향에 맞는 제품, 사용하는 방법들이 고객 중심으로 다양하게 변화하는 것을 볼 수 있다.

학·습·내·용·정·리

1. 아날로그의 개념은 '물리학적인 어떤 수치를 연속적으로 나타내는 것'이다. 즉, 어떠한 물리적 움직임과 수치의 변화가 연속적이며, 그 흐름이 연결되어 있는 방식이다.

2. 디지털이란 '아날로그(analog)의 반대말로 연속적인 값으로 표시되는 것'이다. 또한 디지털은 '한자리에 1과 0으로 표기되는 2진수(binary) 방식으로 사용하는 것'으로 정의될 수 있다.

3. 아날로그는 연속적인 값으로 자연계에 존재하는 신호에 가까우며 미세한 부문도 측정이 가능하다. 그러나 신호값이 연속적으로 되어 있어 정확한 구분이 어렵고 변질되기 쉽다. 반면에 디지털은 모든 정보를 0과 1의 두 숫자로 표시하며 데이터 변환, 압축, 암호화 등이 용이하며 정보처리가 쉽고 신뢰도가 높다. 그러나 미세한 부문을 표현하기 어려우며 아날로그를 디지털로 변환하는 변환기가 필요하다.

4. 디지털 기술은 이미 기술 차원이 아닌 우리의 생활과 문화에 깊숙이 자리하고 있는 중요한 구성요소다. 디지털 기술이 발전하면서 우리 생활도 거기에 맞추어서 변화하고 있다. 또한 이것은 새로운 문화를 창조하고 관련 산업을 만들고 많은 사람들이 그곳에서 근무하면서 나름대로의 생태계를 형성해 나가고 있다.

5. 디지털로의 환경변화는 다양한 소비자들의 욕구를 충족시키고자 하는 측면이 강조된다. 기존 제품에 소비자가 요구하는 새로운 기능을 추가하거나, 아니면 기존 제품의 문제점을 개선하기 위해 디지털화된 기능을 중심으로 접근하는 것이 대부분이다. 즉, 사용자의 개성을 중시하는 환경으로 변하면서 개인의 취향에 맞는 제품, 사용하는 방법들이 고객 중심으로 다양하게 변화하고 있다.

6. 디지털로의 진화는 고객들의 다양한 요구를 수용할 수 있는 환경을 제공하고 있다.

7. 인터넷과 디지털 기기의 진화는 온라인 여행기업의 탄생 등 새로운 비즈니스 모델을 만들어가고 있다.

학·습·문·제

01 아날로그 기술과 디지털 기술의 차이점은 무엇인가?

02 아날로그 세상에서 디지털 세상으로의 변화가 문화생활에 미친 영향에 대해 논의해보자.

03 SONY의 사례와 같이 디지털 기술의 발전이 산업에 미친 영향에 대해 조사해보자.

04 디지털기술들이 계속 진화하고 있는데 주요한 이유는 무엇인지 조사해보자.

05 우리 생활에 파고든 디지털 기술에는 어떤 것이 있는지 2가지만 논의해보자.

06 관광부문에서 디지털 기술들이 커다란 변화를 가져다주었는데 어떠한 것들이 있는지 조사해보자.

07 디지털이 관광산업에 끼친 주요한 영향 3가지를 들고 그 사례에 대해 들어보자.

08 싱글족이 많아지면서 디지털 제품들이 많은 변화를 가져왔다. 어떠한 변화들이 있는지 2가지 사례를 들어 설명해보자.

09 디지털 기술이 변화함에 따라 우리 생활에 어떠한 변화를 주었는지 2가지 사례를 들어 설명해보자.

10 향후 우리 생활에서 디지털 기술의 미래에 대해 논의해보자.

■ 참고자료 ■

1) 정혁준(2010), '소니 누른 삼성, 더 큰 적을 만나다,' 한겨레신문, 2010.10.19.
Bench, K.(2015), '소니 베타맥스 40년만에 역사의 뒤안길로 … 내년 3월 단종,' 2015.11.11. http://codus10731.tistory.com/82

2) http://img.designmap.or.kr/user2image/1355216982762_14

3) '거의 모든 IT의 역사' 연도표 저자 재구성(한국소프트웨어진흥원 'IT 이슈' 등 참고)

4) '거의 모든 IT의 역사' 인물사전 저자 재구성

5) LG전자(http://www.lge.co.kr)
http://hotsale.tistory.com/2021
https://sapphirenation.net/category/hardware

6) AirB&B(http://www.airbnb.co.kr)
UBER(http://www.uber.com)

7) LG전자(http://social.lge.co.kr/view/the_bloger/oled-tv)
http://besuccess.com/2013/09/embedded

8) 하나투어 모바일 App.

CHAPTER 02

파괴적 기술과 보존적 기술

학습목표

- 파괴적 기술과 보존적 기술의 개념을 이해한다.
- 파괴적 기술의 성공사례를 통해 그 개념을 이해한다.
- 파괴적 기술들이 왜 필요한지를 이해한다.
- 기업의 발전에 파괴적 기술과 보존적 기술의 의의를 이해한다.

파괴적(destructive) 기술과 IoT(Internet of Things)

"세상 모든 것을 연결하고, 이해하고, 활용하라." 전 세계는 산업혁명, 정보화혁명을 거쳐서 모든 것이 인터넷과 연결되는 초연결 혁명사회로 접어들었다. 그리고 이를 가능하게 하는 근간에는 사물인터넷(IoT: Internet of Things)이 자리하고 있다.

IoT는 사람, 사물, 데이터 등 모든 것이 인터넷과 연결되어서 정보를 만들고, 수집하고, 공유하고, 활용되는 기술과 서비스를 의미한다. 정보의 생성(센서[01]) – 수집(부품, 디바이스) – 공유(클라우드) – 활용(빅데이터, 소프트웨어)이라는 가치사슬[02](value chain)을 형성한다.

IoT가 만들어내는 경제효과는 2013년부터 2022년까지 10년간 19조 달러(공공 4조 6,000억 달러, 민간 14조 4,000억 달러)에 달하는 것으로 추정된다(시스코[03]). 세계 주요 국가가 IoT를 국가의 새로운 성장동력으로 인식하고, 국가의 현안 해결과 공공부문 효율화 및 민간부문의 경쟁력 강화를 위해 적극적으로 활용하고 있다. 특히 인터넷에 연결되는 사물의 수가 급격히 증가하고, 센서 가격이 하락하면서 각 산업 분야별로 IoT가 본격적으로 도입되기 시작했다.

그동안 산업 간의 융합이 각 산업 내 기업이 주도하는 정보통신기술(ICT)이 적용되고 효율화되었다면, IoT 융합은 내재화를 통해 산업 내 · 외부의 혁신을 촉진하는 것이 특징이다. 또 기존의 융합이 스마트폰을 중심으로 기존 ICT 제품 · 서비스를 대체하여 시장을 혁신한 반면, IoT는 비 ICT 제품 · 서비스를 파괴적으로 혁신한다. 이러한 IoT가 기존 산업과 서비스가 가진 한계를 극복하고, 새로운 대안을 제시하는 핵심수단으로 평가되고 있는 것이다.

현안 해결, 경제 도약을 위해 IoT 적극 육성

주요 선진국가들은 대부분 저성장, 고령화, 에너지 고갈 등 사회적 현안을 해결할 돌파구로서 IoT를 적극 육성하고 있다. 미국은 2025년까지 국가경쟁력에 영향을 미칠 수 있는 '6대 혁신적인 파괴적 기술' 중 하나로 IoT를 선정해서 기술 로드맵(road map)을 수립했고, 제조업의 본국 회귀 전략의 하나로 IoT를 활용한 제조업 혁신을 추진하고 있다.

유럽 국가들도 EU 차원에서 IoT 실행계획을 수립했다. 국가별로는 영국이 지난해 IoT 연구개발에 4,500만 파운드 투입을 발표했고, 독일은 '인더스트리 4.0'을 통해 IoT를 활용한 제조업 생산성 30% 향상을 추진하고 있다. 또 중국은 '인터넷 플러스 전략'을 통해 IoT를 강화하고 있으며, 193개의 IoT 시범단지를 추진하고 있다. 일본도 'u-재팬 전략', 'i-재팬 전략', '액티브 재팬 ICT 전략' 등을 통해 IoT 산업정책을 추진 중이다.

우리나라 역시 사회 현안 해결과 경제의 재도약을 위한 핵심동력으로 IoT를 적극적으로 육성해야 할 시점에 있다. 특히 우리나라는 앞선 ICT 기반, 기술친화적 국민특성 등으로 IoT 성공가능성이 큰 국가로 분류된다. 이 같은 상황 인식에 따라 우리 정부도 IoT 기본계획을 수립하는 등 IoT 확산에 적극적으로 나서고 있다.

IoT 실증사업에 대해 "가전 · 홈, 에너지, 보건의료, 자동차, 도시, 제조 · 공장 등 사물인터넷 핵심분야의 융합실

---

01 센서(sensor): 피측정 대상에 접촉 또는 가까이서 데이터를 알아내어 필요한 정보를 신호로 전달하는 장치(감지기)

02 가치사슬: 시장수요를 충족시키기 위해 관련 기업들이 원재료의 수급에서부터 고객에게 전달하는 일련의 자원과 정보흐름 전체를 관리하기 위해 부품, 기자재, 원료 등의 구매, 제조, 보관, 운송, 유통, 판매까지의 가치사슬 전체를 담당하는 공급업체를 통칭하는 것.

03 시스코(Cisco): 1984년 미국 샌프란시스코에서 설립된 국제 굴지의 정보통신회사로 인터넷 관련 설비제조, 판매, 다양한 네트워킹 솔루션과 서비스를 갖추고 있다.

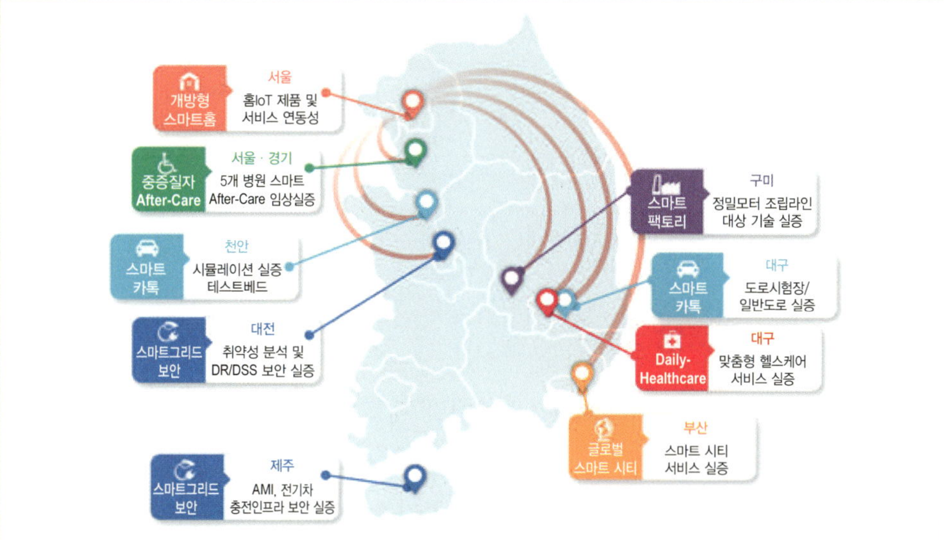

IoT 실증사업별 테스트베드[04] 현황[1]

증을 통해 국민 삶의 질 제고, 기업 육성과 일자리 창출, 그리고 융합산업 활성화에 주력할 것"이라고 말했다(미래창조부).

이제 파괴적 기술의 하나인 IoT가 미래 국가경쟁력 강화에 없어서는 안 될 중요한 분야로 자리를 잡게 된 것이다.

---

04 테스트베드(test bed): 새로운 기술, 제품, 서비스의 성능 및 효과를 시험할 수 있는 환경 혹은 시스템, 설비를 말한다.

1. 파괴적 기술

1) 파괴적 기술(destructive technology)이란?

파괴적 기술

파괴적 기술(disruptive technologies)이란 새로운 기술에 의해 처음 제품이 만들어졌을 때는 기존 제품에 비해 큰 역할을 하지 못하지만, 시간이 지남에 따라 꾸준한 기술적 진보가 이루어지면서 기존 제품을 대체하고, 결국엔 기존 제품의 시장을 대체하는 역할을 하는 기술을 말한다.

과거엔 음악을 LP판이나 카세트테이프를 통해서 들었다. 그러나 지금은 디지털화된 음원을 저장한 CD를 통해서 듣거나, 아니면 인터넷을 통해 디지털화된 음원파일을 다운받아서 MP3나 스마트폰 등을 통해서 들을 수 있다. LP판이나 카세트테이프를 통해 음악을 듣기 위해선 관련 장비인 턴테이블이나 카세트 데크가 필요하다. 스마트폰이나 MP3는 별도의 장비 없이 이동하면서 음악을 감상할 수 있다는 장점이 있다.

파괴적 기술의 대표적인 예로 MP3, 스마트폰, 디지털화된 기기들(블랙박스, 내비게이션) 등이 있다. 대체로 파괴적 기술들을 많이 받아들인 기업은 지속적으로 발전했지만, 받아들이지 않은 기업들 대부분은 시간이 지남에 따라 경영상 어려움에 직면하는 경우가 많았다.

파괴적 기술이라는 용어는 클레이튼 크리스탠슨 교수의 저서인 『The Innovators' Dilemma』에서 처음으로 사용하였다. 그 용어는 그의 후속저서인 『The Innovator's Solution』에서는 파괴적 혁명(disruptive innovation)으로 변경해서 표현하였다.

즉, 파괴적 기술이란 결국 우리에게 하나의 혁명적인 계기를 만들어내는 기술을 말한다. 파괴적 기술은 그 이름처럼 기존의 기술과 시장을 파괴할 정도로 강력한 영향력을 주는 기술이다. 증기기관 발명은 기존의 산업체계를 완전히 무너뜨리고 산업혁명이라는 역사적으로 커다란 변화를 가져왔다. 기존의 가내수공업과 수작업으로 이루어지던 작업환경으로는 자동화된 공장체제와 산업적 경쟁에서 이길 수가 없었다. 이것은 산업과 우리 사회에 혁명으로 다가왔고 기존 체제를 파괴하고 새로운 체제를 만들어낸 기술의 영향력이라 할 수 있다. 이러한 기술들이 파괴적 기술이라 할 수 있다.

표 2-1 | 파괴적 기술의 대표적 사례[2)]

카테고리	파괴적 기술	기존 기술
학계	위키백과	전통적인 백과사전
통신	휴대폰	선신, 선화
하드웨어	개인용 컴퓨터	미니컴퓨터, 워크스테이션 등
	스마트폰	개인용 컴퓨터, PDA
	디지털 계산기	기계 계산기
데이터 스토리지	SSD, HDD(하드디스크)	5.25인치, 3.5인치 플로피디스크
	CD 및 USB 플래시디스크	베르누이 드라이브 및 ZIP 드라이브
디스플레이	발광 다이오드(LED)	전구
	LCD(Liquid Crystal Display)	CRT(Cathode Ray Tub)
음악	디지털 신디사이저	전자오르간, 피아노
	다운로드 디지털 미디어	CD, DVD 등
사진	디지털 사진	화학 사진
출판	컴퓨터 프린터	오프셋(Offset) 인쇄
	워드 프로세싱(word-processing)	타이프라이터(type-writer)
교통	증기선	항해선박
	자동차	철도수송

SSD(Solid State Disk: 반도체 저장장치), HDD(Hard Disk Driver), LCD(Liquid Crystal Display: 액정화면), CRT(Cathode Ray Tube: 음극관), CD(Compact Disk), DVD(Digital Versatile Disc: 광디스크)

파괴적 기술의 특성

파괴적 혁신은 다양한 산업에서 만들어질 수 있으며, 저가(low-end)시장이든 고가(high-end)시장이든 또는 새로운 시장에서도 가능하다. 하지만 파괴적 혁신을 가져오는 기술은 대체로 저가시장에서 시작이 수월하다고 할 수 있다.

소비자들은 대체로 고가시장에서는 새로운 기술유입에 특별한 경우가 아니면 쉽게 마음을 열지 못한다. 하지만 상대적으로 저가시장에서는 소비자들이 새로운 기술에 대한 거부감이 적고 새로운 소비에 긍정적인 성향을 갖고 있다.

소니가 초기시절 트랜지스터(transistor)[05] 라디오를 개발하였을 때만해도 당시 음악을 듣기 위해서 사용되던 진공관 제품에 비해 음질이 많이 떨어졌다. 하지만 트랜지스터 라디오

05 트랜지스터: 진공관을 대체하기 위해 만들어진 초기의 반도체, 가볍고 전력소모가 적은 특징을 갖고 있음.

는 저가에다 휴대가 용이한 제품으로 소비자의 호응을 얻어냈고, 점차 트랜지스터의 기술진보로 기존 시장을 잠식하게 된다. 이후, 1980년대 초에 소니가 휴대용 카세트 음악재생용 제품인 일명 '**워크맨**'을 개발하여 빅히트를 치면서 고가의 가전제품으로 자리잡게 되었다.

그림 2-1 파괴적 기술의 특성[3)]

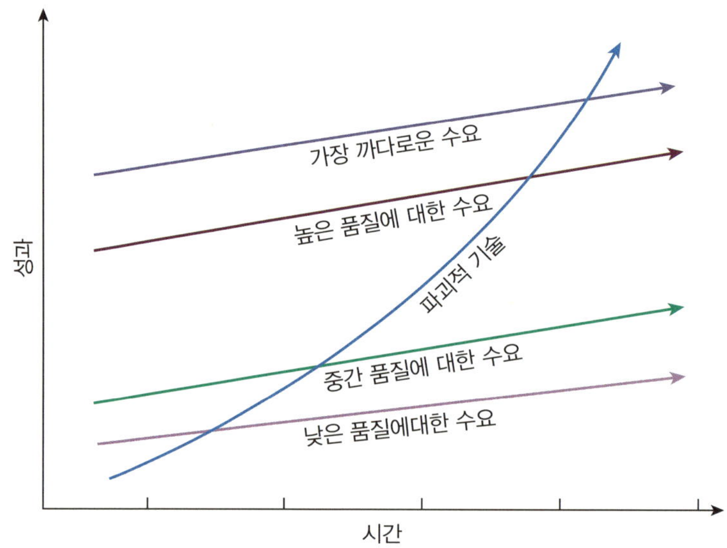

디지털 다위니즘

다위니즘(Dawinism)은 유전자공학에서 나온 개념이다. 영국의 찰스 다윈이 생물의 진화에 관하여 설명한 학술적 용어로 "**생물의 진화과정에서 변화하는 환경에 적응하지 못한 종은 멸종에 이른다**"라는 학설이다. 이것은 기업환경에서도 마찬가지라 할 수 있다. 기업의 기술환경은 계속 변화하고 있으며, 기업은 이러한 기술환경 변화에 적응해야만 한다.

인터넷과 모바일 기술을 필두로 한 디지털 기술이 지속적으로 발전하고 있고, 이것은 우리 생활에 많은 영향을 미치고 있는 것이 사실이다. 이러한 환경적 변화에 대응하지 못하고 기존 체제를 고집하는 기업들은 디지털 환경 속에서 서서히 도태되고 말 것이다.

대표적인 예로 아날로그 시대의 필름산업의 최강자였던 코닥필름은 필름 카메라를 사용하던 시대에 업계 1위의 경쟁력을 가진 기업이었다. 하지만 디지털 카메라가 등장하면서 시장 판도가 급격히 변화하는 상황이 되면서 코닥필름은 빠른 기술전환을 하지 못하였고, 결국 기업은 부도위기에 몰리게 되었다. 물론 코닥필름도 디지털 카메라를 개발하는 등 충분한 기술력을 갖고 있었지만 코닥이 기존 시장에서 우위를 갖고 있었던 필름시장에 대한 미련을 쉽게 버리지 못하고 빠른 대응을 하지 못해 결국 기업경영은 어려운 국면을 맞게 된 것이다.

비슷한 예로 2000년대 초반 글로벌 휴대폰시장에서 시장점유율 1위를 차지했던 노키아는 한때 전 세계 휴대폰시장의 40%를 차지할 정도로 휴대폰 업계의 절대강자였다. 하지만 아이폰(Iphone)의 등장과 함께 시작된 스마트폰시장이 확산되면서 이에 적절히 대응하지 못하면서 2013년 노키아는 결국 마이크로소프트사에 휴대전화 사업부를 넘기는 상황에 이르렀다.

노키아는 과거 휴대폰산업에서 세계 일류의 기술을 갖고 있었지만 스마트폰 시장경쟁에서 밀려서 결국 도태되고 만 것이다. 이처럼 파괴적 기술의 등장과 이러한 기술변화에 발 빠른 대응은 디지털 경제환경에서 기업들이 필수적으로 고려해야 할 부분이 된 것이다.

그림 2-2 코닥필름과 노키아핸드폰[4)]

2) 인터넷의 등장

파괴적 기술, 인터넷의 등장

정보화 시대에서 가장 대표적인 파괴적 기술이 인터넷임을 부인할 사람은 아무도 없을 것이다. 인터넷의 등장은 우리의 산업, 사회, 문화 등 사회 전반에 커다란 변화를 가져다주었다. 1969년도에 미국이 군사통신을 위해서 DARPA(The Defense Advanced Research Projects Agency)라는 통신기술을 미국 내 4개 대학을 연결하기 위해 구축된 네트워크인 알

파넷(ARPANet: The Advanced Research Project Agency Network)에서 인터넷은 시작되었다. 처음엔 군사목적으로 개발되었지만, 그 네트워크의 우수성으로 인해서 이용자의 자발적인 요구가 늘어나면서 군사용과 일반인을 위한 네트워크가 분리되고, 지금의 인터넷으로 급속히 발전하게 되었다.

우리는 일상생활에서 인터넷과 온라인 기술을 동일시하지만 엄밀히 말하면 인터넷은 TCP/IP(Transmission Control Protocol/Internet Protocol)라는 **프로토콜**(Protocol)[06]을 사용하는 단일화된 네트워크서비스이다. 그래서 통신망 집합의 기술적 용어인 인터넷(internet)과 구별하기 위해서 Internet이라는 고유명사로 표기를 한다. 지금은 인터넷이 '**공유(sharing)**'라는 특성 때문에 전 세계 사람들이 사용하는 온라인 기술의 대명사처럼 이용하고 있으며 그 이용자 규모는 기하급수적으로 증가하고 있다.

그림 2-3 ○ 전 세계 인터넷 이용량[5)]

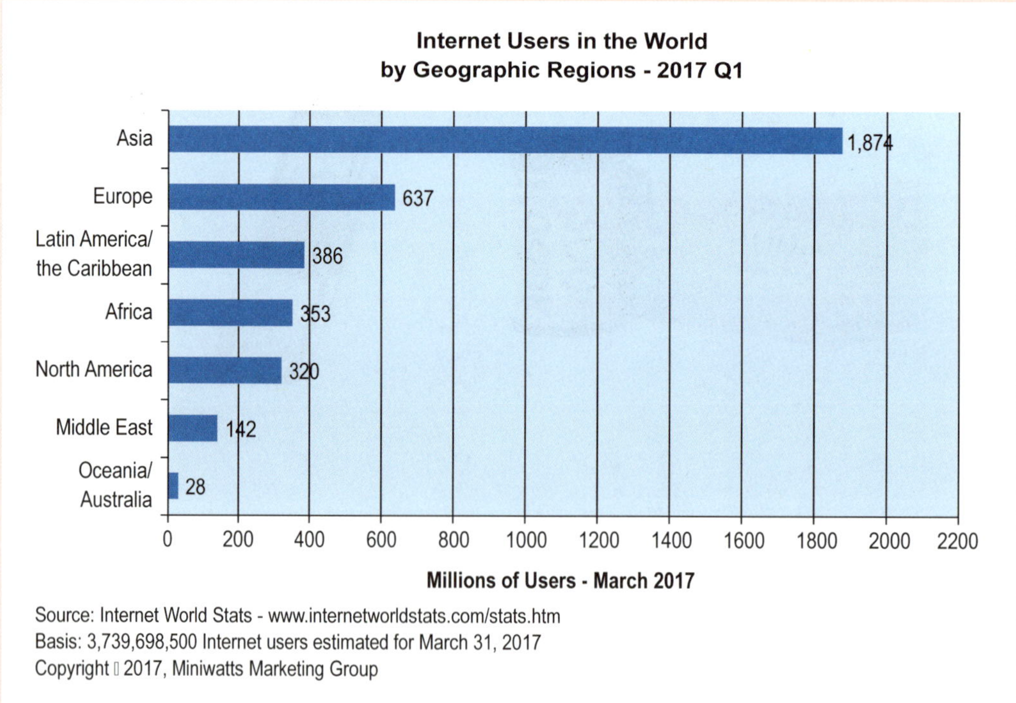

06 프로토콜: 인터넷으로 통신을 하기 위한 기본적인 통신규약(TCP/IP 등 여러 형태가 있다)

그림 2-4 ◎ 국내 인터넷 이용률[6)]

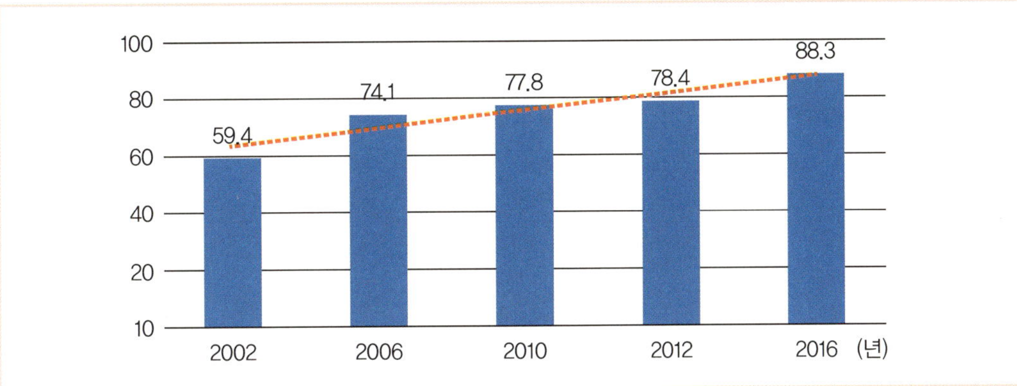

인터넷의 영향

인터넷의 등장은 하드웨어(HW)나 소프트웨어(SW)뿐만 아니라 인터넷을 활용한 다양한 비즈니스 모델과 서비스를 창조하면서 무수히 많은 시장과 다양한 산업에 큰 영향을 주고 있다. 인터넷이라는 **종합정보통신망**[07](ISDN)으로 우리 사회는 복잡하게 연결되어 있고 이것은 우리와 디지털 세상을 연결시켜주는 매개체가 되어서 디지털 경제, 디지털 산업, 디지털 문화를 만들어가고 있다.

증기기관이 발명되면서 인류가 산업혁명을 이루었듯이 인터넷의 발명은 우리에게 정보화 혁명을 가져다주었다. 인터넷 통신기술은 디지털 경제를 이끄는 원동력이 되었으며, 새로운 시장을 만들어가는 데 중요한 역할을 하고 있다.

인터넷 상거래는 우리에게 편리함과 신속함을 제공하였으며 동시에 과거엔 거리 제약으로 불가능했던 시장의 범위를 전 세계로 확장시키는 효과도 가져다주었다. 또한 물리적 제품의 유통망뿐만 아니라 디지털 콘텐츠를 판매하는 인터넷서비스와 관련된 시장도 새롭게 등장하게 되었다. 이 같은 변화는 모바일 기술의 발전으로 더욱 더 확장되고 있으며, 기존의 산업체계를 크게 변화시키는 중요한 계기가 되었다.

인터넷이 가져온 변화는 산업뿐만이 아니라 우리 문화와 생활에도 많은 변화를 가져다주었다. 특히 인터넷이 가장 큰 영향을 끼친 분야 중 하나는 미디어(media)부문이다. 기존의 신문, TV, 라디오와 같은 매스미디어(mass media)와 달리 온라인미디어의 등장은 양방향

07 종합정보통신망(ISDN: Integrated Service Digital Network): 인터넷서비스와 디지털 네트워크를 합성어로 음성, 데이터, 팩스, 영상 등 다양한 서비스를 디지털망에 접속된 단일회선을 이용해서 서비스할 수 있다는 장점이 있다.

그림 2-5 ○ 국내 전자상거래 증가 추이[7]

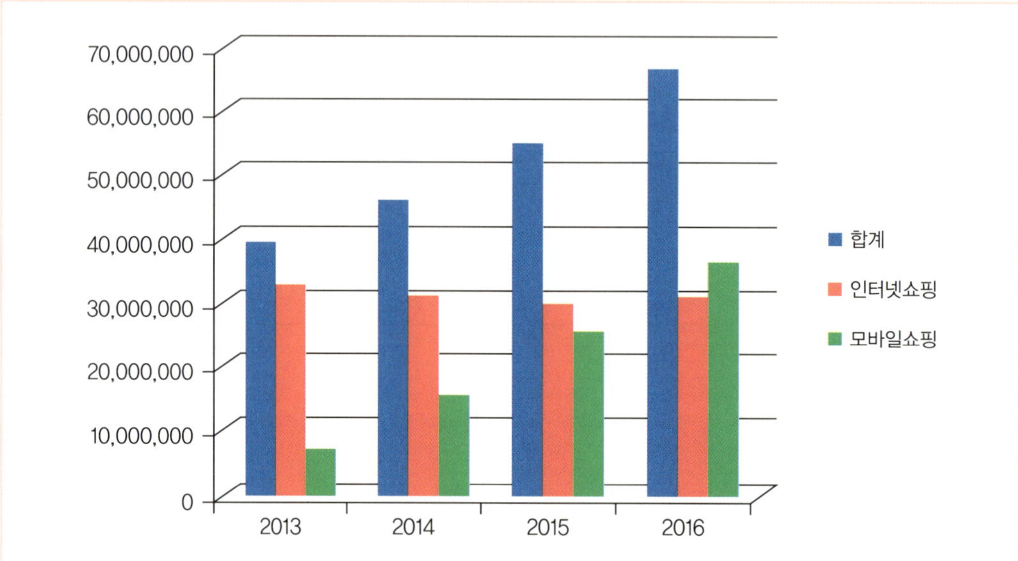

성 미디어 커뮤니케이션이라는 커다란 변화를 가져다주었다. 언제, 어디서나 누구나 원하는 정보를 쉽게 제공받을 수 있으며, 사람들은 저마다 소통할 수 있는 새로운 채널이 생긴 것이다.

이 같은 정보의 흐름은 디지털 문화의 핵심적인 요소로서 누구나 쉽게 문화와 관련된 콘텐츠를 만들어서 이를 확산시킬 수 있는 환경이 만들어진 것이다. 트위터(Twitter)를 통해서 정치적 소신을 말할 수 있으며, 유튜브(YouTube)에는 자신이 제작한 동영상을 올려서 많은 사람들과 함께 공유할 수도 있다. 이처럼 디지털 문화는 인터넷으로 연결된 많은 이용자들에 의해서 다양하게 형성할 수 있게 된 것이다. 이것을 우리는 인터넷으로 연결된 '**네트워크 사회(network society)**'라 칭한다.

이러한 네트워크는, 첫째 연결이 수단이고 목적이라는 것과, 둘째 네트워크는 개방되어 있어서 연결과 확장이 쉽다는 시사점을 갖고 있다. 따라서 이를 통해 다양한 변화들이 꾸준히 나타날 수 있다.

그림 2-6 ○ 디지털 문화[8]

2. 보존적 기술

1) 보존적 기술(sustaining technology)이란?

보존적 기술

보존적 기술(sustainable technology)이란 소비자들이 지속적으로 구매하고 싶은 성능이 향상된 상품을 만들어내는 기술을 말한다. 예를 들어 자동차의 경우 우리는 좀 더 빨리 달리고 편안하고 연비가 좋은 안전한 자동차를 원할 것이다. 자동차는 계속 존재할 것이지만 지속적으로 소비자가 필요로 하고 계속 향상되는 기술을 원하는데, 이러한 기술을 흔히 '**보존적 기술**'이라고 한다.

파괴적 기술은 기존 산업을 흔들 정도의 영향을 주고 시간이 지나면 시장을 지배하는 반면에, 보존적 기술은 기존에 형성된 시장에서 지속적인 수요를 기반으로 하여 제품이나 서비스 성능을 지속적으로 향상시키는 기술을 말한다. 보존적 기술을 보유하고 있는 기업은 대부분 속해 있는 산업에서 기술경쟁력이 높은 기업이며, 더 좋은 품질과 신속하고 가격경쟁력이 높은 제품을 생산한다. 하지만 만일 해당산업에 이를 대체할 만한 파괴적 기술들이 등장한다면 보존적 기술의 우위는 사라질 가능성이 높아진다.

보조적 기술과 파괴적 기술

클레이튼 크리스텐슨[08] 교수는 그의 저서인 『Innovator's Dilemma』에서 시장을 선도하고 있는 보존적 기술을 보유한 기업들은 기존 시장에서의 우위 위치에 있기 때문에 기업을 유지하려 하고 파괴적 기술에 대한 개발의지가 적다고 말한다. 하지만 이 같은 경영방식은 급변하는 산업기술의 환경변화에서 위험에 빠질 가능성이 대단히 높다.

앞의 예에서 설명하였던 코닥필름에서 보듯이 기존 시장의 우위에 안주해 있다가 디지털 기술의 유입으로 시장판도가 급격히 변화하였는데 이에 적절히 대응하지 못하여서 결국은 기업에 좋지 않은 결과로 나타났다.

하지만 기업을 경영하면서 지속적으로 파괴적 기술에 대한 투자를 하는 기업 또한 많지 않다. 새로운 기술에 대한 개발은 많은 자본과 시간이 필요하기 때문에 기업의 많은 자원이

그림 2-7 ◎ **클레이튼 크리스텐슨**[9)]

08 클레이튼 크리스텐슨(Clayton Christensen): 미국 하버드대학 경영대학원 석좌교수. 첨단기술의 혁신관리와 신기술을 응용한 신규시장 창출과 관련된 분야에 대해 주로 연구함. 소장학자 때부터 천재 경영학자로 주목받았으며, 컨설팅 관련기업 등 다양한 현장경험과 정부정책에도 참여하였다.

소비되는 작업이기도 하다. 그렇기 때문에 기업의 많은 투자는 기업에 관련된 이해관계자들의 절대적인 동의를 얻어내기가 쉽지 않다. 비단 투자자와 기업 내부구성원뿐만 아니라 기업의 제품과 서비스를 이용하는 고객들 역시 기업의 변화에 반대하거나 두려워할 가능성도 있다. 그렇기 때문에 기업은 기존 고객의 소리에 귀를 기울이면서 다가올 시장 변화에 대한 대비를 철저히 지속적으로 해야 한다.

표 2-2 | 파괴적 기술에 영향을 받은 기업들

기업	원인
Kodak	• 경쟁업체(Fuji Film) 위협에 별다른 대응책이 없었음 • 최초로 디지털 카메라를 만들었지만, 기존 사업의 성과에 안주하다 시장에 내놓을 시기를 놓침 • 보유역량을 강화하기보다는 외부역량 흡수에 치중함
IBM	• 내부 사업부 간의 경쟁으로 회계분석이 불가능 • 메인 프레임(main frame) 성공에 도취되어 새로운 컴퓨터시장에 진입이 늦어짐 • 새로운 시장에 대응이 늦어져 자사의 뛰어난 기술을 갖고도 타사에게 핵심기술을 넘기는 등 반복된 판단 실수를 함
NOKIA	• 잘못된 휴대폰시장의 방향 판단을 함 • 자사의 운영체제(OS: Operation System)[09]인 '심비안(Symbian)'을 고집함 • 기업경영의 복잡한 조직의 의사결정이 문제
xerox	• 미래기술에 대한 상업화에 실패함 • 미래 변화에 대해 부정적임
Polaroid	• '즉석 카메라'에 대해 너무 무조건적으로 신뢰함 • 늦은 제품개발로 인해 카메라시장 변화에 못 따라감 • '즉석 카메라'의 제품이미지가 한정적(개인, 파티)이여서 가족 단위의 사진을 원하는 고객들에게 외면을 받음 • '즉석 카메라'시장의 크기를 확장하지 못함(90%의 시장점유율을 가지고 있었음)

09 운영체제(OS: Operating System): 컴퓨터 및 스마트폰을 동작하기 위한 기본적인 소프트웨어(윈도우즈, 안드로이드, IOS 등이 있음)

2) 파괴적 기술과 보존적 기술의 조화

파괴적 기술과 보존적 기술

파괴적 기술은 산업을 변화시킬 정도의 힘을 가진 혁신적인 기술이지만 누구나 쉽게 이러한 기술을 만들어내기는 쉽지 않다. 또한 파괴적 기술은 초기 시장에서 소비자에게 외면받을 경우 기업경영을 위태롭게 만들 수도 있다.

하나의 예로 자동차의 경우 초기에는 시장을 변화시킬 만한 영향력을 주지 못하였다. 그러나 꾸준한 기술개발로 자동차라는 새로운 발명품이 탄생하였지만 너무나 고가였기 때문에 기존의 마차를 바로 대체하는 대중적 교통수단으로 자리하지는 못하였다. 이후 포드자동차는 컨베이어벨트시스템[10]으로 차량을 대량생산하게 됨에 따라 값싼 T모델 자동차를 선보이면서 자동차는 거리의 마차를 모두 사라지게 만드는 파괴적 기술로 자리잡게 되었다. 초기 자동차가 발명되고 이후 대중화가 되기까지 대략 30여 년의 시간이 흘렀다. 이것은 기업이 파괴적 혁신을 추구한다하여도 바로 시장에 영향을 줄 수 있을지는 아무도 예측할 수 없다는 것을 말한다.

또 다른 예로 디지털 기술이 발달하면서 산업 전반에 걸쳐 많은 기술이 유입되어 활용되고 있다. 하나의 예로 호텔 객실을 관리하는 조명과 커튼 등을 원터치 기능으로 처리할 수 있는 스마트시스템을 도입하였다. 하지만 기존 고객들은 새로운 시스템의 활용에 익숙하지 않다고 불편함을 토로하였다. 그래서 이 호텔은 다시 기존 방식으로 모든 시스템을 변경하였다. 이처럼 파괴적 기술이 항상 소비자의 호응을 얻을 수는 없기 때문에 기업은 소비자 의견 등을 고려하여 파괴적 기술과 보존적 기술의 조화를 항상 이루도록 노력해야 한다.

파괴적 기술의 방향성

일반적으로 기술의 발전은 소비자의 수요보다 앞서서 나간다. 아직 시장은 준비되지 않았는데 너무 기술의 발전이 앞서 나가는 경향이 있다. 이러한 시장에서 기존의 기술과 다른 새로운 가치를 창조하는 것이 파괴적 기술이라 할 수 있다. 하지만 모든 기업이 세상을 변화시킬 만한 엄청난 기술만 추구한다면 이것은 그리 바람직한 발전 방향은 아닐 것이다. 지속적으로 발전하고 있는 기술환경 속에서 파괴적 기술은 기존의 기술을 뛰어넘는 새로운 기술이

10 컨베이어벨트(conveyor belt)시스템: 미국 포드자동차가 대량생산을 위해 최초로 도입한 시스템

기보다는 시장요구에 부합하는 효율적인 기술의 전환을 목표로 하는 것이 요구된다. 이를 위해서는 기존 기술들의 융 · 복합을 통해서 새로운 부가가치를 생성하고, 소비자가 쉽게 다가갈 수 있는 환경을 조성해야 할 것이다. 기존 기술과 인프라를 최대한 활용한 기술의 발전이야말로 디지털 경제를 이끌어가는 새로운 혁신이라 할 수 있다.

학·습·내·용·정·리

1. 파괴적 기술(disruptive technologies)이란 처음 새로운 기술에 의해 제품이 만들어졌을 때는 제품이 기존 제품에 비해 큰 역할을 하지 못하지만, 시간이 지남에 따라 꾸준한 기술적 진보가 이루어지면서 기존 제품을 대체하고, 결국엔 기존 제품 시장을 대체하는 역할을 할 수 있는 기술들을 말한다.

2. 인터넷과 모바일 기술을 필두로 한 디지털 기술이 지속적으로 발전하고 있고, 이것은 우리 생활에 많은 영향을 미치고 있다. 이러한 환경적 변화에 대응하지 못하고 기존의 체제를 고집하는 기업들은 디지털 환경 속에서 서서히 도태되고 만다.

3. 보존적 기술(sustainable technology)이란 소비자들이 지속적으로 구매하고 싶은 성능이 지속적으로 향상된 제품을 만들어내는 기술을 말한다.

4. 보존적 기술을 보유한 기업들은 기존 시장에서의 우위 위치에 있기 때문에 기업을 유지하려 하고 파괴적 기술에 대한 개발의지가 적다.

5. 네트워크 사회는 새로운 변화를 이끌어내는 데 커다란 영향을 줄 것이다. 특히 인터넷이라는 개방된 공간은 더욱더 다양한 형태로 진화할 수 있을 것이다.

6. 지속적으로 발전하고 있는 기술환경 속에서 파괴적 기술은 기존의 기술을 뛰어넘는 새로운 기술이기보다는 시장요구에 부합하는 효율적인 기술의 전환을 목표로 하는 것이 요구된다.

7. 파괴적 기술이 항상 소비자의 호응을 얻을 수 없기 때문에 기업은 소비자 의견 등을 고려하여 파괴적 기술과 보조적 기술의 조화에 관심을 가져야 한다.

학·습·문·제

01 파괴적 기술과 보존적 기술의 개념을 설명해보자.

02 대표적인 파괴적 기술을 예를 들어 설명하고 이것이 산업에 미친 영향에 대해 논의해보자.

03 파괴적 기술의 주요한 특성에 대해 설명해보자.

04 디지털 다위니즘을 사례 조사를 통해 탐구해보자.

05 기업경영에 있어서 파괴적 기술과 보존적 기술의 중요성에 대해 사례를 들어 논의해보자.

06 파괴적 기술을 도입하지 않아서 기업경영이 어려운 대표적인 기업들을 찾아보고 왜 어려워졌는지 구체적인 원인을 조사해보자.

07 파괴적 기술을 적극 도입하여서 새로운 성공을 한 기업들을 찾아보고 주요한 요인이 무엇인지 조사해보자.

■ 참고자료 ■

1) 강동식(2015), IoT 실증 사업 어떻게 진행되나 … 서울에서 부산까지, 머니투데이, 2015. 11.30.

2) Wikipedia(https://en.wikipedia.org/wiki/Disruptive_innovation) 저자 재구성

3) https://www.slideshare.net/berlinlog/fin-tech

4) Kodak(https://www.kodak.co.kr)
Nokia(https://www.nokia.com)

5) Internet World Stats(http://internetworldstats.com/stats.htm)

6) 통계청(2016), 국가주요지표 '인터넷 이용률'

7) 통계청(2016), 온라인쇼핑동향조사

8) http://moviemate.tistory.com/15

9) 이신영(2013), 클레이튼 크리스텐슨 하버드대 교수 "품질개선 · 비용감축 아닌 파괴적 혁신해야 성장한다," 조선 Biz, 2013.2.2.
구글북스(The Innovator's Dilemma)
한국온라인쇼핑협회(https://www.kolsa.or.kr)
Baltzan(2012), 비즈니스정보시스템, 생능출판사

CHAPTER 03

디지털의 융합과 협업

학습목표

- 융 · 복합의 개념을 이해한다.
- O2O가 무엇인지 이해하고 향후 어떠한 트렌드로 변화할지를 공부한다.
- O2O의 대표적인 성공 비즈니스 모델에 대해서 공부한다.
- IoT가 무엇인지? 이를 통해 O2O 비즈니스 모델에 어떠한 도움이 가능한지 공부한다.
- 문화 · 관광분야에서 융 · 복합, O2O에 대해 공부한다.

아마존, 스타벅스, 배달의민족 … O2O서비스, 온라인을 넘어 오프라인까지[1)]

O2O[2)]

최근 IT 비즈니스 모델로 O2O서비스가 각광을 받고 있다. O2O는 Online to Offline을 줄여 쓴 용어로 온라인과 오프라인을 연결하는 비즈니스를 'O2O 서비스'라고 한다.

O2O서비스는 '온라인이 오프라인으로 옮겨온다는 뜻'으로 정보 유통비용이 저렴한 온라인과 실제 소비가 일어나는 오프라인의 장점을 접목해서 새로운 시장을 만들자는 데에서 시작되었다.

O2O서비스는 온라인에서 주문 및 결제를 하고 오프라인에서 실제 서비스나 제품을 받을 수 있는 서비스로 스마트폰과 태블릿의 대중화로 인해서 모바일 인터넷 사용이 활발해지면서 새로운 비즈니스 모델로 각광받고 있다.

사실 O2O서비스는 완전히 새로운 서비스라고 보기는 어렵다. 예전에도 온라인에서 오프라인으로 연결한다는 개념이 있었지만 각종 IT기술의 발전으로 온 · 오프라인 통합이 보다 쉬워지면서 O2O서비스가 새롭게 관심을 받고 있는 것이다.

스마트폰, 태블릿 등 모바일 인터넷 사용이 가능한 기기의 보급이 늘어나면서 언제 어디서나 인터넷을 사용할 수 있게 되었고 원하는 정보에 접근이 쉽게 가능하게 된 것도 온 · 오프라인을 연계해주는 O2O서비스에 대한 관심이 높아지게 된 요인 중 하나이다.

스마트폰으로 QR코드[01] 등을 읽어서 인터넷사이트에 연결하는 것도 일종의 O2O서비스라고 할 수 있지만 단순한 기능으로 인해 다양한 마케팅에 활용하기에는 한계가 있어서 요즘에는 잘 사용되지 않고 있다. 대신, 최근에는 NFC(Near Field Communication)나 비콘(Beacon) 등 사물인터넷(IoT: Internet of Things)과 접목할 수 있는 기술을 활용해 O2O서비스를 제공하는 움직임이 빠르게 진행되고 있다.

O2O서비스의 대표적인 사례로는 아마존의 오프라인 매장을 들 수 있다. 이 매장은 아마존사이트에서 구매한 상품을 소비자가 직접 수령하고 교환 및 반품, 환불 등의 업무도 처리할 수 있다.

다른 온라인서비스 기업과 달리 아마존은 자체 상품인 전자책 킨들(Kindle)과 태블릿 킨들 파이어, 스마트폰 파이어폰 등이 있어서 오프라인 매장에서 이들 제품을 판매할 수 있기 때문에 활용도가 높다. 또한, 아마존닷컴에서 판매하는 상품 중 대표적인 제품 일부를 오프라인 매장에서도 판매하면서, 온라인사이트에서 본 제품을 오프라인 매장에서 직접 확인하고 마음에 들 경우 구매할 수 있게 되어서 고객의 신뢰를 얻을 수 있고 새로운 고객도 확보할 수 있다.

아마존 대시(Dash)는 O2O서비스를 위한 도구라고 할 수 있다. 막대 모양의 바코드 스캔 기기로 아마존 대시를 구입하고자 하는 제품에 갖다 대거나 음성으로 제품명을 말하면 별도의 클릭 없이 바로 아마존의 온라인 장바구니

---

01 QR(Quick Response)코드: 빠른 응답을 얻을 수 있다는 의미로 바코드보다 많은 정보를 담을 수 있는 격자무늬의 2차원 코드로 스마트폰으로 QR코드를 스캔하면 각종 정보를 제공받을 수 있다.

에 주문이 접수되고 결제만 하면 바로 주문이 이루어지고 24시간 내에 배송된다. 아마존 대시로 주문한 상품을 아마존 오프라인 매장에서 바로 픽업을 하여 오프라인에서 주문서를 만들어 온라인에서 결제와 주문을 하고 다시 오프라인에서 제품을 받을 수 있어 온오프라인을 넘나드는 O2O서비스가 이루어지게 된다.

amazon dash[3]

O2O서비스를 적극적으로 활용하는 또 다른 업체로는 커피전문점 스타벅스가 있다. '**사이렌 오더**(Siren Order)'가 O2O서비스라고 할 수 있다.

스마트폰에서 스타벅스 앱을 열고 사이렌 오더로 들어가 원하는 음료를 선택하고 결제한 뒤 스타벅스 매장에 가서 주문한 내용을 전송을 하면 잠시 후 스마트폰의 진동이 울리며 음료가 나왔다는 것을 알려준다.

주문을 위해서 길게 줄을 서서 기다릴 필요도 없고 주문용 진동 벨을 따로 받을 필요도 없이 간편하게 주문을 할 수 있는 서비스이다. 결제는 미리 등록한 스타벅스 카드로 결제할 수 있고 잔액이 부족한 경우 쉽게 충전도 가능하다.

사이렌 오더[4]

사이렌 오더는 손님이 많은 바쁜 시간대에 사용하면 대기시간을 크게 단축할 수 있는 장점이 있는데 전 세계에서 우리나라가 가장 먼저 도입해 화제가 된 바 있다.

사이렌 오더와 비슷한 것이 선주문서비스인 '시럽 오더(Syrup Order)'이다. 시럽은 SK플래닛이 제공하는 플랫폼으로 매장에서 주문을 위해 기다릴 필요 없이 스마트폰으로 미리 주문하고 결제할 수 있는 서비스이다. 전체적으로는 스타벅스 사이렌 오더와 비슷하지만 여러 업체가 제휴되어 있고 주변 500m 내에 있는 제휴매장이 나타나면 매장을 선택해 주문을 할 수 있다는 점이 특징이라고 할 수 있다.

시럽 오더에 나타난 매장을 선택하면 해당 매장의 모든 메뉴를 사진과 함께 보여주어 쉽게 주문을 할 수 있다. 고객이 직접 매장으로 가지 않아도 주문 및 결제가 가능해 쇼핑의 과정이 매우 간편하다는 것이 시럽 오더의 특징이다.

시럽 오더[5]

이밖에 음식 배달을 스마트폰 앱을 통해 제공하는 음식배달 앱도 O2O서비스에 해당한다. 스마트폰 앱을 통해 먹고 싶은 음식을 선택하고 결제를 하면 주문이 근처에 있는 오프라인 식당으로 전달되어 빠른 시간 내에 원하는 음식을 배달받을 수 있는 것으로 온라인 주문, 오프라인 수령이라는 O2O서비스 공식이 제대로 적용되어 있다.

최근에 각광받고 있는 소셜커머스도 O2O 비즈니스에 해당된다. '**반값 공동구매**'로 유명한 소셜커머스가 시작되면서 하나의 트렌드를 만들기 시작하였다. 전자상거래와 마케팅이 교묘하게 결합된 비즈니스 모델이 소셜커머스이다. 소비자에게 저렴한 상품이나 서비스를 구매할 기회를 주면서, 동시에 해당 제품이나 매장을 홍보하는 수단으로도 작용한다. 티몬이나 위메프, 쿠팡 등이 여기에 해당된다.

O2O서비스는 모바일 환경이 일상화되면서 소비와 유통의 개념이 어떻게 바뀔 수 있는지를 잘 보여주고 있다. 온라인시장의 한계를 넘어서 오프라인시장까지 장악하려는 업체들의 노력이 정신없이 바쁜 현대인의 요구와 맞물려 새로운 시장을 만들어내고 있는 것이다.

1. 융 · 복합

1) 융 · 복합이란?

융 · 복합

융합과 복합이 합쳐진 단어인 융 · 복합은 서로 다른 경영과 기술 등이 결합하여 새로운 부가가치를 창출할 수 있는 결과물을 만들어내는 것을 말한다. 융 · 복합은 기존의 기술자원을 활용한다는 점에서 일반적인 기술개발하고는 다소 차이점이 있다. 기존의 연구개발(R&D: Research and Development)이 새로운 기술력에 대한 탐구라면 융 · 복합은 기존의 자원을 활용해서 가치를 향상시키고 영역을 확장시킬 수 있는 통합의 과정이라 할 수 있다.

표 3-1 | 각 기관별 융 · 복합의 정의

기관	정의
한국정보통신정책연구원(KISDI)	IT를 기반으로 환경이 하나의 방향으로 수렴되고 통합되는 환경 및 현상
ITU(국제전기통신연합)	기존 인프라를 통해 새로운 서비스를 제공하는 것, 새로운 형태의 인프라를 개발하는 것, 새로운 능력을 제공하기 위해 기존 서비스와 기술들을 향상시키는 것
Harvard University	디지털 기술이 접목되며 통신, 가전, 컴퓨터 등의 기기들이 서로 유사한 기능을 가지게 되는 현상
EU	다른 네트워크를 통해 유사한 서비스를 제공하는 능력. 전화, PC, TV 기능이 통합되는 현상

산업환경의 변화와 융 · 복합

IT의 발전은 각 산업 간의 경계를 무너뜨렸으며, 특히 네트워크로 연결된 정보사회는 통합된 산업환경을 구축하는 데에 있어서 기반역할을 하고 있다. 과거에는 산업 간 경계선이 비교적 명확했지만, IT기술의 발전에 의해서 산업 간의 경계선이 점점 더 모호해지고 있다. 온라인 기술과 모바일서비스 관련 기술들은 과거엔 IT업계에서만 언급되는 기술이었지만 지금은 제조, 유통, 서비스를 포함한 모든 산업분야에서 필수적으로 도입되어 활용되는 기술이 되었다. 이러한 기술적 발전은 기존에 분리할 수밖에 없었던 기업경영의 프로세스들을 통합적으로 운영하는 것이 가능해졌다.

세계 최대의 유료 동영상 스트리밍(streaming)서비스 업체인 넷플릭스(Netflix)[02]의 경우 초기 인터넷으로 비디오를 대여하는 비즈니스 모델을 만들고, 대여서비스를 제공하는 기업으로 성공하였다. 이후 온라인 기술과 디지털콘텐츠 기술의 발전으로 온라인 스트리밍서비스를 제공하는 기업으로 비즈니스 모델이 진화하였다. 또한 성공적인 모델 변화를 이루어낸 넷플릭스는 자체 미디어 콘텐츠를 개발하여 성공적인 성과를 거두었다.

과거 넷플릭스는 비디오 대여서비스라는 하나의 사업모델을 가지고 있었지만 현재는 디지털 콘텐츠의 유통과 미디어산업을 연계한 사업모델을 형성하고 있다. 즉, 산업의 경계를 뛰어넘는 융·복합 사업모델을 만들어낸 것이다.

그림 3-1 ○ 하우스 오브 카드 포스터[6]

02 넷플릭스(Netflix): 스트리밍 미디어, 온 디멘드 비디오, DVD 대여서비스를 제공하는 미국의 다국적 엔터테인먼트 기업으로 1997년에 설립된 국제적 기업

융 · 복합이 꼭 IT 분야에서만 있는 것은 아니지만 융 · 복합이 가장 활발히 진행되고 있는 영역이 대부분 IT와 연관된 분야들이다. 그 이유는 디지털 기술의 특성상 기술 간의 결합이 용이하고, 특히 네트워크로 연결된 정보통신환경은 기술 간의 융 · 복합을 이루는 근간이 되기 때문이다. 하나의 대표적인 융 · 복합의 결과물로 스마트폰을 예로 들 수가 있다.

스마트폰은 기존 휴대전화기에 PDA, MP3, 카메라 등의 기능들이 결합하여 탄생한 융 · 복합 기술의 산물이라 할 수 있다. 각각의 기술은 이미 존재하였던 기술이지만 그 기술을 융합하여 스마트폰이라는 새로운 부가가치가 높은 제품으로 재창조된 것이다.

스마트폰의 등장에서 빼놓을 수 없는 제품이 애플이 개발한 아이폰(iPhone)이라 할 수 있다. 아이폰은 기존 애플이 개발한 터치 방식의 아이팟(iPod)에 휴대전화와 카메라 기능을 결합하여 개발된 스마트폰의 시초라 할 수 있다. 애플이 아이폰이라는 스마트폰을 처음 출시하면서 이루어낸 성과를 확인하면 융 · 복합의 결과가 엄청난 부가가치를 창출할 수 있다는 것을 확인할 수 있다.

그림 3-2 2015~2017년 스마트폰 업체의 시장점유율[7)]

Rankings	2015 Company	Market Share	2016 Company	Market Share	2017 Company	Market Share
1	Samsung	24.70%	Samsung	22.80%	Samsung	22.60%
2	Apple	18.20%	Apple	15.30%	Apple	15.60%
3	Huawei	8.30%	Huawei	9.60%	Huawei	11.10%
4	Lenovo	5.40%	OPPO	7.20%	OPPO	8.50%
5	LG	5.20%	BBK/vivo	6.00%	BBK/vivo	7.10%
6	Xiaomi	5.20%	LG	5.50%	LG	5.50%
7	OPPO	3.80%	Xiaomi	3.70%	Xiaomi	3.80%
8	TCL	3.70%	Lenovo	3.70%	Lenovo	3.80%
9	BBK/vivo	3.60%	TCL	3.70%	TCL	3.20%
10	ZTE	3.40%	ZTE	3.50%	ZTE	3.00%
	Others	18.50%	Others	18.90%	Others	15.90%
Annual Global Volume (Unit: M)		1,298.30		1,359.60		1,459.00

Source: TrendForce, Jan., 2017

융 · 복합의 영역

디지털 기술을 중심으로 한 융 · 복합은 비단 IT뿐만 아니라 다양한 기술과 기술 간의 융 · 복합, 산업 간의 융 · 복합, 유통채널 간의 융 · 복합을 만들어가고 있다. 그렇기 때문에 세계 주요 기업들은 새로운 제품과 경쟁력 강화를 위한 융 · 복합에 주목하고 있다.

표 3-2 | 융 · 복합의 영역

영역	내용	예시
기술 간 융 · 복합	IT/BT/NT의 결합으로 새로운 기기의 개발	u-Healthcare • 원격 자문으로 전문성을 가진 의사를 통해 환자 곁에 있는 의사가 전문적인 의학적 자문을 구하거나 협진하는 형태의 의료서비스 • 원격(화상)진료로 비 의사 의료인과 함께 있는 환자가 화상을 통하거나 생체정보 측정수치의 공유를 통해 원격지 의사에게 진료받는 형태
산업 간 융 · 복합	고객정보의 공유를 통한 산업 간의 연계	Tesco의 club card • Tesco는 단골우대카드 제도를 도입하여 2014년 기준 1억 6,000만 명이 넘는 고객이 Tesco의 club card를 사용하고 있음 • Tesco는 club card를 통해 고객정보 공유를 통한 은행업을 개시하였음 • 어떤 저축상품 혹은 보험상품을 원하는지 예측을 할 수 있었고 2013년 9월 기준 금융계좌수는 650만개에 이름
채널 간 융 · 복합	온라인과 오프라인 채널 간의 통합과 서비스제공	카카오 택시 • 스마트폰을 통해 택시를 예약하고 콜택시의 기능을 제공함으로써 온라인과 오프라인 채널 간의 벽을 허물고 고객 중심의 서비스를 제공

IT(Information Technology), BT(Bio Technology), NT(Nano Technology)

2) 산업 간 융 · 복합

산업 간 융 · 복합

융 · 복합의 영역이 가장 확대되고 있는 분야는 산업과 산업 사이에서 이루어지는 융 · 복합이라 할 수 있다. 이제 산업 간의 융 · 복합은 산업의 경계를 모호하게 만들었으며, 산업과 산업, 산업과 문화 등의 결합이 이루어지면서 점점 그 영역을 확장하고 있다.

앞서 소개한 애플 아이폰의 경우 스마트폰이라는 기술적 융합을 이루어낸 성공적인 제품이라 할 수 있다. 하지만 애플의 융 · 복합은 단순히 기술의 결합에서 끝나지 않았다. 애플은 아이폰, 아이팟을 사용하는 사용자들에게 아이튠즈(iTunes)라는 음원, 동영상, 오디오북 등의 서비스를 제공하면서 인터넷을 통한 디지털 콘텐츠를 유통할 수 있는 새로운 시장을 만들었다. 아이폰을 사용하는 이용자는 누구든지 무선인터넷을 통해서 아이튠즈에 접속하여 MP3 음원과 비디오영상 또 스마트폰에서 활용할 수 있는 여러 애플리케이션을 다운받아 이용할 수가 있다. 이것은 애플이라는 기업이 기존의 IT기기 제조기업에서 엔터테인먼트를 제공하는 미디어기업으로 변신, 성장할 수 있는 계기를 만들었다.

지금이야 수많은 기업들이 디지털 콘텐츠 서비스를 제공하고 있지만 MP3 시장 초기에 애플이 제시한 아이튠즈는 시장의 흐름을 애플에게로 집중시키는 데 커다란 공헌을 하였다.

MP3 시장 초기에 전 세계 MP3 시장을 주도한 기업은 아이리버를 만든 레인콤, 삼성전자의 옙(Yepp) 등이었다. 이들은 MP3 기기 판매에만 관심을 가졌다. 하지만 아이튠즈라는 사이트와 함께 등장한 아이팟은 MP3 시장 판도를 크게 변화시켰다. 그동안 무료로 다운받을 수 있었던 MP3 음원파일들이 전 세계적으로 저작권보호법에 의해 무료 유통이 불가능해지기 시작하였고, 합법적으로 유료화된 디지털 콘텐츠를 제공하는 새로운 시장을 만든 애플은 이러한 환경변화에서 시장우위를 가져 갈 수 있게 된 것이다.

그림 3-3 ○ 아이팟과 아이튠즈[8]

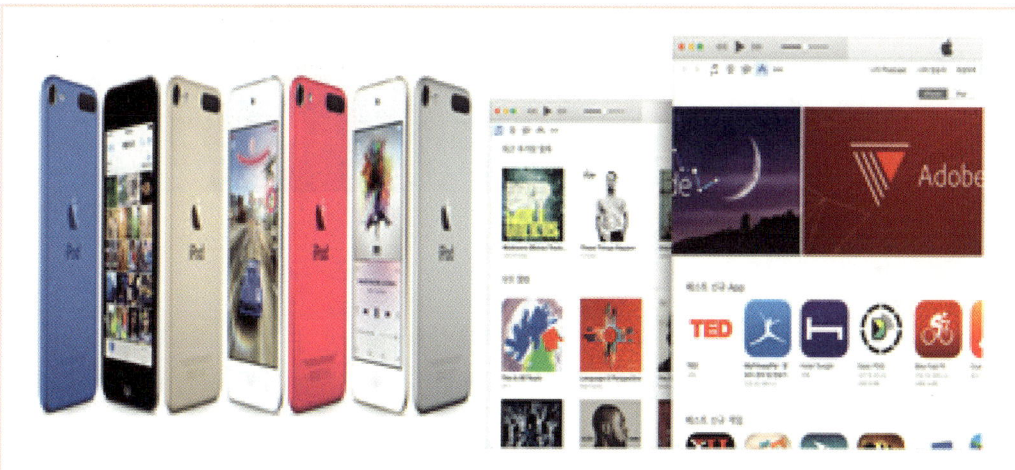

문화예술과 관광의 융 · 복합

문화예술과 관광산업은 융 · 복합을 통해 성장하는 대표적인 산업이라 할 수 있다. 관광산업은 숙박, 교통, 식음료, 쇼핑, 축제 등 다양한 관광자원이 연계되는 산업 간의 융 · 복합이 가장 활발히 이루어지는 산업이다.

문화예술 또한 그 경계선이 모호할 정도로 영역의 확장성을 가지고 있다. 문화 콘텐츠와 관광산업은 전통적으로 연계성을 많이 가지고 있는 분야라 할 수 있다. 세계 어느 국가를 여행하더라도 문화유적지나 미술관, 박물관, 공연장 등은 대표적인 관광지로서 관광산업의 중심을 이루고 있다.

최근에는 전통적인 문화 콘텐츠뿐만 아니라 엔터테인먼트와 미디어 콘텐츠를 통한 관광상품도 꾸준히 성장하고 있다. 우리나라도 2000년도 초반부터 불어온 한류(韓流)를 기반으로 중국, 동남아, 유럽, 남미 등 전 세계에 우리 문화를 알리고 있으며, 각국의 많은 호응을 받고 있다. 이것을 한류라는 이름으로 우리나라를 전 세계에 알리는 훌륭한 새로운 관광자원으로 활용되고 있는 것도 사실이다.

그림 3-4 ○ 콘텐츠산업 수출액과 한류문화 중 하나인 드라마[9]

자료: SBS

또 관광부문의 융 · 복합의 대표적인 분야는 의료관광이라 할 수 있다. 의료관광이란 의료서비스를 받기 위해 방문한 외국인을 대상으로 관광상품과 연계하여 진료 · 치료 목적과 함께 넓게는 웰빙(wellbeing) · 힐링(healing)을 포함한 관광을 말한다.

의료관광은 자국에서는 서비스를 받지 못하거나 서비스의 질을 달리하는 의료서비스를 받을 목적으로 입국하는 외래 관광객을 대상으로 하고 있다. 의료서비스의 범위는 단순한 미용에서부터 중요한 중증 수술에 이르기까지 영역이 매우 넓은 산업이라 할 수 있다.

표 3-3 | 의료관광의 영역

(단위: 명, %)

구분	분야	대표 사례
중요한 기술(중증)	정형외과	인공관절시술
	척추	디스크 제거와 교체
	심장내과	혈관성형술
	산부인과	불임치료
	절제술	
	일반외과	
	그 외	장기이식
가벼운 수술(경증)	치과	치아미백
	이비인후과	
성형수술	안면성형	필러, 쌍꺼풀, 코 등
	바디성형	지방흡입술
대체의학	중의학	침술, 한약처방
	빤차 카르마(Pancha karma), 태극(tai–chi)	
웰빙/라이프스타일 전환	스파, 요가, 참선	
	알레르기, 아로마, 마사지, 영적 투여	

표 3-4 | 주요 국적별 외국인 의료관광 환자 현황[10]

(단위: 명, %)

구분	2012년	2013년	2014년	2015년	전년 대비 증가율
중국	32,503 (20.4%)	56,075 (26.5%)	79,481 (29.8%)	99,059 (33.4%)	24.6%
미국	30,582 (19.2%)	32,750 (15.5%)	35,491 (13.3%)	40,986 (13.8%)	15.5%
러시아	16,438 (10.3%)	24,026 (11.4%)	31,829 (11.9%)	20,856 (6.4%)	−34.5%
일본	19,744 (12.4%)	16,849 (8.0%)	14,336 (5.4%)	18,884 (6.4%)	31.7%
몽골	8,407 (5.3%)	12,034 (5.7%)	12,803 (4.8%)	12,522 (4.2%)	−2.2%
카자흐스탄	1,633 (1.0%)	2,890 (1.4%)	8,029 (3.0%)	12,567 (4.2%)	56.5%

베트남	2,231 (1.4%)	2,988 (1.4%)	3,728 (1.4%)	5,316 (1.8%)	42.6%
캐나다	2756 (1.7%)	2770 (1.3%)	2,941 (1.1%)	3,206 (1.1%)	9.0%
UAE	342 (0.2%)	1,151 (0.5%)	2,633 (1.0%)	2,946 (1.0%)	11.9%

의료관광은 의료서비스와 관광이 연계되면서 고부가가치 산업으로 주목받고 있다. 여기에 의료기술과 IT가 결합하면서 그 영역은 점점 더 확대되어가고 있는 추세이다. 특히 인터넷의 발달은 정보의 접근성을 높여주었다. 특히 SNS와 온라인 커뮤니티들은 많은 사람들에게 의료정보와 관련된 지식을 증가시켜주는 데 결정적인 역할을 하였다.

모바일 기술은 유헬스(u-Health)를 가능하게 하였으며, 특히 환자정보를 실시간으로 쉽게 확인하는 데 주요한 역할을 하였다. 의료기술과 IT의 결합은 기술력과 편리성을 증가시키는 동시에 의료산업을 엔터테인먼트산업과의 연결해주고 있다.

이처럼 IT는 산업 간의 융·복합을 만들어주는 주요한 역할을 하고 있으며, 이를 통해 각 산업 간의 경계선을 점점 더 없애는 데 큰 역할을 하고 있다.

2. 디지털 융·복합

1) 디지털 융·복합

디지털 융·복합

앞에서 융·복합을 이루는 중심에는 IT를 중심으로 한 디지털 기술이 항상 존재한다고 이야기했다. 한편에서는 융·복합과 디지털 융·복합을 같은 의미로 이야기하기도 한다. 디지털의 융·복합이라는 것은 정보통신기술을 기반으로 멀티미디어 콘텐츠를 포함한 여러 디지털 기술이 서로 간에 자유롭게 융합하는 현상을 말한다.

과거의 컴퓨터가 문서작업과 계산, 정보검색 등 우리의 업무를 보조하는 도구였다면 지금의 컴퓨터는 음악, 영상, 게임 등 엔터테인먼트에 이르기까지 폭넓고 다양한 서비스를 제공할 수 있는 융·복합의 산물로 발전하였다. 디지털 융·복합의 영향은 디지털 기술의 융합뿐만 아니라 사회·경제·문화 전반에 걸쳐 나타나고 있으며 우리 생활에 깊숙이 자리하고 있다.

과거에는 개별적으로 이루어지던 산업이 디지털 융·복합으로 인해 하나의 서비스로 통합되어 제공되고 있는 것이다. 과거 유선통신과 인터넷, 무선통신, TV 등 각각의 산업이 다른 영역에 독자적으로 각자의 역할을 하였다면, 이제는 네트워크로 연결된 하나의 통합된 서비스를 통하여 유·무선통신과 TV 서비스를 한 번에 제공받을 수 있게 된 것이다.

그림 3-5 SK의 인터넷, TV, 전화 결합상품[11]

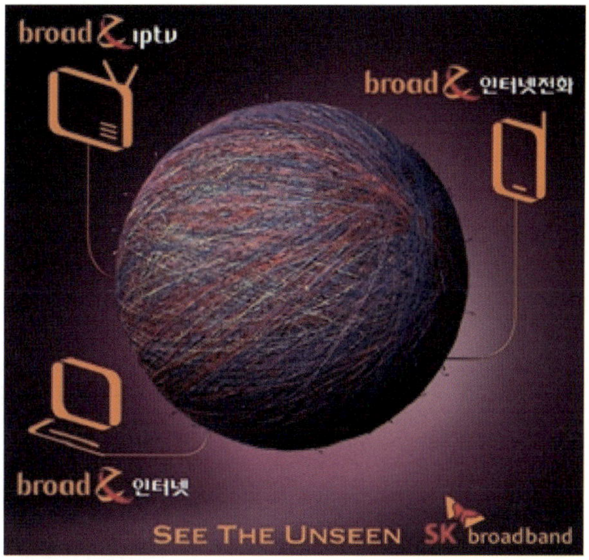

디지털 융·복합의 형태

디지털의 융·복합은 다양한 형태로 일어나고 있다. 디지털 기술에 기반을 둔 컴퓨터·가전제품·통신기기와 같은 '**기기의 융·복합**'과 유·무선통신망과 방송·인터넷을 융합한 '**네트워크 융·복합**', 마지막으로 음성·영상·데이터를 포함한 '**콘텐츠 융·복합**'으로 분류 할 수 있는데 이외에도 향후에 다양한 형태의 융·복합은 지속적으로 일어날 가능성이 매우 높다.

표 3-5 | 디지털 융 • 복합의 형태

융 • 복합 분류	형태
기기 융 · 복합	스마트폰, 스마트TV, 웨어러블(wearable) PC
네트워크 융 · 복합	인터넷전화, 온 · 오프라인 통합, 모바일서비스 등
콘텐츠 융 · 복합	온라인미디어, DMB서비스 등

2) 디지털 융 · 복합 사례

IT 융합 의료서비스, '디지털 증례 데이터관리시스템: PADAS'[12)]

의료계에서는 IT기술을 활용한 융합서비스가 큰 화제가 되고 있다. 체계적이지 못하다는 한계를 가진 기존 아날로그식의 시스템에서 IT와 데이터 분석기술을 접목한 디지털시스템으로 진화하여서, 내 · 외부 고객의 만족도가 큰 폭으로 상승했기 때문이다.

다양한 IT 융합서비스 중에 대표적인 시스템은 디지털 증례 데이터관리시스템이다. 디지털 증례 데이터관리시스템은 기존 병원에서 사용하는 환자용 종이평가지(증례기록서)를 디지털화한 것이다.

시스템이 도입된 병원을 방문한 환자는 외래대기시간에 태블릿에 준비된 문항으로 현재의 상황을 입력, 자신의 회복 추이를 평가하게 되며, 그 결과는 주치의에게 즉시 전달된다. 기존 종이평가지의 경우 채점, 재입력, 전달 등의 불편한 부분들이 있었으나, 이 시스템이 도입되면서 효과적인 커뮤니케이션은 물론, 분석까지 가능하게 된 것이다.

실제 디지털 증례 데이터관리시스템을 사용한 고객은 "내 상태를 정확하게 전달할 수 있고, 치료상황을 확인할 수 있어서 매우 편리했다. 주치의와의 소통도 원활해져서 좋았다"며 소감을 밝혔다.

디지털 증례 데이터관리시스템 중 가장 대표적인 프로그램은 PADAS이다. 현재 국내 9개 대학병원에서 성공적으로 활용되고 있으며, 각 병원의 시스템에 맞춰 고객화(customizing)된 서비스를 제공하여 큰 주목을 받고 있다.

PADAS는 족부의 VAS, FFI, AOFAS, AAOS, FAOS, Olerud Molander 평가지 외에도 정형외과 세부분야인 슬관절, 척추관절, 고관절, 견주관절 등을 지원한다. (디지털타임지 기사 인용)

학·습·내·용·정·리

1. 융합과 복합이 합쳐진 단어인 융·복합은 서로 다른 경영과 기술 등이 결합하여 새로운 부가 가치를 창출할 수 있는 결과물을 만들어내는 것을 말한다.

2. IT의 발전은 각 산업 간의 경계를 무너뜨렸으며, 특히 네트워크로 연결된 정보는 통합된 산업 환경을 구축하는 데 기반역할을 하고 있다. 과거에는 산업 간 경계선이 비교적 명확했지만, IT기술을 수용함으로써 산업 간의 경계선이 점차 모호해지고 있다.

3. 이제 산업 간의 융·복합은 산업의 경계를 모호하게 만들었으며, 산업과 산업, 산업과 문화 등의 결합이 이루어지면서 점점 그 영역을 확장하고 있다.

4. 융·복합의 중심에는 IT가 중요한 역할을 하며, IT의 발전은 산업 간의 경계를 보호하게 만들었으며 융·복합의 가능성을 더욱 높이는 계기가 되었다.

5. 문화예술과 관광산업은 융·복합을 통해 성장하는 대표적인 산업이라 할 수 있다. 최근에는 전통적인 문화 콘텐츠뿐만 아니라 엔터테인먼트와 미디어 콘텐츠를 통한 관광상품도 꾸준히 성장하고 있다.

6. 디지털의 융·복합이라는 것은 IT를 기반으로 멀티미디어 콘텐츠를 포함한 여러 디지털 기술이 서로 간에 자유롭게 융합하는 현상을 말한다. 크게 (컴퓨터·가전제품·통신기기와 같은) 기기의 융·복합, 유·무선통신망과 방송·인터넷을 융합한 네트워크 융·복합, 음성·영상·데이터를 포함한 콘텐츠 융·복합으로 분류할 수 있다.

학·습·문·제

01 현대산업에서 융 · 복합의 중요성에 대해 예를 들어 설명해보자.

02 융 · 복합의 영역에 성공적인 사례를 2가지를 찾아서 설명해보자.

03 융 · 복합에서 왜 IT 중심의 디지털 기술이 중요한지 3가지의 사례를 들어서 설명해보자.

04 융 · 복합의 대표적인 성공사례를 찾아보고, 성공한 요인이 무엇인지 설명해보자.

05 IT와 문화예술 분야의 융 · 복합의 3가지 사례를 들어서 설명해보자.

06 관광산업에서 융 · 복합의 성공적인 3가지 사례를 들어서 설명해보자.

07 의료관광에서 융 · 복합의 성공적인 2가지 사례를 들어서 설명해보자.

■ 참고자료 ■

1) 조영연(2014), 아마존, 스타벅스, 배달의 민족 … O2O서비스, 온라인을 넘어 오프라인까지, Platum, 2014.11.12.

2) KT(http://blog.kt.com/12)

3) 플래텀(http://platum.kr/archives/19834)

4) http://ernesto109.tistory.com/73

5) SK플래닛(http://skpblog.tistory.com/816)

6) 벅스(http://music.bugs.co.kr)

7) TrendForce, Market Share Ranking of Smartphone based on Annual Global Production Volume, 2017.1.

8) Apple Korea, iPod · iTunes(https://www.apple.com/kr)

9) 한국콘텐츠진흥원, 2017년 콘텐츠산업 전망, 2017.1.
SBS(http://program.sbs.co.kr)

10) 한국보건산업진흥원(2016), 2015년 외국인 환자 유치 실적 조사결과

11) SK브로드밴드(http://www.skbroadband.com)

12) 한국경제(2016), ICT 융합 의료서비스, 디지털 증례 데이터관리시스템 PADAS, 한경닷컴, 2016.1.19.

PART 02

관광산업과 IT

CHAPTER 04

정보시스템과 기업경영

학습목표

- 정보관리와 정보시스템의 중요성에 대해 이해한다.
- 정보시스템의 종류와 사례를 공부한다.
- 경영정보시스템이 왜 필요한지 어떻게 발전을 해왔는지를 이해한다.
- 거래처리시스템(TPS), 의사결정지원시스템(DSS), 전략정보시스템(SIS)이 각기 어떠한 역할을 하는지를 이해한다.
- 기업의 의사결정에 왜 경영정보시스템이 필요한지를 이해한다.
- 기업의 의사결정에 중역정보시스템(EIS)이 왜 필요한지를 이해한다.
- 전사적 자원관리시스템(ERP)이 왜 필요한지를 이해한다.
- 공급망관리시스템(SCM), 고객관리시스템(CRM)이 어떻게 발전했는지를 이해한다.

하나투어

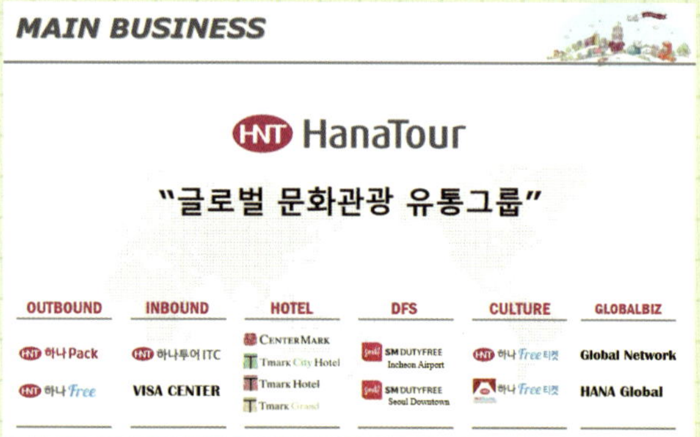

하나투어[1)]

2000년 11월 여행사 최초로 코스닥 상장기업인 하나투어는 현재 여행사부문에서 20년째 매출액 1위의 기업이다. 현재 9개 지역해외법인과 26개 글로벌 네트워크를 갖고 있다.

1993년 회사 설립 이후 B2B2C 비즈니스 모델을 도입하였고, 이를 실현하기 위해 여행기업 중 IT부문에 가장 많은 투자를 한 기업이다. 2016년 100억 원 이상을 IT부문에 지출하고 있다.

장기적으로 세계적 경쟁력을 가진 여행종합그룹을 목표로 유연하고 체계적인 선진경영관리체계 확립을 위해 ERP(전사적 자원관리)를 도입하였다. 재무회계, 관리회계, 인사관리부문을 중심으로 업무 프로세스의 혁신과 기존 프로세스 개선과 관련 인프라를 구현하였다. IT 컨설팅은 IBM이, ERP 소프트웨어는 SAP사의 R/3를 도입했다.

이 과정에서 국외 여행업계(TUI,[01] JTB,[02] Expedia, IBM 등)의 유사 비즈니스 모델기업의 선진사례들을 벤치마킹하였으며, SAP 패키지에 글로벌 Best Practice들을 적용해 To-Be Model 구현을 통해 최적화를 실현하였다. 1단계로 본사의 프로세스 혁신과 ERP를 구축하고, 2008년부터 국제회계기준(IFRS: International Financial Reporting Standards) 적용을 시작한 후 2009년부터 공시를 시작하였다. ① 재무회계는 글로벌 통합재무체계를

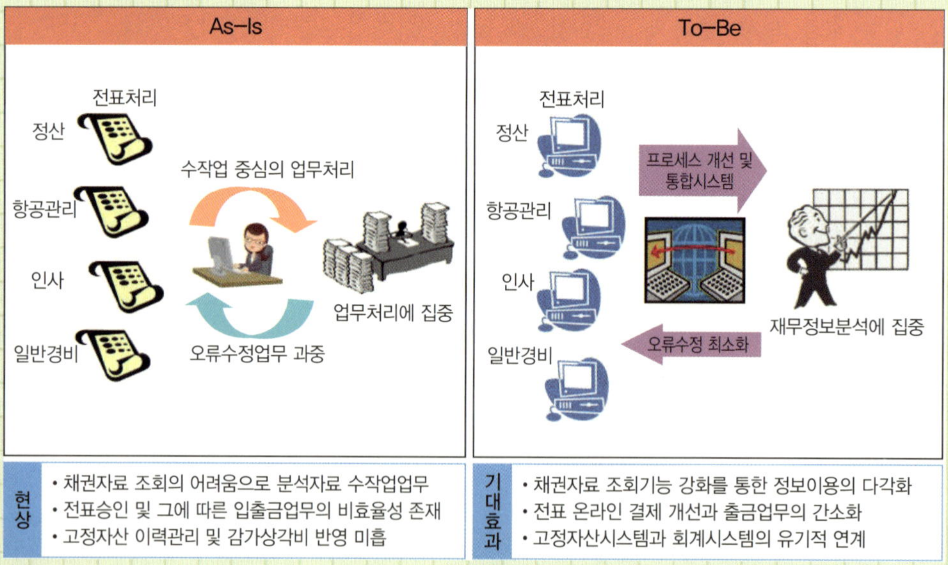

하나투어 To-Be Model[2)]

01 TUI: 독일 최대의 여행사로 하노버에 본사를 두고 있는 국제적 여행사

02 JTB: 일본 최대의 여행사이자 세계적으로 가장 큰 여행사 중 하나로 전문분야는 관광부문이다.

도입해 그룹 표준 재무체계 기반을 구축하였다. 이를 통해 그룹 내 모든 실적관리가 용이해졌으며, 거래처리자동화 확대를 통해 통합시스템 구축이 가능해졌다. ② 관리회계 도입을 통해 중장기전략(사업계획, 목표와 실적, 성과시스템 연계)의 구체화를 통해 사업계획 수립이 짧은 시간 내 보다 정밀해졌고, 시나리오분석을 통한 경영진의 의사결정의 정확도를 향상시켰으며, 사업계획목표 대비 경영실적 및 성과분석 기반확보 등이 가능해졌다. 이를 통해 사업계획과 연계된 효율적인 예산운영체제 구축이 가능해져 예산편성, 운영, 예산 대비 실적분석, 사후 유연한 예산통제, 예산실적분석을 통한 예측력 강화가 가능해졌다.

인사관리는 투명한 평가시스템 도입을 통한 성과향상 및 직원만족도 제고, 교육내용을 업무에 직접 활용으로 업무수행성과 향상, 효율적인 인재육성체계 수립 등이 가능해졌다.

통합경영관리 체계 구축을 통해 전략적 경영관리(SEM[03]), 다차원 수익성분석 강화(EDW[04]), 기간업무 프로세스(ERP)로 구성되어 있다.

참고로 하나투어는 2006년 런던증권거래소에 상장하였으며, 2011년 11월 코스피로 이전 상장하였다.

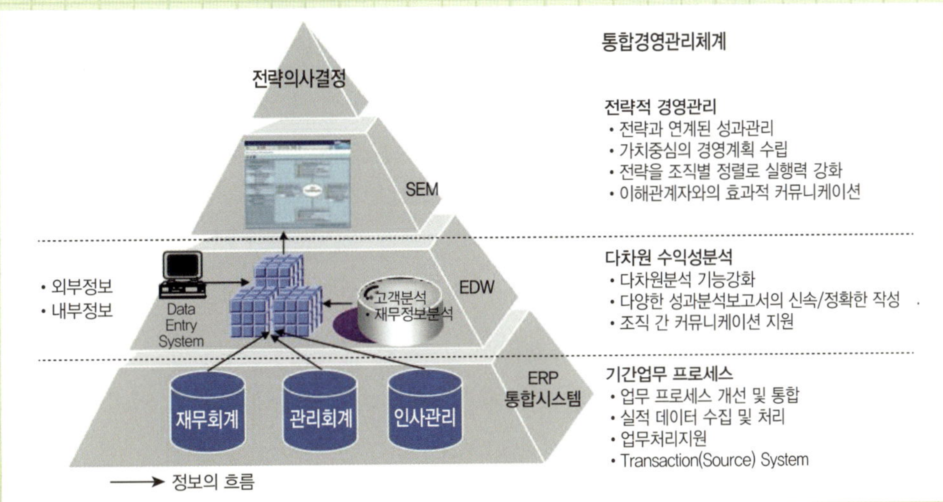

하나투어 통합경영관리체계[3)]

03 SEM: Strategy Enterprise Management(전략적 기업관리)

04 EDW: Enterprise Data Warehouse(전사 데이터 저장소)

1. 정보관리와 경영정보시스템

1) 경영정보시스템

정보화 시대

우리는 생활 속에서 수많은 정보를 접하고 있다. 이름, 성별, 직업과 같은 개인정보에서부터 기업을 운영하기 위한 판매, 재무, 운영, 생산, 인사정보와 같은 기업정보에 이르기까지 무한히 생성되는 정보가 제공되는 사회 속에서 살고 있다.

우리가 살고 있는 현 시대를 '**정보화 시대**'라는 것을 피부로 느낄 수 있다. 정보화 시대란 무한히 만들어지는 정보를 IT를 활용하여 누구나 쉽게 정보를 획득하고 이용할 수 있는 시대라고 말할 수 있다.

우리는 유 · 무선으로 인터넷이 연결된 컴퓨터나 스마트폰을 이용해 지구 반대편에서 열리는 스포츠 중계정보를 실시간으로 접할 수 있으며, 해외 주식정보를 받아서 국내 주식에 대한 정보를 판단하기도 한다. 인터넷으로 연결된 세상 속에서의 정보는 가장 중요한 자원이자 필수요소로 자리매김하고 있는 것을 느낄 수 있다.

또 한편으로는 무수히 많은 정보가 우리 생활 속에서 만들어지고 있기 때문에 우리에게

그림 4-1 ○ 정보의 홍수[4]

필요한 정보가 무엇인지 판단하기 어려운 상황에 놓이기도 한다. 정보의 홍수라 할 정도로 무한한 정보가 제공되는 세상에서 획득한 정보를 어떻게 활용해야 하는지, 우리가 어떤 정보를 획득해야 하는지에 대한 문제를 해결해야 할 필요가 있다. 즉, 필요한 정보를 쉽게 얻기 위해서는 이들 정보의 효율적인 관리가 무엇보다 필요하다.

자료, 정보, 지식

정보관리에 대한 개념을 쉽게 이해하기 위해서는 우선 정보를 이루고 있는 구성요소에 대해 먼저 이해할 필요가 있다.

먼저 **자료(data)**란 '**가공되지 않은 사건이나 물건을 있는 그대로 사실적으로 표현한 것**'을 말한다. 참고로 기업경영에서 물건의 재고가 얼마만큼 남았는지, 이번 달의 매출이 얼마나 되는지, 현재 우리 기업의 직원은 몇 명인지 등과 같이 가공하지 않고 있는 사실만을 그대로 기록한 것을 우리는 자료(데이터)라고 말한다.

한편 **정보(information)**란 우리가 얻은 '**자료를 특별한 목적에 맞게 가공하고 변환시킨 것**'을 말한다. 예를 들면 지난 12개월 동안의 매출량은 단순한 자료라 할 수 있지만, 지난 12개월 동안 가장 매출이 높은 달, 매출이 가장 낮은 달은 하나의 정보로 볼 수 있다. 또한, 전년 대비 올해의 매출량의 증가폭과 같이 기존 자료를 처리해서 분석자료로서 사용이 가능한 것들을 정보라고 할 수 있다.

자료와 정보의 가장 큰 차이점은 자료는 사실 그대로만을 말하는 것이라면, 정보는 그 목적과 필요에 따라 하나의 방향성을 갖고 있다는 것이다. 그렇기 때문에 우리가 필요한 목적이나 그 필요에 적합한 정보가 제공되는 것은 굉장히 큰 힘이 되며, 이것은 기업이 경쟁우위를 가져 갈 수 있는 중요한 핵심자원이라 할 수 있다.

기업은 타 기업과의 경쟁에서 우위를 차지하기 위해 질 좋은 정보와 빠른 정보를 얻기 원하며, 적재적소에 적합한 정보 전달은 기업의 경영전략에 있어서 우위를 점하는 데 있어서 큰 힘이 되기도 한다. 기업경영전략에 있어서 정보와 자료를 가지고 우위를 점한 사례를 보자.

2007년 미국의 서브프라임 모기지 사태(Sub-prime Mortgage Crisis, 비우량주택담보대출) 이전에, 2005년 사이언 캐피탈(Scion Capital LLC) 헤지펀드 창립자 마이클 버리(Michael Burry)와 Front Point Partners 헤지펀드사의 마크 바움(Mark Baum) 등은 많은 저소득층 대출자들이 원리금을 제대로 갚지 못한다는 점과 금융기관의 부실한 회사 평가 등의 정보를 입수하였다. 그 뒤, 미국경제의 위기가 닥칠 것을 예측하고 많은 금융기관들을 상대로 신용부도스와프(CDS: Credit Default Swap)[05]를 구매하였다.

1년 뒤 2004년 미국의 저금리 정책의 종료로 인해 미국 부동산시장의 거품이 꺼지기 시작하면서 결국 2008년 세계금융 거대기업 중 하나인 리먼 브라더스(Lehman Brothers)가 부도가 나는 등 전 세계가 금융위기를 맞았다. 하지만 마이클 버리와 마크 바움과 같이 정보와 자료를 통해 미리 예측하여 신용부도스와프(CDS)를 구매한 투자자들은 역으로 많은 이익을 얻었다.

이것이 정보의 힘이다. 정확한 정보를 사전에 빨리 알 수 있음으로 기업경영에 중요한 의사결정에 결정적인 도움이 된 것이다.

지식(knowledge)은 사람이 '**자신의 경험적인 인식을 통해서 어떤 의사결정이나 판단을 내리기 위한 체계**'라 할 수 있다. 여기서 경험적인 인식이란 결국 자신이 과거에서부터 축적된 정보로 인해서 형성이 된다고 할 수 있다.

즉, 사람이 어떤 정보를 습득하였다면 그 정보를 판단하기 위해서 그 사람 안에 축적되어 있는 정보들로 인한 판단체계를 지식이라 할 수 있다. 예를 들어 일본의 엔화가치가 하락한다는 환율정보를 얻었다면 엔화가치 하락으로 국내 생산제품의 해외 판매가격경쟁에서 어려움이 있을 것이란 예측을 할 수 있다. 한편으로는 엔화가치 하락으로 인해 우리 국민들이 일본으로 해외여행이 증가할 것이란 예측도 할 수 있다. 이와 같이 하나의 정보를 얻었을 때 우리는 다양한 결과를 예측할 수 있으며, 이것은 우리가 갖고 있는 지식을 기반으로 판단할 수 있는 것이다.

표 4-1 | 자료, 정보, 지식

자료 (material, data)	• 계량적 연구와 질적 연구에서 어떤 현상이나 사실을 그대로 수집한 자료 • 세상의 수많은 사실이나 현상 모두를 뜻하는 것이 아닌, 그 중에서 필요에 따라 지각된 사실만으로 유용한 자료
정보 (information)	• 아직 평가되지 않은 단순한 여러 가지 사실인 자료(data)를 특정한 목적을 위해 처리 · 가공한 것 • 정보란 '**어떤 사물 또는 사람에 대한 지식이나 지침으로 일정한 의미를 지닌 것**'
지식 (knowledge)	• 특정한 목적을 달성하기 위해 도움이 되도록 추상화되고 일반화된 정보를 지칭

05 신용부도스와프(Credit Default Swap: CDS): 부도가 발생하여 채권이나 대출 원리금을 돌려받지 못할 위험에 대비한 신용파생상품

정보의 가치

정보를 활용하여 좋은 의사결정을 하기 위해서는 고품질의 정보를 획득하는 것이 무엇보다 중요하다. 만약 정보가 필요한 유효시기를 지나서 정보를 얻었다면 그 정보는 정보로서 가치를 상실한 것이다. 또한 잘못된 정보의 전달은 기업에 막대한 피해를 안겨줄 수 있다. 즉 상황이 어떠한 경우에도 가치 있는 정보를 사용하기를 원할 것이다. 특히 경영자들은 주어진 환경과 상황에 맞는 유용한 정보의 가치를 확인하기 위해서는 다음과 같은 정보의 특성을 확인할 수 있어야 한다.

■ 적시성(適時性, timeless)

해당 정보가 얼마나 필요한 시기에 제공되었는가를 판단하는 기준이다. 일반적으로 어제의 날씨정보는 우리에게 큰 의미가 없는 것과 같이 정보의 흐름이 빠른 정보화 시대에 시기적절하지 않은 정보는 정보로서 가치가 없다고 할 수 있다. 최근 인터넷을 통한 실시간 정보를 누구나 쉽게 접할 수 있기 때문에 정보의 적시성은 무엇보다 중요하다. 만약 호텔을 운영하는 기업이 실시간 예약시스템을 소비자에게 제공하는데 시시각각 변화하는 환율정보가 실시간으로 적용되지 않는다면 환율의 변화폭이 큰 상황에서 자칫 큰 손실을 입을 수도 있다. 또한, 기업 내부에서 정보의 적시성이 각기 다른 정보를 전달받게 된다면 서로 다른 적시성의 정보는 의사결정의 혼란을 가져올 수도 있다.

■ 정확성(正確性, accuracy)

전달된 정보가 오류 없이 잘 전달되었는가를 확인하는 기준이다. 고객이름을 전달받았는데 잘못된 철자의 이름을 입력했다면 이것은 추후 정보검색의 어려움과 잘못된 의사결정을 야기하는 원인이 될 수 있다. 특히, 부정확한 정보는 정보가 없는 것보다 더 큰 피해를 줄 수도 있다. 만약에 기업의 중요한 정보를 전달하는 데 있어서 전달자의 이름이 잘못 입력이 되었다면 이 정보는 전달되지 말아야 할 사람에게 기업의 중요한 기밀을 누출시키는 결과도 야기할 수 있다. 또한, 잘못된 정보를 기준으로 내린 의사판단은 잘못된 결과를 가져올 수밖에 없고, 이것은 기업에 크나큰 손실을 가져오게 될 수 있다.

■ 완전성(完全性, completeness)

정보의 입력에 빠진 자료 없이 전부 입력이 되었는가를 확인하는 기준이다. 택배기사가 물건을 배달할 주소를 받았는데 주어진 정보에 아파트의 동호수가 없다면 목적지까지 택배를 전달하지 못할 것이다. 이처럼 정보가 그 가치를 갖기 위해서는 정보가 가진 내용이나 형식적인 면에서 충분한 자료를 포함하고 있어야 한다. 만약 충분한 자료가 담겨있지 않다면 위의 택배기사의 예처럼 그 정보는 주어진 목적을 달성하는 데 도움을 줄 수 없는 가치 없는 정보가 되어 버릴 것이다.

■ 일관성(一貫性, uniqueness)

정보의 형식이 하나의 기준에 따라 일괄적으로 저장이 되었는가를 확인하는 기준이다. 정보를 저장하는 데 있어서 통일된 형식을 갖추지 않은 정보는 추후 의사결정을 위한 정보분석이나 새로운 정보의 추가가 이루어지기 어렵다. 만일 남녀의 구분을 한 부서에서는 1/2로, 또다른 부서에서는 M/F로 했다면 정보의 일관성에 문제가 발행한다. 그렇기 때문에 정보의 입력에서 표준화된 양식이 필요하고 이러한 표준에 따른 정보의 관리가 필요하다.

■ 정보의 연관성(聯關性, relevance)

해당된 정보가 얼마나 우리의 목적과 필요에 연관성이 있는가를 뜻한다. 아무리 많은 정보가 주어진다 하여도 우리가 당면한 문제해결과 연관성이 없다면 그 정보는 아무런 가치가 없을 것이다. 그렇기 때문에 관련성이 있는 정보를 획득하는 것은 좋은 의사결정을 위해 필요한 중요한 부분이라 할 수 있다.

표 4-2 | 가치있는 정보의 특성

정확하다 (accurate)	• 정보에 정확하지 않은 값이 있는가? 예: 주소가 정확한가?
완전하다 (complete)	• 정보에 기입되지 않은 값이 있는가? 예: 날짜와 시간 모두 완벽히 기입되었는가?
일관적이다 (consistent)	• 통합 또는 요약정보가 상세정보와 일치하는가? 예: 모든 합계가 각 항목들의 진짜 합계들과 일치하는가?
적시적이다 (timely)	• 정보가 비즈니스에 필요 관점에서 최신의 것인가? 예: 정보가 매주, 매일 또는 매시간 갱신되는가?
유일하다 (unique)	• 각 거래와 사건이 정보에 한 번만 반영되었는가? 예: 중복하여 계산된 손님이 있는가?

경영정보시스템

기업경영을 지원하기 위해 관련된 기업정보를 효율적으로 처리하기 위한 시스템을 경영정보시스템(MIS: Management Information System)이라 할 수 있다. 경영정보시스템은 기업운영에 필요한 회계, 재무, 인적자원, 마케팅, 판매, 생산정보와 같은 각각 기능을 달리하는 다양한 정보를 통합하고, 이러한 정보를 효율적으로 활용하여 기업의 중요한 의사결정을 지원하고자 하는 목적으로 만들어진 시스템이다.

기업조직은 다양한 부서가 존재하며 각 부서의 기능에 따라 필요한 정보에 의해 운영된다. 경영정보시스템은 이러한 각 부서의 정보를 하나의 시스템으로 통합해서 관련 정보를 수집 · 전달 · 저장 · 분석하는 데 사용된다.

예를 들어 여행사에서 여행상품을 소비자에게 판매한다면 경영정보시스템은 소비자가 여행상품을 검색하고 예약 · 결제 · 확인에 이르는 모든 처리과정을 통합적으로 연계처리하는 것을 도와준다.

소비자는 경영정보시스템을 이용하여 각 부서를 거치지 않고 연속적인 서비스를 하나의 처리과정을 통해서 관련 서비스를 제공받을 수 있다. 만약 원하는 항공편이나 호텔 객실이

그림 4-2 경영정보시스템 구조 예시

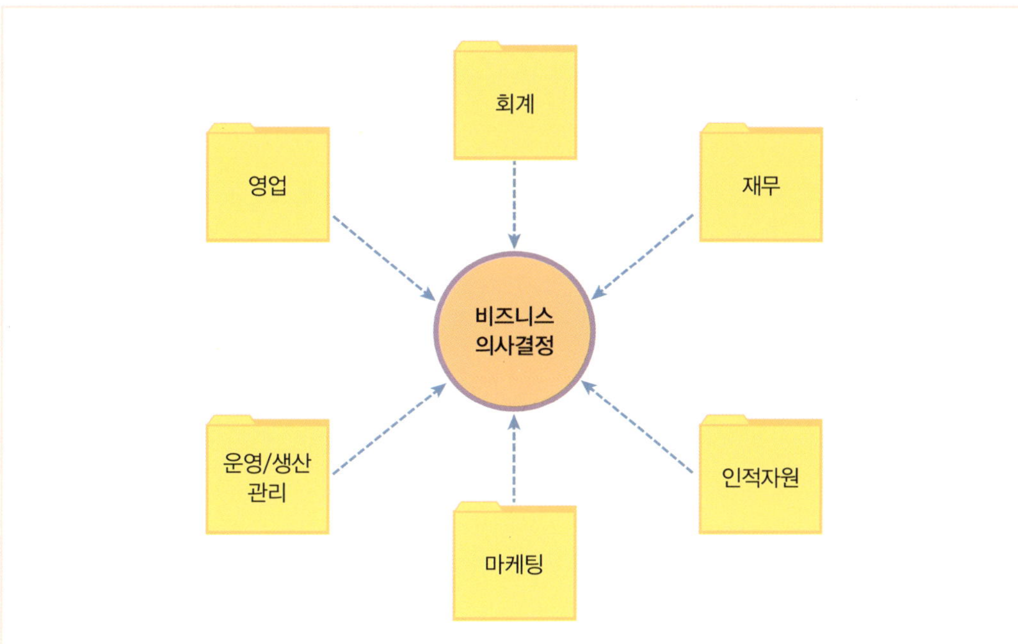

부족하다면 경영정보시스템은 소비자에게 필요한 정보를 제공해주고, 그 대안을 제시할 수도 있어야 한다. 이것은 기업 서비스의 효율성과 성과를 높여주는 경영정보시스템의 중요한 장점이라 할 수 있다.

경영정보시스템의 발전과정

현재의 경영정보시스템은 기업경영에 필요한 정보를 통합적으로 관리하는 데 효율적인 정보시스템이지만 처음부터 지금의 형태로 만들어진 것은 아니다. 경영정보시스템의 시작은 컴퓨터가 기업경영에 사용되면서부터이며 많은 시간 동안 진화하면서 만들어졌다.

1946년 최초의 컴퓨터인 애니악(ENIAC: Electronic Numerical Integrator And Calculator)이 등장한 이후 1960대부터 정형화된 거래처리나 단순계산 등에 컴퓨터의 빠르고 정확한 계산기능을 활용하는 정보시스템들이 도입되기 시작하였다.

이 시기의 정보시스템은 반복적인 업무처리를 정확히 처리하기 위해 일명 '**거래처리시스템**'(TPS: Transaction Processing Systems)이 도입되었고, 주로 많은 자료를 정확하고 빠르게 처리할 수 있는 데 목표를 두었다.

이후 1970년대에는 단순한 정보처리기능을 넘어서 경영자에게 중요한 의사결정을 지원할 수 있는 수준으로 그 기능이 확장되면서 경영정보시스템이라는 명칭을 사용할 수 있을 정도로 정보시스템이 진화하였다. 그 중에 주목할 만한 시스템은 정보를 단순히 제공하는 기능 외에 저장된 정보를 분석하여서 새로운 정보를 만들고, 경영자에게 경영의 주요한 의사 판단을 지원하는 일명 '**의사결정지원시스템**'(DSS: Decision Support System)이 등장하게 되었다.

의사결정지원시스템(DSS)은 경영자의 중요한 의사결정을 지원할 수 있도록 효율적이고 효과적인 정보전달기능을 갖추었으며, 지금 우리가 말하는 경영정보시스템의 토대가 된 시스템이라 할 수 있다.

1980년대에는 기술발전과 시스템의 확장이 이루어지면서, 기업의 전략과 경쟁우위를 위한 **전략정보시스템**(SIS: Strategic Information System)이 등장하면서, 경영자의 의사결정을 한층 더 지원할 수 있는 기능들이 추가되는 등 꾸준히 발전하였다.

또한, DSS의 진화된 형태인 전문가시스템(ES: Expert system)이 나타나면서, DSS에서 한층 발전된 인공지능(AI: Artificial Intelligence) 기능까지 갖추고 다양한 정보를 분석할 수 있는 시스템으로 더욱 발전하였다.

1990년대에 들어서면서 기업의 경영전략이 단순히 프로세스의 개선이 아닌 혁신이나 새로운 비즈니스 모델의 개발 및 설계의 필요성을 추구하였는데, 이를 위해 비즈니스 프로세스 리엔지니어링(BPR: Business Process Reengineering)의 개념들이 도입되면서 경영정보시스템은 더한층 발전하게 되는 계기를 맞았다.

2000년대 이후에는 네트워크 통신에 기반을 둔 민첩성(agility)이 뛰어난 정보시스템으로 경영정보시스템은 발전하게 되었다. 네트워크와 온라인 기술을 활용하여 기업 내부뿐만 아니라 외부와의 연결과 소통을 통해 좀 더 실시간으로 정보를 받아들이는 등 신속한 정보의 흐름이 중요시되기 시작하였다.

2010년 이후에는 이동통신기술에 힘입어 이제는 이동성(mobility)을 포함한 정보의 흐름이 중요하게 되었다.

스마트폰과 태블릿PC와 같은 모바일 기기가 확산되면서 소비자의 이동성과 실시간 정보 접속은 기업에 보다 빠른 정보의 흐름을 요구하게 된 것이다. 이것은 기업정보가 고객과의 소통을 이루어내는 것이 무엇보다 중요하다는 것을 인식시켜주면서 새로운 변화의 흐름으로 나타나게 되었다. 이러한 발전적 진행과정을 정리한 것이 [표 4-3]이다.

표 4-3 | 경영정보시스템의 발전과정

연도	주요 내용
1960년대	• 거래처리, 단순계산처리에 있어 컴퓨터의 계산기능을 사용한 시스템 도입 • 정보시스템은 거래처리시스템(TPS)을 중심으로 주로 다량의 데이터를 신속하고 빠르게 처리하는 데에 주안점을 둠
1970년대	• 경영정보시스템(MIS)의 등장 • 의사결정지원시스템(DSS: Decision Support System)의 등장
1980년대	• 전략정보시스템(SIS: Strategic Information System)의 등장
1990년대	• 기업의 경영전략이 단순히 프로세스의 개선이 아닌 새로운 비즈니스 모델 설계의 필요성을 추구 • 비즈니스 프로세스 리엔지니어링(Business Process Reengineering)의 개념에서 비롯된 비즈니스 프로세스 변화에 적용되는 경영정보시스템으로 발전
2000년대	• 네트워크 통신에 기반을 둔 민첩성(agility)이 뛰어난 정보시스템으로 발전 • 외부와의 연결과 소통을 통해 실시간의 정보를 받아들이고 신속한 정보의 흐름을 중요시함
2010년대	• 이동통신기술에 힘입어 이제는 이동성(mobility)을 포함한 정보의 흐름을 중요시함 • 소비자의 이동성과 실시간 정보접속은 기업에 보다 빠른 정보흐름을 요구 • 기업정보가 고객과의 소통을 이루어내는 것이 중요

2) 기업경영과 정보시스템

경영정보시스템이 기업에 주는 이점

경영정보시스템(MIS)의 근본적인 목적은 '기업경영에 있어서 중요한 의사결정을 위한 자료와 정보를 제공하는 것'이다. 기업 경영자는 중요한 의사결정을 위해서 수많은 자료와 정보를 분석하고 의사결정을 해야 한다. 이러한 정보를 갖고 경영에 중요한 의사판단을 하는 데 있어서 경영정보시스템은 효율적이며, 기업경영의 다양한 측면에서 핵심적인 요소로 자리매김하게 되었다. 경영정보시스템의 주요한 이점은 다음과 같이 설명할 수 있다.

생산성 향상

정보시스템의 도입은 결국 기업운영에 있어서 디지털화된 정보기술을 활용하여 생산의 자동화와 기업운영의 효율성을 높이는 데 있다. 기업운영에 있어서 원활한 정보흐름을 제공함으로써 운영시간을 단축하고, 생산비용을 절감하는 데 있어서 가장 중요한 역할을 하는 것이 정보시스템으로 기업의 중요한 도구라 할 수 있다.

삼성의 디지털경영[5)]

서초동 삼성 사옥

삼성은 정보화 시대를 대비하여 정보 인프라를 갖추고, 핵심역량을 중심으로 사업구조를 개편하는 디지털경영을 추진하였다. 구매, 생산, 판매, 물류시스템에 이르기까지 전 과정을 정보화하고 미래 사업구조로 전환하여, 협력업체와 중소기업 육성을 위해 실질적인 지원뿐만 아니라 사회공익사업에 사명감을 갖고 지원하는 '디지털 나눔경영' 추진하였다.

삼성은 국제표준 통신 인프라의 구축 및 정보공유체계인 'Single'로 완전히 정착하였다. 삼성전자의 경우 전사적 자원관리시스템(ERP: Enterprise Resource Planning)을 구축해서 재고물량을 평균 4조 1,000억 원 수준에서 2조 3,000억 원으로 대폭 낮출 수 있었다.

미회수채권도 4조 6,000억 원에서 2조 6,000억 원으로 무려 2조 원 이상 감소시켰고, 증권의 경우 사이버 거래주문건수가 70%를 넘었으며 약정액의 50%가 인터넷을 통해서 성사되었다. 또한 정보화 목표를 '내부 경영효율성의 제고'에서 '대외 경쟁력 제고'로 전환하면서 완벽한 고객관계관리(CRM)를 구축하였다.

비즈니스 파트너와의 공조체계인 공급망관리(SCM: Supply Chain Management), 인터넷을 통한 전자상거래 확산에 대비한 전자상거래(EC: Electric Commerce), 가치경영(VBM: Value Business Management)과 지식경영(KMS: Knowledge Management System), 정보통신기술(ICT) 등의 인프라를 대폭 확충하였다.

2003년 글로벌 정상기업에 걸맞게 IT 인프라를 갖추기 위해 '시장주도형 공급망관리(SCM)'와 '업무프로세스관리시스템(BPM)' 등 전 세계 조직에 걸쳐 대대적인 IT 인프라 혁신을 추진하였다. 삼성통합관리시스템(SIMS/BPM)은 본사에서 구축한 잡(Job) 매뉴얼시스템을 전 세계 120여 개 조직에 확산시켜서, 전 세계 7만여 명의 임직원들이 업무수행 방식을 규칙화된 업무프로세스 방식에 기반으로 수행할 수 있도록 지원하였다.

품질 개선

경영정보시스템의 이점은 단순히 빠른 생산성에만 있는 것이 아니라 디지털화된 생산운영 시스템 관리를 통해 제품의 생산품질을 개선하는 효과를 가져다주기도 한다.

외식산업의 경우 POS(Point of Sale)시스템의 도입으로 식품재고 및 주문관리의 효율성을 높여주었으며, 인기 메뉴와 비인기 메뉴를 분류하여 새로운 메뉴구성 및 판매전략을 계획하는 데에도 큰 도움을 줄 수 있다.

롯데의 품질개선 성공사례[6)]

온라인 종합쇼핑몰 롯데닷컴(www.lotte.com)은 백화점 계열 온라인 쇼핑몰의 대표주자로, 1996년에 설립되어 국내 전자상거래 시대의 개막을 주도한 국내 최초의 온라인 종합쇼핑몰이다. 이 회사는 롯데의 풍부한 실물유통과 전자상거래 노하우를 결합한 인터넷쇼핑서비스를 제공하고 있다. 또한 지난 16년간 쌓아온 마케팅 노하우와 온라인 플랫폼 구축, 물류센터 및 고객센터 인프라를 통해 브랜드 및 소매 유통기업의 온라인스토어 구축을 지원하는 렉스(LECS: Lotte E-commerce Customizing Service)서비스를 제공하고 있다.

또한 롯데닷컴, 영플라자, 뷰티넘버원 등의 SNS 채널을 통해 소비자들과 실시간으로 소통하고 정보를 공유하고 있다. 롯데닷컴은 2011년 9,400억 원의 매출을 기록했다.

롯데닷컴

롯데닷컴은 종래 운영해오던 상거래시스템 전반을 개선하는 '시스템 롯데 닷컴화' 프로젝트를 2010년 완료했다. 이 사업의 한 축으로 경영정보시스템에 데이터웨어하우스[06](DW: Data Warehouse)시스템을 도입했다. 하나로 묶어서 운영하던 상거래시스템과 운영계획시스템을 새 프로젝트에서는 분리한 후, 전자상거래시스템과 커뮤니티시스템에 한번 로그인으로 편리하게 처리하는 보안응용 솔루션인 'Single Sign-on'을 적용해 다시 DW시스템과 연결했다.

롯데닷컴의 하루 방문자수는 80만 명으로 거의 대형 뉴스포털보다 많은 방문자 수치다. 거래도 하루에 4만 건을 넘는다. 방문자들의 로그(log)[07]기록이나 거래 때 발생하는 트랜잭션은 상상을 초월한다. DW시스템은 계정에서 발생한 데이터를 받아, 분석작업에 필요한 정보를 사용자에게 제공한다.

DW 구축 후 다양한 비즈니스 성과를 거뒀다. 먼저 고객만족에 걸리는 커뮤니케이션 시간을 크게 줄였다. 고객들이 어디서 방문하고, 방문 후엔 어떤 경로를 거쳐 상품을 구매하는지 바로 확인할 수 있다. 고객 문의 내용과 처리현황도 바로 알 수 있다. 이렇게 파악한 정보를 전 직원이 공유하고 있다. 이를 통해 현업은 담당업무의 문제점을 스스로 파악해 개선책을 직접 찾을 수 있게 되었다.

의사결정 지원

경영정보시스템의 중요한 이점으로 많은 정보가 제공되는 정보화 시대에 기업에 필요한 정보를 적재적소에 제공해 줄 수 있어서 의사결정에 많은 도움을 줄 수 있다는 점이다.

경영정보시스템은 기업의 내 · 외부 필요한 정보를 갖고 경영자가 의사결정 등에 필요한 보다 정확하고 계량화된 정보를 제공해 줄 수 있다. 이같이 분석된 정보는 경영자의 의사결정에 있어서 중요한 정보 자원으로 활용되며, 이는 경영정보시스템이 의사결정을 지원하는 정보도구로서 중요한 강점이다.

06 데이터웨어하우스(DW: Data Warehouse): 기업 경영자 등의 의사결정에 도움을 주기 위해 기업의 의사결정과 관련된 다양한 정보를 하나로 통합한 데이터베이스를 말함.

07 로그(log): 방문자의 다양한 기록을 담은 파일

삼성화재의 창조경영[7)]

삼성화재

삼성화재는 기업의 가치창출에 기여하는 무형자산의 종합인 지적 자본화 기반을 조성하고자 전사적 지식경영시스템[08]인 일명 'anyWin'을 운영하고 있다. anyWin에서는 회사의 지식자산 등록과 정보공유가 이루어지고 있으며, 이를 통해 임직원 상호 간의 업무지식과 노하우, 경험이 공유된다. 또한 Best Practice Map을 구축하고, 전사의 BP(Best Practice) 발굴 프로세스를 통합하여 시기의 적절성, 정확성, 질(Quality)을 고루 갖춘 고품질의 BP를 제공하고 있다. 발굴된 BP는 주기적 · 지속적으로 전파하고 있으며, 효과성을 높이기 위해 총괄/실별 BP 담당자가 이를 직접 수행한다.

판례시스템, 방재시스템, 업무가이드 등 다양한 업무시스템과도 연계하여 업무지식과 관련된 종합적인 지원을 효과적으로 수행하고 있다. 또한 지식전문가의 질의응답(Q&A) 활동을 통해 임직원들이 해당 분야의 지식을 찾지 못해 문제해결이 어려운 경우, 이에 대한 해결사 역할도 하고 있다.

290여 명의 지식전문가가 자신의 전문분야에 대한 문의사항이 등재되면 메일을 통해 확인하게 되며, 전문가가 답변을 등재하면 질문자에게 메일을 통해 안내되는 등 실시간 소통 프로세스를 구축하여 현장업무의 효율성을 증대하는 데 기여하고 있다.

기업전략

최신 정보기술의 활용은 새로운 비즈니스전략을 제시하는 데 있어서 필수적인 요소이다. 새로운 기술을 도입함으로써 새로운 비즈니스 모델의 개발, 프로세스의 혁신, 고객관계관리, 유통과정의 단축 등 다양한 기업전략이 가능하게 되고 이것은 기업경영에 있어서 경쟁우위를 상승시킬 수 있는 원동력으로 작용한다.

경영정보시스템은 기업의 정보를 통합 · 관리 · 운영하는 기반이자 핵심이다. 현대사회에서 기업경쟁은 '**정보의 전쟁**'이라 하여도 과언이 아닐 정도로 정보가 중요한 역할을 한다.

기업이 경쟁우위를 지속적으로 가져가기 위해서는 보다 빠르고 정확한 정보를 효율적으로 관리하는 것이 무엇보다 중요하다. 기업의 정보계획 토대를 갖추기 위해서는 경영정보시스템의 활용이 무엇보다 중요하다. 이것은 기업의 전략적 계획과 타 업체와의 경쟁우위를 만들어가는 데에 있어서 가장 중요한 일 중의 하나이다.

---

08 지식경영시스템(KMS: Knowledge Management System): 기업 내 인력들이 축적하고 있는 개별 지식을 체계화하여 이를 공유하게 함으로써 기업경쟁력을 향상시키는 기업정보시스템의 하나

갤럭시 탭이 바꾼 일본의 두메산골[8] – 특산물 실시간 주문처리, 만족도 높아 –

일본 두메산골 '갤럭시 탭' 사용

삼성전자 갤럭시 탭이 일본 시골의 작은 마을을 부자로 만들고 있다. 마을 주민들이 갤럭시 탭을 활용해 특산물 주문을 실시간으로 처리하며 고객만족도를 높인 결과이다. 일본 모바일 전문 인터넷 매체 프로모바일은 도쿠시마현 가미카쓰 마을의 갤럭시 탭 활용기를 게재했다.

가미카쓰 마을은 전체 면적의 89%가 산이고 인구는 약 1,740명에 불과하다. 인구 중 65세 이상 노인이 차지하는 비중은 50%를 웃돈다. 통계만 보면 노령화가 매우 심각한 두메산골에 지나지 않지만 이 마을은 일본에서도 꽤 유명한 특산물의 성공사례다.

가미카쓰 마을의 대표적 특산물은 '나뭇잎'이다. 모양이 예쁘고 빛깔이 고운 이 지방의 나뭇잎과 꽃은 고급 일본요리에 장식품으로 쓰인다. 1999년 주민들이 힘을 모아 마을 기업 '이로도리'를 만들고 가미카쓰 나뭇잎의 브랜드를 높였다.

가미카쓰 마을은 집집마다 초고속 인터넷이 설치돼 있다. 컴퓨터에 익숙하지 않은 노인들도 인터넷으로 주문을 받아 상품을 출고한다. 다만 나뭇잎이나 꽃은 가꿀 때나 외출 시에는 주문이 제대로 처리되지 않는다. 들고 다닐 수 있는 갤럭시 탭으로 이 문제를 해결했다. 주문이 들어가면 그 정보가 즉시 생산자에게 전달된다. NTT도코모[09]는 노인들에게 적합하도록 터치 버튼과 글자가 큼지막한 주문 앱을 만들어 갤럭시 탭에 설치했다. 매출도 날마다 확인이 가능하다. 생산성 향상은 자연스럽게 따라왔다. 놓치는 주문이 없어졌고 필요한 만큼 수확해 재고도 크게 줄었다. 이 마을의 나뭇잎 산업 연 수입은 2억 6,000만 엔(38억 3,200만 원) 수준이며, 갤럭시 탭의 활용에 힘입어 2010년에는 3억 엔 이상으로 올라갈 전망이다.

NTT도코모 법인 영업부 야마다 히로유키 씨는 "스마트패드가 한 마을을 새롭게 바꾸는 사례"라며 "스마트기기와 인연이 없다고 여기는 노인이라도 쓰기 쉬운 앱을 만들면 얼마든지 활용가능하다"고 설명했다.

자료: 장동준(2011). 갤럭시 탭이 바꾼 일본의 두매산골–특산물 실시간 주문 처리, 만족도 높아. etnews. 2011.10.20.

---

09 NTT 도코모: 일본의 이동통신업체

3) 기업의 의사결정단계

기업경영을 지원하는 정보시스템은 기업조직의 구조에 따라 크게 3가지 유형으로 분류할 수 있으며, 기업의 구조는 그 업무의 수행의 권한과 특성에 따라 다음과 같이 구분할 수 있다.

그림 4-3 ○ 정보시스템의 3가지 유형

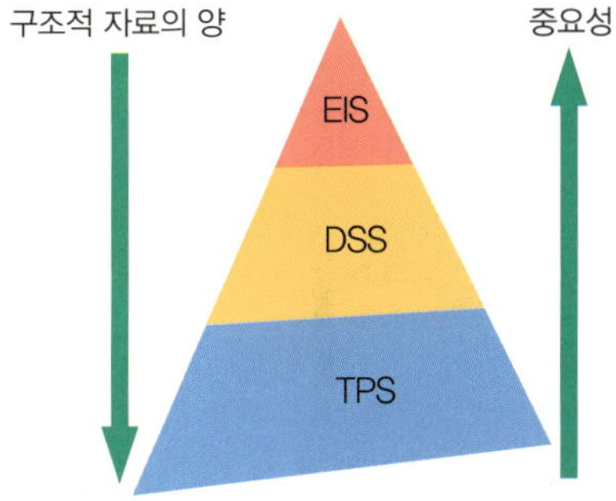

시스템	계층	조직	예
EIS: Executive Information System	최고경영층	비구조적	• 중역정보시스템 • 의사결정지원시스템
DSS: Decision Support System	중간경영층	반구조적	• 의사결정지원시스템 • 전문가시스템 • 사무자동화시스템
TPS: Transaction Processing System	실무자층	구조적	• 거래처리시스템

거래처리시스템(TPS: Transaction Processing System)

기업의 일반적인 업무를 수행하는 실무자들이 주어진 각자의 업무(인사, 회계, 재무, 생산, 재고관리 등)처리를 하는 데 필요한 시스템을 말한다. 이 단계에서는 기업운영에 관련된 일상적인 업무를 처리하기 때문에 의사결정 권한이 거의 없는 단계라 할 수 있다. 이러한 운영단계에서는 주어진 업무는 대체로 일반화되어 있어서 해당 업무를 어떻게 효율적으로 처리할 수 있느냐에 초점이 맞추어져 있다. 이러한 시스템을 **거래처리시스템**(TPS: Transaction Processing System)이라고 한다.

이러한 업무를 처리하는 실무자들은 의사결정 권한이 거의 없기 때문에 대부분 반복적인 업무수행 매뉴얼에 따라 주어진 업무를 수행하게 된다. 이 단계에서 의사결정은 정해진 규칙대로 처리하는 구조화된 의사결정단계라 할 수 있다.

하나의 예로 씨티은행에서 최초로 도입한 ATM기기(현금자동입출금기)를 들 수 있다. 씨티은행은 ATM기기를 도입한 이후 시장점유율이 약 2.5배 증가하는 성과를 거두었다. ATM기기를 통한 거래처리시스템은 편리성과 효율성을 고객에게 제공하여 고객만족을 이끌어 낼 수 있었다. 수많은 거래정보를 저장하고 처리하기 때문에 최고경영자에게 기본적인 최신 정보를 제공할 수 있어서 경영의 전략적 의사결정을 지원할 수 있는 기반을 만들어 줄 수 있다.

그림 4-4 씨티은행의 ATM기기[9)]

의사결정지원시스템(관리단계의 정보시스템)

관리단계는 TPS업무를 수행하는 실무자로부터 정보를 보고받고, 일정부문 위임받은 의사결정 권한을 가진 중간관리자(부서장)의 역할을 수행하는데 이러한 업무를 지원하는 정보시스템을 **의사결정지원시스템**(DSS: Decision Support System)이라고 말한다.

DSS는 TPS에서 제공되는 다양한 자료를 갖고 중간관리자에게 위임된 권한 내에서 의사결정을 하는 데 있어서 도움이 되는 다양한 분석정보를 제공해주는 시스템이다.

DSS는 의사결정을 지원하기 위한 정보를 제공하기 위해서 입력된 자료를 기반으로 하여 기업의 자료분석을 실행하게 된다. 대표적으로 몇 개의 주요한 정보분석 기능은 다음과 같다.

■ 왓이프분석(what-if analysis)

왓이프분석은 분석과정에서 하나의 가정(假定)이 달라질 때마다 결과값에 어떤 변화가 있는지를 분석하는 프로세스이다. 기업운영에 영향을 주는 다양한 요인 중 하나의 요인을 변화시킬 때에 전체 결과에 어떠한 영향을 주는지를 추정하는 방법이다.

가령 '중국인 인바운드 관광객이 20% 줄었을 경우 관광무역수지에는 얼마나 영향을 줄 것인가?'와 같은 가정을 분석하기 위한 분석 프로세스이다.

■ 민감도분석(sensitivity analysis)

민감도 분석은 왓이프분석의 한 부분으로서 하나의 변수 변동값에 따라 변화하는 결과값을 추정하는 프로세스이다. 예를 들어 '환율의 변동률이 증가함에 따라 발생하는 호텔 수익률의 변화'와 같은 분석을 확인할 수 있다. 즉, 환율이라는 하나의 유동적인 변수의 변화량에 따른 결과를 지속적으로 확인하는 분석방법이라 할 수 있다.

그림 4-5 하나투어의 EIS[10][10)]

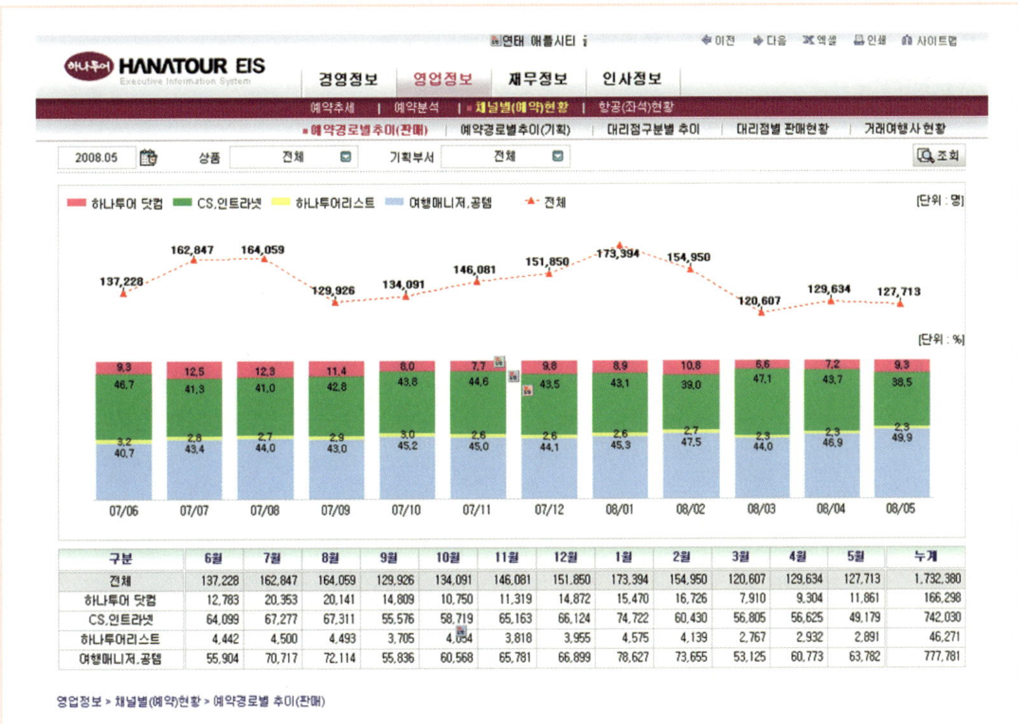

---

10 EIS(Executive Information System): 중역정보시스템이라 하며, 임원이나 최고경영자에게 전략적 · 경쟁적 의사결정에 도움을 주고, 전체 사업과 각 부서활동 등을 감독하는 데 필요한 정보를 모두 다루는 시스템이다. 그래픽 지원과 예외사항 보고 및 전체 현황에서 필요시 상세정보를 파악할 수 있는 기능을 갖추고 있다.

■ 목표탐색분석(goal analysis)

목표탐색분석은 요구받은 목표치를 달성하기 위해서 투입되어야 하는 자원을 명확하게 분석하는 프로세스이다. 한 기업이 매출목표를 세우고 있다면 목표치를 달성하기 위해서 투입해야 하는 재원, 인력, 시간과 같은 다양한 자원의 투입량을 계산해준다.

■ 최적화분석(optimization analysis)

최적화분석은 목표탐색분석의 일부분으로써 특정 제약조건하에서 목표치를 달성하기 위

그림 4-6 ○ 하나투어의 ERP시스템 화면[11]

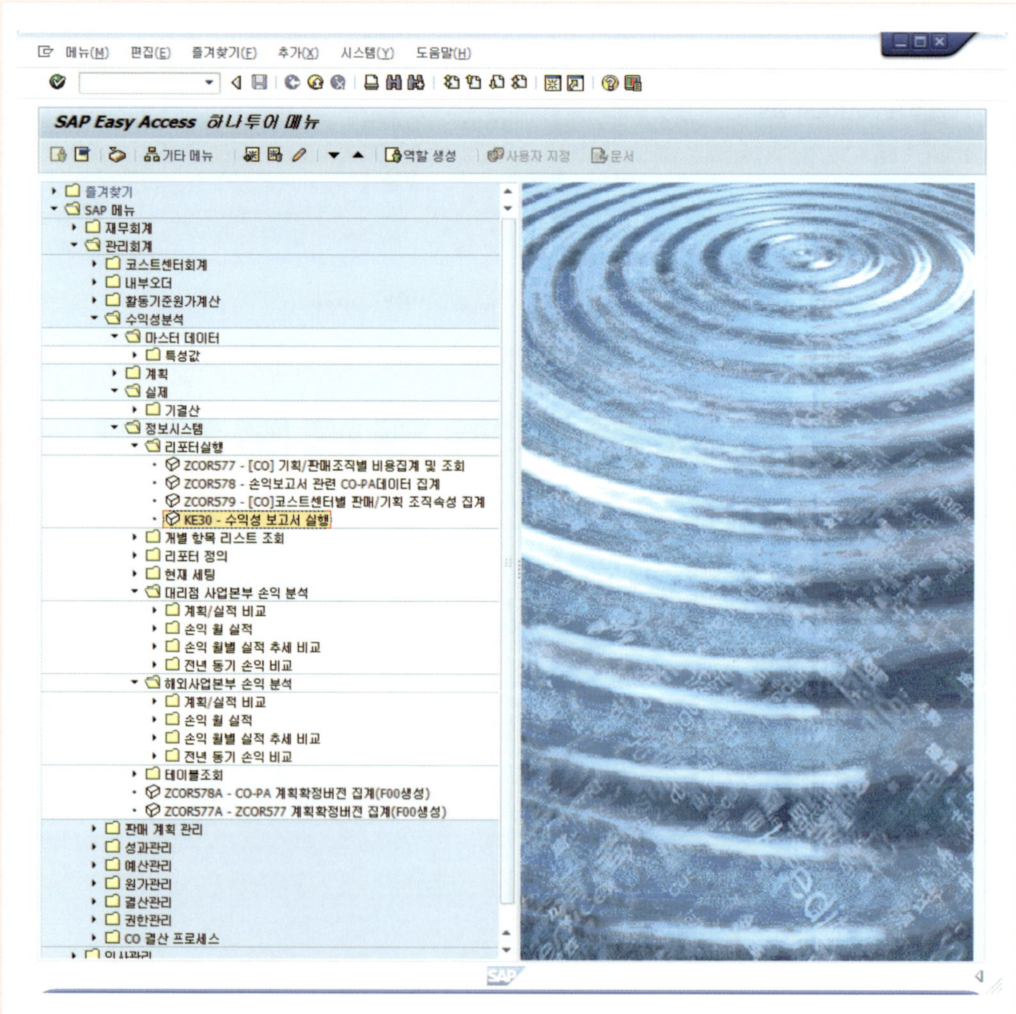

해서 최적화된 투입량을 분석하는 프로세스이다. 기업운영에 필수적인 고정지출이 있을 경우 이러한 지출을 제외한 다른 투입량을 조절함으로써 최적화된 목표산출법을 계산하는 분석기법이다.

DSS는 TPS를 통해 입력되어 저장된 정보 등을 기반으로 하여 의사결정을 지원할 수 있는 새로운 정보를 제공하는 기능을 갖고 있다. 이를 통해 관리자의 역할은 DSS를 활용하여서 실무자의 정보와 기존 지식을 토대로 경영자에게서 위임받은 권한 내에서 의사결정을 내리게 된다.

관리자는 일정부문 권한을 경영자에게 위임받았고 그 외에는 기업조직의 규정에 따라 판단을 내릴 수가 있다. 그래서 관리단계의 의사결정은 반구조적(semi-Structured) 의사결정이라 할 수 있다. 기존 규정을 무시할 수는 없지만 일정부분에 한해서는 자신이 자율적 판단으로 의사결정을 내리는 단계라 할 수 있다.

중역정보시스템(EIS: Executive Information System)

마지막으로 전략단계에서는 기업의 주요한 전략 등의 의사결정을 지원할 수 있는 최고경영자를 비롯한 임원(중역)들의 의사결정을 지원하는 데 사용하는 **중역정보시스템**(EIS: Executive Information System)이 있다. 이를 전략적 의사결정지원시스템(SIS: Strategy Information System)이라고도 한다. EIS는 전략적인 의사결정을 지원하기 위해서 기업정보를 종합적으로 확인할 수 있는 기능을 제공하며, 좀 더 시각적인 정보에 초점을 맞춰서 쉽게 정보를 이해할 수 있도록 제공한다. 이같은 기능을 디지털 대시보드(digital-dashboard)라 한다. 하나의 예로 매출의 증가량, 주식의 변동률, 수익구조의 변화 등과 같은 기업운영에 필요한 전반적인 주요 정보를 한눈에 쉽게 확인할 수 있도록 제공되는 것이 큰 특징이다.

전략단계에서는 기업전략을 세우기 위해 주어진 절차나 규정에 얽매이지 않고 최고경영자를 비롯한 중역들이 자유로운 의사결정을 할 수 있어야 한다. 그렇기 때문에 전략단계의 의사결정은 비구조적인 의사결정이라 할 수 있다. 경영자는 창의적이고 혁신적인 의사결정이 필요하며 이것은 기업의 경쟁우위를 가져올 수 있는 원동력이 되기도 한다.

그림 4-7 ○ 하나투어의 EIS시스템 화면[12]

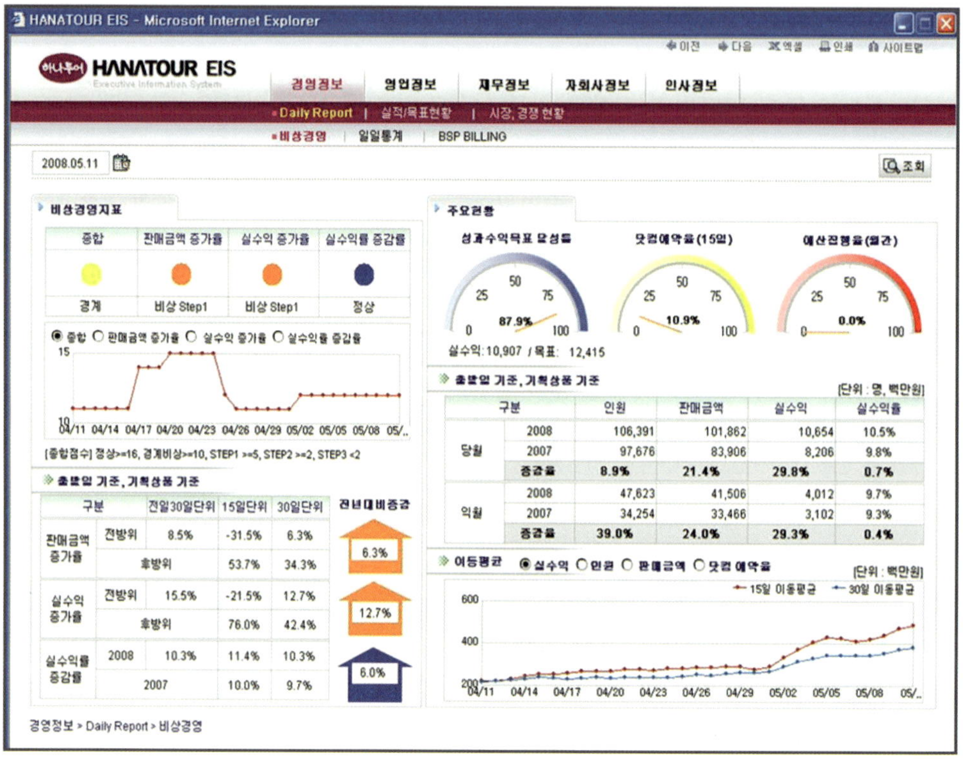

2. 전사적 자원관리(ERP)

1) 등장배경과 발전과정: 왜 등장하였는가?

전사적 자원관리의 등장

기존의 기업운영을 지원하는 정보시스템은 기업의 모든 부서정보를 처음부터 하나로 통합해서 처리할 수 있도록 개발되지는 않았다. 산업의 특성에 따라 해당 기업에 필요한 부서의 기능을 중심으로 정보시스템 개발이 단계적으로 진행되어 왔다.

처음 개발된 대부분의 기능은 단순 수작업이 반복되는 업무(판매실적, 급여, 생산/재고관리)이거나, 정밀도를 요구하는 업무(재무관리)와 같은 기업운영의 사무자동화를 지원하는 데 초점이 맞춰져 있었다. 즉 기업의 각 부서업무를 처리하는 데 효율적으로 맞추어져 있었지, 회사 전체의 경쟁력에 도움이 되는 부분에 초점이 맞추어져 있지 않았다.

이와 같은 업무환경은 기업의 글로벌화가 진행되고, 지속적인 성장으로 인한 종합적인 기업의 정보자원들이 필요한데 현실은 그렇지 않았다. 이러한 환경은 기업경영에 통합적으로 정보지원하는데 한계를 가져다주었다.

이러한 기업의 정보를 하나로 통합하여 기업정보를 효율적으로 활용하고자 하는 측면들이 중요시되면서 이를 해결하고자 전사적 자원관리(ERP: Enterprise Resource Planning)가 등장하게 되었다.

전사적 자원관리의 발전

ERP는 처음엔 제조업을 중심으로 기업의 제조에 관련된 자재관리와 수급에 대한 계획과 생산관리를 중심으로 개발되었다. 이후 기업조직의 운영에 필요한 재무, 회계, 판매, 분배, 생산관리와 같은 기업의 기본적인 가치사슬[11]에 있는 모든 분야의 정보를 통합적으로 관리하는 시스템으로 성장하였다.

ERP 발전과정의 가장 큰 주안점은 생산운영의 기능적인 관점에서 고객관리, 비즈니스전략, e-비즈니스에 이르기까지 기업환경에 맞춰 ERP시스템 또한 발전하여 왔다는 것이다.

최근에는 어떠한 산업부문에 관계없이 ERP시스템은 기업의 정보관리에 있어서 필수적인 경영정보시스템으로 도입되고 있는 실정이다. 비용절감 외에 업무의 효율성 제고와 같이 기업의 경쟁력을 높이는 데 있어서 중요한 시스템으로 사용되고 있다.

국내의 경우 여행 홀세일(whole sales) 업체인 하나투어가 2007년도에 ERP시스템을 여행업계 최초로 도입하였으며, 정보흐름이 빠른 여행산업에 있어서 실시간으로 여행상품별 모객현황, 예약현황, 마감 여부와 같이 여행업무에 특화된 기능들을 확장하여 사용하고 있다. 하나투어는 이를 점차 고도화시켜서 기업경영의 중요한 자산으로 ERP 역할을 활용하고 있다. 이같이 ERP 도입이 기업경영에 긍정적인 측면을 보여주고 있으며, 여행산업에 있어서도 ERP의 도입이 계속 확산되고 있는 실정이다.

---

11 가치사슬: 기업이 제품 또는 서비스를 생산하기 위해 원재료, 노동력, 자본 등의 자원을 결합하여 부가가치를 만드는 과정

그림 4-8 ERP 변천과정

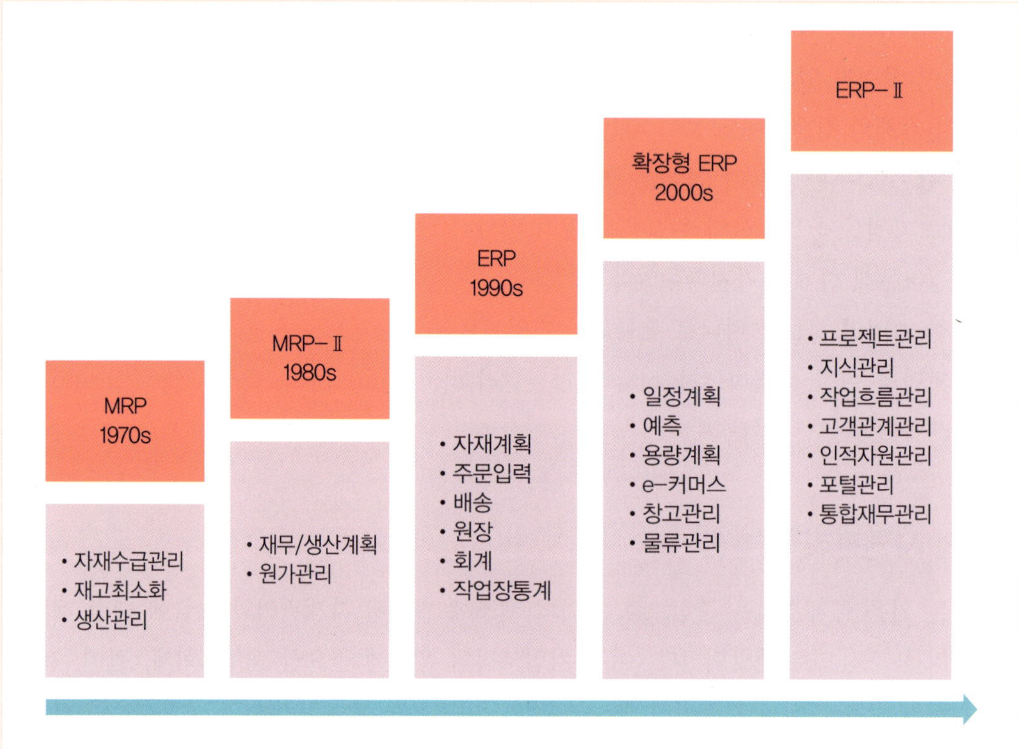

ERP 소프트웨어

ERP시스템은 기업 내 각 부서의 정보를 통합적으로 관리하고, 실시간으로 정보흐름을 전달함으로써 기업의 의사결정을 지원해주는 경영정보시스템이다.

기업의 규모가 크고 조직의 구성이 복잡할수록 기업의 정보를 관리하기 위한 기능은 다양해지고 복잡한 시스템 구조를 요구하게 된다. 그렇기 때문에 해당 기업에 맞는 ERP시스템을 기업 스스로가 구축하는 것은 현실적으로 많은 예산과 시간을 투자해야 하는 작업이다.

대부분의 기업들은 이러한 ERP시스템을 ERP 소프트웨어를 패키지 형태로 도입하고 있다. 대표적인 ERP 패키지를 공급하는 글로벌 기업은 SAP, Oracle, 마이크로소프트 등이 있다. 이러한 ERP 소프트웨어 패키지는 단순히 공급 · 설치하는 것이 아니라 그 기업에 맞게끔 먼저 해당기업의 경영프로세스를 분석하고, 개선하는 등 고객화하는 과정을 IBM과 같은 전문컨설팅 기업을 통해서 진행하게 된다. 이러다보니 기업이 ERP시스템을 구축하는 데에 많은 시간과 예산을 필요로 하게 된다.

표 4-4 | 대표적인 ERP 소프트웨어 비교

기업명	SAP	ORACLE	Microsoft Dynamics
개발국가	독일(SAP AG)	미국(Oracle)	미국(Microsoft)
특징	• 재무모듈 탁월 • 다른 벤더사들[3]의 솔루션과 호환이 용이	• Oracle DB와 연동 • DB 연동에 있어서는 SAP보다 유리	• Microsoft 제품과의 연동 및 통합 • 클라우드서비스 제공 • 친숙한 office UI[4]
시장점유율[1] (2012년 기준)	35%	24%	17%
ERP 구축시간[2]	17개월	18개월	13개월

1) 시장점유율은 브랜드인지도 영향
2) ERP 구축시간은 모든 규모와 모든 산업의 기업들을 포함하나 대략적인 것임.
3) 벤더(Vendor)사: 하드웨어나 소프트웨어 제품을 판매하고 그 제품의 브랜드에 책임지는 기업
4) UI(User Interface)

표 4-5 | 국내 주요 그룹 계열사의 ERP 솔루션 도입 현황[13]

도입 솔루션	그룹	주요 적용 계열사
SAP	삼성	삼성전자, 삼성전기 등
	KEPCO	KEPCO, 발전자회사 등
	현대 · 기아자동차	현대 • 기아자동차, 글로비스, 현대모비스 등
	LG	LG화학, LG텔레콤, LG생활건강 등
	SK	SK텔레콤, SK에너지, SK네트웍스, SK건설 등
	롯데	롯데리아, 롯데햄 등
	현대중공업	현대중공업, 현대미포조선 등
	GS	GS칼텍스, GS홈쇼핑, GS리테일, GS건설
	금호아시아나	금호타이어, 금호석유화학, 아시아나항공, 아시아나IDT 등
	한화	한화석유화학
	두산	두산인프라코어 등
	LS	LS전선, LS네트웍스, LS니꼬동제련
	KT	KTDS(SAP)

Oracle	두산	두산중공업 등
	한진	한진해운, 대한항공 등
	동양	동양메이저, 동양매직
	LS	LS산전
	POSCO	포스코 등
	LG	LG전자, LG디스플레이 등

표 4-6 | 대표적인 국내 ERP 솔루션[14)]

기업명	기업 비즈니스 동향
더존비즈온	• ERP 기반 클라우드서비스 모델(더존 아이플러스 클라우드 에디션) 제공 강화 • 직원 100명 규모 내외의 중소기업 대상 클라우드서비스 모델 확대에 주력
영림원소프트랩	• 철강 ERP 개발추진(세아그룹 자회사인 세아네트웍스와 MOU 체결) • 통합 스마트 ERP 개발을 통해 글로벌 클라우드 시장 진출 추진
UNIERP	• SAP나 Oracle에 비해 모듈의 수가 적고, 시스템의 규모가 대기업보다는 중소기업을 대상으로 개발 • 사용자 편의성을 강화한 ERP로 외국산 ERP를 대체 가능

해외 ERP 소프트웨어 외에 국내에서도 ERP시스템이 개발되어 상용화되어 있다. 국내에서 개발한 대표적인 ERP 패키지의 경우 비젠트로의 UNIERP가 있다. UNIERP는 SAP나 Oracle에 비하면 모듈의 수가 적고 시스템의 규모가 대기업보다는 중소기업을 대상으로 개발된 소프트웨어로서 사용되고 있다. 이외에도 더존디지털웨어사의 Neo시리즈, 영림원소프트랩의 K-System 등이 있다.

국내 ERP 개발업체 '비젠트로'의 'UNIERP'[15)]

비젠트로는 지난 2011년 6월 삼성SDS에서 경쟁력 강화를 위해 분사한 중소 중견기업용 ERP 솔루션 전문기업이다. ERP 소프트웨어는 통합적인 컴퓨터 데이터베이스를 구축해 회사의 자금, 회계, 구매, 생산, 판매 등 모든 업무의 흐름을 효율적으로 자동 조절해주는 정보시스템이다. 기업 전반의 업무 프로세스를 통합적으로 관리하여, 경영상태를 실시간으로 파악하고 정보를 공유하게 함으로써 빠르고 투명한 업무처리 실현을 목적으로 한다. UNIERP는 삼성SDS가 1997년부터 개발 · 공급한 ERP 솔루션으로, 전자, 전기, 자동차부품, 화학, 철강, 유통 등 다양한 업종의 1,100여 개 국내 · 외 기업에

비젠트로의 'UNIERP'

공급됐다. 삼성SDS로부터 기업용 ERP 솔루션인 'UNIERP' 사업권 일체를 넘겨받은 비젠트로는 프로세스 컨설팅뿐만 아니라 ERP 솔루션 구축에서 유지보수까지 토털 IT 서비스를 제공하고 있다. 특히 비젠트로는 풍부한 경험과 검증된 전문성을 바탕으로 중견기업 ERP 시장점유율(MS: Market Share) 1위를 확보하는 등 창립 이래 괄목한 만한 성장세를 보이고 있다. 2012년 150억 원의 매출을 달성했으며, 2013년엔 200억 원, 2014년 500억 원의 매출을 목표로 하고 있다. 비젠트로는 고객들에게 더 빠르고 최적화된 서비스를 제공하기 위해 노력하고 있다. 특히 주력제품인 'UNIERP'를 통해 고객사들이 장기계획 아래 중견뿐만 아니라 중대형 기업으로 성장해 감에 있어 불편함이 없도록 구조와 기능개선을 지속적으로 수행하는 데 초점을 맞추고 있다. UNIERP는 IT와 비즈니스 프로세스를 융합화한 솔루션이다.

최신 SOA[12](Service Oriented Architecture, 서비스지향 아키텍처)기술을 적용해 자체 프레임워크(framework)를 구현했다. 중견기업(SMB)의 솔루션기능, 모바일 및 클라우드서비스, 글로벌 오퍼레이션, 연결재무, 멀티컴퍼니관리, EPM(기업성과관리), BPM(비즈니스프로세스관리), Smart Management 등 사용자의 편의성과 확장성을 강화한 사용자 중심의 솔루션이다. 또, UNIERP는 고객들의 개인정보보호(펜타시큐리티)[13] 강화 및 스마트 업무환경을 위한 사용자 웹환경과 모바일 기능 지원 등을 통해 업무환경 개선기능도 확충했다.

비젠트로의 타깃은 연매출 500억~1조 원 사이의 중소 중견기업이다. 대기업보다 의사결정이 빠르고, 글로벌하게 시장확대가 필요한 중견기업을 대상으로 하는 것이 사업 측면에서 장점이 많을 것이라는 판단에서다. 비젠트로는 사업다각화와 시장환경의 변화에 신속히 대응하기 위해 국내외 IT 업체와 발 빠르게 전략적 제휴를 맺는 등 다차원의 미래지향적인 기업 솔루션 및 서비스지원 체제를 준비해 가고 있다. 특히 고객의 요구를 수용해 국내뿐만 아니라 해외 여러 관계사와 법인들까지도 연계해 사용할 수 있는 글로벌경영의 필수 솔루션을 제공하고 있다. 이에 따라 비젠트로는 국내뿐만 아니라 중국, 베트남, 태국 등의 동남아로도 사업을 확장하고 있다.

3P(Product, Process, People) 혁신을 통해 지속성장의 기반을 구축하고, 외산 ERP 수준의 글로벌 오퍼레이션 기능을 강화하는 한편, 공공부문 ERP 사업 확대, Small Smart ERP 출시 등도 비젠트로의 사업영역이다.

12 SOA: IBM에 제시한 것으로 대규모 컴퓨터시스템 구축 시 사용하는 형태. 업무상 일처리에 해당하는 SW기능을 서비스로 판단해 그 서비스를 네트워크상에 연동하여 시스템 전체를 구축해나가는 방법론

13 펜타시큐리티(Penta security): 보안 소프트웨어 전문업체

ERP 모듈(module)

ERP는 최적의 실무(BP: Best Practice)를 기반으로 구성되어 있는 통합정보시스템이다. 기업은 자신들의 실무에 맞게끔 업무 프로세스를 변경하고, 산업의 환경 변화에 따라 기업 운영에 핵심적인 기능 외에도 필요한 확장성 기능을 추가하여 비즈니스전략, 마케팅, 고객관리 등을 ERP를 통해 지원받는다. ERP의 이러한 각 기능을 구성하는 것을 모듈(module)[14]이라 하며, ERP는 대체로 다음과 같은 모듈들로 구성되어 있다.

그림 4-9 SAP의 ERP Solution[16]

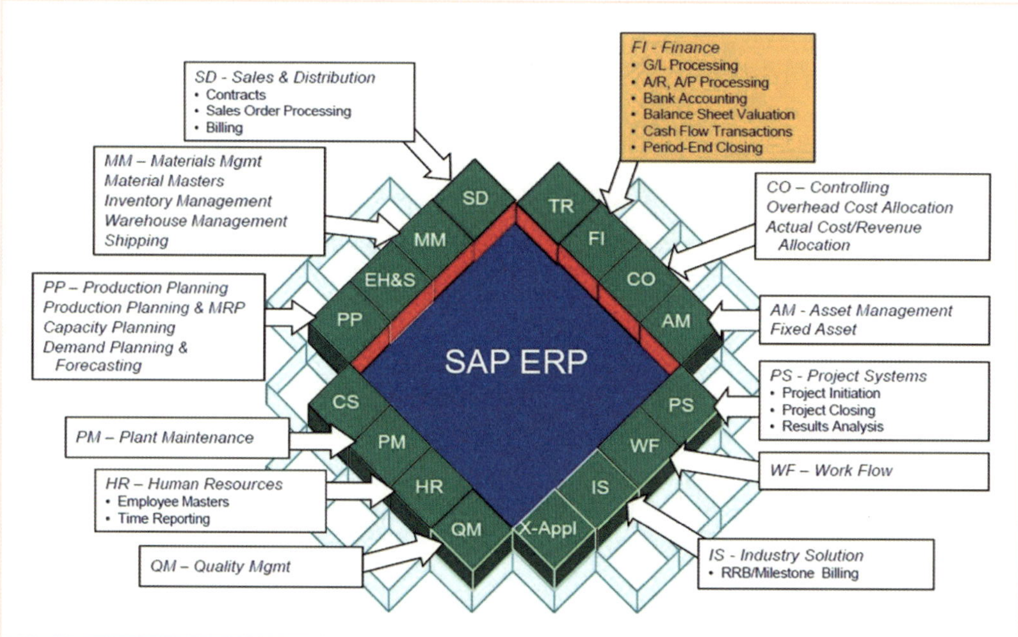

표 4-7 | ERP Module의 기본구조 및 기능

모듈	기능	
판매모듈	수주관리 재고관리	판매실적 구매관리
생산모듈	기준정보 생산계획	원가관리 공정관리

14 모듈(module): 독립적인 기능을 하는 하나의 SW나 HW를 말한다. 전체 시스템이나 체계 중에 다양한 기능을 하는 모듈들이 존재할 수 있다.

인사모듈	인사관리 급여관리	시간관리 조직개별
회계모듈	재무회계 관리회계	외상매출 & 매입 자산관리

2) ERP의 특징

정보의 통합

ERP의 가장 기본적인 개념은 기업조직의 모든 정보를 통합적으로 관리하는 시스템이라는 것이다. 과거 많은 기업들은 기업경영에 있어서 일관성 있는 정보관리 및 운영에서 많이 실패를 하였다.

판매부서와 재고부서 간의 정보가 일치하지 않아서 고객에게 잘못된 재고정보를 전달하거나, 마케팅부서와 판매부서 간의 정보가 일치하지 않아서 판매전략에서 혼돈이 오는 경우가

그림 4-10 ERP 도입 전과 후의 조직

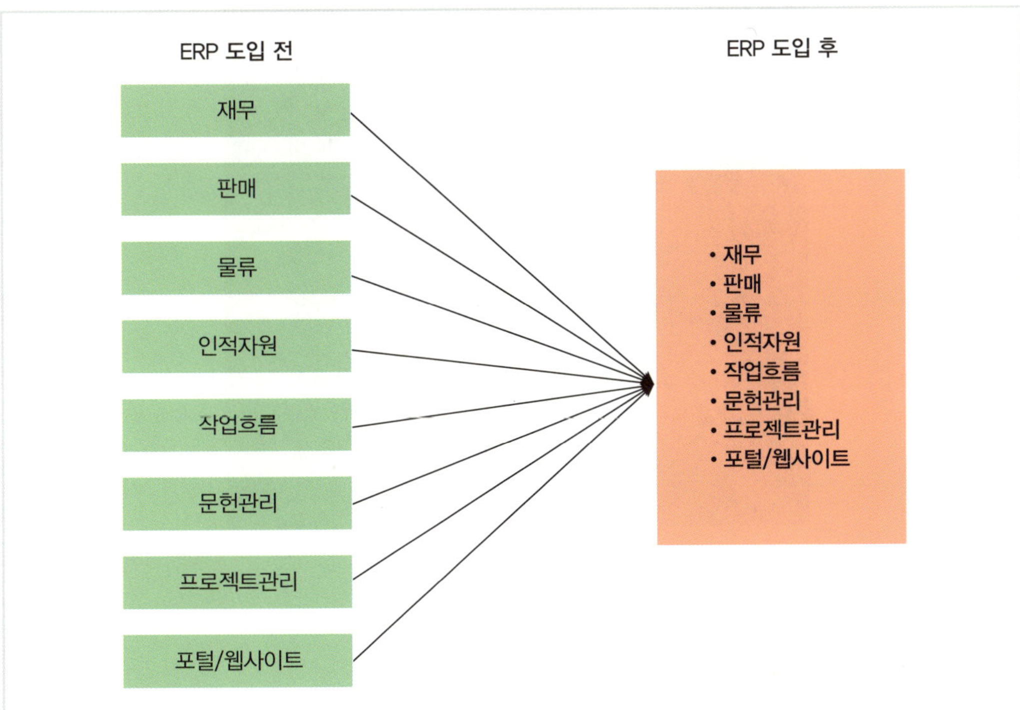

발생하기도 하였다.

이러한 문제점을 해결하고자 ERP가 개발되었고 ERP는 기업의 정보자원을 효과적으로 활용하기 위해서 정보의 일관성을 유지하고 이를 하나로 묶는 통합된 정보시스템으로 발전하였다. 이를 통해 통합적 정보제공이 가능해져서 기업경영에 많은 도움을 주고 있다.

ERP는 기업의 모든 부서(재무, 회계, 인사, 생산, 마케팅 등)의 업무처리를 위한 모듈들을 통합적으로 관리되고 정보를 공유할 수 있게끔 설계되어 있다. 정보의 불필요한 중복입력과 저장을 제거하고 시스템의 효율성과 효과성을 높이는 효과를 가져다 줄 수 있다.

정보전달의 효율성과 효과성은 결국 경영정보시스템의 궁극적인 목적인 의사결정을 지원하기 위한 정보의 관리 및 분석의 성과를 증진시킬 수 있다.

경영자는 방대한 정보를 획득하고 획득한 정보를 통해 신속하고 정확한 의사판단을 내려야 한다. ERP의 통합적 정보관리는 의사결정을 지원하는 경영정보시스템의 본질적인 역할을 더욱 정확하게 지원하는 도구라 할 수 있다.

그림 4-11 경영자의 의사결정 난관[17]

유연성과 확장성

정보의 통합적 관리가 ERP시스템의 기본적인 특징이라면 시스템의 구조적인 주요 특징으로는 확장성을 말할 수 있다. ERP시스템은 기업 고유의 성격과 조직구조의 특성에 따라 맞춤형 기능을 유연하게 변동하는 것이 가능하다.

SAP나 Oracle과 같은 ERP 패키지를 도입하여도 완성된 소프트웨어를 그대로 도입하는 것이 아니라 사전에 도입하는 해당 기업에 대해 기본적인 컨설팅 과정을 통해서 기업의 조직 환경에 적합한 시스템으로 ERP를 설계하게 된다. 또한, 기업의 구조적 변화가 있을 경우 추가적인 모듈을 확장함으로써 새로운 환경적 변화에 능동적으로 대응할 수 있다는 것이 ERP의 강점이라 할 수 있다.

ERP의 확장성은 단순히 모듈의 추가에서 끝나는 것이 아니고 다른 시스템과의 연동에서도 이루어질 수 있다. ERP는 기업경영에 주로 사용되는 경영정보시스템을 흔히 전사적 시스템(ES: Enterprise System)으로 서로 연동할 수 있도록 만들 수도 있다. 대표적인 전사적 시스템으로는 ERP 외에도 SCM, CRM 등이 있다.

ERP는 기업경영의 전체 정보를 통합하는 시스템으로서 특정 기능에 초점을 맞춘 SCM이나 CRM과 같은 시스템들하고도 연계하는 미들웨어(middleware)[15]의 성격을 가진 시스템으

그림 4-12 ERP를 중심으로 한 다른 정보시스템들의 연계

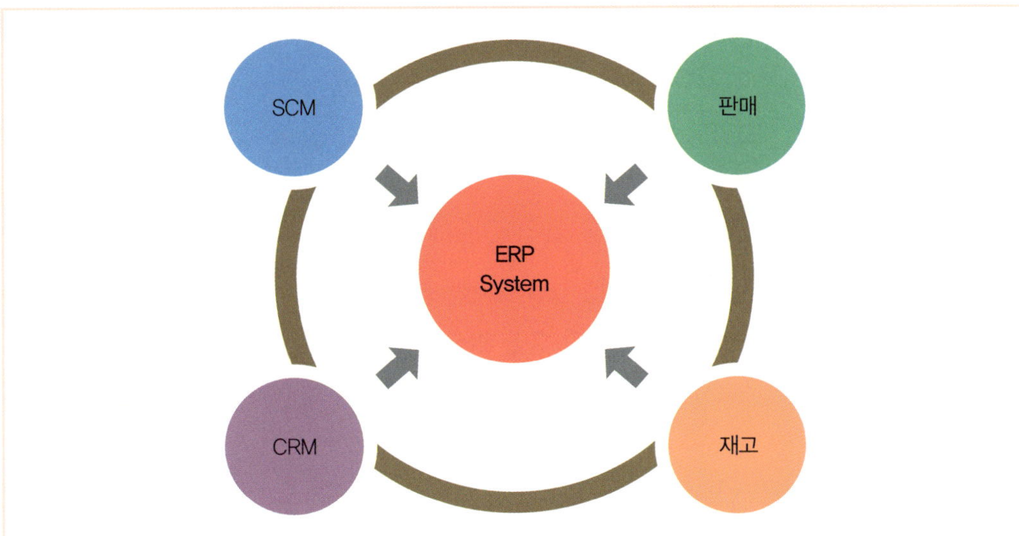

15 미들웨어(middleware): 서론 다른 기종의 HW나 프로토콜, 통신환경 등을 연결하여 응용 프로그램과 그 프로

로 활용되기도 한다. 즉, ERP를 중심으로 다른 정보시스템들이 연계되어 커다란 시스템 구조를 형성할 수도 있다.

ERP의 문제점

ERP의 주요 장점들에도 불구하고 많은 기업들이 도입을 망설이거나 도입을 하였지만 결과적으로 실패를 가져오는 경우들도 있다. ERP의 도입과 성과를 저해하는 요인들로는 다음과 같은 것이 있다.

■ 비용의 부담

ERP 도입의 가장 큰 장애물은 비용이라 할 수 있다. ERP시스템은 소프트웨어 구입비용뿐만 아니라 도입 초기의 컨설팅비용과 관련된 하드웨어 장비구입비용, 교육훈련비용, 유지보수비용 등 많은 부분에서 재정적인 부담이 다소 큰 시스템이라 할 수 있다. 그러다보니 하나의 대안으로 나온 것이 ERP를 도입하는 개념이 아닌 빌려서 사용하는 방식들이 중소기업 등에서 많은 관심을 가지고 있다.

■ 개발기간

ERP 도입 시에 자체개발은 말할 것 없이 기존의 ERP 전문업체의 소프트웨어를 도입하더라도, 도입 기업의 환경에 맞게끔 경영컨설팅 기간과 이를 구축한 후 안정화할 때까지의 테스트기간, 관련 실무교육 등이 길기 때문에 단기간에 성과를 측정하기에는 어려움이 있다.

■ 인력의 필요

새로운 정보시스템을 도입한다는 것은 새로운 분야의 전문인력의 수급을 요구한다. 기업 내부에서 ERP 전문가를 육성한다 하여도 교육훈련비용과 시간소요가 발생하기 때문에 기업 차원에서의 지원이 필요하다. 또한 ERP의 효율적인 운영과 효과적인 성과를 만들어내기 위해서는 정보시스템의 전문부서 관할 안에서의 지속적인 관리가 필요하다.

■ 시스템 적응의 어려움

기업운영에 있어서 새로운 기술의 사용은 항상 내부구성원의 저항을 가져올 수 있다.

그램을 운영하기 위한 환경 간에 원만한 통신이 될 수 있도록 지원하는 SW를 말한다.

ERP시스템이 기업정보를 통합하는 데 효율적인 시스템이지만 내부구성원들이 시스템 운영에 익숙해지는 데 있어서 많은 노력을 필요로 한다. 특히, 호텔관광분야와 같은 호스피탈리티산업분야는 새로운 기술도입에 대한 관심과 예산의 규모가 다소 적기 때문에 ERP의 도입 및 성공사례가 다른 산업에 비해 다소 늦어진 편이라 할 수 있다.

3) ERP 도입사례

대한항공[18]

대한항공의 ERP 도입

대한항공은 내부정보시스템 보안을 위해 항공업계 최초 독자적인 ERP시스템을 도입하였고, 그 후에 ERP시스템 구축으로 효과적인 경영을 시행하였다. 대한항공은 여객, 화물, 항공우주, 기내식, 기판, 호텔, 리무진 등 폭넓은 사업부문을 가지고 있으며 2015년 5월 기준으로 총 146대의 항공기를 보유하고 있다.

대한항공은 항공사업부문에서 경기불황과 시장 불안정으로 인해 2003년부터 중장기적인 IT전략을 수립하였고 전 세계 항공사 사례를 분석하고 업무프로세스, 데이터분석 등을 신중하게 검토를 해왔다. 대한항공은 안전한 항공운영 지원, 항공의 신뢰성과 이용도의 향상, 효율적인 부서 간의 업무연계, 고객에게 양질의 서비스 제공, 그리고 경영진의 수월한 의사결정을 위해 ERP 솔루션을 도입하였다. 그리고 2007년 10월 'Oracle'과 본격적인 ERP 수립 프로젝트를 시작하였다. Oracle은 통합성, 표준화의 독보적인 솔루션을 가지고 있었으며, 항공기 정비부문 프로세스에서 강점을 보였고 해외 컨설턴트를 동원하는 등 전폭적인 지지를 받고 있었다. 또한 빅뱅방식(모든 module을 한꺼번에 도입하는 방식)이 아닌 단계별로 차근차근히 구축하는 방식을 사용함으로써 시스템의 안정성이 뛰어나서 대한항공은 'Oracle'을 선택하였다. 이후 대한항공은 다음과 같은 성공적인 결과를 창출하였다.

표 4-8 | 대한항공의 ERP 통합시스템 구축 결과

ERP 통합시스템 구축 기능	결과
수익원가 파악이 용이	화물운송 15년 연속 1위
정비원가 파악 가능	2009년 세계 여행사 10위권 내 도약
판매매출 실시간 파악	영업이익 1조 원 매출 20조 원 목표달성

일반적으로 항공사들이 재무영역 등 한정된 범위에만 ERP를 도입하는 데 반해 대한항공은 재무를 포함한 제조, 자재시설, 수익관리까지 폭넓은 영역까지 ERP를 도입하였다. 또한 항공기 정비용 ERP 모듈 등은 기존 Oracle 패키지를 기반으로 공동개발함으로써 필요한 시스템은 자체 개발하였다. 항공기에 기내식을 탑재 및 하역하는 시스템까지 포함하여 항공기 관리를 위한 모든 원가를 ERP로 통합관리하였다. 수익관리와 정비부문 ERP는 대한항공 ERP 프로젝트만의 핵심적 차별요소로써 항공기의 편당 수익 여부가 이륙 2시간 만에 파악되며 각종 원가가 실시간으로 집계될 수 있다.

3. 공급사슬관리

1) 공급사슬관리시스템

공급사슬관리

기업의 정보시스템의 발전은 제조업을 중심으로 발전하였고, 현재는 모든 산업에 걸쳐 폭넓게 응용되고 있다. 제조업에서 경영 프로세스를 잘 설명하고 있는 개념이 공급사슬(supply chain)이며 원자재의 조달에서부터 제품을 만들어서 고객에게 제품이 전달되는 전 과정을 관리하는 시스템을 **공급사슬관리**(SCM: Supply Chain Management)**시스템**이라 한다. SCM은 기업의 공급사슬 흐름을 정보시스템화하여 재고를 최소화하고, 생산라인을 효율적으로 관리하여서 공급, 생산, 유통에 이르기까지 최적의 프로세스를 구축하는 데 목적이 있다.

현대 산업에 있어서 기업의 프로세스는 하나의 기업에 국한된 것이 아니라 기업을 구성하고 있는 수많은 이해관계자들의 복잡한 네트워크를 구축하고 있기 때문에 공급사슬관리의

그림 4-13 ○ 공급사슬관리[19]

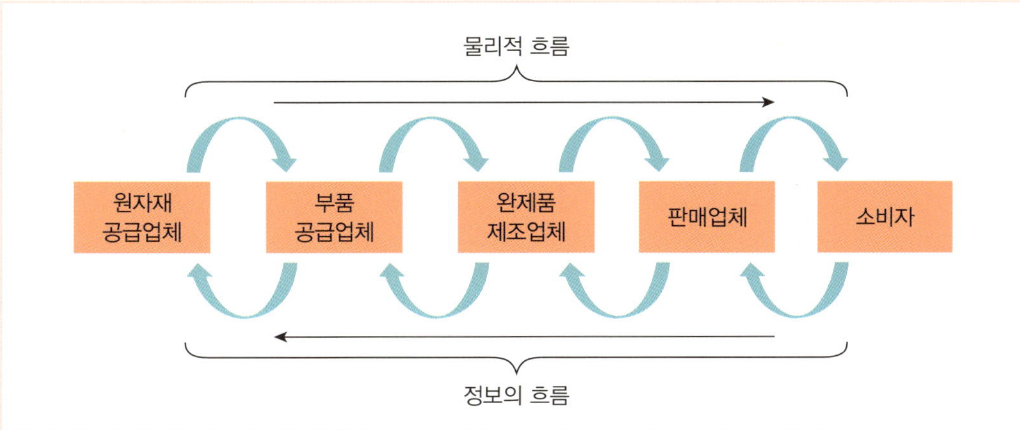

중요성은 더욱 커지고 있다. SCM은 공급사슬에 참여하고 있는 모든 구성원 간의 정보교류를 중심으로 하나의 프로세스로 통합적으로 구축할 수 있다.

공급사슬관리(SCM)의 효과

▪ 공급사슬 내 정보흐름의 효율화

공급사슬관리의 주된 목표는 기업의 공급사슬에서 이루어지는 경영 프로세스상의 정보흐름을 통합적으로 관리하는 데 있다. 원자재의 공급에서부터 고객서비스로 이어지는 공급사슬의 모든 과정에서 발생하는 정보흐름을 효율적으로 관리하여서 각 단계에 있는 구성원들이 전체 업무 프로세스를 잘 파악하고 대처할 수 있다는 장점을 갖고 있다.

▪ 시간의 감축

공급사슬관리를 통한 업무 프로세스의 통합관리는 향상된 프로세스를 가져올 수 있다는 이점을 갖고 있다. 정보시스템으로 관리되는 경영상의 프로세스는 각 프로세스에서 나타나는 업무의 지연 및 중복과정 등을 제거하여서 더욱 효율적인 프로세스를 만들어 낼 수 있다.

▪ 이익의 증가

프로세스의 효율화는 곧 이윤의 증가를 가져온다. 기업은 효과적인 공급사슬관리를 통해서 빠른 업무 프로세스 처리와 재고율의 최적화를 이룰 수 있어서 물류·유통의 흐름을 효율적으로 관리할 수 있다. 공급사슬관리에 근거한 체계적인 수요계획시스템은 기업이 최적화된 생산량과 공급량을 계산할 수 있어서 제품의 재고율을 줄일 수 있으며, 물류 · 유통의 정보흐름을 정확히 파악하여 고객에게 제품이 전달되는 과정에서 나타날 수 있는 오차를 최소화할 수 있다. 이와 같은 업무의 효율성은 기업의 운영비 절감과 원가우위의 경쟁력을 가져올 수 있다는 이점이 있다.

채찍효과

채찍효과(bullwhip effect)는 잘못된 수요예측이 공급사슬 처리과정을 거치면서 왜곡되어져 점차 수요예측이 증가하는 현상을 말한다. 예를 들어서 소비시장에서 일시적인 맥주소비가 늘어났을 때 유통업체에서는 맥주 확보를 위해 구매를 늘리게 될 것이다. 이에 따라 맥주공장은 생산량을 늘리고 원재료인 보리 구입을 늘리게 된다. 이렇게 재고에 대한 예측이나 정보가 공급사슬의 상류로 갈수록 왜곡되어 나타나는 현상을 '**채찍효과**'라 한다. 제조업에 있어서 수요와 공급의 최적화는 항상 고민해야 할 과제이며 이것을 해결할 수 있는 하나의 방안이 공급사슬관리라 할 수 있다. 공급사슬관리의 통합적 정보관리는 수요의 예측과 재고관리를 정확하게 함으로써 이러한 채찍효과를 제거하는 데 효과적일 수 있다.

공급사슬관리의 과제

공급사슬관리는 기업의 공급사슬을 효율적으로 관리하는 시스템이라 할 수 있다. 하지만 모든 기업에서 공급사슬관리를 도입하는 것은 무리가 있으며 그 성과에 대한 부분도 다소 차이가 나타날 수 있다. 기업경영에 공급사슬관리가 성공적으로 정착하기 위해서는 다음과 같은 몇 가지 과제를 해결해야 한다.

■ 고비용의 문제

많은 정보시스템이 가지고 있는 문제점 중 하나는 시스템 도입에 많은 예산이 들어간다는 것이다. 공급사슬관리 또한 예외일 수는 없다. 공급사슬관리는 기업 조직의 전체 부서와 연결되어 있고 모든 프로세스를 관리하는 시스템이기 때문에 이 시스템의 도입에는 많은 노력과 예산이 들어갈 수밖에 없다.

■ 복잡한 기업 관계도

현대 산업에 있어서 많은 기업들이 글로벌화되어 있어서 하나의 기업이 단일 프로세스를 갖고 운영되기에는 어려운 환경으로 변화되어 있다. 즉 기업은 아웃소싱, 전략적 제휴, 국제협력 등 다양한 파트너 기업들과 네트워크로 연결되어 있다. 그러다보니 자사의 정보뿐만 아니라 타 기업과의 정보흐름을 효율적으로 가져가는 데 있어서 아직까지 해결해야 할 문제점이 많은 것으로 알려져 있다.

성공적인 공급사슬관리를 구축하기 위해서는 관련된 해당 기업 간의 협력적 관계를 유지하는 것이 무엇보다 필요하다.

2) 공급사슬관리의 사례

자라(ZARA)의 공급사슬관리

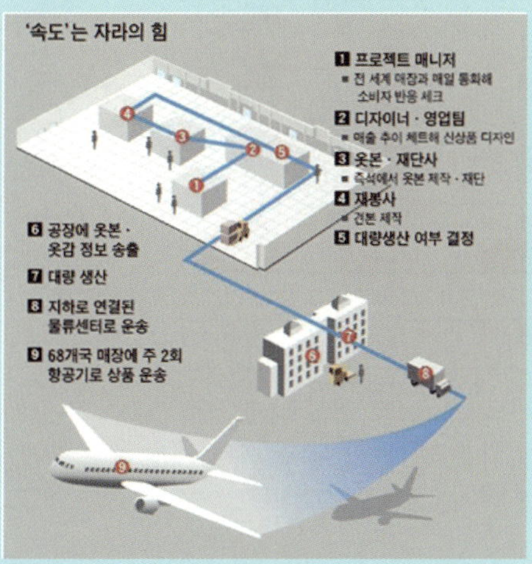

ZARA[20]

글로벌 SPA[16]업체인 자라(ZARA)가 매서운 기세로 약진하고 있어 눈길을 끈다. 자라는 스페인의 의류기업 인디텍스(Inditex)의 주력 브랜드이다. SPA 브랜드의 '원조' 격이라 할 수 있다. 현재 자라 등을 포함한 인디텍스의 매출액은 세계 SPA 시장에서 1위(2011년 기준)를 차지하고 있다. 최근 3년간 경쟁사 H&M에 비해 약간 뒤지는 수준이었으나, 지난해부터 정상을 지키고 있다. 빠르게 변화하는 유행에 거침없이 대응하는 속도전으로 세계시장을 석권했다는 점이 돋보인다. 이른바 '고속경영'이다.

자라의 고속경영시스템은 '패스트 패션'에 가장 적합하다. 특히 물류시스템이 그렇다. 자라의 공급사슬관리(Supply Chain Management)는 업계 최고수준의 경쟁력을 자랑한다. 의류 디자인부터 시작해 생산이 끝난 후 점포에 도착하는 데 걸리는 최단기간이 15일에 불과하다고 알려져 있다. 업계 2, 3위인 H&M과 갭(GAP)이 각각 3주, 6주씩임을 감안하면 놀라운 속도이다.

생산시스템도 독특하다. 가능한 한 공장을 해외 제3세계권으로 이전하려 하는 것이 요즘의 추세이

16 SPA(Specialty store of Private label Apparel brand): 생산부터 유통, 판매까지 브랜드 내에서 전부 소화해 내서 판매되는 시스템으로 대표적으로 ZARA, UNIQLO, SPAO 등이 있다.

다. 인건비 절감을 위해서다. 하지만 자라는 본사 가까이에 공장을 두고, 이곳에서 전체 의류의 절반이 넘는 물량을 생산하고 있다. 주로 유행에 민감한 패션감각이 살아 있는 상품들이다. 본사와 가까운 공장에서 주력 상품들을 생산함으로써, 최신 유행 및 소비자의 반응에 즉각적으로 반응할 수 있도록 관리하려는 것이다. 그 밖에 무난한 성격의 기본 제품들은 본사와는 먼 아시아 지역의 외주 공장에 생산을 맡긴다.

이런 물류 및 생산시스템 덕분에, 자라는 시시각각 달라지는 패션 트렌드에 빠르게 대응할 수 있었다. 이와 같은 속도경영의 궁극적인 성패는 결국 '**소비자의 입맛에 맞는 다양한 디자인의 제품을 얼마나 빨리 내놓을 수 있나**'에 있다. 자라는 연간 무려 2만 점이 넘는 옷들을 만들어 시장에 내놓는 것으로 알려져 있다. 이는 단순히 디자이너의 숫자가 많은 것만으로는 불가능한 일이다.

비결은 커머셜(Commercial)들의 활동에 있다. 커머셜이란 중간관리자 성격의 직원들이다. 각자 담당하는 권역의 지역관리자 및 점포주로부터 시장동향을 수집하는 한편 재고관리를 맡아서 한다. 말하자면 '**관리자 위의 관리자**'인 셈이다. 고객의 목소리, 상품 및 재고의 동향 등에 대한 정보가 실시간으로 커머셜들에게 흘러들어온다. 전 세계적으로 발달된 정보통신시스템이 있기에 가능한 일이다. 디자이너들은 커머셜들이 수집해 전달하는 정보들을 즉각 반영해 상품을 디자인한다.

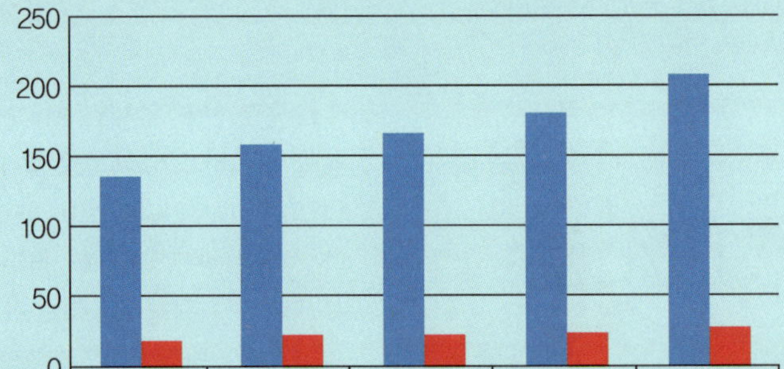

	2011	2012	2013	2014	2015
■ 매출액	137	159	167	181	209
■ 순이익	19	23	23	25	29

ZARA의 매출액 및 순이익 변화[21]

학·습·내·용·정·리

1. 자료와 정보의 가장 큰 차이점은 자료는 있는 사실 그대로만을 표현한 것이라면, 정보는 그 목적과 필요에 의해서 하나의 방향성을 갖고 있다는 것이다.

2. 지식(knowledge)은 사람이 자신의 경험적인 인식을 통해서 어떤 의사결정이나 판단을 내리기 위한 체계라 할 수 있다. 여기서 경험적인 인식이란 결국 자신에서 과거에서부터 축적된 정보로 인해서 형성이 된다고 할 수 있다.

3. 기업의 경영정보를 효율적으로 처리하기 위한 시스템을 경영정보시스템(MIS: Management Information System)이라 한다. 경영정보시스템은 기업운영에 필요한 회계, 재무, 인적자원, 마케팅, 판매, 생산정보와 같은 각각 기능을 달리하는 다양한 정보를 통합하고, 이러한 정보를 효율적으로 활용하여 기업의 중요한 의사결정을 지원하고자 하는 목적으로 만들어진 시스템이다.

4. 의사결정지원시스템(DSS)은 의사결정을 지원하기 위한 정보제공을 위해 갖고 있는 자료를 기반으로 기업자료 분석을 하는데, 대표적인 정보분석기능은 What-if, Sensitivity Analysis, Goal Analysis, Optimization Analysis가 있다.

5. 기업의 다양한 정보시스템을 하나로 통합하여 정보를 활용하고자 하는 측면들이 중요하게 되면서 전사적 자원관리(ERP: Enterprise Resource Planning)가 등장하게 되었다.

6. 전사적 자원관리는 기업이 갖고 있는 많은 정보를 하나로 통합관리함으로써 경영자가 기업의 주요한 의사결정을 지원하는 데 있어서 다양한 예측과 분석 등 중요한 역할을 하고 있다.

7. 제조산업의 경영 프로세스를 잘 설명하고 있는 개념이 공급사슬(supply chain)이며 원자재의 조달에서부터 고객에게 제품이 전달되는 과정을 관리하는 시스템을 공급사슬관리(SCM: Supply Chain Management)시스템이라 한다.

학·습·문·제

01 자료, 정보, 지식의 차이점에 대해 설명해보자.

02 유용한 정보의 특성에 대해 설명해보자.

03 경영정보시스템의 이점에 대해 설명해보자.

04 경영정보시스템의 의사결정 3단계에 대해 설명해보자.

05 기업의 정보분석이 왜 필요한지를 예를 들어서 설명해보자.

06 TPS, DSS, EIS의 차이점을 설명해보자.

07 ERP시스템의 발전과정에 대해 논의해보자.

08 ERP시스템 도입 전과 후의 기업경영의 차이점을 설명해보자.

09 ERP시스템의 장 • 단점에 대해 설명해 보자.

10 ERP를 도입하여 성공한 기업을 예를 들어서 설명해보자.

11 SCM이 어떻게 발전되어 왔는지를 예를 들어서 설명해보자.

■ 참고자료 ■

1, 2, 3) 하나투어 자료 제공

4) 한국경제매거진(2011), 또 다른 10년 … 2010년대에 미래예측은 왜 중요한가?, 한국경제매거진 제69호, 2011.2.

5) 김지성(2009), 삼성, 협력사 진입 문턱 낮춘다, 이투데이, 2009.11.4.
김성홍 · 우인호(2003), 이건희 개혁 10년, 김영사

6) http://company.lotte.com/index.lotte

7) http://brand.samsungfire.com

8) 장동준(2011), 갤럭시 탭이 바꾼 일본의 두메산골, 전자신문, 2011.10.20.
삼성(www.samsung.com)

9) http://www.haninsociety.com/?mid=blogP&page=277&document_srl=28519

10, 11, 12) 하나투어 자료 제공

13) 신혜권(2010), SAP가 비교우위 … 오라클, KT · 한화 공략해 반격채비, CIO-BIZ 전자신문, 2010.3.15.

14) 각종 보도자료 재구성

15) 박현정(2014), ㈜비젠트로 외산 물리친 국산 UNIERP로 돌풍 – 2011년 삼성 SDS에서 분사 … 중견기업 ERP 전문, IT와 비즈니스 솔루션 융합, 경기도 경제단체연합회, 2014.2.5.

16) PINSDADDY(http://www.pinsdaddy.com)

17) http://successguide.tistory.com/929

18) 박세환(2010), 대한항공, 글로벌 초일류 항공사로 비상, 조선일보, 2010.2.18.
유효정(2011), 대한항공 ERP 프로젝트, 전자신문, 2011.8.29.

19) https://www.pinterest.se/itjimara/scm

20) 송인경(2014), 자라 등 SPA, 옴니채널로 3차전, Fashionbiz, 2014.11.4.
김진백(2014), 자라와 유니클로의 공통점은? 성공 브랜드를 위한 핵심 전략, 공급사슬관리(SCM), LG CNS, 2014.9.22.

21) 조선닷컴(2017), 스페인 패스트패션 업체 '인디텍스,' Chosun.com, 2017.3.3.

CHAPTER 05

호텔관광정보시스템의 활용

학습목표

- 호텔 · 관광분야에서 사용되고 있는 정보시스템에 대해 이해한다.
- 호텔 · 관광분야에서 관광정보가 왜 필요한지를 이해한다.
- 호텔 · 관광분야에서 IT와 융합을 통해 새로운 기업들이 탄생하는 것을 이해한다.
- 관광정보시템, 호텔관광정보시스템, 호텔정보시스템의 차이를 이해한다.
- CRS, GDS가 무엇이며 현재 어떠한 용도로 사용되고 있는지를 이해한다.

평창은 ICT올림픽[1)]

피겨스케이팅을 좋아하는 미국인 A씨. 2018 평창올림픽 피겨 경기를 관람하기 위해 인천공항에 도착했다. 공항 안내 데스크에서 안내해 준 애플리케이션(앱)으로 미리 예매해둔 티켓검색을 하니 피겨 경기가 열리는 강릉 아이스 아레나까지 가는 길과 경기장 내 좌석까지 AR(증강현실)서비스로 안내받을 수 있었다. 처음 와 본 평창이지만 걱정 없다. 곳곳에 설치된 통역로봇 덕분이다. 경기장에서 중요 장면을 놓쳐도 문제 없다. 대여한 VR(가상현실) 단말기로 경기 하이라이트를 360도 화면으로 볼 수 있다. 원하는 장면은 타임슬라이스 기능으로 잘라서 볼 수도 있다.

2018년 평창동계올림픽은 이처럼 미래 신기술이 총망라된 ICT(정보통신기술)올림픽이 될 전망이다. 인천공항에 도착하는 즉시 관련 정보와 길안내 등을 모바일로 제공받고 경기장에서도 자동통번역서비스로 언어장벽 없이 올림픽을 즐길 수 있다. 세계 최초로 5G(5세대) 이동통신기술로 AR, VR(가상현실), AI(인공지능), IoT(사물인터넷) 기반의 다양한 서비스와 UHD(초고화질)방송도 제공된다.

■ 'D–1년' 테스트이벤트…스마트폰 AR 화면 켜니 관람석 내 좌석까지 안내

평창올림픽 테스트이벤트로 '4대륙 피겨선수권 대회'가 한창이다. 2018 평창올림픽을 1년 앞두고 펼쳐진 이 대회에서 평창올림픽 공식파트너인 KT와 평창올림픽 조직위원회는 5G서비스를 비롯한 다양한 ICT서비스를 시범 운영했다.

경기장을 방문한 관객들은 입구에 설치된 키오스크와 대형 미디어월을 통해 경기 영상을 합성한 체험 서비스를 즐길 수 있고 경기장을 찾은 내 모습을 촬영할 수도 있다. 경기장 외 강원도 평창, 강릉 등 지역 관광지, 자연경관 등을 배경으로 체험형 AR 영상도 촬영하는 재미도 쏠쏠하다. 셀카(셀프사진)는 경기장 내부뿐만 아니라 경기장 밖에 있는 CCTV를 이용해서도 촬영할 수 있다.

5G 시범서비스도 운영 중이다. 테스트이벤트 기간에 경기장을 찾는 관객들을 대상으로 5G 네트워크를 이용한 VR, AR서비스다. 경기장 내 체험부스에서 VR 기기를 통해 경기장 내부의 360도 라이브 화면을 볼 수 있다. 경기 영상 가운데 다시 보고 싶은 부분을 선택해 타임슬라이스 영상으로 볼 수 있다. 현재 360도 VR 카메라는 경기장 내 3대가 운영 중이며, 타임슬라이스 카메라는 100여 대가 설치됐다.

모바일 앱 '지니톡'을 통한 자동 통번역서비스도 제공된다. 현재 5개 언어 서비스가 제공되고 있고 향후 2개 언어를 추가로 서비스할 예정이다.

AR과 연계된 길안내서비스도 제공된다. 이 날 기자가 체험한 길안내서비스는 실내에서도 무리 없이 실행됐다. 경기장 내에서 스마트폰 카메라 화면에 내 좌석까지 가는 길이 화살표로 안내하고 음성으로도 알려준다. 서비스제공사인 KT 관계자는 "실내에서 길안내까지 가능한 서비스는 최초"라며 "오차범위를 3m 내로 축소해 정확한 안내가 가능하다"고 귀띔했다.

1. 관광정보시스템

1) 관광정보와 정보시스템

관광정보

관광정보는 관광산업에서 사용되는 모든 정보를 말하며, 그 정의에 대해서는 연구자에 따라 다소 다르다. 한국문화관광연구원에서는 관광정보를 '**관광자들의 관광욕구 충족을 위한 관광 관련 정보의 수집된 자료**'로 정의하여 관광객 측면에서 관광정보를 해석하였다. 이는 우리가 관광정보 또는 여행정보라고 할 때 관광을 계획하고, 관광을 하는 개인의 관점에서 해석하는 경우가 더 많기 때문에 좀 더 일반적으로 사용되는 개념이라 할 수 있다.

인터넷 사용이 확산되고 관광산업에서도 비즈니스의 많은 부분에 정보기술(IT)의 활용도가 높아지면서 관광정보는 소비자와 공급자뿐만 아니라 지자체와 국가기관에 이르기까지 서로를 연결해주는 매개체로서 중요한 역할을 하고 있다.

여기서 관광정보는 관광행동 결정에 유익한 정보를 제공하여 관광객의 관광욕구를 충족시키고, 관광사업자와 관광기관에게 관광수요와 공급 그리고 관광객 행동에 관련된 유익한 정보라고 할 수 있다.

표 5-1 | 관광정보의 개념

연구자	개념
교통개발연구원 (1989)	관광현상과 직 · 간접적으로 관련된 정보, 관광자와 관광자원 · 관광지 · 관광산업 등의 수요와 공급에 관한 통계자료와 제시된 자료의 분석 결과치, 객관적으로 계량화된 일체의 자료
문화관광연구원 (1999)	관광자들의 관광욕구 충족을 위한 관광 관련 정보의 수집된 자료
표원정 (2011)	관광객과 관광대상을 연결해주는 매체로써 관광객 입장에서는 관광욕구와 동기를 불러일으키는 체계화된 정보, 사업체 입장에서는 지역 및 기업의 이미지를 형성하는 도구

특히, 관광소비자의 입장에서 관광상품은 일반 제조상품과는 달리 생산과 소비가 동시에 일어나는 특성을 갖고 있기 때문에 정보의존도가 매우 높다. 그렇기 때문에 관광을 계획하

고 있는 소비자는 계획단계에서 발생할 수 있는 잠재적인 불안요소를 제거하기 위해서 관광정보를 탐색하게 된다. 소비자는 관광정보를 얻게 됨으로써 불안감을 해소할 수 있고, 자신의 관광활동에 대한 자신감과 확신을 갖게 된다. 그렇기 때문에 관광정보는 관광객과 관광대상(관광목적지, 관광자원, 관광시설 등)을 연결해주는 매개체로서 중요한 역할을 한다. 관광정보는 관광객의 편리성과 안정성을 충족시켜주는 동시에 공급자에게는 관광객의 모집과 홍보, 예약, 거래를 지원하는 역할도 하게 된다.

그림 5-1 ○ 관광정보의 역할

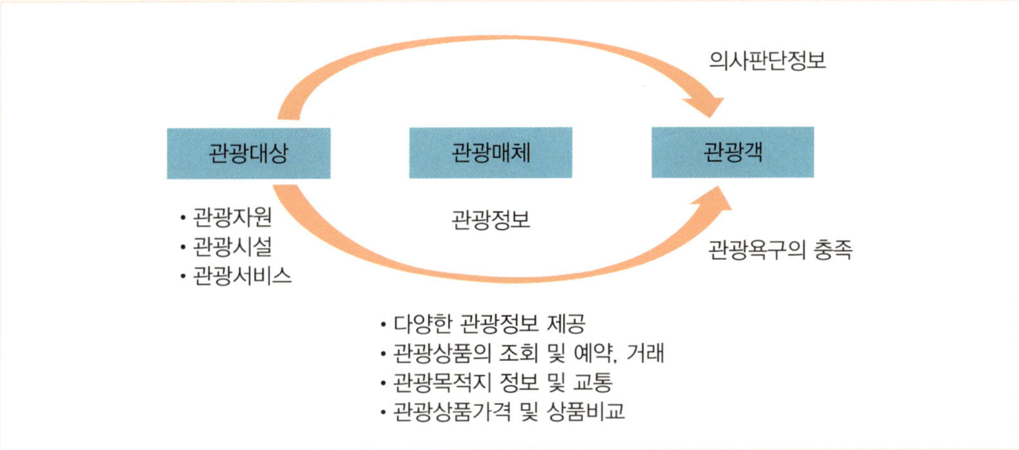

관광정보시스템

앞에서 보았듯이 정보시스템은 조직의 운영관리 및 경영자의 의사결정을 지원하기 위해서 정보기술을 기반으로 정보를 제공하는 도구라 할 수 있다. 관광산업에서 이용되는 정보시스템은 통칭하여 '**관광정보시스템**'이라 하며 여기에 호텔운영을 중심으로 구축된 시스템은 '**호텔정보시스템**(HIS: Hotel Information System)' 또는 '**PMS**(Property Management System)'이라 한다.

일반적으로 광역의 관광정보시스템은 관광산업의 공급자, 관광객, 관광매체가 필요한 지식획득을 위해 정보기술을 이용하여 정확한 데이터의 수집 및 분석을 통한 관광기업의 운영 및 의사결정을 지원하는 통합적인 시스템이라 할 수 있다.

호텔관광정보시스템이라는 용어는 호텔 예약 및 거래라는 측면까지 포함한 것으로 해석할 수 있다. 반면에 호텔정보시스템은 호텔운영 및 관리 등을 중심으로 만들어진 호텔운영을 목적으로 만들어진 시스템이라 할 수 있다.

표 5-2 | 정보시스템의 분류

구분	내 용
관광정보시스템	관광산업에서 이용하는 정보시스템을 통칭하는 용어
호텔관광정보시스템	관광정보시스템에서 호텔부문을 포함하는 정보시스템
호텔정보시스템	호텔의 운영 및 관리 중심으로 만들어진 정보시스템

표 5-3 | 관광정보시스템의 중요성

<table>
<tr><th>구분</th><th colspan="2">내용</th></tr>
<tr><td>관광산업의
구조적 측면</td><td colspan="2">• 정부나 비정부기관, 기타 사회경제적 · 제도적 기업과 관광산업 간의 관계에 있어 정보는 판촉, 홍보, 규제, 과세 등의 영역에서 상호 연결하는데 중요한 역할을 함</td></tr>
<tr><td>관광공급업자의
상호관계 측면</td><td colspan="2">• 교통, 숙박, 목적지서비스 등 관광상품은 산업의 연계성이 상품품질을 좌우
• 관광상품을 생산에서 소비에 이르기까지 전 과정을 산업 간 연계 내지는 통합의 필요성 제기
• 관광산업의 연계와 통합에 있어서 가장 중요한 기능이 바로 정보임
• 정보교환은 단순히 자료교환뿐만 아니라 관광서비스의 이용가능성, 가격, 품질, 편의성에 관한 정보와 실제적인 대금지불 등을 포괄하고 있음</td></tr>
<tr><td rowspan="2">관광공급체계
측면</td><td>서비스제공</td><td>• 오늘날 관광부문 서비스는 IT를 활용하는 비중이 점점 커지고 있음
• 정보시스템이 관광서비스의 안전성과 서비스, 질적 수준을 높이는 데 큰 역할을 함</td></tr>
<tr><td>경영관리</td><td>• 관광공급체계의 4분야 중 가장 정보가 집약적인 분야
• 경영기능별로 생산정보시스템, 종합경영시스템의 구조로 분류되는 경영정보시스템(MIS)이 관광기업의 경영에 이용되고 있음
• 정보시스템을 경영에 활용함으로써 관광기업 경영자들은 기획 · 조정업무와 경영관리 기능을 효율적으로 수행하게 됨</td></tr>
</table>

	마케팅과 산업 연계	• 마케팅, 유통, 상품의 패키지화, 산업 간 연계 등 관광분야에 속하는 기업활동이며, 중요한 외부정보가 집약적으로 필요한 분야 • 효과적인 상품판매는 다양한 유통망과 시장정보 접근을 필요로 함 • 유통망 접근은 공급자와 판매자 간 IT의 규격화 · 호환성의 정도에 따라 차이가 있을 수 있음 • CRS(Computerized Reservation System)는 이 분야에서 활용된 정보기술 중 가장 초기에 개발되어 사용되었고, 현재도 중요한 비중을 차지하고 있음 • CRS를 비롯한 마케팅 · 유통분야의 정보기술은 한층 더 주목받고 관광산업의 강력한 경쟁도구가 됨
관광공급체계 측면	생산자 · 소비자 관계	• 관광기업과 소비자 사이에 직접 이루어지는 거래관계 – 소비자가 예약 및 구매를 위해 여행사, 호텔, 항공사 등과 직접 접촉하거나 해당 사이트 등을 통해 접촉 • 인적관계 – 호텔의 경우 정보기술 도입을 통해 종사원 업무가 간소화되어 고객을 위해 많은 서비스를 제공할 수 있음 – 대부분 예약이 온라인으로 이루어지고 있으며, 거래 또한 IT를 활용한 전자거래가 크게 증가하고 있음

2) CRS(Computerized Reservation System)

CRS의 등장

관광정보시스템 발전에 가장 큰 영향을 준 것이 일명 CRS(Computerized Reservation System)라고 하는 컴퓨터예약시스템이라 할 수 있다. CRS는 항공예약시스템의 자동화를 위해 1964년 아메리칸항공(AA)과 IBM이 공동으로 최초 개발한 'SABRE: Semi-Automated Business Research Environment'로부터 시작되었다. 이후 CRS는 항공, 호텔, 렌터카 등을 예약할 수 있는 시스템으로 발전하였고, 지금도 관광산업에서 예약과 거래 등 관련 업무를 통합적으로 처리하는 시스템으로 중요한 역할을 담당하고 있다.

CRS는 또 다른 의미로 호텔산업에서 컴퓨터예약시스템(CRS)은 호텔기업이 통합적인 예약시스템으로 설계된 중앙예약시스템(Central Reservation System)이라는 의미도 갖고 있다. 1960년대 말부터 지리적으로 떨어져 있는 여러 호텔들의 객실 예약을 하나의 통합된 정보시스템으로 관리할 필요성이 제기되었다. 각 호텔의 객실정보와 고객정보, 예약정보를 효율적으로 관리하는 시스템으로 개발되어 사용되었다. 이 때문에 초창기 호텔에서 CRS의 의미가 'Central Reservation System'의 의미로 사용되기도 하였다. 이는 글로벌 체인호텔들의 시스템 기반이라 할 수 있으며, 현재 호텔에서 사용하고 있는 호텔예약정보시스템의 토대라 할 수 있다.

그러나 현재 대부분의 CRS라 함은 항공사를 중심으로 발전한 CRS를 말한다. 이후 CRS는 인터넷이 등장하기 전까지 전화선을 이용한 전용 데이터 전송 통신망을 활용한 예약시스템을 통칭하는 용어로 사용되어 왔다. 이것은 현재 비단 호텔 예약뿐만 아니라 항공기 및 렌터카 등 관광산업 전반에 걸쳐 대부분을 예약할 수 있는 시스템으로 확산되어 사용되고 있다. 특히 항공산업은 좌석 및 객실 예약뿐 아니라 화물유통에까지 정보시스템이 도입, 발전하여서 지금과 같이 커다란 산업으로 변모하였다. 그러나 항공사마다 이해관계 때문에 여러 개의 CRS가 개발되어 사용되고 있으나, 지금은 이들 CRS 간의 정보공유가 산업적 필요에 의해 늘어나고 있는 추세이다.

우리나라에서 최초로 도입된 CRS는 대한항공에서 1975년 사내 전산화를 위해 개발한 KALCOS I이며, 이후 이를 개선하여 1984년에 탄생한 시스템이 국내의 대표적인 CRS인 TOPAS(Total Passenger Service System)이다. 이후 1999년 대한항공과 유럽의 아마데우스(AMADEUS)가 공동출자로 TOPAS 여행정보(주)를 설립하고, 2001년에는 인터넷 기반의 시스템을 개발하였다. 최근에는 스마트 시대의 흐름에 발맞춰 국내 CRS 업계 최초로, 모바일 기반의 항공예약시스템인 'TOPASRO-M'을 선보였다. TOPASRO-M은 토파스로2의 모바일 버전이며 기존 오프라인 단말기에서 구현되는 항공일정조회, 예약기능, 전자항공권 발송, 스카이패스 정보조회 기능을 제공한다.

애바쿠스(Abacus)는 싱가포르에 본사를 둔 아시아/태평양지역 최대 예약시스템으로 세계 최대 CRS인 SABRE와 제휴한 것으로 우리나라에서는 아시아나항공 계열들이 많이 사용한 CRS이다. 이외에 우리나라에서 많이 사용하는 CRS로는 '갈릴레오(GALILEO)'와 '월드스팬(Worldspan)' 등이 있다. 이들 CRS는 국내 호텔 및 여행사 등에서 사용 중에 있다.

처음 CRS가 항공산업의 중심으로 발전하다보니 대부분 CRS는 미국에서 개발되었다. 지난 2008년 갈릴레오가 월드스팬을 인수하면서 사실상 하나의 기업이 됐다. 갈릴레오의 특징으로 개별항공권 시장에서 강세이며 높은 성장잠재력을 가지고 있다.

최근 우리나라를 비롯한 아시아/태평양지역은 항공수요가 꾸준히 증가하면서 GDS(Global Distribution System)사들이 지분인수와 M&A(인수합병), 시스템통합 등으로 전에 없던 격변기를 맞고 있다. 2014년에는 한국시장에서 '토파스'가 '아마데우스' 플랫폼으로 통합되면서 항공사의 역할 범위가 확실히 넓어졌다.

표 5-4 | 항공사 중심의 대표적인 CRS

국가	CRS	비고
미국	SABRE: 아메리칸항공(AA)	
	PARS: 노스웨스트(NW)/트랜스월드(TW)	2008년 노스웨스트항공은 델타항공에 합병
	DATAS Ⅱ: 델타항공(DL)	
	SYSTEM ONE: 콘티넨탈항공(CO)	2010년 유나이티드항공에 합병
	APOLO: 유나이티드항공(UA)	APOLLO/GALILEO 합병 이후 갈릴레오가 월드스팬으로 통합
유럽	GALILEO: BR, SR, AZ, KL 등 다수 항공사	
	AMADEUS: AF, LH, SK, IB 등 다수 항공사	TOPAS와 제휴
아시아	ABACUS: CX, SQ, MH, CI, PR, GA, NH 등의 항공사가 연합한 아시아/태평양지역 최대의 CRS로 한국, 홍콩, 싱가포르, 필리핀, 말레이시아, 호주 등 15개 국가에서 사용 중	애바쿠스는 SABRE와 제휴
국내	ARTIS: OZ, 1988년부터 서비스 실시	ABACUS를 도입해 한국에 보급
	TOPAS: KE, 1990년부터 GDS 개념의 서비스	

BR(브리티시항공), SR(스위스항공), AZ(알리탈리아항공: 이탈리아), KL(KLM네덜란드항공), AF(에어프랑스), LH(루프트한자: 독일), SK(스칸디나비아항공), IB(이베리아항공: 스페인), CX(케세이퍼시픽: 홍콩), SQ(싱가포르항공), MH(말레이항공), CI(중화항공), PR(필리핀항공), GA(가루다항공: 인도네시아), NH(전일본항공), KE(대한항공), OZ(아시아나항공)

호텔 예약망은 기존 항공사의 CRS에 하나의 기능으로 사용하고 있었지만, 인터넷이 활성화되면서 힐튼, 하얏트, 메리어트 계열과 같은 글로벌 호텔체인들은 별도의 전 세계 호텔체인 예약망을 구축하고 이를 통해 전 세계 체인호텔들의 예약 및 거래 등에 사용하고 있다.

호텔정보시스템은 일반적으로 예약 중심이 아니라 경영이라는 관점에서 운영, 관리 등에 중점을 두고 발전한 부분들이 많이 있다. 대부분의 글로벌 체인호텔들의 정보시스템은 피델리오(Fidelio)와 마이크로스시스템(Micros System)을 중심으로 발전하였다. 지금은 피델리오 보다는 윈도우 버전인 오페라(Opera) 호텔정보시스템이 대부분의 글로벌 체인호텔들이 사용하고 있으며, 국내의 경우 산하정보의 with시스템이 비즈니스 호텔을 중심으로 많이 사용하고 있다.

표 5-5 | 대표 CRS시스템 'Fidelio'와 'Opera'의 차이

Fidelio	Opera
• 하나의 컴퓨터에서 동시에 한 고객만 관리 – 대부분의 글로벌 체인호텔들이 과거에 사용했던 호텔정보시스템	• 하나의 컴퓨터로 동시에 여러 고객을 관리하는 윈도우 버전의 호텔정보시스템으로 현재 글로벌 체인호텔들이 대부분 사용하는 호텔정보시스템
• 카드번호와 결제금액을 손으로 직접 입력 예) 12만 원을 결제해야 하는데 입력오류로 120만 원이 결제되는 등 실수 빈번	• 시스템에 카드번호와 금액이 자동으로 입력되어 있기 때문에 'okay' 버튼만 누르면 결제 진행 → 자동화로 인하여 작은 오류에 민감

그림 5-2 ○ 신라호텔 객실예약시스템[2)]

그림 5-3 ○ CRS시스템의 주요 기능

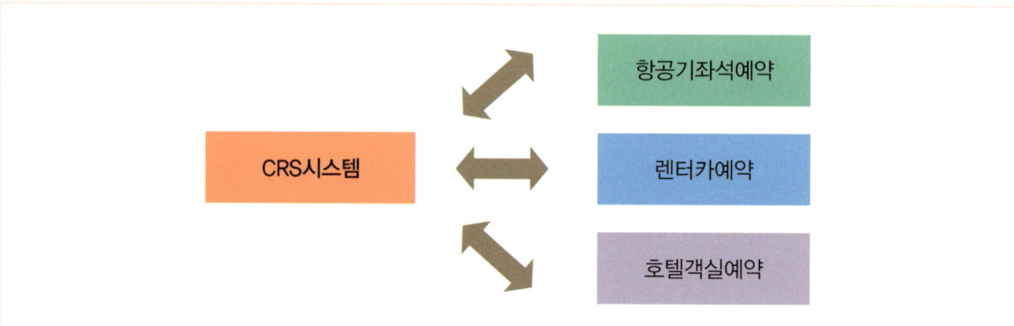

관광산업에 있어서 CRS는 단순히 IT 기반의 편리한 예약시스템 이상의 의미를 갖고 있다. CRS는 [그림 5-3]에서 보듯이 항공 및 호텔, 렌터카의 예약 및 거래를 기본기능으로 하고 있다. 관광상품은 항공권, 숙박, 먹거리 등 여러 개의 상품속성이 연계성을 갖고 있기 때문에 각 상품 간의 정보가 공유되어서 이를 통합적으로 관리하는 것이 필요하다.

예를 들어 서울에서 제주도를 여행하고자 하는 사람은 기본적으로 제주도를 가기 위해 항공편을 예약하고 자신이 머무를 숙소도 예약을 한다. 제주도 내에서 편안한 여행을 하기 위해 렌터카를 예약해서 운전하면서 다닐 수도 있을 것이다. 이처럼 제주도 여행이라는 하나의 목적을 가진 관광활동은 항공, 숙박, 지상교통, 먹거리 등 여러 가지 상품을 필요로 하기 때문에 각각의 상품정보는 CRS를 통해서 한 번에 제공받음으로써 이용자가 편리하게 사용할 수 있다.

CRS의 시작과 발전 그리고 GDS(왜 미국과 유럽에서 CRS가 발전하게 되었을까?)

대표 CRS 기업[3)]

제2차 세계대전 기간 중 항공기술의 발전은 전쟁 후 항공산업이 성장할 수 있는 환경이 마련되었다. 미국의 5개항공사(아메리칸, 노스웨스트, 델타, 콘티넨탈, 유나이티드)에 의해 세계 항공시장에서 CRS가 시작되었지만, 현재 가장 규모가 큰 CRS는 아메리칸항공이 세계 최초로 개발한 'SABRE'라는 이름의 CRS이다. 1984년 항공사 간의 과열경쟁으로 미국 내에서 CRS와 관련한 일련의 금지조치를 받게 된 후 미국의 CRS 업체들은 유럽으로 세력을 확장함으로써 유럽의 CRS가 확장·발전하는 계기가 되었다.

1987년 미국의 CRS 금지조치에 대항하기 위하여 유럽민간항공국(AEA)을 통해 여러 유럽항공사가 모여 합작 형태의 다국적 항공예약시스템(GDS) 'AMADEUS'와 'GALILEO'가 개발되면서 미국처럼 어느 특정 항공사가 소유하는 시스템이 아닌 몇 개의 항공사가 공동으로 구축한 독립적인 컴퓨터예약시스템 회사로 경쟁하는 'GDS' 시대가 시작되었다. 그 대표적인 것이 아마데우스(Amadeus)와 갈릴레오(Galileo)이다.

* 노스웨스트항공은 2008년 델타항공에 합병되었고, 콘티넨탈항공은 2010년 유나이티드항공에 합병됨.

3) GDS(Global Distribution System)

GDS의 등장

항공 및 숙박 등 복합적인 예약을 통합하여 편리하게 사용하기 위해 CRS가 등장하였다. 현재 CRS는 관광산업의 다양한 분야에서 사용되고 있다. 특히 IT 활용이 확산되고 IT가 모든 산업에 영향을 미치면서 CRS에도 큰 변화가 나타나기 시작했다. 인터넷을 기반으로 한 호텔 및 항공사에서 자사의 예약시스템을 통합적으로 관리하던 CRS시스템이 세계 어디에서나 예약이 가능하고 다양한 산업이 통합적으로 연계될 수 있는 글로벌(global) 예약시스템으로 발전한 것이다. 일반적으로 이들 글로벌 예약시스템을 설명할 때 GDS(Global Distribution System)라고 말한다.

GDS는 여행서비스 제공자(항공, 호텔, 렌터카(rent car) 및 여행사) 간에 예약, 결제, 취소, 조회 등을 자동화해서 운영하는 회사의 네트워크시스템을 말한다. 이 회사는 예약, 취소 등의 업무처리를 직접 하지는 않지만, 각 여행서비스 제공자(여행사 등)들이 항공, 호텔, 렌터카 예약서비스의 고객 인벤토리(inventory)를 GDS가 직접 실시간으로 예약서비스를 구축하는 데 도움을 준다.

Expedia.com, Travelocity.com과 같은 해외에 규모가 큰 온라인 여행사들은 수천, 수만 개의 여행상품을 조달(소싱, sourcing)하고 관리하는 데 엄청난 관리비용이 소요되는데, 여행객들을 위한 자사 예약서비스 구축을 위해 GDS를 사용함으로써 관리비용을 최소화할 수 있기 때문에 국내 여행사들도 점차 GDS로의 사용이 확대되고 있는 실정이다.

세계적으로 GDS는 크게 SABRE, AMADEUS, Travelport라는 3개 기업이 차지하는 비중이 높고 대륙별로 주로 사용하는 GDS 기업들이 다르다. [그림 5-4]를 보면 2013년 12월 31일 기준으로 북아메리카와 라틴아메리카는 SABRE가 55%, 57%로 높은 비중을 차지하고 EMEA(유럽, 중동, 아프리카)지역은 AMADEUS(63%)가 많은 비중을 차지한다. 아시아와 태평양은 SABRE(39%), AMADEUS(38%), Travelport(23%)로 세 기업이 고르게 점유하고 있다.

우리나라의 주요 GDS 시장점유율을 보면 대한항공과 AMADEUS가 합작하여 설립한 TOPAS와 아시아나항공과 SABRE가 합작한 ABACUS의 양강구도를 형성하고 있다.

그림 5-4 ◎ 전 세계 GDS 점유율[4)]

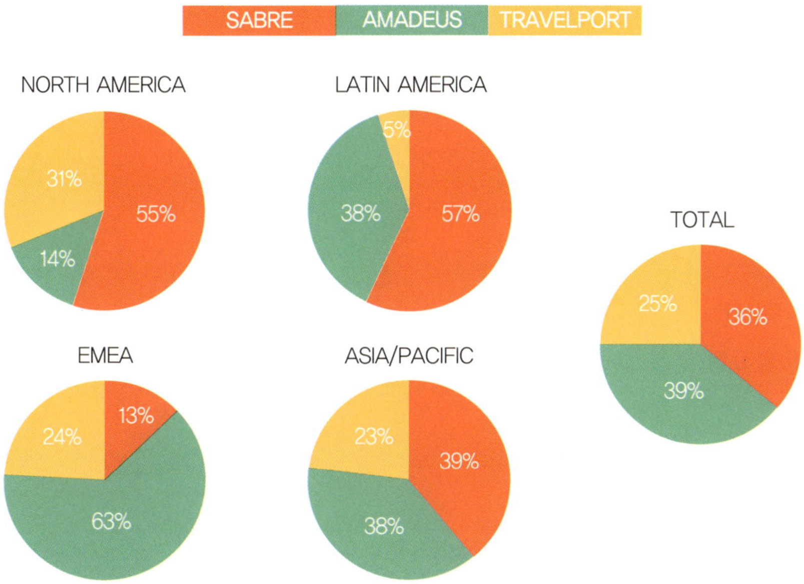

* Sabre Estimates of GDS–Processed Air Bookings, As of Dec. 31. 2013.
Source: Sabre U.S. securities and Exchange filing, based on "internal estimates"

그림 5-5 ◎ 한국의 GDS 시장점유율[5)]

주요 GDS 한국시장점유율(2015년)

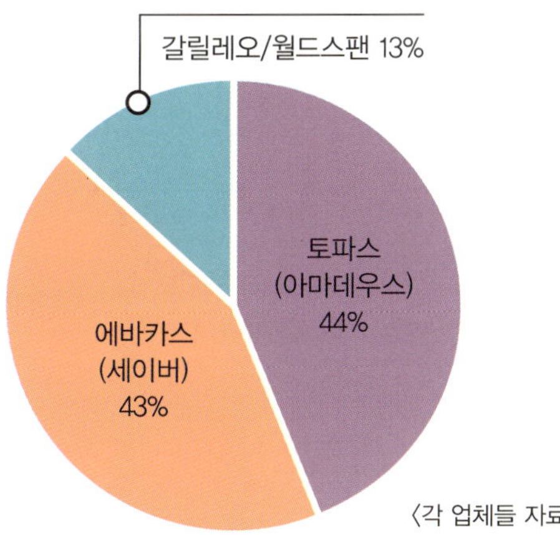

〈각 업체들 자료조사 수치임〉

4) 호텔정보시스템(HIS: Hotel Information System)

호텔 · 관광산업에 있어서 정보시스템의 활용은 기업운영의 효율성 증진을 위해서 필수적으로 도입되었다. 국내 호텔산업의 경우 1988년 서울올림픽을 계기로 글로벌 브랜드 호텔들의 서울 진출과 함께 글로벌 호텔정보시스템이 도입되기 시작하였다.

서울 힐튼호텔을 시작으로 HIS(Hotel Information System)가 도입되었는데, 대표적인 호텔정보시스템 소프트웨어로는 Fidelio, 마이크로 POS시스템이 도입되었다. HIS를 또 다른 용어로 PMS(Property Management System)라고도 한다.

HIS는 호텔산업의 특성에 맞게 크게 Front Office와 Back Office로 구분하는데, 고객을 직접 대면하고 서비스하는 업무를 Front Office 시스템이, 고객을 대면하지 않지만 대면하는 부서를 후면에서 지원하는 회계, 인사 등의 업무를 도와주는 Back Office 시스템으로 분류할 수 있다.

표 5-6 | Office System의 기능(부서별 분류)

프런트오피스시스템(Front Office System)	
객실예약관리정보	객실고객 및 업장고객의 예약, 등록, 변경, 삭제, 조회
프런트데스크관리정보	고객의 객실배정, 체크인, 체크아웃, 투숙고객관리(고객불만사항처리, 외부 메시지 접수 및 전달)
하우스 키핑(keeping)	객실청소상태관리, 객실 내 손님정보관리
캐셔(cashier)업무	식당이나 기타 호텔시설물을 이용하여 발생한 영수증에 해당 금액을 입력 및 수정 등 처리하는 기능
인터페이스정보	고객의 전화사용 및 안내를 사용한 정보관리
레스토랑관리	투숙객조회, 영업현황분석
Night Auditor 업무	당일 해당부서의 매출처리를 집계하는 작업
백오피스시스템(Back Office System)	
인사급여	직원의 인사관리, 급여, 상여, 정산관리
회계, 여신관리업무	매입, 매출관리(월말결산), 여신(거래선별잔고, 여신기간분석)
검수, 구매관리	자재에 대한 검수 및 구매관리
원가관리	원가관리(현장재고, 주/월말 결산 일일 재료비)
고객관리	고객의 기본정보, 이용실적, 서비스 관련, DM정보
시설관리	호텔시설에 대한 관리
경영분석	객실영업, F&B영업, 목표 및 실적관리

1990년대 이후 HIS는 사무자동화기기(Word Processor, Spread Sheet, Database) 등의 도입으로 업무의 효율성을 높이는 시스템으로 발전하였다. 특히 CRS(Computerized Reservation System)의 도입은 호텔 · 항공 · 철도 등의 예약시스템에 커다란 변화를 가져다 주었다.

2000년 이후 네트워크 통신의 확산으로 시스템의 온라인화가 이루어졌고 이는 HIS가 단순히 호텔기업 내부시스템이 아닌 고객과의 커뮤니케이션을 지원하는 커다란 시스템으로 성장하는 계기를 만들어주었다.

표 5-7 | 연도별 호텔정보시스템의 발전과정

범주	내용
1980년대 호텔정보시스템	
국내 호텔정보시스템 도입 본격화	88서울올림픽을 통해 유명 체인호텔 및 대기업의 투자로 체인 프랜차이즈 형태의 호텔경영에 접어들면서 국내 호텔정보시스템 도입이 본격화
호텔 소프트웨어 HIS(Hotel Information System)의 도입	서울 힐튼, 그랜드 인터컨티넨탈
	도입 소프트웨어: Fidelio, POS
프론트오피스(front office) 중심으로 호텔정보시스템 도입	호텔객실예약, 체크인/체크아웃, 객실관리, 교환업무
	서버(server)를[01]중심으로 한 업무의 자동화
백오피스(back office) 시스템은 별도로 자체 또는 외주를 통해 S/W 개발	급여, 경리, 회계시스템
1990년대 호텔정보시스템	
다양한 사무자동화기기의 도입	WP(Word Processor), Spread Sheet(Lotus 등), DB(Database) 등
특급 호텔 내 비즈니스센터의 도입	고객들의 관련 업무 IT를 이용한 원격 사무자동화 지원
고가의 H/W, 호텔 S/W 구입비용 과다	중앙예약시스템의 도입 (CRS: Central Reservation System)
인터페이스시스템 도입	PABX(Private Automatic Branch Exchange)[02]를 이용
PC-LAN 도입	클라이언트(client)-서버(server) 방식으로 운영
POS시스템 도입	호텔 내 각 업장에 터치스크린 형태
홍보	호텔 홈페이지를 통한 인터넷상 호텔 홍보에 관심

01 서버(server): 다른 사용자에게 정보를 제공해 줄 수 있는 컴퓨터
02 PABX(Private Automatic Branch Exchange): 자동식 구내 교환설비

2000년대 호텔정보시스템	
인터넷 및 스마트폰 등을 통한 다양한 비즈니스전략 구축	호텔 관련상품에 대한 다양한 정보를 온라인상에서 제공
	인터넷 홈페이지 등을 활용한 예약 및 전자거래
	전자상거래(호텔객실 등의 판매)
	인터넷을 이용한 사이버마케팅
객실의 인터넷 및 컴퓨터 연결	객실에서도 개인 업무처리가 가능
호텔정보시스템의 데이터베이스 기능 확보	데이터베이스를 활용한 고객 개개인에 대한 서비스 강화(맞춤형 서비스)
	고객관계관리의 강화(CRM)
	항공 및 관련 업종과 마일리지 교환 등 다양한 프로모션이 가능
현재 호텔정보시스템 윈도우 버전으로 상용화(Opera)	2000년 중반까지 Fidelio(도스) 버전의 호텔정보시스템 사용
	이후 윈도우 버전(Opera 등)으로 호텔정보시스템을 이용

PMS(Property Management System)

호텔정보시스템을 또 다른 용어로 PMS(Property Management System)라고 말한다. 호텔정보시스템이라는 표현보다는 글로벌 호텔체인 등에서 근무하는 사람들은 PMS라는 용어가 익숙한 것이 사실이다. 대표적인 시스템으로는 글로벌 시장점유율이 높은 글로벌 체인호텔들은 마이크로스피델리오(Micros-Fidelio)를 중심으로 사용해왔으나, 지금은 윈도우 버

그림 5-6 ○ 국내 PMS 도입현황

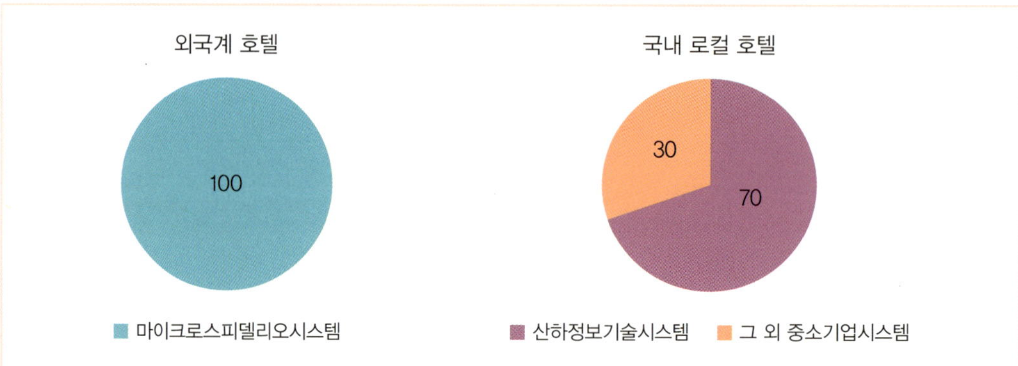

전(windows version)이라 할 수 있는 오페라(Opera)시스템을 대부분 사용하고 있다. 국내 호텔기업들은 대부분의 국내 기업인 산하정보기술에서 출시한 'With'라는 PMS를 사용하고 있다.

5) 4차 산업에 따른 호텔 디지털시스템의 진화

호텔기업은 다른 분야에 비해 변화의 속도가 다소 늦은 편이다. 그러나 4차 산업의 영향, 업무와 엔터테인먼트, 각종 생활정보 등 삶의 모든 영역에서 빠른 속도로 스마트폰과 연동되기 시작하면서 호텔들도 각종 시설과 서비스를 디지털 기기에 친화적인 환경으로 바꿔가고 있다. 고객들이 많이 사용하는 스마트폰은 호텔에 필요한 다양한 기기들을 적극적으로 도입할 수 있는 환경으로 만들어주었다. 호텔들은 각기 다른 콘셉트를 갖고 고객들을 맞게 되는데 디지털 기기의 도입은 호텔경영의 혁신적 측면에서 진행되고 이는 호텔기업이 지향하는 미래 방향성과도 무관하지 않다.

이러한 환경에서 고객이 외국 도시를 방문한다는 전제하에 다음과 같은 방문 스토리로 진행될 때 현재 호텔 관련 디지털 기기들이 실제 어떻게 사용되고 있는지를 알 수 있을 것이다.

그림 5-7 ○ 스마트폰 앱을 통한 호텔서비스 메뉴[6]

스마트폰으로 방문지역의 호텔을 선택하고, 예약 · 전자결제를 스마트폰 앱(app)을 통해서 진행하게 된다. 해당 지역 인근 공항에 도착한 후 교통편을 선택하는 데에도 스마트폰 앱을 이용하여 호텔 앱 컨시어지(concierge) 챗봇(chatterbot)[03]의 도움을 받아 호텔이 있는 곳으로 이동할 수 있다.

호텔 도착 후 프런트에서 기다리지 않고 사전에 스마트폰 앱을 통해 체크인(check-in)하거나, 아니면 호텔 프런트 앞에 있는 무인 키오스크(kiosk)[04]를 통해 직접 체크인을 할 수 있다.

그림 5-8 ○ 무인 키오스크: 시티즌 영호텔, 나인트리 명동 프리미어 호텔의 Self Kiosk[7)]

이후 스마트폰을 이용해서 스마트폰 도어(keyless entry)로 객실을 열고 들어갈 수 있다. 객실 내 조명, 음악, TV, 냉난방 제어 등도 스마트폰 앱을 통해서 제어하거나 아니면 객실 내에 있는 스마트 미러(smart mirror)를 통해서도 제어할 수 있다.

식사시간이 되면 앱을 통해 메뉴를 확인한 후 선택 주문하면 객실로 로봇이 배달을 해준다.

호텔의 모든 서비스를 이제 스마트폰 앱이나 관련된 디지털 기기를 통해서 서비스 받을 수 있다. 이러한 변화는 호텔에서 고객이 서비스를 받기 위해 호텔리어 접촉으로만 가능했던 부분들이 최소의 인력서비스로 가능한 시대가 된 것이다.

---

03 챗봇(대화로봇, chatterbot): 사람과 기계 사이 대화를 위해 만든 프로그램 또는 로봇으로 대화형 사용자 인터페이스시스템으로 인공지능(AI)을 갖고 있다.

04 키오스크(kiosk): 터치 스크린 형태의 정보전달시스템으로 교통정보, 경로안내, 호텔의 체크인, 체크아웃을 도와주는 기기

그림 5-9 스마트폰 키, 모바일 키 → Keyless Entry시스템[8]

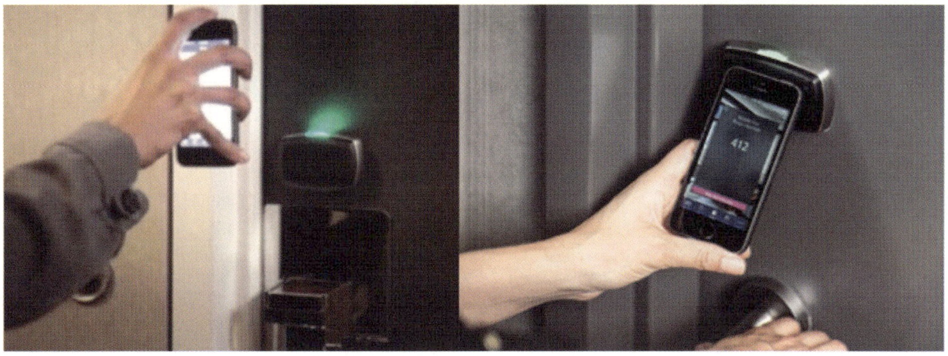

사전에 스마트폰 앱을 통해 호텔을 예약, 결제한 후에 스마트폰으로 키를 받으면 호텔 프런트에서 객실 키를 받지 않고 사전에 예약된 호텔 객실로 가서 객실 문을 열 수 있다. 가장 많이 보급되어 있는 디지털 기기로는 self check-in/out을 할 수 있는 무인 키오스크(kiosk, self-kiosk라고도 함)이다. 무인 키오스크는 갑자기 많은 고객들이 몰려서 체크인/아웃을 호텔리어가 정상적으로 처리하기가 어려울 때나, 고객이 직접 무인 키오스크로 체크인/아웃을 할 때 사용하는데, 국내외 호텔기업들이 이를 도입하여 사용 중에 있다.

고객이 스마트폰이나 객실전화로 객실서비스(음식 서비스 등)를 요청하면 호텔리어가 했던 서비스를 무인로봇을 통해서 원하는 고객에게 심부름 서비스를 할 수 있다. 이러한 서비스는 우리나라 알로프트 서울명동호텔, 라스베이거스의 MGM호텔 및 일본의 몇 개 호텔에서 사용하고 있다.

그림 5-10 객실로 심부름 서비스를 하는 무인로봇[9]

호텔 투숙객들에게 호텔 내 부대시설의 이용정보나 관광지, 교통, 식당, 쇼핑 같은 호텔고객이 원하는 정보를 수집과 안내하는 일, 항공 및 리무진, 렌터카 등의 교통편, 음식점, 공연티켓, 관광지 예약을 대행하는 것이 컨시어지서비스이다. 호텔리어가 지금까지 해온 컨시어지 역할을 대신 하는 아래와 같은 디지털 컨시어지들이 있다. 고객이 직접 지역안내, 음식점, 명소, 호텔 내 다양한 서비스 등을 디지털 컨시어지를 통해 서비스받을 수 있다.

이러한 컨시어지서비스 등은 객실 내에 스마트 미러(mirror)를 통해서도 서비스가 가능하다.

이러한 변화에서 향후에도 가장 주목을 받을 기능이 스마트폰을 이용한 호텔 앱서비스이다. 앱서비스는 고객지향적인 서비스로 계속 진화할 것이다. 이러한 근거에는 대부분의 사

그림 5-11 메리어트 호텔의 디지털 컨시어지: GoBoards[10]

그림 5-12 스타우드 호텔&리조트의 객실 스마트 미러(smart mirror)[11]

람들이 스마트폰을 계속 사용할 것이고, 스마트폰의 기능은 시간이 갈수록 고도화가 될 것이기 때문이다. 미래에도 고객들은 점점 지능화되는 스마트폰을 사용할 가능성이 높기 때문에 앱서비스도 이에 따라 점점 고도화될 것이다. 호텔기업의 서비스 형태도 스마트폰 앱을 중심으로 보다 지능화된 서비스로 점점 발전할 것이며, 연동되는 호텔의 디지털 기기들도 그 사용성이 점점 많아질 것이다.

학·습·내·용·정·리

1. 관광정보는 관광산업에서 사용되는 모든 정보를 말하며, 그 정의에 대해서는 연구자에 따라 다르게 정의하고 있다.

2. 호텔관광정보시스템은 호텔 예약 및 거래라는 측면까지 포함한 것으로 해석된다. 반면에 호텔정보시스템은 호텔운영 및 관리 등을 중심으로 만들어진 호텔운영을 목적으로 만들어진 시스템이라 말할 수 있다.

3. 호텔산업에서의 컴퓨터예약시스템(CRS: Computer Reservation System)은 여러 개의 호텔을 가진 호텔 기업이 하나의 통합적인 예약시스템을 구축하고자 설계된 중앙예약시스템(Central Reservation System)에서 시작되었다.

4. 대표적인 CRS로는 SABRE, Amadeus, Galileo, Abacus, Worldspan 등이 있다.

5. 인터넷 특성을 기반으로 한 호텔 및 항공사에서 자사의 예약시스템을 통합적으로 관리하던 시스템이 세계 어디에서나 예약이 가능하고 다양한 산업이 통합적으로 연계될 수 있는 글로벌 예약시스템으로 발전하였는데 이를 GDS(Global Distribution System)라고 말한다.

6. 호텔정보시스템(HIS: Hotel Information System)은 호텔산업의 특성에 맞게 크게 Front Office와 Back Office로 구분할 수 있는데, 고객을 직접 대면하고 서비스하는 Front Office 시스템과 고객을 대면하지 않지만 대면하는 부서를 후면에서 지원하는 회계, 인사 등의 업무를 도와주는 Back Office 시스템으로 분류되어 발전하였다. 다른 용어로 PMS(Property Management System)라고 말한다.

7. 4차 산업이 활성화되면서 호텔에 필요한 ICT 디지털 기기들이 많이 도입되고 있다. 이러한 기기로는 디지털 컨시어지, 무인 키오스크, 호텔 앱서비스, 스마트 키시스템 등이 있다.

학·습·문·제

01 인터넷 시대에 관광정보가 왜 필요한지를 설명해보자.

02 관광정보시스템이 관광산업에 어떠한 영향을 미쳤는지 논의해보자.

03 관광정보시스템, 호텔관광정보시스템, 호텔정보시스템에 대해 어떤 차이가 있는지 설명해보자.

04 호텔정보시스템의 프런트오피스와 백오피스의 차이점에 대해 설명해보자.

05 CRS가 어떻게 탄생을 하게 되었는지 그 과정을 알아보자.

06 기존 CRS가 인터넷이 활성화되면서 어떠한 형태로 변화했는지 알아보자.

07 대표적으로 사용하는 CRS로 어떠한 것이 있고, 어떠한 특징을 갖고 있는지 찾아서 설명해보자.

08 Computerized Reservation System과 Central Reservation System의 차이점을 설명해보자.

09 CRS가 GDS로 발전하는 과정이 왜 발생했는지 그 이유와 과정을 설명해보자.

10 피델리오(Fidelio), 오페라(Opera)의 차이점에 대해 설명해보자.

11 호텔에 사용되는 디지털 기기들이 어떠한 것이 있고, 어떠한 기능들을 하는지 예를 들어서 설명해보자.

12 호텔기업에 왜 디지털 기기들이 도입되고 있는지 호텔기업 차원에서 설명해보자.

■ 참고자료 ■

1) 김은령(2017), 공항서 좌석까지 AR 길안내 · 자동통번역 · 5G … 미리보는 ICT올림픽, 머니투데이, 2017.2.19.

2) 신라호텔(https://www.shillahotels.com)

3) COSEA블로그(http://blog.daum.net/_blog/BlogTypeMain.do?blogid=0nFuF)

4) The Beat(http://www.thebeat.travel)

5) 양재필(2015), GDS 3파전 본격화 … 새로운 전쟁의 시작, 세계여행신문, 2015.8.24.

6) Corey Lewis, A Brand Named ALICE: New Mobile Hospitality App is at Your Service, Brandchannel, 2015.2.10.

7) Michael Kozlowski(2013), How Hotels Can Benefit with Tablet Adoption, GOOD EREADER, 2013.5.3.
고은빛(2017), 창문 열면 '남산타워' 한눈에 … 나인트리 명동 호텔 가보니, 한국경제, 2017.3.6.

8) Nicholas Anderton(2014), Hotel room Keys Replaced by Smartphones, Gadget Gestures, 2014.11.3.
이용성(2017), 가상현실(VR)서비스로 예약전 '맛보기' 체험 인공지능 접목한 '로봇 호텔리어' 등장, 조선이코노미플러스, 2017.4.

9) 곽노필(2016), 본격 로봇시대, 인간-기계 도덕적 중재, 한겨레, 2016.9.9.
Justin Solomon, Robots 'invade' Starwood Hotels, CNBC, 2014.8.12.

10) https://www.expedia.co.kr
oldhotelier.tistory.com/638

11) www.travelandleisure.com
이용성(2017), 가상현실(VR)서비스로 예약전 '맛보기' 체험 인공지능 접목한 '로봇 호텔리어' 등장, 조선이코노미플러스, 2017.4.

CHAPTER 06

데이터베이스와 빅데이터

학습목표

- 데이터베이스와 데이터베이스시스템에 대해 이해한다.
- 데이터베이스관리시스템(DBMS)에 대해 이해한다.
- 정보분석을 위한 데이터마이닝에 대해 이해한다.
- 빅데이터 개념과 현황을 이해한다.
- 빅데이터분석이 산업에 활용되는 사례를 확인한다.

'집빵' 샌드위치의 대박 비밀은 빅데이터[1] – 빅데이터 시장 2015년 30% 성장

샌드위치 업체인 '죠샌드위치'는 빠네디까사'(집빵)라는 새 메뉴를 내놓았다. 이 메뉴는 오픈한지 한달 만에 5,000여 개가 팔려서 인기상품 반열에 올랐다. 샌드위치는 야외에서 먹을 것이라는 통념을 뒤집은 빅데이터분석 결과를 이용했기 때문이다.

죠샌드위치는 한국정보화진흥원의 도움을 받아 2010~2015년 뉴스, 트위터, 블로그 등 79억여 건의 데이터를 수집 · 분석했다. 그 결과 5년 연속 집이 샌드위치와 가장 연관 깊은 장소로 언급되었다는 분석이 나왔다.

미스틱엔터테인먼트의 걸그룹 '브라운아이드걸스'(브아걸) 역시 빅데이터분석을 통해 컴백 앨범을 마케팅을 하였다. 2년 4개월이라는 꽤 긴 공백기를 거쳐 컴백하는 브아걸은 홍보에 대한 부담이 컸다. 소속사는 소셜네트워크서비스(SNS), 뉴스분석을 통해 '센언니', '실력파' 등의 긍정적인 이미지를 뽑아냈다. 보도자료에서도 '센언니' 이미지를 강조했다. 과거 멤버들이 출연했던 프로그램 중에서도 반응이 좋았던 프로그램을 찾아내 컴백 당일 SBS 라디오인 '두시탈출 컬투쇼'에 출연했다.

2012년 설립된 스포츠브랜드 '자이크로[01](Zaicro)'도 인지도를 높이기 위해 빅데이터를 활용했다. 분석 결과 트레이닝복의 핵심고객이 유아인 것으로 나타났다. 자이크로는 유소년축구재단 홈페이지에 자사 광고를 넣었다. 결과는 즉각적으로 나타났다. 한 달 만에 매출액이 전달보다 15% 증가했다.

빅데이터 활용 사례

미래창조과학부에 따르면 2013년 1,643억 원이던 빅데이터 시장이 2014년 2,013억 원, 2015년 2,623억 원으로 2014년 대비 대비 30.3%가 증가했다. 빅데이터가 SNS분석이나 트렌드분석을 넘어 사업영역에서 활발히 활용되는 핵심기술로 자리를 잡고 있기 때문이다.

중국 인터넷은행, 정부 빅데이터 덕에 급성장[2]

"거래실적이 없었는데도 10분만에 연 7%대 모바일 대출을 받았습니다. 모바일 쇼핑내역, 메신저 가상계좌 잔고

01 자이크로: 스포츠용품(의류) 제조 및 판매, 스포츠행사 광고 및 기획회사

정보 등을 활용해 신용심사가 자동으로 끝난 덕분이죠."

중국인 류웨이(여 · 28 · 가명)는 상하이에 있는 중국유럽국제경영대학원에 다닌다. 1년에 8,000만 원 가량인 MBA과정 학비 일부를 대출받기 위해 올 초 여러 은행을 찾아다녔지만 번번이 대출을 거절당했다.

"학생 신분이고, 원하는 대출금액이 적지 않은데 특별한 경제활동을 한 적이 없다"는 게 이유였다. 그는 이게 마지막이라는 심정으로 '위뱅크'에 대출을 신청했다. 위뱅크는 중국 최대 모바일 메신저인 '위챗'을 운영하는 텐센트가 만든 인터넷전문은행이다. 스마트폰으로 앱에 접속한 뒤 대출 신청을 누르고 정보를 입력하자 2~3분만에 신용평가가 자동으로 끝났다. 위뱅크의 자체 신용평가시스템은 대출자의 위챗 로그온 시간과 가상계좌 내 자산, 게임활동 내역, 온라인 구매내역 등 다양한 정보를 수집해 스스로 신용도를 계산해낸다.

은행	최대주주(지분율)	특징
마이뱅크 (MyBank)	최대주주(지분율) 앤트파이낸셜(30%): 알리바바의 금융 자회사	알리바바 자체 신용평가시스템 '즈마신용' 통해 최대 500만 위안(약 9억원)까지 중금리 대출
위뱅크 (WeBank)	텐센트(30%): 중국 최대 모바일 메신저 '위챗' 운영	빅데이터와 인공지능(AI) 활용해 자동 대출 심사. 위챗 대화 내용 신용도 조사에 일부 활용
시왕은행	샤오미(29.5%): 중국 스마트폰 시장 1위 IT기업	기존 금융사(신시왕그룹) 및 유통업체(홍기연쇄) 참여 IT와 금융 융합 시도
바이신은행	바이두(30%): 중국 최대 검색엔진 기업	바이두가 보유한 클라우드컴퓨팅 기술 활용해 이용자가 선호하는 금융상품 자동 파악

자료: 업계 취합

중국의 주요 인터넷전문은행 현황

2015년 텐센트의 '위뱅크'와 알리바바의 '마이뱅크'가 본격 영업을 시작한 뒤 중금리 대출시장을 빠르게 점령하고 있다. 중국 정부망에 따르면 중국 최초의 인터넷전문은행 위뱅크는 2015년 4월 영업개시 이후 2017년 4월까지 2,750만 명에 육박하는 가입자를 확보했으며, 2년간 총 3,400억 위안(한화 약 57조 8,000억 원), 4,100만 건의 대출이 실행됐다. 이 중 94%는 5만 위안(약 8,030만 원) 미만의 소액대출이지만 전체 부실률 0.47%에 그친다. 중국 상업은행 부실대출 평균(5월말 기준 1.86%)보다 낮다.

알리바바그룹이 2016년 5월 선보인 마이뱅크도 상황이 비슷하다. 그룹 내 금융 자회사인 '앤트파이낸셜(Ant-Financial)'이 최대주주가 돼 중금리 대출영업을 공격적으로 개시했다. 2017년 6월까지 마이뱅크가 확보한 중소기업 고객만 170만 곳, 이들에게 나간 대출잔액이 230억 위안에 달한다. 이 중 부실대출 비율은 0.36%로 위뱅크보다도 더 낮다.

현지 전문가들은 그 이유로 '빅데이터분석 노하우'를 꼽았다. 딩지안핑 상해재경대학 금융학부 교수는 "데이터와 금융서비스를 연결해 발굴하는 '핀테크'가 발전하면서 새로운 변화가 일어나고 있다"고 설명했다. 전에 없던 기술을 장착한 신개념 은행이 등장해 일종의 '타깃영업'을 하게 됐다는 의미다. 여기엔 정부의 지원도 한 몫을 했다.

1. 데이터베이스

1) 데이터베이스(database)

정보관리와 데이터베이스

우리는 정보화시대에 살고 있다. 특히 하루가 다르게 발전하고 있는 ICT를 통해서 다양한 분야의 무한한 정보를 생성하고 있는 '**정보의 홍수**' 속에서 살아가고 있다. 이렇게 끝도 모르게 만들어지고 있는 정보의 홍수 속에서도 우리가 필요할 때 필요한 정보를 선택적으로 활용할 수 있어야 한다. 특히 기업경영을 위해서는 효율적인 기업운영과 전략을 만들기 위해 필요한 수많은 정보를 수집하고 이를 활용해야만 한다.

기업의 정보시스템에 저장되어 있는 방대한 자료에서 필요한 정보를 추출하고 분석하는 것은 기업경영에 있어서 의사결정에 필요한 핵심과제라 할 수 있다. 이러한 이유들로 인해 기업은 의사결정에 필요한 고품질의 정보를 효율적으로 유지하기 위해서 관련된 자료를 잘 관리해야 할 필요가 있다.

우리가 집에서 사용하는 책장에 책이 무작위로 꽂혀있다면 필요할 때 원하는 책을 찾는데 시간이 걸릴 것이다. 하지만 책을 이름순, 종류별, 연도별과 같이 사용자가 원하는 어떠한 기준을 갖고 꽂았다면 필요할 때 원하는 책을 쉽게 찾을 수 있을 것이다.

정보관리도 마찬가지이다. 자료를 저장할 때 어떠한 목적과 계획을 갖고 저장한다면 원하는 정보를 필요할 때 쉽게 찾거나 쉽게 사용할 수 있다. 이러한 역할을 정보시스템에서 지원하는 SW가 '**데이터베이스**'이다. 즉 데이터베이스를 잘 활용할 수 있다면 기업경영에서 정보를 잘 저장하고 필요할 때 잘 활용할 수 있어서 대부분의 기업은 데이터베이스를 사용하고 있다.

기업정보시스템에 저장하는 자료 역시 이러한 일련의 사용목적에 따라 자료를 저장하고 관리하는 것이 필요하다. 자료의 효율적인 관리는 무의미한 자료에서 유용한 정보를 쉽게 추출할 수 있고, 이것은 기업의 중요한 지적 자산으로 활용될 수 있다. 이러한 자료(data)관리의 필요성에 따라 데이터베이스라는 소프트웨어가 개발되었고, 현재 많은 기업들이 기업경영에 데이터베이스를 잘 활용하고 있다.

그림 6-1 ○ 데이터베이스의 중요성[3)]

데이터베이스의 정의

데이터베이스는 다수의 사용자가 자료를 같이 사용할 목적(이를 자료공유라 말함)으로 설계한 데이터의 집합(저장소)을 의미한다. 데이터베이스는 자료저장의 효율성을 위해서 데이터 중복을 최소화하고, 공통된 기준에 따라 데이터를 모아서 저장해놓은 집합체이다.

데이터베이스는 논리적으로 연관성을 갖고 있는 하나 이상의 자료를 모아둔 집합체이다. 사전에 많은 자료들을 관련 부서와 담당하는 사람들이 특정한 사용목적에 맞게 구조화하여 저장한 후 쉽게 검색과 수정을 할 수 있도록 만든 논리적인 집합체이다.

그림 6-2 ○ 데이터베이스의 정의

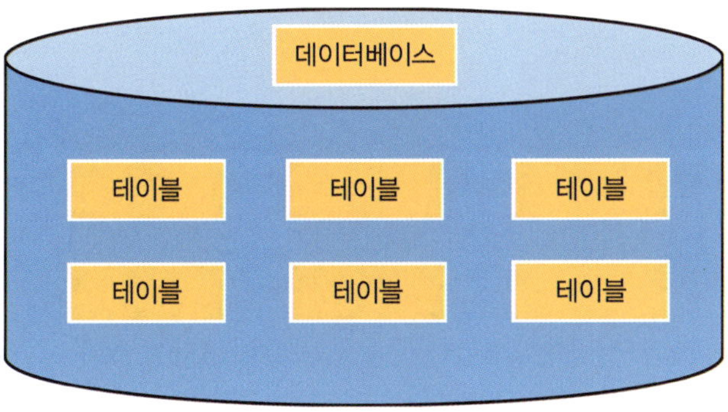

데이터베이스관리시스템(DBMS: DataBase Management System)

기업운영에 필요한 많은 자료를 효율적으로 관리하기 위해서 데이터베이스 기반으로 만들어진 소프트웨어시스템을 '**데이터베이스관리시스템(DBMS)**'이라 한다.

기업에서는 구성원들 간의 원활한 정보공유를 지원하는 정보시스템이 필요하다. 특히 정보를 효율적으로 관리하기 위해 데이터베이스를 구현해줄 수 있는 통합적인 시스템이 필요하다. 이러한 필요성에 의해 개발된 소프트웨어가 DBMS라 할 수 있다.

DBMS는 데이터를 생성하고 관리하는 것부터 다양한 기능을 가진 응용 소프트웨어로서 기업이 필요로 하는 데이터베이스 자료에 접근하여 효율적으로 활용할 수 있는 모든 기능을 지원해주는 통합적인 관리시스템이다.

DBMS는 사용자가 데이터베이스에 데이터를 쉽게 저장하고, 정보를 쉽게 검색하고, 활용할 수 있도록 관리해주는 소프트웨어시스템이다.

그림 6-3 데이터베이스관리시스템[4)]

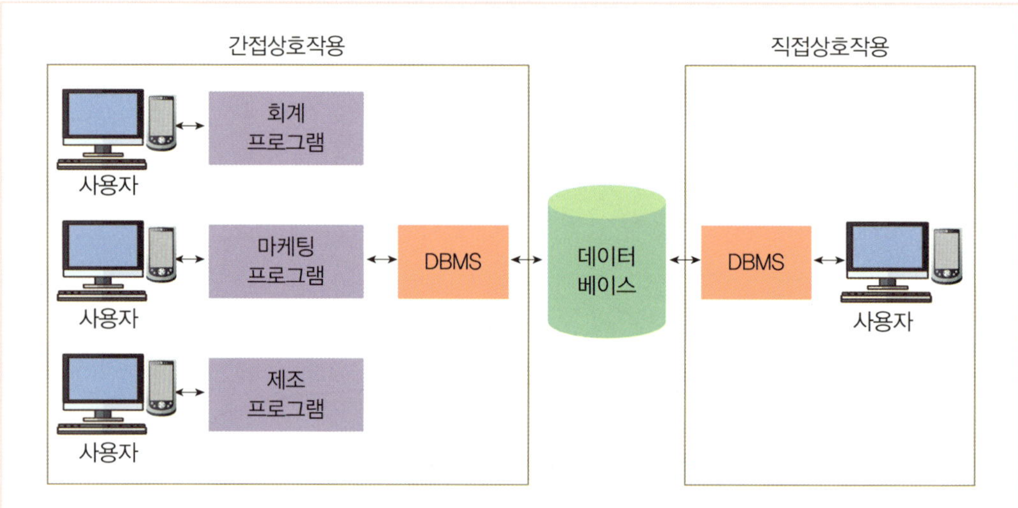

데이터베이스의 모형

데이터베이스는 데이터 저장형태에 따라 다음과 같이 3가지 모형이 있으며, 현재는 관계형 데이터베이스 모형이 대부분 사용되고 있다.

■ 계층형(hierarchical type) 데이터베이스

데이터베이스의 논리적 구조를 트리(tree) 형태의 데이터 구조도를 이용해 표현하는 데이터 모델이다. 각 레코드가 하나의 부모 레코드와 다수의 자녀 형태로 데이터 관계가 복잡해지면서 초기 구축해 변경이 어렵고, 무작위 검색 시 어려움이 존재하는 등 모델의 유연성이 떨어져 초기 DBMS 구축에 많이 사용하였고 현재는 사용하지 않는다.

그림 6-4 ◎ 계층형 데이터베이스

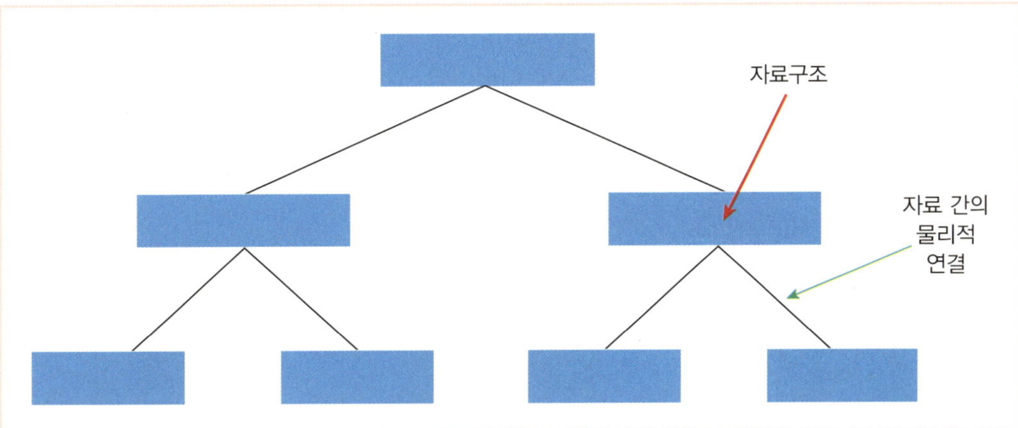

■ 그물(망)형(network type) 데이터베이스

계층형의 트리구조가 아니어서 관계표현이 유연해 부모 레코드수와 자식 레코드수의 제한이 없다. 데이터베이스 초창기에 많이 제안되었으나, 계층구조 간의 연결고리를 추가해 좀

그림 6-5 ◎ 네트워크형 데이터베이스

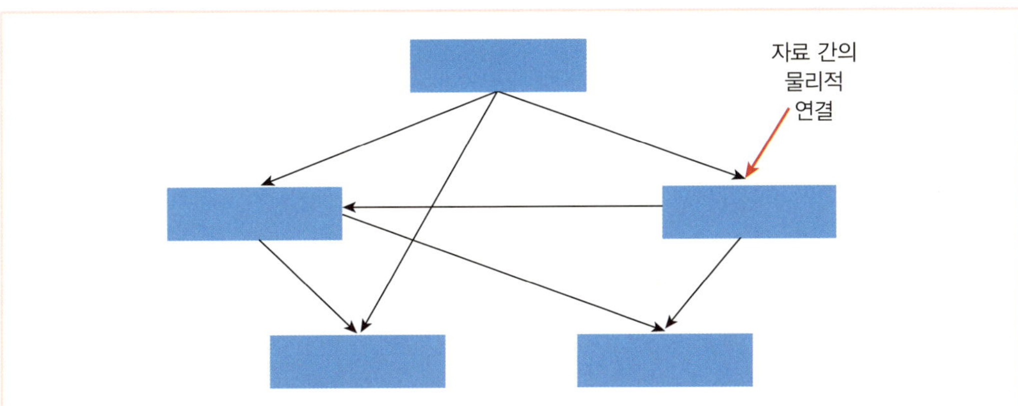

더 빠르고 효과적인 데이터 추출은 가능하나 많은 유지보수비용을 요구하고, 정적인 저장구조 형태라 임의검색이 어렵다. 현재는 특별한 목적이 없는 한 많이 사용하지 않는다.

■ 관계형(relation type) 데이터베이스

관계모델에 의한 데이터모델로 키(key)와 필드들로 간단한 관계를 2차원 테이블로 만들어진 데이터베이스이다. 데이터를 단순한 2차원 테이블 형태로 표현하며, 1970년대 제안되었으며, 현재 대부분의 데이터베이스들이 사용하는 모델이다. 데이터의 정확도가 보장되고, 레코드의 중복을 최소화할 수 있으며, 논리적 및 물리적 데이터의 응용 프로그램과 독립성이 보장되는 특징을 갖고 있다. 특히 손쉽게 데이터를 추출하고, 보장된 데이터의 일관성과 정확성을 갖고 있다.

그림 6-6 ○ 관계형 데이터베이스

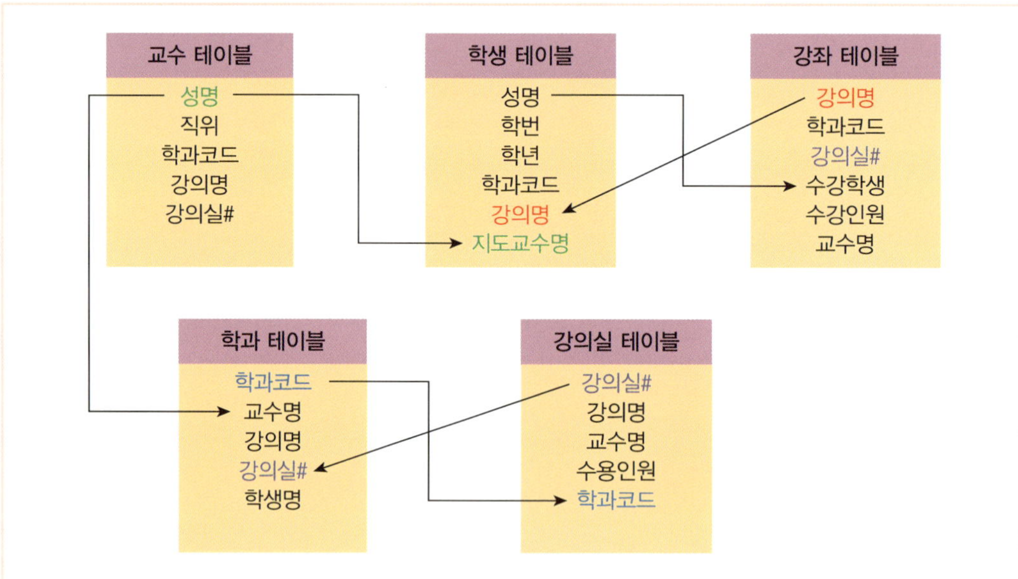

DBMS의 이점

DBMS가 기업의 정보시스템에 사용됨으로써 얻는 주요한 이점들은 다음과 같다.

■ 데이터 중복성의 제거

자료의 저장 및 관리는 DBMS의 기본기능이다. 데이터베이스는 자료를 하나의 저장소에 저장하기 때문에 중복된 데이터가 입력되는 것을 최소화할 수 있다. 데이터의 중복성을 제거하는 것은 자료의 일관성 유지를 위해 필요한데 이를 통해 고품질의 정보관리를 할 수 있다는 것이 DBMS의 이점 중의 하나라 할 수 있다.

■ 자료접근의 표준화

기업정보시스템의 다양한 응용 프로그램에 DBMS 데이터를 활용하기 위해서는 사전에 자료의 표준화가 필요하다. 기업은 여러 부서에서 다양한 목적으로 자료를 활용하게 되는데 자료의 표준이 제각각이라면 정보의 활용 및 공유가 이루어질 수 없다. DBMS는 자료의 저장 및 입력 방식을 표준화하여 자료형식(문자형, 숫자형 등)의 불일치 부분을 최소로 줄여줄 수 있다.

■ 자료의 무결성(data integrity)

자료의 중복성 제거 및 표준화를 통한 일관성 유지는 자료의 무결성을 보장한다. 자료의 무결성이란 DBMS의 시스템적 제약조건에 의해서 부정확하거나 중복된 자료의 입력을 사전에 제거함으로써 자료의 품질을 높이는 것을 말한다.

■ 자료의 독립성 및 보안성 강화

DBMS는 기본적으로 독립된 자료저장체계를 갖는다. 다른 응용프로그램에서도 DBMS에 저장된 자료를 사용하여도 해당 응용 프로그램과는 독립된 자료시스템 체계로 관리가 된다. 따라서 자료의 형식이나 필드의 위치가 변경되어도 응용프로그램은 전혀 변경할 필요가 없어서 시스템의 효율성이 높아진다. 또한 독립된 자료에 접근하기 위해서는 사용자 인증이 필요한데 인증되지 않은 사용자는 자료의 변경이나 삭제가 불가능하여서 자료의 보안유지를 강화시킬 수 있다.

이러한 장점을 갖고 있지만 기업에서 DBMS를 활용하는 데 있어서 다음과 같은 몇 가지 단점도 있다. DBMS의 대표적인 단점은 다음과 같다.

DBMS의 단점

■ 높은 비용

기업의 규모가 커질수록 정보시스템에서 취급하는 정보의 양이 커지고 복잡한 자료구조를 갖게 된다. DBMS 역시 시스템의 규모가 커질수록 복잡한 소프트웨어를 지원할 수 있는 하드웨어 장비도 갖춰야 한다. 또한 DBMS를 관리해야 하는 전문인력이 필요하기 때문에 시스템을 유지하는 데 높은 비용을 기업에서 부담해야 한다.

■ 시스템의 복잡성

DBMS의 적절한 관리가 이루지지 않는다면 기업의 의사결정에 막대한 지장을 가져오게 될 것이다. 소프트웨어의 발전으로 다양한 응용프로그램이 개발되었고 DBMS를 활용한 자료의 접근성이 과거에 비해 좋아졌지만 DBMS의 관리를 위해서는 프로그램의 원리와 데이터베이스의 개념적인 이해가 필요하다. 따라서 DBMS를 관리하기 위해서는 DB관리자(DBA: DataBase Administrator)나 DB운영자(DataBase Operator) 및 설계자가 시스템을 관리해야 하며, 사용자들에게도 지속적인 관련 데이터베이스 전문교육이 필요하다.

표 6-1 | DBMS의 장 · 단점

장점	단점
• 데이터 중복의 제거 및 최소화 • 데이터의 공용 • 데이터의 독립성 및 보안성 강화 • 데이터의 무결성 유지 • 데이터 접근의 표준화 • 전체 데이터의 요구의 조정 • 최신 데이터를 유지함 • 데이터의 실시간 처리가 가능 • 데이터의 논리적 · 물리적 독립성 보장	• 높은 비용, 운영비의 증대 • 시스템의 복잡성, 자료처리의 복잡화 • 복잡한 예비(backup)[02]와 회복(recovery)[03] • 시스템의 취약성 • 대용량 디스크로의 집중적인 액세스로 과부화(over-load)[04]가 발생함

02 backup: 특별한 상황이 되어 데이터가 파괴되는 것에 대비해 복사해놓는 것
03 recovery: 데이터가 파괴된 후 이를 회복시키는 것을 의미
04 overload: 시스템이 업무처리 한계를 넘어선 것을 말함

2) 관계형 데이터베이스

관계형 데이터베이스(relational database)

데이터베이스는 일련의 기준을 갖고 만들어진 정렬된 자료들의 집합이다. 일반적으로 데이터베이스는 단순한 2차원 형태의 데이터 표(table)로 표현되며 각각의 표에 저장된 데이터베이스 자료들 간의 관계를 통해 정보를 만들며, 이러한 자료들은 공유가 가능하다. 이러한 자료 간의 관계(relation)를 기반으로 구성된 것이 관계형 데이터베이스(relational database)라 할 수 있다.

관계형 데이터베이스는 1970년대 IBM연구소의 E.F. Codd가 제안한 개념으로 관계 데이터모형을 사용하여서 대량의 자료를 체계적으로 구축 · 설계한 데이터베이스이다. 기존 데이터베이스는 논리적인 데이터구조(logical data structure)를 기반으로 설계되었다면 관계형 데이터베이스는 데이터 집합 간의 관계에 초점이 맞추어져 설계되었다.

관계형 데이터베이스에서 사용자가 관계형 데이터에 접근하기 위해서는 기본적으로 표준 검색언어인 SQL(Structured Query Language)을 이용하게 된다. SQL[05]은 데이터베이스와 DBMS를 연결해주는 언어로서, 정보시스템을 관리하는 전문가들은 SQL을 이용해서 직접 입력하는 프로그램을 만들어서 업무사용자들이 DBMS에 접근해서 원하는 업무들을 처리하게 된다.

관계형 데이터베이스의 구성요소

데이터베이스를 구성하는 데이터모델의 개념을 설명하기 위해서는 기본적으로 다음과 같은 구성요소를 이해해야 한다.

■ 엔티티(entity)

엔티티는 인물, 장소, 물건, 사건 등 저장하고자 하는 정보와 관계된 데이터 개념이다. [표 6-2]와 [표 6-3]의 엔티티 명칭은 각각 '사원'과 '부서'이다. 즉, 엔티티는 각각의 표에 이름으로 저장되어 있는 데이터베이스 표의 명칭을 말한다.

05 SQL: 데이터베이스를 사용할 때 DB에 접근하여 업무에 이용하는 언어로 구조화된 질의어라 하며 데이터정의어(DDL)와 데이터조작어(DML)를 포함한 DB질의어로서 특정 DB에 한정되지 않고 사용할 수 있다.

속성(attribute/column)

속성은 엔티티 안에 있는 각각의 자료 요소들을 말한다. [표 6-2]의 사원 엔티티(표)에는 사번, 이름, 연락처, 주민등록번호, 부서코드라는 속성이 있다. 하나의 데이터베이스 표 안에 존재하지만 '이름'은 문자형(character type)으로, '연락처'와 '주민등록번호'는 숫자형(numeric type)으로 각기 다른 속성값을 갖는다. 속성은 다른 용어로 필드(field)라고도 한다.

레코드(record)

레코드는 서로 관련된 자료요소들의 집합이다. 사원 [표 6-2]에서 K001, 홍길동, 010-123-4567, 800112-1234567, 03은 하나의 레코드이다. 즉, 레코드는 그 표에서 한 사람의 사원에 관련된 모든 속성들의 집합을 포함한다는 의미를 갖는다.

표 6-2 | 사원 테이블

entity	사원				
field명	속성(필드)	속성(필드)	속성(필드)	속성(필드)	속성(필드)
record 1	K001	홍길동	010-123-4567	800112-1234567	03
record 2	K002	김길동	010-222-5555	831224-2345678	01
record 3	K003	이길동	010-234-5678	780408-1234567	03

→ 레코드

표 6-3 | 부서 테이블

entity	부서		
field명	부서코드	부서명	위치
record 1	01	인사팀	서울
record 2	02	총무팀	서울
record 3	03	영업팀	부산

여기서 이러한 레코드의 집합을 하나의 표(부서 테이블)라고도 이야기하지만, 다른 용어로 이를 파일(file)이라고도 한다. 즉 하나의 테이블은 하나의 파일이라고도 말할 수 있다.

관계형 데이터베이스는 다양한 엔티티(entity: 일명 2차원 테이블 표)를 관리하면서 이들 표 간의 관계를 통해서 업무에 필요한 정보를 얻을 수 있다. 테이블 간의 관계를 통해 필요로 하는 정보를 얻기 위해선 각 테이블(엔티티)의 데이터 관리가 필요한데 이를 위해서 키(key)를 통한 자료 정렬(sort)이 무엇보다 필요하다. 상기 예에서 회사에 사원파일이 있다면 이를 주로 관리하기 위해 사번이라는 키가 필요할 것이다. 이러한 키를 주키라고 한다.

■ 주키(major key or primary key)

주키는 데이터베이스 표에서 각각의 레코드를 모두 식별하기 위해서 사용되는 필드(속성)이다. [표 6-2]의 '사원' 엔티티에서 각 레코드를 식별하기 위해 사용되는 주키는 **'사번'**이다. 주키는 각 엔티티에서 레코드를 식별하고 자료를 분류하고 저장 및 삭제 등의 작업을 하는 데 사용되는 중요한 키이다. 예를 들어서 기업의 인사팀에서 어떤 사원의 정보를 알고 싶다면 데이터베이스를 사용하는 사용자는 사번을 사용해서 데이터를 검색하는 데 사용할 수 있다. 물론 다른 속성값을 입력해서 데이터를 검색할 수도 있지만 속성값이 동일할 경우 데이터를 유일하게 식별할 수 없게 된다. 그렇기 때문에 주키가 되기 위한 필수조건은 속성값이 유일(unique)해야 한다는 조건이 붙는 것이다. [표 6-3]에서 '부서' 엔티티의 경우 주키는 **'부서코드'**이다.

■ 후보키(candidate key)

데이터베이스 표(파일)에서 주키를 설정하기 위한 조건은 속성값이 유일한 값을 가지고 있어야 한다. 하지만 하나의 표에 유일한 속성값을 가지고 있는 속성이 여러 개가 있을 수 있다. 이들 유일한 속성값들 중에 하나를 선정해서 주키를 정하게 된다. 이렇게 유일한 속성을 갖고 주키가 될 수 있는 조건을 갖춘 키를 후보키(candidate key)라 한다. [표 6-2]의 '사원' 표에는 유일한 값을 갖고 있는 속성은 '사번'과 '주민등록번호' 두 개가 존재한다. 이처럼 주키가 될 수 있는 조건을 갖춘 키를 **'후보키'**라고 한다.

■ 외래키(foreign key)

관계데이터베이스에서 각 엔티티는 다른 속성의 데이터를 갖고 있다. 이렇게 나누어진 정보를 데이터 간의 관계에 따라 연결하기 위해 외래키(foreign key)를 사용한다. 외래키의 주요 특성은 하나의 표에서는 주키로서의 특성을 갖고 있지만 다른 표에서는 속성인 것을 말한다. [표 6-3] '부서' 표에서 **'부서코드'**는 주키로서 이 표의 레코드를 식별하는 데 사용된다. 하지만 [표 6-2] '사원' 표에서 **'부서코드'**는 하나의 속성값으로 중복된 속성값을 가질 수 있으며 유일한 식별코드로는 사용되지 않는다. 이러한 속성을 가진 필드를 **'외래키'**라고 말한

그림 6-7 ○ E-R 다이어그램[5)]

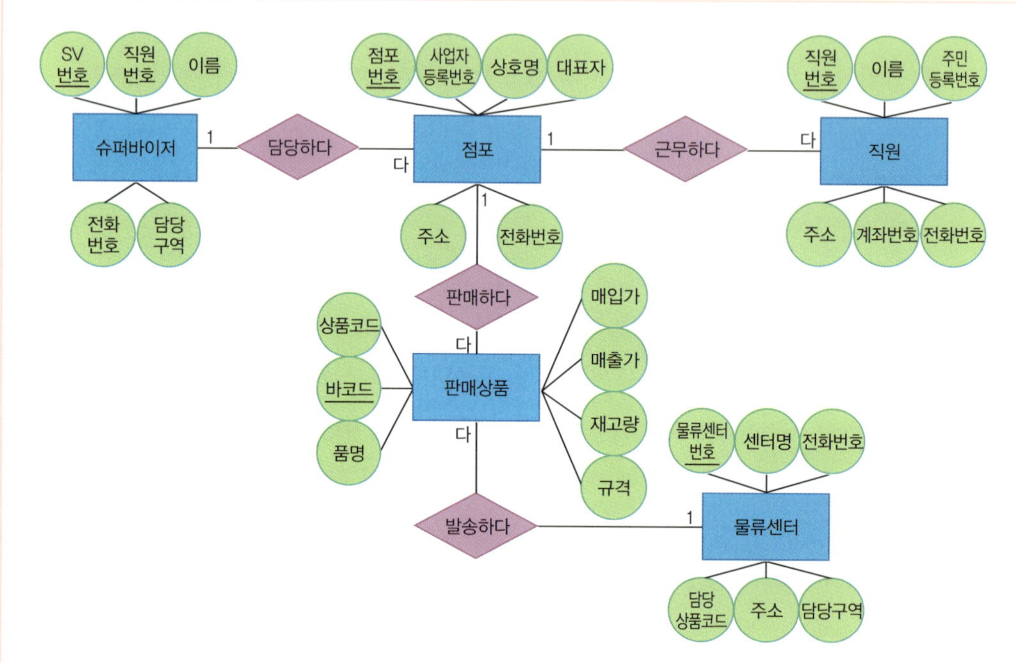

다. 후보키나 외래키를 통칭하여 'secondary key'라고도 한다.

E-R 다이어그램은 데이터베이스의 객체 간의 관계를 표현한 그림으로서 데이터의 구조 및 제약조건이 표현되어 있다. 일단 E-R 다이어그램을 사용하려면 E-R 다이어그램을 지원하는 프로그램이 있어야 한다. 위 그림은 5개의 테이블(슈퍼바이저, 점포, 직원, 판매상품, 물류센터) 파일(엔티티)이 있다.

이 중 슈퍼바이저 파일은 5개의 속성(SV번호, 직원번호, 이름, 전화번호, 담당구역)으로 구성되어 있으며 이 중 SV번호가 이 파일의 주키 역할을 한다. 1명의 슈퍼바이저가 담당하는 점포는 점포파일(6개의 속성: 점포번호, 사업자등록번호, 상호명, 대표자, 주소, 전화번호) 간의 관계를 통해서 알 수가 있다. 여기서 속성(필드)은 원으로 표시되어 있으며, 각 테이블의 속성 중 밑줄이 처진 것이 주키이다. 그리고 마름모 심볼로 표시된 '담당하다'는 2개의 테이블이 어떠한 관계인지를 알 수가 있다. 이러한 E-R 다이어그램을 통해서 판매상품과 연관된 관련된 사람들과 모든 관련 아이템들이 어떠한 형태로 테이블과 필드가 구성되어 있고, 관련된 관계가 어떻게 되었는지를 일목요연하게 정확히 볼 수 있다.

3) 데이터웨어하우스

데이터웨어하우스(DW: Data Warehouse)

데이터웨어하우스는 자료(data)와 저장고(warehouse)의 합성어로서 기업의 정보자산을 효율적으로 활용하기 위해 기업조직 내에 분산되어 운영되는 각각의 DBMS에서 의사결정 등에 필요한 자료들을 효율적으로 통합 · 조정 · 관리하여 경영의 의사결정을 지원할 수 있는 정보시스템의 저장고이다.

서로 다른 상황에서 다른 체계를 갖춘 데이터관리 방식으로는 분산된 자료 간에 정보의 상호호환이 어렵기 때문에 자료의 공유를 효율적으로 만들 수가 없다. 그렇기 때문에 필요한 자료를 통합 · 관리할 수 있는 관리체계가 필요하였고 이를 해결하기 위해 데이터웨어하우스(data warehouse)가 등장하였다.

데이터웨어하우스는 분산된 자료를 효율적으로 조정 · 통합하여서 기업의 전략적 의사결정을 지원하기 위한 기업정보시스템의 정보저장창고라 할 수 있다. 기존의 데이터베이스만으로 판단하기 어려운 의사결정을 데이터웨어하우스의 통합적인 자료관리체계를 통해 이를 지원할 수 있다. 예를 들어 기업을 구성하고 있는 많은 부서 및 기능에 따라 형성된 데이터

그림 6-8 데이터웨어하우스 개념도

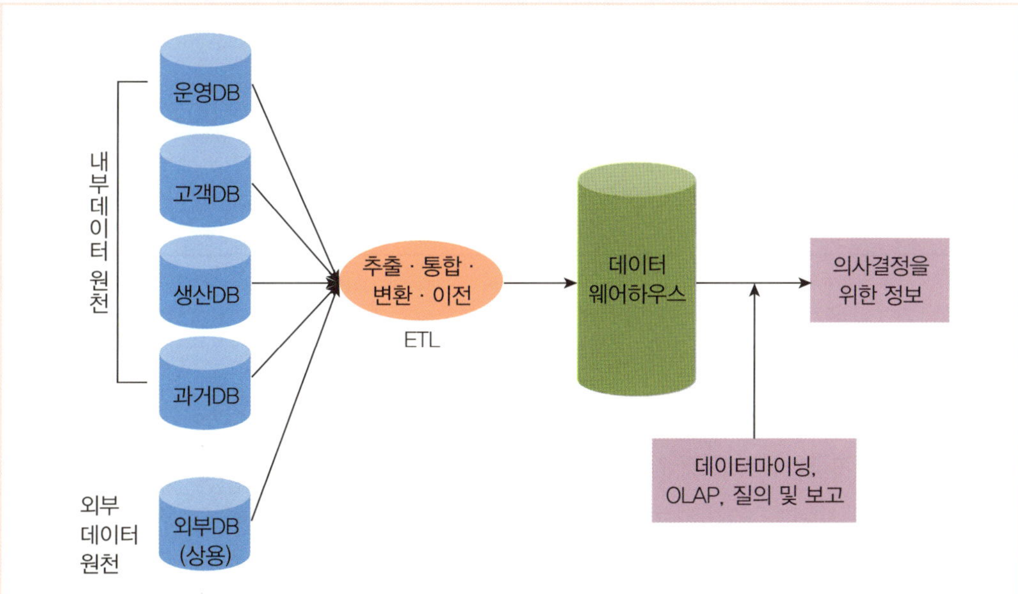

베이스를 근간으로 영업 · 고객 · 생산 · 재무 등의 각각의 정보를 데이터베이스에 포함하고 있다. 이러한 다양한 기능의 데이터베이스에서 의사결정에 필요한 자료들만을 추출 · 통합하여 처리할 수 있도록 관련된 정보를 저장 · 관리하는 것이 데이터웨어하우스이다.

데이터웨어하우스 이점(특징)

오늘날 기업환경은 국제화되고 기업규모가 점점 확장되고 있기 때문에 분산처리 업무의 필요성이 가중되고 있어서 의사결정 등에 중요하게 사용되는 데이터웨어하우스의 필요성이 점점 더 커지고 있다. 데이터웨어하우스를 도입하여 기업이 얻는 이점은 다음과 같다.

표 6-4 | 데이터웨어하우스의 특징과 이점

특징	이점
주제 중심적	• 각 조직의 주요 주제에 필요한 관련 데이터로 구성 • 특정 업무의 기능이나 응용 프로그램에 종속되지 않게 데이터 구조를 이해하기 쉬운 형태로 유지
통합구조	• 업무 기능별로 관리되는 다수의 운영 데이터를 전사적 관점에서 중복을 최소화하고, 모든 업무에 공유할 수 있도록 통합 • 데이터의 정합성과 물리적 통일성을 갖는 통합된 데이터 구조를 지원 • 전사적인 데이터 표준화를 통해 데이터의 통일성 확보 • 데이터 획득 시 데이터 통합을 위한 일련의 변환 작업을 수행
시계열 이력 데이터	• 데이터는 오랜 기간 동안 보유되며, 과거와 현재의 경향에 대한 분석이 가능하도록 시간에 따라 모든 값을 유지 • 일정기간 동안의 업무 변화 및 발전의 추세분석이 가능
비휘발성	• 장애 발생에 대한 데이터의 복구, 트랜잭션과 데이터의 무결성 유지, 교착상태의 탐지와 처리가 매우 단순 • 데이터 갱신, 이상에 대한 고려가 불필요 • 정규화 및 반정규화에 대한 융통성의 증가

데이터마트(data mart)

앞에서 정리한 바와 같이 데이터웨어하우스는 분산되어 있는 기업의 데이터베이스를 경영의사결정 등 특정 목적을 위해 통합하여 관리하기 위한 것을 말한다. 이렇게 통합된 데이터웨어하우스에서 특별한 목적과 기능으로 특정 사용자를 위해 구축한 것을 데이터마트(data mart)라고 한다. 데이터마트는 데이터웨어하우스와 사용자 사이 중간층에 위치해 있으며,

그림 6-9 데이터웨어하우스 모델

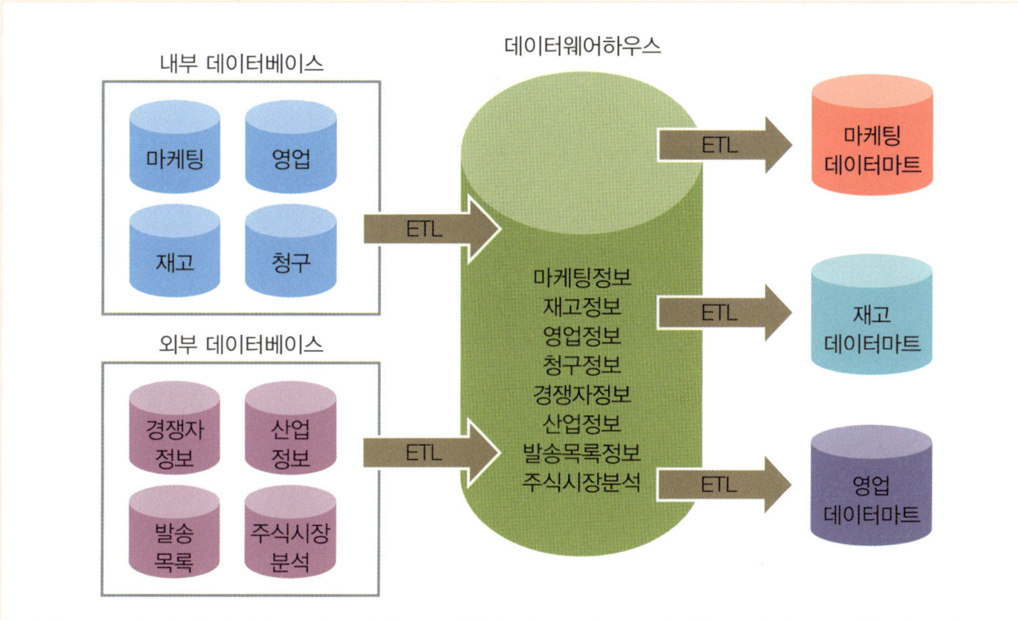

ETL: Extraction, Transformation, Loading

하나의 주제나 목적 또는 하나의 부서 중심의 데이터웨어하우스라고 할 수 있다.

데이터웨어하우스가 전사적인 관점에서 데이터의 통합의 개념이라면 데이터마트는 기능적인 관점에서 데이터를 특정 목적에 활용하는 데 중점을 두고 있다.

데이터분석

기존의 데이터베이스가 2차원의 자료를 저장하고 활용한다면 데이터웨어하우스는 다차원적인 정보의 분석이 가능하다. 다양한 기능의 정보를 통합하여서 여러 층의 행과 열을 포함한 정보의 다차원적인 개념의 분석을 지원한다.

그림 6-10 ◎ 다차원분석

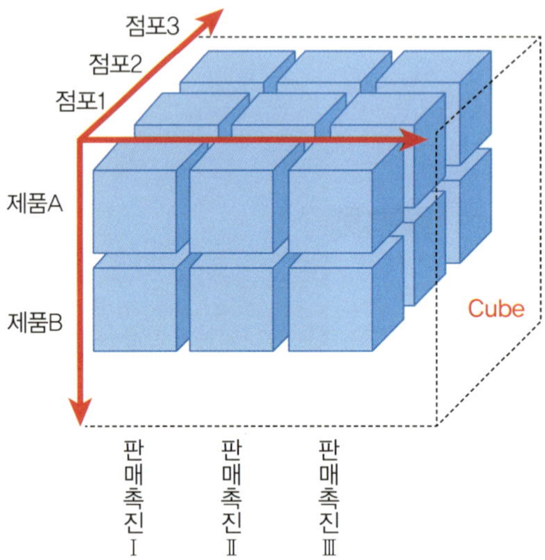

2. 데이터마이닝

1) 데이터마이닝

데이터마이닝(data mining)

정보기술의 발전으로 기업들은 과거와 비교할 수 없을 정도로 많은 양의 자료를 축적하고 있으며, 이들 자료의 축적은 정보시스템을 통해서 이루어지고 있다.

기업의 정보시스템은 판매, 재무, 인사관리, 고객서비스와 같이 각기 다른 기능을 가진 다양한 부서의 자료를 경영상 의사결정 등에 필요한 자료들을 데이터웨어하우스에 저장하고 관리한다. 이렇게 저장된 자료에서 현재 경영상 필요한 다양한 정보를 추출하는 작업을 데이터마이닝(data mining)이라 한다. 데이터마이닝은 데이터웨어하우스에 저장된 데이터베이스에서 통계기법, 수학적 알고리즘 등을 통해서 자료들 간의 숨겨진 패턴이나 연관성을 찾아내는 작업을 말한다. 이렇게 발견한 패턴은 고객의 행동분석, 판매 및 수요예측 등 기업의 주요 의사결정에 핵심적인 정보를 추론하는 데 사용된다.

그림 6-11 ○ 데이터마이닝[6)]

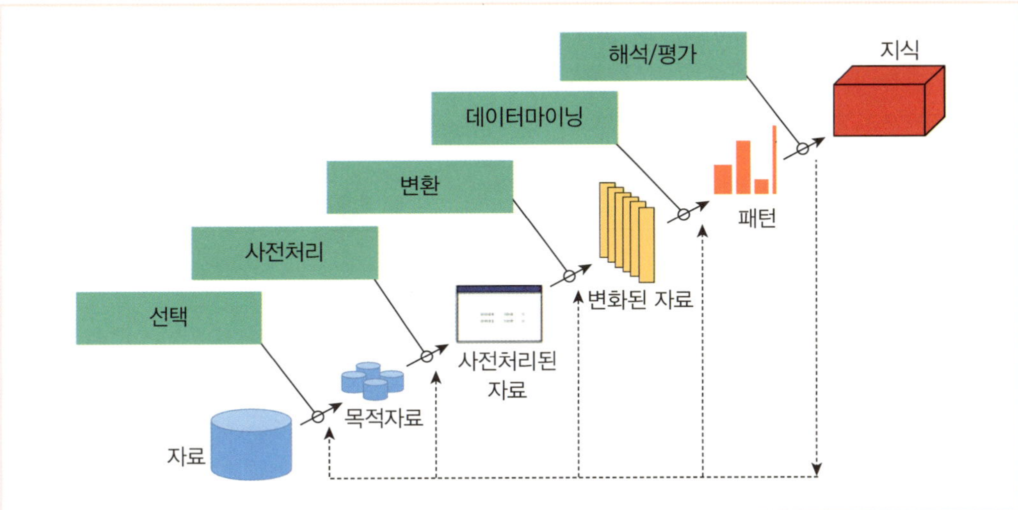

데이터마이닝의 기법

데이터마이닝을 위해서는 정보의 입상도가 큰(요약된) 정보에서부터 점차 세밀한 정보로 추적하는 단계를 거칠 수도 있으며, 자세한 정보에서 점차 정보를 요약하는 단계로도 분석을 할 수 있다. 또한 정보를 기간별, 집단별, 특성별로 분석하는 것도 가능하다. 이렇게 데이터마이닝을 하는 데 사용되는 대표적인 기법들은 아래 표와 같다.

표 6-5 | 데이터마이닝 기법[7)]

기법	설명	사례
연관규칙 (association)	하나의 단일 이벤트와 관련된 다른 모든 규칙을 찾음	장바구니분석으로 슈퍼마켓에서 콘칩을 구매한 고객의 65%가 콜라를 같이 구매
순차패턴 (sequence)	시간의 흐름에 따라 이에 연관된 데이터들 간의 연관규칙을 찾음	집을 구매한 사람들의 65%가 2주 이내에 새로운 냉장고를 구매하고, 45%가 한 달 이내에 오븐을 구매
분류분석 (classification)	기존의 아이템 관련 자료를 분석하여 분류함으로써 해당 아이템에 속하는 그룹의 특징을 발견	신용카드나 통신회사는 이탈 가능성이 높은 고객들의 특징을 찾아내 관리자에게 이탈 가능성이 높은 고객을 찾을 수 있는 모델을 제시해 사전에 고객이탈을 방지하기 위한 특별 캠페인 등을 수립

군집분석 (cluster)	분류와 유사한 방법으로 이미 정해진 그룹이 없지만 데이터마이닝을 통해 데이터를 서로 다른 그룹으로 나누어 분리	은행 카드 사용자들의 유사한 그룹을 찾거나 또는 하나의 데이터베이스를 인구통계학적 정보와 개인투자 유형을 기반으로 나눔
예측분석 (predictive)	기존의 연속적인 값을 분석하여 다른 값들이 미래에 어떻게 변하게 될지 추측	데이터로부터 패턴을 찾아냄으로써 관리자들이 판매액과 같은 연속형 변수에 대한 미래의 값을 추정

데이터마이닝의 중요성

정보분석을 위한 데이터마이닝이 기업경영에 중요한 이유는 정보시스템의 발전으로 자료는 넘쳐나지만 실제로 유용한 정보는 부족하기 때문이다. 누구나 쉽게 알 수 있는 자료가 데이터웨어하우스에 많이 저장되어 있다 하여도 이것만으로 기업경영에 아무런 도움이 되지 못한다. 많은 고객자료를 갖고 기업에 중요한 우수고객이 누구인지를 파악하고 그들이 어떤 집단적 특성을 가졌는지를 파악해서 기업에 도움이 되는 정보를 찾아내게 되는데 바로 이러한 과정이 '데이터마이닝'이며, 이를 통해 찾아낸 정보들이 기업의 경영전략에 중요한 정보자원이다.

2) 데이터마이닝과 정보분석 사례

미국의 하라스 카지노[8)]

미국의 하라스(Harrah's) 엔터테인먼트(현 시저스(Caesars) 엔터테인먼트)는 비즈니스분석을 통해 고객요구를 적시에 파악하고 대응해 성공을 이룬 대표 사례로 종종 거론된다.

1990년대 미국 2개 주에 4개 카지노를 운영하던 하라스 카지노는 2002년에는 13개 주에 26개 카지노를 운영해서 40억 달러의 매출을 달성했고, 2010년 현재는 50여 개의 카지노 호텔과 7개 골프코스를 운영하며 90억 달러 매출을 올리는 세계 최대의 호텔 카지노 회사 중의 하나가 되었다.

최고경영자인 개리 러브만은 하버드 비즈니스리뷰 저널과 여러 강연을 통해 성공의 원동력은 비즈니스분석을 통한 끊임없는 실험이라고 설명했다.

MIT에서 경제학 박사학위를 받고 하버드 경영대학 조교수로 재직 중이던 개리 러브만은 1998년 하라스의 최고운영책임자(COO)로 스카우트되었는데, 당시 그가 하라스에 가지고 간 것은 다름이 아닌 그의 데이터분석 전문지식과 실험에 근거한 경영운영 마인드였다. 가령 항공사의 마일리지프로그램을 본따서 '토털 리워드(total rewards)'라는 고객관리프로그램을 만들었고, 각 레벨에 맞는 품질의 서비스를 제공했다.

비단 라스베이거스 뿐만 아니라 다른 지역의 하라스 체인에서도 통합시스템을 통해 똑같은 서비스를 제공해서 고객만족도를 유지했다. 데이터분석으로 82% 매출이 26% 고객에게서 기인한다는 사실을 알게 됐고 그들은 고급 리무진을 타고 온 하이롤러나 여행객이 아니라 정기적으로 적은 돈으로 슬롯머신게임을 즐기는 중년의 은퇴한 교사, 혹은 의사, 은행직원들 같은 평범한 사람들이라는 것도 깨달았다.

하라스(Harrahs) 카지노

개리 러브만이 MIT 경영대학 세미나에서 밝힌 바에 의하면 하라스에서는 통제와 실험 그룹을 동시에 두지 않아서 실험 결과를 정확히 알아낼 수 없는 실험을 한 직원은 해고 대상이다. 이는 회사가 얼마나 실험과 데이터분석을 기업문화화했는지 단적으로 보여준 사례라 할 수 있다.

3. 빅데이터

1) 빅데이터란?

빅데이터(big data)의 정의

위키피디아의 정의에 의하면 빅데이터(big data)란 '**기존의 데이터베이스 관리도구로는 데이터를 저장 · 관리 · 분석할 수 있는 역량을 넘어서는 대량의 정형 또는 비정형 데이터 집합**'을 의미한다. 또 이러한 데이터로부터 가치를 추출하고 결과를 분석하는 기술'이라고 정의하였다. 네이버 지식백과에서는 '**빅데이터란 디지털 환경에서 생성되는 데이터로 그 규모가 방대하고, 생성주기도 짧고, 형태도 수치 데이터뿐 아니라 문자와 영상 데이터를 포함하는 대규모의 데이터**'라 정의하였다. 즉, 빅데이터란 정형 · 비정형을 포함한 기존의 데이터베이스의

그림 6-12 ○ 빅데이터 연관 단어

범주를 넘어선 대규모의 데이터의 집합이라 할 수 있다.

디지털 경제의 발전으로 빅데이터라는 엄청난 규모의 자료가 형성되는 환경에서 산업 전반에 걸쳐 이 빅데이터를 활용하고자 하는 움직임이 활발히 일어나고 있다.

빅데이터를 활용하는 기술을 흔히 빅데이터 기술이라 하며, 국가정보화전략위원회에 따르면 '**대용량 데이터를 활용하고 분석하여 가치 있는 정보를 추출하고, 생성된 지식을 바탕으로 능동적으로 대응하거나 변화를 예측하기 위한 정보화 기술**'이라고 정의하였다.

빅데이터의 등장

PC의 보급과 인터넷의 등장은 수많은 데이터를 양산하는 결과를 낳았다. 그 중에서도 빅데이터의 등장에 가장 큰 영향을 미친 것은 모바일 기기의 사용 증가와 이로 인한 SNS의 성장이라 할 수 있다. 이동성과 휴대성의 장점을 가진 모바일 기기는 모바일 쇼핑, 금융, 교육, 게임 등 다양한 산업을 창출하고 모든 사람들이 하루의 대부분을 인터넷을 이용하면서 많은 정보를 생산하는 환경을 조성하였다.

SNS 역시 빅데이터 성장에 영향을 주는 기술로 무수히 많은 정보를 생산하고 있는 정보미디어로써 성장하고 있다. SNS의 콘텐츠는 사용자가 직접 제작한 콘텐츠(UGC: User Generated Content)로서 수많은 이용자가 수시로 정보를 생산하고 있다. 트위터에서만 하

그림 6-13 인터넷기업의 등장과 글로벌 디지털 데이터 규모[9]

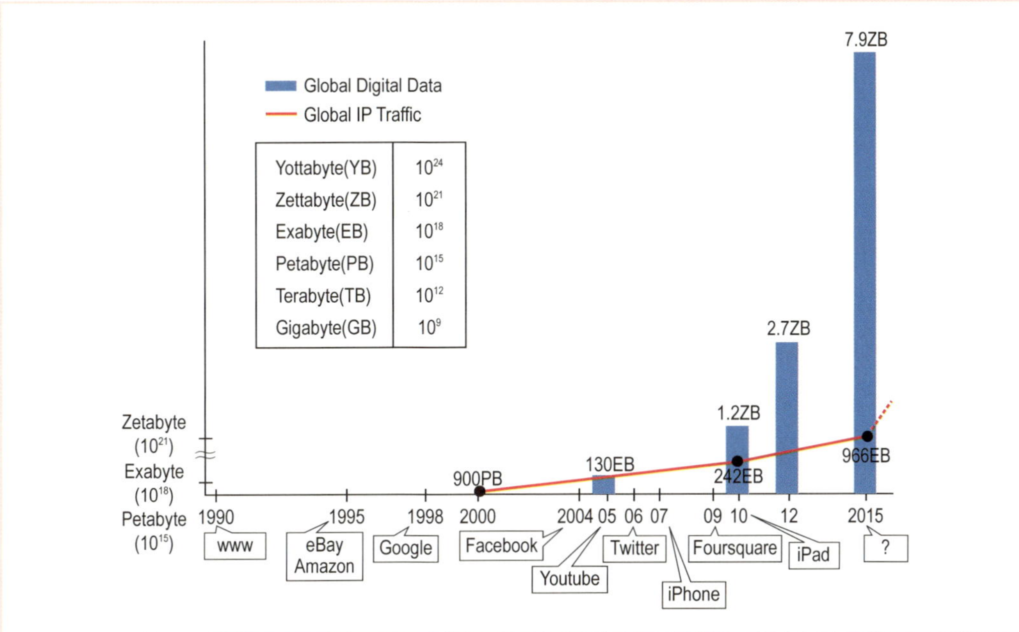

루 평균 1억 5,500만 건의 트윗(Tweet)이 생성되고 유튜브(Youtube)의 하루 평균 동영상 재생건수는 40억 회에 이른다. 이처럼 무분별하게 생성되는 데이터의 홍수 속에서 필요로 하는 새로운 정보를 찾는 것이 빅데이터 기술의 핵심이라 할 수 있을 것이다.

빅데이터의 특징

빅데이터는 다음과 같은 4가지의 중요한 특징이 있다.

표 6-6 | 빅데이터의 특징

특징	설명
대규모(huge scale)	기존방식으로 처리할 수 없는 방대한 규모
현실성(reality)	만들어낸 자료가 아닌 일상사회에서 수집된 자료
시계열성(trend)	시간분류에 따른 정보수집
결합성(combination)	여러 자료의 융 · 복합

2) 빅데이터의 중요성

빅데이터의 전망

빅데이터를 활용한 관련 산업은 지속적으로 성장할 추세이다. 국내 산업에서도 빅데이터의 가능성에 대해 긍정적인 기대를 걸고 있으며, 빅데이터를 분석할 수 있는 전문가 양성에 힘을 쏟고 있다. 빅데이터를 통해 경쟁에서 앞서 나가려는 기업들의 욕구, 그리고 클라우드의 영향으로 인해 IT 투자가 감소할 것으로 예상되는 상황에서 새로운 시장을 발굴하려는 IT기업들의 욕구가 빅데이터의 앞날에 긍정적인 영향을 미치고 있다.

빅데이터는 디지털 환경에서 생성되는 수치 · 문자 · 사진 · 위치정보 · 동영상 등 방대한 영역의 대규모 데이터로 사물인터넷(IoT), 클라우드,[06] 인공지능, 머신러닝과 결합하고 보다 지능화된 데이터 분석기술을 바탕으로 기업과 공공부문 전반으로 확산되고 있다. 빅데이터 관련 기술은 데이터베이스 · 데이터 스토리지,[07] · 데이터 구조화 · 분산데이터처리 · 관련 소프트웨어 기술 등을 포함한 다양한 데이터분석 및 처리기술로써 각광받고 있다.

IDC[08]조사에 의하면 앞으로 데이터의 양은 2011년 1.8제타바이트에서 2020년에 약 50배 증가할 것으로 전망하고 있다(IDC · EMC,[09] 2011).

빅데이터 활용 분야

빅데이터를 활용한 정보분석은 대규모의 데이터 속에서 우리가 알지 못하던 새로운 사실과 정보를 발견할 수 있다. 그렇기 때문에 많은 분야에서 빅데이터분석을 통해서 새로운 사실을 알아내기 위한 노력을 하고 있다. 빅데이터를 활용할 수 있는 대표적인 분야 몇 가지만 예를 들면 다음과 같다.

■ 빅데이터분석을 통한 미래에 대한 예측

장기간 축적된 데이터로부터 과거와 현재의 규칙성과 상관관계를 밝히고, 이를 토대로 특정 이벤트의 발생 여부나 수요 · 판매량을 예측하는 것이 가능하다. 빅데이터를 분석하여 날

---

06 클라우드(cloud): 인터넷에 접속하기만 하면 언제, 어디서든 데이터나 컴퓨터 처리를 이용할 수 있는 환경
07 데이터 스토리지(data storage): 데이터 저장장치
08 IDC: 미국의 유명한 IT시장분석 컨설팅기업으로, 이와 경쟁하는 기업으로 Forrester Research와 Gartner가 있다.
09 EMC: 미국 굴지의 클라우드 솔루션 제공업체

씨, 교통, 고객행동 등의 인과관계를 파악하여 패턴분석에 활용할 수 있다. 대표적인 SPA(Specialty retailer of Private label Apparel) 패션기업인 ZARA는 빅데이터분석을 활용하여 전 세계에 있는 자사 매장의 환경정보와 품목별 특징, 판매실적을 분석하여 소비자의 구매패턴을 활용하고 있다. 이에 자라는 소비자의 니즈를 파악하여 2주일마다 새로운 제품을 출시하여 소비자트렌드를 선도하는 기업으로 성장하고 있다.

■ 고객의 숨은 니즈 발견 및 맞춤형 서비스 제공

빅데이터분석을 통한 패턴의 분석은 고객 스스로도 알지 못하던 소비행동 패턴을 분석할 수 있다. 특히 스마트폰의 확산과 함께 소비자는 실시간 정보를 생산해내고 있으며 이렇게 축적되고 있는 데이터는 소비자의 행동 변화와 성향을 분석할 수 있는 정보자원으로 활용이 가능하다. 온라인 비디오스트리밍 서비스를 제공하고 있는 넷플릭스는 고객이 무엇을 원하고 무엇을 하는지에 대한 통찰을 얻고자 빅데이터분석을 활용하였다. 넷플릭스는 고객이 언제 영화를 시청하고 어떤 장르를 선호하는지 고객의 행동패턴을 분석하여 그러한 정보를 추천서비스에 활용하고 있다. 넷플릭스의 추천서비스는 고객이 자신도 몰랐던 자신의 영화 취향을 알게 해주고 추가적인 콘텐츠 소비를 이끌어 낼 수 있는 빅데이터 활용의 대표적인 예라 할 수 있다.

넷플릭스 추천시스템의 비밀: '노가다'와 '머신러닝'[10)]

넷플릭스 광고

넷플릭스의 성공비결로 수많은 콘텐츠를 저렴한 가격에 무제한으로 볼 수 있다는 것이 가장 큰 이유겠지만, 사용자친화적인 정책과 구조도 성공에 한몫 했다. 넷플릭스는 사용자가 선호하는 콘텐츠를 파악한 후 이를 바탕으로 유사한 콘텐츠를 사용자에게 추천해주는 시스템을 도입했다.

넷플릭스는 남녀노소 누구나 사용할 수 있도록 설계되어 있다. 넷플릭스 사용자 경험의 핵심은 추천시스템이다. 넷플릭스의 추천시스템은 차로 비유하면 엔진에 해당한다. 서비스를 지탱하는 핵심기술이다.

인터넷 시대가 열리면서 뉴스, 영화, 드라마, 음악 등 다양한 콘텐츠가 쏟아지고 있다. 하지만 이렇게 많은 콘텐츠 때문에 사용자는 오히려 혼란을 느낀다. 정보가 너무 많다. 대체 무엇을 시청해야 한단 말인가? 넷플릭스의 추천시스템은 이러한 소비자들의 고민을 대신해주는 기술이다. 넷플릭스에 수천 개의 콘텐츠가 존재한다고 해서 사용자가 그 모든 것을 검토하지는 않는다. 보통 30~40개의 타이틀만 검토한다. 추천시스템은 사용자가 감상한 30~40개의 콘텐츠를 바탕으로 이와 유사한 콘텐츠를 찾아준다. 넷플릭스를 이용하면 검색을 할 필요가 없어진다. 넷플릭스가 추천해주는 콘텐츠만 감상해도 충분히 만족할 수 있다.

넷플릭스의 추천시스템은 심심할 때 시간을 보내기 위해 영화를 몰아보는 라이트 유저(서비스 이용빈도가 낮은 사용자)를 중심으로 큰 반향을 이끌어냈다. 넷플릭스만 들어가면 그동안 밀린 자신 취향의 영화를 한눈에 파악한 후 모두 감상할 수 있으니 말이다. 이러한 열풍을 설명하기 위해 '영화폭식(binge-watching)'이라는 신조어까지 탄생했다.

넷플릭스의 추천시스템의 비결은 뭘까? 혹자는 정교한 컴퓨터 알고리즘을 통해 사용자 취향에 맞는 영화를 찾아준다고 말한다. 틀린 말은 아니다. 넷플릭스의 추천시스템에는 머신러닝(기계학습)이 적용되어 있으니 말이다. 하지만 옐린 부사장이 밝힌 '진짜 비결'은 전혀 다른 것이었다. 바로 수많은 인력을 동원한 '노가다'식 시스템이었다.

넷플릭스에 신작이 입고되면 내부의 콘텐츠팀이 해당 영화, 드라마, 애니메이션을 일일이 감상한다. 그 다음 엑셀 스프레드시트에 해당 영화와 관련 있다고 생각되는 모든 태그(꼬리표)를 입력한다. 태그는 엄청 많이, 그리고 되도록 자세하게 입력한다.

사용자가 처음 넷플릭스에 가입하면 자신의 취향에 맞는 콘텐츠 3개를 고르게 된다. 3개의 콘텐츠에 붙은 태그를 바탕으로 컴퓨터 알고리즘이 사용자 취향에 맞는 콘텐츠를 찾아준다. 태그의 일치도가 높은 콘텐츠가 우선 노출된다. 이후 사용자가 넷플릭스의 콘텐츠를 많이 감상하면 감상할수록 더욱 정확한 결과가 나온다. 머신러닝을 바탕으로 넷플릭스의 클라우드 컴퓨팅시스템이 수많은 태그를 일일이 대조한 후 사용자 취향에 맞는 콘텐츠를 찾아준다. 태그는 영어로만 입력하는 것이 아니다. 태그도 현지화가 된다. 해당 국가의 문화와 언어에 맞춰서 다양한 언어로 태그를 매긴다. 나라별로 취향이 천차만별이기 때문이다. 때문에 넷플릭스의 메인 화면은 사용자별로 전혀 다르다. 7,500만 명의 넷플릭스 가입자가 있으면 7,500만 명의 넷플릭스 메인 화면이 존재한다.

또한 넷플릭스의 추천시스템은 사용자 개인 데이터뿐만 아니라 지역에서 수집한 사용자집단(클러스터)의 데이터도 활용된다. 어떤 지역에서 어떤 장르의 콘텐츠를 선호하는지 분석한 후 현지 사용자의 추천시스템에 반영하는 식이다. 예를 들어 애니메이션의 선호도가 높은 일본 사용자에겐 신작 애니메이션도 추천하고, 러브 코미디의 선호도가 높은 한국 사용자에겐 신작 러브 코미디도 추천하는 식이다.

넷플릭스는 두 가지 형태로 구성되어 있다. 외부 인터페이스와 내부 알고리즘이다. 많은 경쟁서비스가 넷플릭스의 인터페이스를 베끼고 있다. 하지만 알고리즘은 베끼지 못한다. 추천시스템 알고리즘이야말로 넷플릭스의 핵심 경쟁력이다.

포스터 하나도 사용자 취향에 맞게

넷플릭스

넷플릭스의 주인은 사용자다. 직원이 임의로 판단하는 것은 금물이다. 때문에 콘텐츠를 제작한 후 사용자의 반응(피드백)을 언제나 철저하게 반영하고 있다.

피드백의 가장 대표적인 사례가 '포스터'다. 드라마 '풀러 하우스'를 선보일 때 사용자들에게 6개의 포스터 이미지가 무작위로 노출되도록 했다. 그리고 이 가운데 어떤 이미지를 선호하는지 데이터를 수집했다. 넷플릭스 내부에선 주연 배우들의 이미지가 노출된 포스터를 선호할 것이라고 판단했으나, 결과는 그와 반대였다. 드라마의 배경이 되는 샌프란시스코의 명물 '금문교'를 내세운 포스터가 사용자들에게 선택받았다. 이 데이터가 나온 즉시 모든 사용자에게 금문교를 내세운 포스터가 노출되도록 했다.

지역별로 (포스터를 보는) 사용자 취향이 다를 수도 있다. 때문에 넷플릭스는 지역별로 데이터를 달리 수집해서 해당 지역에서 선호하는 포스터를 내걸고 있다. 포스터는 6개만 제작하는 것이 아니다. 인기 있는 작품의 경우 더 많이 제작하기도 한다. '제시카 존스' 같이 화제가 된 작품은 포스터를 더 많이 제작해 사용자 선택의 폭을 넓혔다.

■ 리스크(risk) 관리

빅데이터분석은 상황과 이슈별로 분류된 정보분석을 통해서 사람들이 생각하는 생각을 읽고 이상흐름에 대한 감지가 가능하다. 특별한 이슈가 발생한다면 그와 연관된 키워드를 분석하여서 발생될 소지가 있는 위험을 미리 대처하는 것이 가능하다. 최근 많은 기업들이 고객정보뿐만 아니라 SNS분석을 통해서 시장의 흐름과 고객행동의 변화를 감지하는 기술을 활용하고 있다. 컴퓨터 제조사인 Dell은 11개의 언어를 조사할 수 있는 'Social Outreach Service Team'을 24시간 운영하면서 소비자의 의견과 불만을 추적하고 있다. 이러한 데이터분석 활동은 기업의 리스크를 경감하여 준다.

빅데이터의 타깃마케팅 활용[11]

#1. 회사원 남선중(가명 · 34) 씨는 취업과 동시에 일찌감치 독립해서 살고 있는 싱글남이다. 잦은 야근에 회식도 많아 집에서 밥 해먹는 일이 거의 없다. 이렇다보니 소셜커머스를 통해 두 달에 한 번꼴로 쌀 5kg과 라면, 생수, 즉석식품을 반복해서 사는 것이 그의 쇼핑 습관이다.

#2. 소셜커머스 A사 빅데이터 분석팀은 최근 남 씨의 구매패턴을 주목했다. 전형적인 1인 가구로서 식품 중심이었던 남 씨의 쇼핑 목록에 캐주얼 의류와 신발 등이 올랐기 때문이다. 강남권 레스토랑 검색 비율도 급증했다. 빅데이터 분석팀은 남 씨가 최근 연애를 시작했다고 보고, 남성의류와 강남 맛집 쿠폰 등을 남 씨가 접속하는 스마트폰앱 메인페이지에 배치했다.

#3. 최근 소셜커머스 앱에 접속한 남 씨는 메인화면이 바뀐 것을 보고 처음에는 낯설다고 느꼈다. 셔츠와 면바지, 보트슈즈까지 데이트할 때 입을 법한 옷들이 메인화면에 추천상품으로 뜬 것. 남 씨는 주말 데이트를 위해 메인화면 속 추천의상 중 셔츠 2장을 장바구니에 담았다.

유통업계에 따르면 방대한 고객구매 이력정보, 일명 '**빅데이터(big data)**'를 활용한 고객맞춤 마케팅이 인기를 끌고 있다. 고객 라이프사이클이 어느 시기에 도달해 있는지 파악하면 해당 고객에게 가장 필요한 상품을 추천해 구매로 이끌 확률이 높아서다.

실제 빅데이터 분석팀은 **△고객들이 방문한 페이지 △머무는 시간 △클릭 대상 △즐겨찾기나 장바구니에 추가한 상품** 등을 분석해 해당 고객이 연애를 시작했는지, 결혼이나 출산이 임박했는지 같은 고객 '라이프로그'(생애정보)를 추측할 수 있다. 특히 출산을 앞둔 고객들은 유아용 침대 등 객단가가 높은 상품을 줄줄이 구입할 가능성이 높아 빅데이터 분석팀이 가장 주목하는 고객층으로 분류된다.

GS샵의 '리얼추천'은 빅데이터 분석프로그램을 통해 선보인 대표적인 상품추천 서비스다. 워낙 고객들의 가려운 곳을 꿰뚫고 상품을 추천해주다보니 방문자수나 구매금액이 기존 베스트상품 추천보다 1.7배나 높다.

소셜커머스 티몬은 시간대별로 주 고객 연령대가 확연히 달라진다는 점에 착안해 메인 메이지의 상품을 시간대별로 다르게 보여주는 작업을 테스트하고 있다. 30대 초반 여성은 오전 10~11시에 가장 많이 접속하므로 이 시간대에는 그들이 가장 많이 사는 기저귀와 이유식을 메인화면에 보여주는 식이다.

■ 실시간 정보분석을 통한 서비스

스마트폰을 중심으로 한 모바일 기기의 확장은 빅데이터를 성장시키는 주요 환경을 형성하였고 실시간 서비스의 확산을 가져왔다. 빠르게 흘러가는 정보의 흐름 속에서 소비자는 점차 즉각적인 실시간 서비스를 필요로 하고 있으며 이러한 소비자의 니즈를 파악하기 위해서 빅데이터분석이 활용될 수 있다. 모바일 기기를 기반으로 실시간 데이터의 축적과 분석은 빠르게 변화하는 환경 변화에 자동적으로 대응하는 시스템을 구축할 수 있다. 일본 통신사 NTT 도코모의 경우 GPS 위치정보를 실시간으로 분석하여 고객이 스키장이나 골프장에

도착할 때 맞춤형 보험상품을 안내하여 순간의 사업기회를 포착하여서 제공하고 있다. 모바일서비스와 빅데이터분석이 융합한 비즈니스 모델의 예라 할 수 있다.

4. 빅데이터를 통한 고객 비즈니스 변화

1) 빅데이터와 정보분석 사례

빅데이터로 경영혁신 … 기아차 '빅데이터 마케팅'[12]

기아자동차의 '**빅데이터 마케팅**'이 2016년 최고의 모바일 경영모델로 선정됐다. 기아자동차는 자체 빅데이터 분석결과, 고객 75% 이상이 차량 구매 시 영업점을 방문해 실제 차량을 확인한다는 것에 착안, 고객이 차량을 더욱 다양한 방법으로 경험할 수 있도록 새로운 영업점 차량 전시 모델을 개발했다.

기아자동차 빅데이터 마케팅 구성

먼저 새로 개발한 영업점 차량 전시 모델은 내부 판매 및 CRM 데이터와 외부 공공 데이터를 결합 · 분석해 고객이 가장 보고 싶어하는 차량을 도출하고, 이를 영업점 차량 전시에 즉각 반영하고 있다.

단지 전시 모델 선정뿐만 아니라 지역별로 고객이 선호하는 차량 색상과 옵션까지도 예측해 차량을 배치하고 있으며, 영업점 전시 외에도 기아차 웹과 모바일 홈페이지 등을 통해서도 제공해 고객의 차량 접근성을 총체적으로 개선했다. 이러한 전시 차량 최적화를 통해 고객은 원하는 차량을 가장 가까운 영업점에서 쉽게 경험할 수 있게 되었고, 기아차는 실질적인 판매증대 효과를 얻을 수 있었다. 특히 이번에 개발한 지역별 차량 배치 모델은 향후 고객 시승차량 운영에도 활용해 지속적으로 고객 경험을 향상시킬 수 있을 것으로 기대하고 있다.

중국 전장시(镇江市)의 스마터 관광 프로젝트[13]

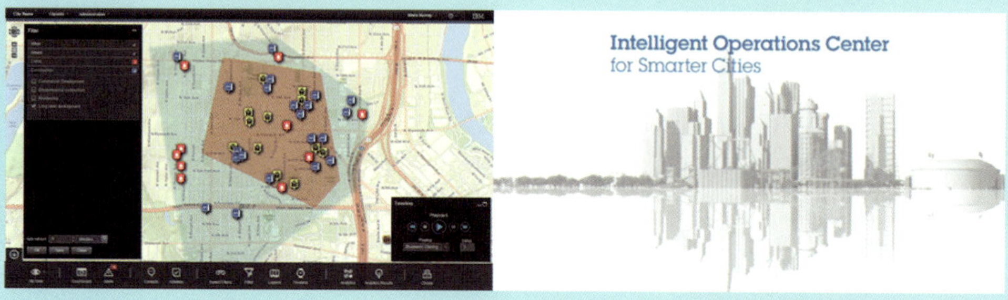

IBM IOC 시스템

2012년부터 중국 장쑤성(江蘇省) 전장시(镇江市)는 IBM IOC(지능형 운영센터)를 도입해 대중교통시스템을 새롭게 구축하고 있는데, 전장시는 양쯔강과 대운하가 만나는 교통 요충지로써 경제개발과 관광산업 육성을 위해 '스마터 전장, 스마터 관광' 프로젝트를 진행 중이다. 전장시는 교통시스템 개선을 이 프로젝트의 최우선 과제로 삼고 IOC 구축사업을 진행하고 있다.

전장시 IOC는 도시의 전체 교통망을 실시간으로 파악해 교통체증 해소, 교통관리 개선, 신속 사고대처, 이동인구의 여행경험 개선을 꾀하였다. IBM은 지능형 교통 솔루션을 포함해 하드웨어, 소프트웨어, 서비스 등 모든 솔루션들을 제공하는데 IBM 지능형 교통 솔루션은 전체 교통망을 중앙통제하면서 교통패턴과 80개 노선의 버스 운행일정을 관리하고 분석기술을 이용해 교통체증을 미리 예상하였다. 이를 통해 대중교통 차량과 승객 흐름을 촉진하는 한편, 실시간 버스운행 모니터링과 발차관리를 주관하게 되었다.

전장시 원밍니안 도시개발위원장은 "스마터 시티의 구축은 엄청난 규모의 산업 클러스터 형성에 기여하기 때문에 국가적 전략사업"이라며 "IBM이 대중교통시스템을 더욱 빠르고 효율적으로 만들어 경제성장을 촉진하고 더 살기 좋은 도시로 탈바꿈시킬 것"이라고 기대하였다.

세계적 여행사 Expedia의 빅데이터 활용

Expedia는 빅데이터를 활용한 3가지 독특한 고객서비스를 제공하고 있는데, 먼저 항공사 추천은 여행객에게 수많은 항공루트 중 가장 적합한 것을 고를 수 있도록 제공하는 서비스이다. 이를 위해 Expedia는 30억 개 이상의 항공정보를 검색하고, 고객의 검색 요청에 따른 대안적인 항공사나 날짜, 여행시간 등을 추천하고 있다. 예를 들어 뉴욕의 JFK공항에서 LAX까지 논스톱 항공 옵션은 3천 개 이상이지만 고객들은 각각의 상황정보를 입력하면 이 중 가장 적합한 루트를 추천받게 되어, 고객에게 효율적인 서비스를 제공하고 있다.

두 번째는 Scratchpad 서비스로 기존에 Expedia에 등록된 고객이 검색한 내용을 저장하고 정리

Expedia[14]

하여 재방문 시 쉽게 기존정보를 찾을 수 있도록 하는 서비스이다. Expedia에 따르면 평균적으로 고객이 온라인 항공예약을 하기 위해 48번을 검색한다고 한다. 하지만 Scratchpad 서비스를 활용하면 과거에 검색했던 모든 정보를 한눈에 살펴볼 수 있기 때문에 웹사이트 방문 때마다 재검색이 필요 없어 시간을 절약시킬 수 있다.

세 번째로 Expedia는 여행일정에 대한 공유 서비스를 제공하고 있다. 이를 통해 여행고객들은 수많은 여행정보 중에서 필요한 정보를 자신의 동료나 친구 또는 가족들과 함께 공유할 수 있게 되었다.

빅데이터 접목 관광정책 도입한 부산 해운대구[15]

부산 해운대 'Radian 6'

부산 해운대구는 빅데이터를 관광정책에 접목하는 시도를 하고 있는데, 전국 최초로 구성된 빅데이터팀은 'Radian 6'이라는 자료수집기를 활용해 2012년에 관광 성수기인 6월부터 10월까지 5개월간 트위터와 페이스북, 블로그 등 SNS에 '해운대'라는 키워드로 언급된 글을 수집 · 분석하였다. 해운대구의 빅데이터 활용 목적은 관광객의 목소리를 직접 수집하여 해운대 관광의 매력요인과 방해요인을 분석하고 데이터를 바탕으로 한 관광정책을 마련하기 위한 수단으로 사용되고 있다. '해운대'가 언급된 3만 8,500건의 글 가운데 관련성이 있는 1만 50건을 분석한 결과 해운대의 장점은 '해운대 해수욕장'과 '달맞이길' 등 수려한 자연경관으로 나타났고, 반면 '비싼 숙박요금', '교통체증', '복잡한 버스노선'이 부정적인 요인으로 분석되었다.

빅데이터를 활용한 지역축제의 분석

진주남강유등축제, 강진청자축제[16]

한국관광공사는 2014년 5월 빅데이터를 활용해 지역축제를 분석한 보고서를 발표하였는데, 전국 각지 16개 지역축제를 대상으로 이동통신사 SK텔레콤의 통신망 데이터와 분석 인프라를 활용하였다. 분석에 활용된 전체 데이터량은 DVD 51만 장에 해당하는 2,200TB(테라바이트)에 달하는데, 한국관광공사는 빅데이터분석을 통해 축제별로 외부 유입인구 규모 및 현황 등을 파악할 수 있는 세부정보를 구축하였다.

보고서의 분석결과에 따르면 야간행사 중심의 진주남강유등축제는 해가 지는 오후 6시를 기점으로 그 이후의 유동인구가 다른 시간에 비해 높게 나타났고, 강진청자축제는 20~30대 여성이 많은 점을 들어 이들을 표적으로 하는 마케팅 방안 수립의 중요성을 주장하기도 하였다. 특히 카드사 매출정보와 소셜미디어의 빅데이터를 활용해 지역에 미치는 경제파급효과나 홍보효과를 측정하면 과거 추정에 의존했던 것을 보다 과학적으로 분석해 낼 수 있는 것으로 기대하고 있다.

5. 고객관계관리(CRM)

1) 고객관리의 필요성과 CRM의 등장

고객관계관리의 등장

1980년대 이후 정보시스템은 기업경영에 필수적인 도구로 활용되었고 디지털화된 정보관리 체계는 수많은 정보를 축적할 수 있게 되었다. 특히 고객에 관련된 자료의 축적은 기업이 저장하고 있는 자료에서 필요한 고객정보만 추출하고자 하는 노력들이 있었는데, 이러한 기업의 데이터베이스를 활용한 데이터베이스마케팅이 도입되었다. 이 같은 흐름은 기존 매스(mass)마케팅에서 목표고객을 대상으로 한 효율적인 마케팅전략의 시작이라고 할 수 있다.

데이터베이스마케팅은 점차 고객정보를 중심으로 고객의 성별, 나이와 같은 인구통계학적인 특성에서부터 라이프스타일, 구매행동과 같은 정보를 분석하는 마케팅 커뮤니케이션의 변화를 가져왔다. 고객정보를 저장하고 있는 정보시스템은 고객의 구매패턴(purchase pattern), 구매빈도(purchase frequency), 구매금액(purchase amount)을 포함한 고객정보를 분석하여 고객의 다음 행동을 예측하고 우수고객을 대상으로 마케팅전략을 수립하는 변화를 이끌어냈다. 이와 같은 전략은 고객관계관리(CRM: Customer Relationship Management)라 하며 고객과의 장기적인 관계를 유지하여 기업의 수익과 성과를 이끌어내는 경영전략이라 할 수 있다.

표 6-7 | 김재문(2000), 박주석(2000)의 비교를 재구성

구분	매스마케팅	DBM	고객관계관리
수입원천에 대한 관점	수입의 원천은 상품이며, 우수한 상품의 개발/판매의 영업전략	고객의 데이터를 이용한 마케팅전략	수익의 원천은 고객, 고객평생가치(LTV)의 극대화전략
고객접근방법	One to Many	One to One	One to One
매출증대의 관점	시장점유율 중심	즉각적인 매출증대 중심	고객점유율 중심
성과평가의 관점	단기적 성과 중심	단기적 성과 중심	장기적 관계 중심
고객에 대한 관점	시장 중심	신규고객 창출	기존고객 유지
고객정보의 활용	시장정보	고객데이터	고객데이터, 정보활용

CRM의 개념

CRM은 고객 개개인에게 적합한 차별화된 서비스를 제공함으로써 고객과의 장기적인 관계를 유지 · 강화하는 마케팅전략이다. 정보시스템의 관점에서는 기업의 내 · 외부로부터 축적한 고객자료를 통합하고 분석하여 분석된 자료를 기반으로 고객과의 상호작용과 맞춤형 서비스를 제공할 수 있도록 마케팅활동 및 의사결정을 지원하는 정보시스템 도구라 할 수 있다.

CRM은 기업활동에 있어서 고객의 가치를 중요시하고 고객가치를 통한 수익을 제고하기

그림 6-14 CRM 개념도

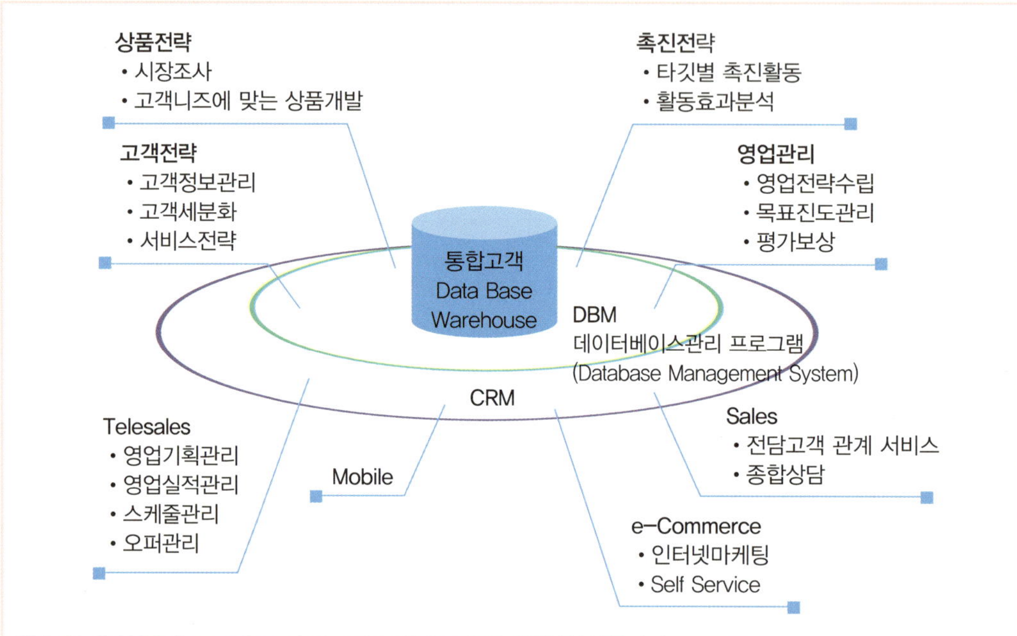

위한 전략이라 할 수 있다. 고객가치를 분석하는 것은 기업가치를 높이는 데 필수적인 요소이다. 상위 20%의 고객이 기업매출의 80%를 차지한다는 '파레토의 법칙(Pareto's law)'은 마케팅 분야에서 널리 알려져 있다. 즉, 더 자주 구매하고 더 많이 구매하는 고객과의 관계를 지속적으로 유지하고 강화하는 것은 기업가치를 높이기 위한 초석이라 할 수 있다.

2) CRM의 특징

CRM의 목적

CRM은 고객과의 신뢰를 쌓아서 관계를 강화하여 고객이탈을 방지하고 지속적인 관계를 유지시키기 위한 전략이다. 단순히 고객과의 관계를 유지하는 것이 아니라 목표고객을 분석하고 집중화된 활동을 펼치는 데 그 목적이 있다. CRM의 주요 목표는 다음과 같다.

■ 신규고객 확보

CRM의 주요 특징 중 하나는 고객을 세분화하고 분석하는 것이다. 다시 말해서 어떤 특성을 가진 고객이 우량고객이 될 가능성이 높으며, 우리에게 새로운 고객이 될 가능성이 있는가를 분석하는 것이다. 우리 기업의 잠재고객은 어떤 니즈를 가지고 있으며, 우리는 고객의 니즈를 어떻게 충족시킬 수 있을까를 파악하는 것이 필요하다. 이를 위해서는 고객자료가 필요하지만 기업이 가지고 있지 않은 고객자료를 모으는 것은 쉬운 일이 아니다. 그렇기 때문에 신규고객을 확보하기 위해서는 기존고객의 추천을 활용하거나 다른 기업과의 제휴를 통한 전략이 있다.

표 6-8 | CRM의 신규고객 확보 전략

전략	내용	예시
기존고객을 통한 신규고객 확보	기존고객이 신규고객을 추천하는 방법	한 통신사를 오래 사용해온 고객이 새로운 고객에게 통신사를 추천하여 가입을 유도
제휴를 통한 신규고객 확보	고객정보를 가진 기업과 제휴를 통해 정보를 얻는 방법	'카카오톡'과 제휴를 통해 사용자의 정보를 얻어 고객 확보

■ 고객개발

새로운 고객을 찾아내는 것도 중요하지만 CRM에서 좀 더 초점을 맞추고 있는 부분은 기존의 고객의 구매를 활성화하고 확장시키는 것이라 할 수 있다. 기존고객은 기업의 제품/서비스를 재구매할 가능성이 높으며, 기업이 제공하고 있는 다른 서비스의 고객이 될 가능성이 높다. 그렇기 때문에 기업은 어떻게 고객의 이용률을 높일 수 있는지를 고민하고 고객의 잠재적인 니즈를 파악하는 것이 중요하다. 고객구매를 활성화 및 확장시키는 대표적인 전략은 교차판매(cross-selling)와 상향판매(up-selling)가 있다.

표 6-9 | 고객개발전략

전략	내용	예시
교차판매	고객이 기존에 구매한 품목과 다른 상품을 구매하도록 유도하는 활동	호텔 객실 이용 시 레스토랑 할인
상향판매	고객이 구매하고자 하는 동종 카테고리(category)에서 구매금액을 높이도록 유도하는 활동	호텔 객실의 룸을 업그레이드하도록 유도

■ 고객유지

고객관계관리라는 것은 기본적으로 고객과의 관계를 지속적으로 유지시키는 것에 목표를 두고 있다. CRM은 그동안 고객자료를 분석하여 고객의 성향을 파악하고 불만을 예방하여 만일의 사태가 일어나도 효과적인 의사결정을 할 수 있도록 지원한다.

스타벅스의 CRM

스타벅스 로고와 My Starbucks card[17]

스타벅스의 'My Starbucks Rewards Program'은 고객들이 카드번호와 PIN번호를 스타벅스 홈페이지에 등록한 후 매장에서 사용할 때마다 별이 적립되는 제도로, 고객의 이용빈도에 따라 등급이 차등 적용되고 높은 등급일수록 다양한 혜택과 서비스를 제공받는다.

■ CRM 구축단계

그림 6-15 CRM 구축 5단계

1단계 → 2단계 → 3단계 → 4단계 → 5단계

1단계: 기업특성에 적합한 고객전략(customer strategy)을 수립

- CRM 구축의 목적과 그에 따른 기업가치 증대의 내용을 구체적으로 파악
- 개개인의 고객이 왜, 어떤 방법으로 상품과 서비스를 구입하는가에 대해 통합적으로 이해
- 기업은 고객의 입장에서 구매 전후의 만족과 충족감을 이해하고 고객의 파트너로서의 자세를 보유

- ■ 고객확보전략
- ■ 고객유지전략
- ■ DB의 자산화, 전략화, 무형자산화

2단계: CRM 인프라를 구축

- 자동화된 데이터웨어하우스와 정보분석지원 환경을 구축
- 다양한 채널을 통해 고객의 인구통계적, 심리적, 행태적 정보를 확보하여 개별고객을 이해
  (전체 매출 증가와 비용의 균형을 고려하여 CRM에 투자)
- 인터넷 등 새로운 커뮤니케이션 채널을 확립
  (백/프런트오피스시스템, e-commerce를 통합한 CRM 솔루션 도입

■ 목표고객 설정
■ 고객서열화 방법의 구체화

3단계: 데이터마이닝을 통해 고객분석과 마케팅 실시

- 고객마다의 성향을 분석하고 구매를 창출할 수 있는 마케팅전략 수립
  (잠재적으로 유용한 고객층과 비용의 증가를 초래하는 고객층을 분류하여 차별적 접근을 시도)
- 축적된 기존 고객정보를 바탕으로 거래가 없었지만 유망한 잠재고객에게 도달

■ 고객분류와 등급조정
■ 고객생애가치 평가기준
■ 우량 · 이탈고객 DB의 모델화

4단계: 고객분석 결과를 실질적으로 판매과정에서 활용

- 최고의 잠재적 수익성과 영향력을 지닌 고객군을 상대로 판매하여 실질적인 매출성장을 도모
- 단순한 상품판매를 벗어나 교차판매, 업셀링 등을 통해 고객생애가치의 극대화를 추구

■ 고객접점, 매체별 반응분석
■ 판촉반응분석
■ 테스트마케팅 성과분석

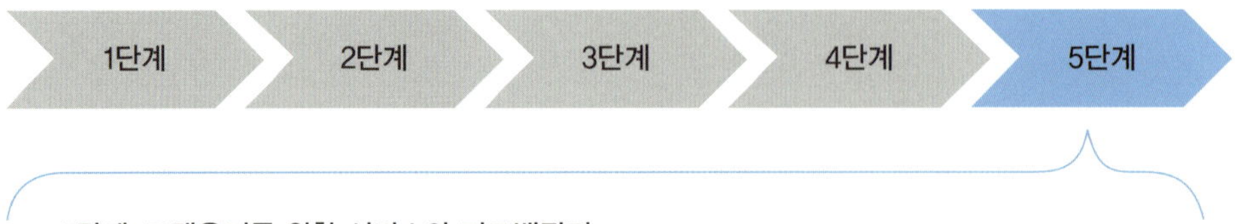

5단계: 고객유지를 위한 서비스와 피드백관리

- CRM에 있어서 서비스는 기업과 고객 간의 계속적 접촉 확보와 장기적 관계유지를 위한 수단 (차별화 · 개인화된 서비스를 제공하여 핵심고객층 형성을 강화)
- 고객에 대한 피드백관리를 통해 구매이탈자를 줄이고 기존고객을 양질의 우수고객으로 전환

- ■ 고객관리전략의 평가
- ■ 고객가치, 경영가치의 계량화
- ■ 누적가치의 분석과 반영

CRM시스템 도구

정보기술의 발전으로 데이터베이스를 기반으로 한 정보시스템이 고객자료를 관리하고 활용하고 있으며 운영정보, 판매정보, 마케팅정보 등 고객과 관계된 모든 자료가 데이터베이스화되고 있다. 또한 인터넷의 발전과 모바일 기기 보급의 확산으로 실시간 고객정보가 저장되고 있으며, 고객과의 상호커뮤니케이션이 활성화되고 있다.

이처럼 CRM은 정보시스템과 결합하여 기업운영에 있어서 다양한 시스템 도구로서 활용

표 6-10 | CRM시스템 기능

기능		내용
운영 지원	영업기획관리	통합적 고객정보관리를 기반으로 고객별 영업계획 고객맞춤서비스 기획 등을 지원
	판매 및 접촉관리	영업사원이 고객의 일정 및 고객접촉을 위한 정보를 관리하고 향후 판매를 위한 예상고객을 파악하는 기능
마케팅 지원	목록생성기	다양한 출처에서 고객정보를 수집하고 이들 정보를 마케팅전략을 위하여 세분화하는 도구
	마케팅캠페인관리	마케팅캠페인을 정의하고 계획수립, 일정관리, 세분화 등을 분석하고 교차판매, 상향판매와 같은 전략을 제시
고객서비스 지원	원스톱 고객정보관리	고객의 거래내역, 구매금액 등 고객의 정보를 저장하여 고객의 정보를 한눈에 파악할 수 있도록 지원하는 기능
	콜센터 /자동응답서비스	고객 데이터베이스를 활용해서 고객의 문의사항을 자동으로 확인하고 처리해주는 서비스

이 된다. [표 6-10]은 대표적인 CRM시스템의 기능이다.

3) CRM 도입사례

SPC[18]

SPC그룹은 'Shany&samlip, Paris croissant Companies'의 약자로써 고객중심, 창의적 도전, 동반성장을 기업의 중심가치로 설정하고 있다. '파스쿠치', '파리 크로아상' 등 고급 분위기의 브랜드 직영을 운영하고 점포를 제한함으로써 브랜드를 관리하였고 '해피포인트'카드를 통해서 고객관계관리를 중심전략으로 가져감으로써 고객의 충성도를 강화하였다. 주요 상권을 중심으로 가맹점을 넓게 분포시킴으로써 브랜드별 타깃에 따른 분포를 확장하였고, 다양한 브랜드와 많은 점포와 고객 간의 연계성을 확장시키면서 성공적인 CRM을 실시하였다.

SPC그룹은 업계 최초로 '해피포인트'카드를 통해 고객정보를 관리하는 데이터베이스를 구축하였으며 어린이 전용 포인트카드인 '해피포인트 키즈카드'를 출시하는 등 차별화된 고객분류전략을 사용하기도 하였다. 해피포인트카드 회원에게는 브랜드에서 진행하는 이벤트에 따라 다양한 혜택을 부여하는 등 SPC의 핵심가치로 내세운 '고객중심가치'를 잘 실현하고 있는 모습을 보여준다.

2012년 한정된 브랜드에 한하여 할인이 가능했던 '해피포인트'카드는 같은 해 6월 개방형 마일리지 카드로 전환하였다. 제휴사 확대를 통하여 자사 외식업체에만 가능했던 혜택을 확대함으로써 고객들에게 다양한 이점을 주었다. 또한 '해피콘'서비스를 통해 모바일 선물 시장으로 그 영역을 넓혀가고 있다.

SPC그룹은 '해피포인트'카드를 통해 얻은 정보로 누가 우수고객인지 파악할 수 있었다. VIP제도를 도입하여 차별적인 서비스를 제공하여, 충성도가 높은 고객들의 전환을 막았다. VIP혜택은 해피포인트를 사용하는 사람들 자체에게 홍보효과를 줄 수 있는 도구가 되기도 하였다. 해피포인트카드를 사용하는 고객에게, 새로운 제휴업체와의 혜택을 제공하거나, 이벤트나 프로모션을 통해 기존고객을 유지함을 물론 신규고객을 진입케 하여 새로운 정보를 획득할 수 있도록 하였다.

SPC그룹의 CRM 사례 '해피포인트카드

힐튼

힐튼호텔

힐튼호텔은 1919년에 미국에 설립된 호텔로써 76개국에 약 560개의 지점을 가지고 50만 개의 객실을 보유하고 있는 세계적인 호텔이다. 'Be Hospitable'이라는 경영철학을 가지고 고객, 팀원, 협력업체, 투자자가 가장 선호하는 호텔이 되고자 하였다. 이러한 힐튼은 기존의 문제점을 가지고 있었다. 먼저 많은 브랜드와 호텔의 수로 인한 일관된 서비스를 제공하기 어려웠고, 공격적으로 확장했던 프랜차이즈를 관리하는 것에 큰 노력을 요구하였다. 또한 프랜차이징 제휴로 인한 다양한 브랜드와 문화 반영에 있어서 서비스 운영의 효율이 떨어졌었다. 따라서 다양한 브랜드와 문화를 한데 묶기 위한 전체론적인 관점이 필요했다.

이와 같은 문제점을 해결하기 위해 힐튼은 고객 판별과 효율성 제고를 위해 2004년 8월 31일 베버리힐즈의 칼리프에서 자사의 자체기술 플랫폼인 OnQ를 개발하였고 각 호텔의 계열사에 적용하였다. 'OnQ시스템'은 힐튼호텔이 CRM전략을 실행할 수 있도록 지원하였고, 모든 회사 직원들에게 고객에 대한 단서를 기반하여 행동할 수 있도록 요구에 따라 정보를 제공하였다. 그리고 이는 고객만족 성과로 이어졌으며 고객이 계열사에 대한 충성도와 유대감을 형성시켜주는 기반이 되었다. 또한 'OnQ시스템'은 현재 호텔시장 환경에 대응해야 하는 호텔 운영자들에게 통합적인 시스템을 이용한 단서를 제공해주었고, 고객에 관하여 기록된 트렌드와 경쟁적인 데이터를 기반으로 더욱 유용한 결정을 내릴 수 있도록 도움을 주었다. 'OnQ시스템'의 특징을 살펴보면 2가지가 대표적이다.

1. 원거리에서도 가능한 24시간 온라인 베이스 예약 프로그램
   - 온라인 계정을 이용해 호텔의 룸타입 및 가구선택, 예약내역서 프린트 가능

2. 고객의 전자개인정보 이용
   - 멀티 호텔 브랜드 기업 최초로 고객의 전자개인정보 접근을 이용하여 본인이 이용했던 힐튼 호텔 체인의 호텔 이용내역을 공개

이로 인해 힐튼은 'Computer World's가 선정하는 IT 경영환경에 우수한 100대 기업에 선정되었으며 'Category of Technology Award'에서 Chain Leadership 상을 수상하고 고객들을 가장 많이 생각하고, 가장 많이 사랑받는 호텔체인으로 자리매김하였다. 이는 단순한 고객정보시스템을 넘어 의사결정지원시스템으로 활용한 것이 가장 컸다고 할 수 있다. 힐튼은 고객만족률을 75% 끌어올렸으며, 힐튼 계열 호텔 간의 교차투숙률을 5% 상승시켰고 첫 고객의 재이용률이 10%나 상승하는 효과를 거두었다.

학·습·내·용·정·리

1. 데이터베이스는 다수의 사용자가 자료를 같이 사용할 목적(공유)으로 설계된 데이터의 집합(저장소)을 의미한다. 데이터베이스는 자료 저장의 효율성을 위해서 데이터 중복을 최소화하고, 공통된 기준에 따라 데이터를 모아 저장해놓은 집합체이다.

2. 일반적으로 데이터베이스는 단순한 데이터 표(table)로 표현되며 각각의 표에 저장된 데이터베이스 자료들 간에 처리를 할 수 있도록 공유되어져 있다. 이러한 자료 간의 연계(관계: relation)를 기반으로 구성된 것이 관계형 데이터베이스(relational database)라 할 수 있다.

3. 저장된 자료에서 현재 제공되지 않은 정보를 추출하고자 하는 작업을 데이터마이닝(data mining)이라 한다. 데이터마이닝은 데이터웨어하우스에 저장된 데이터베이스에서 통계기법, 수학적 알고리즘 등을 통해서 자료들 간의 숨겨진 패턴이나 연관성을 찾아내는 작업이다.

4. 빅데이터(big data)란 '기존의 데이터베이스 관리도구로는 데이터를 저장 · 관리 · 분석할 수 있는 역량을 넘어서는 대량의 정형 또는 비정형 데이터 집합'을 의미한다.

5. 고객관계관리(CRM: Computer Reservation System)은 고객 개개인에게 적합한 차별화된 서비스를 제공함으로써 고객과의 장기적인 관계를 유지 · 강화하는 마케팅전략이다.

6. 고객관계관리는 신규고객의 확보, 기존고객의 충성도를 높여서 구매를 활성화시키고, 지속적 고객유지를 목적으로 한다.

7. CRM의 구축단계는 5단계로 구분할 수 있는데 1단계로 기업특성에 적합한 고객전략을 수립하고, 2단계로 CRM 인간관리를 구축하고, 3단계로 데이터마이닝을 통해 고객분석과 마케팅을 실시한다. 4단계로 고객분석결과를 실질적으로 판매과정에 활용하고, 마지막 5단계로 고객유지를 위한 서비스와 피드백관리를 한다.

학·습·문·제

01 정보관리에서 데이터베이스의 역할에 대해 설명해보자.

02 DBMS의 특징에 대해 설명해보자.

03 관계형 데이터베이스의 특징에 대해 설명해보자.

04 주키와 후보키의 차이점에 대해 설명해보자.

05 데이터웨어하우스의 필요성에 대해 논의해보자.

06 데이터웨어하우스와 데이터마트의 차이점에 대해 설명해보자.

07 빅데이터가 확산되는 원인에 대해 논의해보자.

08 빅데이터가 가진 중요 특성에 대해 설명해보자.

09 빅데이터분석이 관광산업에 활용되는 예를 조사해보자.

10 CRM의 중요성에 대해 논의해보자.

11 기업의 수익을 증가시키는 CRM전략에는 어떤 것이 있는지 설명해보자.

■ 참고자료 ■

1) 윤수경(2016), '집빵' 샌드위치 대박 비밀은 빅데이터, 서울신문, 2016.1.15.

2) 심새롬(2017), 중국 인터넷은행, 정부 빅데이터 덕에 급성장, 중앙일보, 2017.7.18.

3) http://blog.daum.net/affa741/89

4) http://20103280nd.blogspot.kr

5) http://dbteam1113.pbworks.com/w/page/40210374/1%EC%B0%A8%20ERD
http://blog.naver.com/get1ucky/220882916170

6) http://socurites.com/data-analysis

7) 이상문 외(2013), 경영정보시스템, 형설출판사, 2013, 저자 재구성

8) 강병준(2013), [빅데이터 시대 카운트다운]〈10〉비즈니스 애널리스틱과 고객의 요구, 전자신문, 2013.3.22.
http://ruthusher.com/wordpress/wp-admin/images/harrahs-casino

9) 정용찬(2012), 빅데이터 혁명과 미디어 정책이슈(KIDI Premium Report 12-02), 정보통신정책연구원

10) 강일용(2016), 넷플릭스 추천 시스템의 비밀: '노가다'와 '머신러닝,' 동아일보, 2016.3.21.

11) 민동훈(2014), 친구에게도 말 안한 새 여친, '빅데이터는 알고 있다,' 머니투데이, 2014.5.8.

12) 강동현(2016), 빅데이터로 경영혁신… 기아차 '빅데이터 마케팅,' 조선일보, 2016.4.19.

13) 최진영(2017), [스마트시티 ⑤] IBM은 똑똑한 지구를 원한다, CCTV뉴스, 2017.7.6.

14) 익스피디아(https://expedia.co.kr)

15) 도남선(2013), 부산 해운대구, 전국 최초 '빅데이터' 접목 관광정책 선보여, NSP통신, 2013.8.2.
디지털미디어본부(2017), 부산에서 가장 깨끗한 해수욕장은 '해운대,' 부산일보, 2017.6.28.

16) 문화체육관광부(http://www.mcst.go.kr)

17) 스타벅스(https://www.istarbucks.co.kr)

18) 정심교(2012), SPC 새로워진 해피포인트카드는?, 중앙일보 헬스 미디어, 2012.6.27.
Europe Media Monitor(http://emm.newsbrief.eu)
Starbucks Korea(http://www.istarbucks.co.kr)
Baltzan(2012), 비즈니스경영정보시스템, 생능출판사. p.275.
KoNIBP(2014), 2014년 도서관 이모저모, 국가생명윤리정책연구원, 2014.4.11.

CHAPTER 07

인터넷 환경에서의 비즈니스 변화

학습목표

- 온라인 환경에서 비즈니스의 변화에 대해 알아본다.
- 프라이스라인의 서비스 모델을 통해 역경매를 이해한다.
- e-비즈니스 모델에 대해 이해한다.
- 관광 e-비즈니스전략에 대해 공부한다.
- 관광부문에서 성공한 대표적인 e-비즈니스 모델에 대해 이해한다.

프라이스라인닷컴[1]

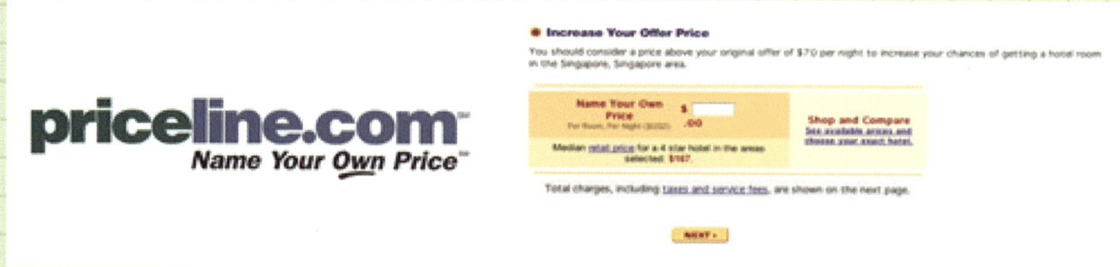

프라이스라인닷컴(priceline.com)의 역경매모델[2]

튤립투기의 광풍을 연상케 할 만큼 전 세계가 인터넷 열기에 휩싸여 있던 1998년 봄.

제이 워커는 인터넷 역경매(reverse auction)라는 신개념의 비즈니스 모델을 무기로 프라이스라인닷컴을 인터넷에다 오픈했다. 역경매 모델은 국내 한 광고 카피에도 등장했듯이 "파는 사람(공급자)이 경쟁하면 가격이 떨어진다"는 점에서 착안했다.

소비자가 제품을 사기 위해 경매를 하면서 가격을 올리는 것과는 반대로 소비자가 가격을 먼저 제시하면, 공급자가 이 가격을 잡기 위해 경쟁하는 방식이다. '당신의 가격을 제시하라'는 의미의 'Name your own price'는 프라이스라인의 특허이자 트레이드 마크이다. 옥션에만 익숙해져 있던 소비자들에게 당시로서는 파격적이었던 바로 이 개념이 프라이스라인 경쟁력의 출발이다. 그러나 이는 말 그대로 출발에 불과하다.

프라이스라인 핵심 경쟁력의 원천은 소비자가 아닌 호텔, 항공사 등 서비스 공급사와의 관계에서 나오는 것이다. 호텔, 항공사의 가장 큰 골칫거리는 다름 아닌 재고처리 문제.

"제조업체도 아닌 서비스업체가 웬 재고 걱정이냐?"고 의아해할 수도 있겠지만 이들에게 재고는 생존과 직결된 문제다. 가령 A호텔의 이번 주 일요일 객실점유율이 50%라면 나머지 50%는 곧 재고가 된다.

제조업과는 달리 쌓인 재고의 가치는 다음날이 되면 '제로(0)'가 된다. 그렇다고 30만 원에 판 호텔 객실을 그날 저녁 대놓고 10만 원으로 땡처리할 수도 없다. 호텔이 직접 그런 가격정책을 펴면 브랜드와 신뢰에 치명상을 입는다. 이런 고민을 처리해준 것이 다름 아닌 프라이스라인(priceline.com)이다.

이경전 경희대 경영학부 교수(e비즈니스 전공)는 "호텔숙박권, 항공권처럼 특정 시간이 지나면 가치가 사라지는 상품을 '썩는 제품'(perishable good)이라고 하는데, 프라이스라인은 이런 제품을 가진 호텔, 항공사 브랜드가 가격에 대한 부정적인 효과 없이 유효 재고를 처리할 수 있도록 해줬다"고 설명했다.

프라이스라인의 호텔숙박권 역경매는 특정 호텔과 1 대 1로 가격흥정을 하는 게 아니라 등급(스타)과 위치(로케이션) 두 가지를 통해 이루어진다. 예를 들어 라스베이거스의 호텔을 예약할 경우 소비자는 라스베이거스 주(主) 도로인 스트립(Strip) 남쪽, 스트립 북쪽 등 프라이스라인이 구분해놓은 지역을 선택한 후 5성급 호텔을 원하는지, 4성급 호텔 이상을 원하는지 등급을 선택하고 이후 본인이 원하는 가격을 입력하며 흥정한다.

본인이 특정 호텔을 지정할 수 없다는 점 때문에 이용하지 않는다는 소비자도 있지만 공급자인 호텔은 브랜드를 훼손하지 않으면서 재고를 처리할 수 있게 된 것이다.

1999~2000년 프라이스라인에서 근무한 경험이 있는 최선미 연세대 경영학과 교수(오퍼레이션 전공)는 "프라이스라인은 서비스 공급자인 항공사와 호텔의 재고관리 문제를 진정으로 공급자에게 이득이 되는 방법으로 해결해주는 혁신적인 비즈니스 모델"이라고 밝혔다. 최 교수는 이어 "프라이스라인 덕분에 재고를 손쉽게 처리하게 된 공급자들은 다른 서비스중개인(intermediary, 예를 들어 여행사)에게 제공하는 가격보다 훨씬 낮은 가격으로 프라이스라인에 호텔숙박권, 항공권을 제공하기 때문에 탁월한 가격경쟁력을 유지할 수 있게 됐다"고 설명했다.

1. 온라인 기술과 e-비즈니스

1) 온라인 기술과 e-비즈니스의 등장

온라인 기술과 생활의 변화

우리는 최신 개봉영화를 관람하기 위해 영화관을 찾는다. 하지만 영화의 개봉기간을 놓치면 그 영화는 영화관에서 볼 수 없다. 과거 우리는 이렇게 지나간 영화를 보기 위해서 비디오를 대여해서 집에서 비디오 플레이어를 사용해서 지나간 영화를 관람하였다. 하지만 오늘날 비디오는 시장에서 사라져 버렸고 우리는 지나간 영화를 다시 보기 위해서는 IPTV를 켜고 VOD(Video On Demand)서비스를 통해서 해당 영화를 결제한 후 관람할 수 있다. 이 같은 예는 온라인 기술의 발전이 우리 문화생활을 바꾸어놓았고 이것은 다시 산업의 변화를 가져다주었다.

과거엔 여행을 가기 위해서는 여행사를 방문하여 여행상품을 상담하고 구매한 후 여행을 갔지만, 지금의 여행객은 인터넷에 접속해서 여행지 정보를 검색한 후 여행지를 정하고, 해당 지역 숙박시설과 항공권을 예약한 후 여행을 떠난다. 이것은 인터넷 온라인 기술이 우리의 생활과 문화에 깊숙이 자리바꿈을 하는 현상이라 할 수 있다.

e-비즈니스의 등장

인터넷의 등장과 확산 이후로 인터넷을 활용한 다양한 비즈니스 모델이 형성되면서 'e-비즈니스'라는 용어가 등장하였다. e-비즈니스라는 용어는 1997년 IBM에 의해서 처음 사용되었으며, 정보기술을 사용하여 온라인상에서 이루어지는 상거래 등을 통칭하는 용어로 사용되고 있다.

온라인 기술을 기반으로 한 e-비즈니스는 인터넷 기술의 발전과 함께 그 형태도 발전하고 변화하고 있다. 인터넷이 활성화되던 초창기 Web 1.0을 기반으로 한 환경에서 Web 2.0, Web 3.0에 이르기까지 기술의 발전과 함께 e-비즈니스의 형태도 꾸준히 발전하였다.

그림 7-1 Web의 발전과정[2)]

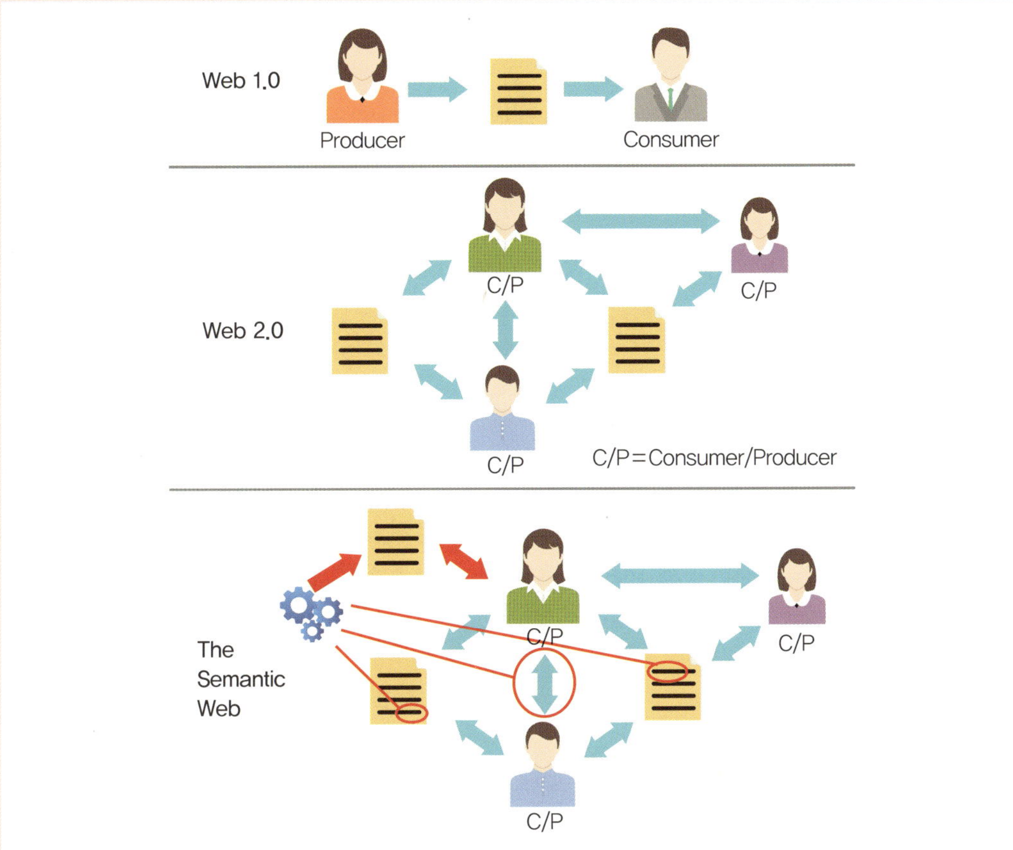

표 7-1 | Web의 연도별 비교

구분	1995~2000년	2005~2010년	2015~2020년
	World Wide Web	Web 2.0	Real-World Web (Web 3.0)
특징	처리(access)	참여	상황인식
	일방적 정보제공으로 이용자는 정보소비자로 → 접속해서 정보이용	이용자는 정보소비자/생산자/유통자 → 이용자가 정보 등록/수정	이용자가 원하는 정보 검색 제공 가능 → 개인별 맞춤정보/서비스 제공
기반기술	브라우저(browser)[01]	브로드밴드(broad band)[02]	시멘틱(semantic)[03]기술 센서네트워크

01 브라우저: 인터넷사이트를 검색하는 데 사용하는 소프트웨어로 대표적으로 익스프로러가 있음.
02 브로드밴드: 초고속 인터넷을 통칭하는 말로 하나의 전송매체에 여러 개의 통신채널을 제공함.

e-비즈니스의 등장은 비즈니스의 환경을 온라인이라는 새로운 환경 속으로 패러다임의 전환을 가져왔고, 기존 오프라인 시장에서 이루어질 수 없었던 혁신적인 비즈니스 모델이 등장하게 되는 계기를 만들었다. e-비즈니스라는 새로운 변화에 적응하지 못한 기업은 치명적인 타격을 받기도 하였으며, e-비즈니스라는 환경에 잘 적응한 기업은 성공적인 성장을 이루어내는 결과도 가져왔다.

2) e-비즈니스 특징

e-비즈니스의 장점

온라인 기술은 기업에 있어서 정보의 흐름을 향상시키고 생산성과 편리성을 높여주었다. 비즈니스의 효율성에 힘입어 거의 모든 기업이 온라인기술을 활용한 e-비즈니스를 수용하고 있으며, 비즈니스전략에도 큰 변화를 가져왔다. 이러한 e-비즈니스의 대표적인 장점은 다음과 같다.

■ 경계의 확장

e-비즈니스의 가장 큰 장점은 시간, 공간의 제약에 구애받지 않는다는 것이다. 오프라인 거래에서는 서비스를 제공하는 업체의 운영시간 및 장소적 거리에 제약을 받았지만, 온라인 환경의 e-비즈니스에서는 언제 어디서나 인터넷에 접속할 수 있는 기기만 있다면 자신이 원하는 어떠한 서비스의 거래도 가능하다.

■ 새로운 비즈니스의 창출

e-비즈니스는 오프라인 거래의 확장뿐만 아니라 새로운 비즈니스 모델을 창출하기도 한다.

■ 비용절감

디지털 정보기술의 가장 큰 장점 중 하나는 비용절감이라 할 수 있다. 이메일의 등장은 기업에 있어서 광고, 홍보비용을 크게 절감하여 주었다. 과거 우편으로 발송해야 했던 정보를

---

03 시멘틱: 웹의 창시자 팀 버너스 리가 개발한 것으로 기계가 읽고 처리할 수 있는 웹을 말함.

Netflix

스트리밍[04] 사업의 일례로 넷플릭스(Netflix, 1998)는 인터넷상에서만 클라우드 DVD 렌탈(rental) 사업을 하는 미국 기업이다. 2007년 스트리밍서비스를 시작, 저렴한 요금과 시간과 장소 구애를 최소화한 서비스의 시작으로 전 세계 520만 명(2017년 2분기)의 회원들과 130여 개국에 진출했고 2017년 2분기 기준으로 총 가입자수 1억 400만 명에 27억 6,000만 달러를 기록했다. 이러한 증가는 스트리밍 사업에다 자체 콘텐츠의 증가에 기인한 것이다.

넷플릭스[3)]

이메일로 전달함으로써 우편비, 인쇄비 등 물질적 비용과 더불어 시간적인 비용마저 효율적으로 절감할 수 있는 효과를 가져왔다. 현재는 소셜미디어[05]나 모바일을 통해서 고객들에게 좀 더 빠르고 효율적인 광고가 가능해졌다.

또한, 상거래 자체에서도 e-비즈니스는 운영비의 절감을 가져온다. 해외여행을 떠날 때 온라인으로 항공예약을 하고 스마트폰으로 예약 바우처(voucher)를 보여주는 것은 과거 오프라인산업에서 발생되는 비용을 절감하는 대표적인 예라 할 수 있다.

■ 정보의 효율성

e-비즈니스에서는 소비자와 판매자 모두 정보의 효율성을 얻을 수 있다. 소비자는 투명한 정보 공개를 통해 공급자가 제시하는 정보의 타당성을 확인할 수 있으며, 판매자는 고객의 정보 및 판매에 관련된 통합된 정보를 실시간으로 활용하여 판매전략을 세울 수 있다.

e-비즈니스의 단점

e-비즈니스는 상거래의 효율성과 편리성으로 소비자와 공급자 모두 선호하고 있어서 전

04 스트리밍(streamming): 인터넷에서 음성이나 영상, 애니메이션 등을 실시간으로 재생하는 기술
05 소셜미디어(social media): 트위터, 페이스북과 같은 소셜네트워킹서비스(SNS)에 가입한 이용자들이 서로 정보와 의견을 공유하면서 대인관계망을 넓힐 수 있는 플랫폼

자상거래 시장이 지속적으로 성장하고 있다. 그렇지만 인터넷을 기반으로 한 결제와 거래는 지속적으로 개선되고 있지만, 직접적인 거래대상자와 상품/서비스를 확인할 수 없기 때문에 e-비즈니스 거래를 망설이게 만들기도 한다. e-비즈니스가 더욱 성공하기 위해 해결해야 할 과제들은 다음과 같은 것들이 있다.

표 7-2 | e-비즈니스의 단점

단점	내용
신속한 멀티미디어 정보의 전송에 한계점	• 웹사이트 내에 있는 텍스트, 동영상, 음성 등의 멀티미디어 정보를 고객에게 신속히 전달하는 데 있어서 불만족 • 사용자가 온라인시스템을 이용하고자 하는 동기저해 요인
소비자의 구매욕구를 자극하는 데 한계점	• 전통적 쇼핑센터에서 직접 물건을 고르거나 화려한 상품 카탈로그를 확인해서 물건을 주문하는 방식에 비해 구매욕구 자극에 한계 • 가상현실 등 진화된 멀티미디어 기술을 통한 고객의 구매욕구 자극방안 모색 필요
상거래 및 개인 신상정보의 보안성 유지 측면에서 부분적 한계	• 인터넷의 개방적 특성으로 인해 상거래 및 신상정보 유출 가능성이 존재 • 고객들과의 접촉 및 거래과정에서 지불방식의 다양화, 처리과정의 안전화, 신상정보의 보안화 등 사전대책이 필요

긴꼬리(long tail)

롱테일(long tail)은 다품종 소량생산된 비주류 상품이 대중적인 주류 상품을 밀어내고 시장점유율을 높여가는 현상을 말한다. '와이어드(Wired)' 편집장 크리스 앤더슨(Chris Anderson)이 2006년에 출간한 『롱테일 경제학(The Long Tail)』에서 역설한 개념이다.[4]

기존의 전통적인 시장에서는 한정된 공간과 자원을 매출이 높은 제품을 더욱 노출하고 집중하는 경향들이 있다. 예를 들면 서점의 베스트셀러 코너를 만들고, 해당 책을 쌓아놓고 판매하는 방식이 그러하다. 이런 방식은 비주류 혹은 소수의 소비자들을 위한 틈새제품들은 자리를 잃게 만든다. 그러나 인터넷 기술의 발달로 온라인으로 공간과 자원의 제약을 덜 받는 방법이 등장했다. 다시 말해 e-비즈니스를 통해 그동안 외곽에 있어서 주목을 받지 못했던 비인기 제품들이 진입장벽을 낮출 수 있게 된 것이다. 이렇게 비인기 제품들을 모아서 하나의 틈새시장을 만들 수 있다. 대표적인 예로 아마존닷컴(amazon.com)은 전체 매출의 57%를 하위랭킹의 서적에서 올리고 있다. '잘 팔리는 책'보다 '잘 팔리지 않는 방대한 양의 책'들의 판매량이 더 높은 것이다.

그림 7-2 긴꼬리(long tail) 법칙[5]

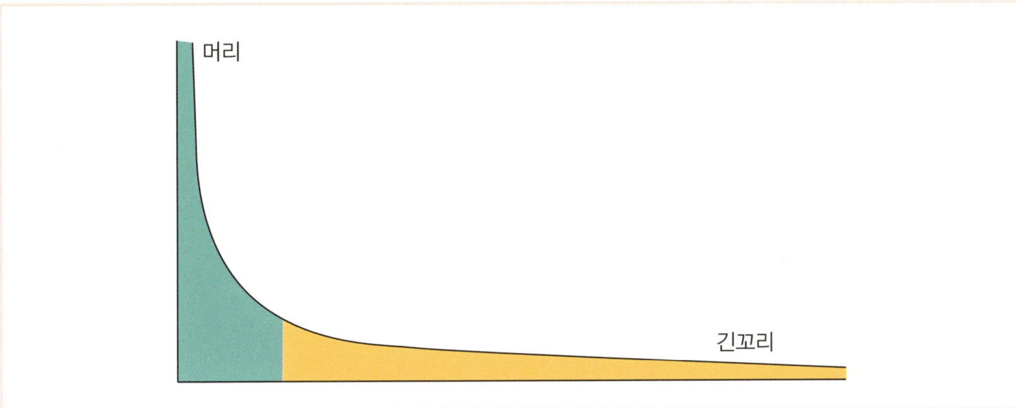

2. 비즈니스 모델의 변화

1) 비즈니스 모델

비즈니스 모델의 정의

비즈니스 모델이란 '**기업이 제품이나 서비스를 어떻게 생산하고, 판매하고 홍보하는지에 대한 경영 전반의 형태**'를 말한다. 일반적으로 동종 업계의 기업들은 비슷한 형태의 비즈니스 모델을 추구하는 편이다. 1998년 미국 대법원이 특별한 형태의 비즈니스 모델과 서비스형태에 특허권을 인정한 이후에 비즈니스 모델은 그 기업의 경쟁우위를 나타내는 중요한 지표로서 인정을 받고 있다.

비즈니스 모델에 대한 관심은 오프라인산업에서 e-비즈니스로 넘어오는 시기에서 더 확산되고 있다. 아마존닷컴은 1994년도에 온라인으로 도서판매를 시작하여 성공적인 비즈니스 모델을 확립하였고, 지금은 수많은 품목의 제품을 판매하는 거대 온라인 상거래 기업으로 성장하였다. 아마존은 도서 제품 자료를 데이터베이스화하여 관리하고, 고객에 따라 개인화전략을 사용하여서 고객이 구매할 때 추가적인 정보입력 없이 바로 처리가 가능한 '원클릭(one-click)'기술[06]을 개발하였다.

원클릭서비스는 아마존이 특허를 낸 대표적인 비즈니스 성공모델로 알려져 있다. 또 다른 비즈니스 모델의 대표적인 사례로는 앞에서 소개한 프라이스라인의 '역경매'가 있다. 프라이스라인은 자신들의 비즈니스 모델인 '역경매'서비스를 정식으로 특허출원을 하였고 자신들만의 비즈니스 모델로 내세웠다.

빠르게 발전하고 있는 정보기술처럼 기업을 둘러싸고 있는 산업환경도 변화하고 있는 것이다. 이는 기업에게 보다 새로운 비즈니스 모델을 요구하고 있으며, 기업 또한 경쟁우위를 갖기 위해 지속적으로 비즈니스모델 개발을 위해 노력하고 있다.

비즈니스 모델의 변화

비즈니스 모델은 산업이 성장하고 기술이 발전함에 따라 그 형태와 방식도 다양하게 변화하고 있다. 기업은 이러한 환경 변화에 따라 새로운 비즈니스 모델의 필요성을 적극 고려하게 될 것이다. 다음과 같은 상황은 기업이 비즈니스 모델의 변화를 고려해야 할 상황이라 할 수 있다.

- 동종산업 내에 혁신적인 비즈니스 모델을 도입한 경쟁기업이 생겼는가?
- 현재 우리 기업의 수익구조가 원활하게 유지되는가?
- 새로운 기술의 변화에 우리 기업의 시스템이 뒤처지지는 않는가?
- 현재 우리 기업의 핵심우위가 지속될 수 있는가?

특히 정보기술의 발전은 기업의 가치사슬에 영향을 주었고, 기업의 경쟁우위 확보를 위한 새로운 전략추구에 많은 영향을 주고 있다.

인터넷의 사용 확산은 온라인 상거래를 발전시켜 왔고, 모바일 기기의 확산은 실시간 및 위치기반서비스의 등장을 가져왔다. 이처럼 새로운 기술은 기업의 가치창출과 연관성이 높으며, 비즈니스 모델 변화에도 가장 큰 영향을 미치는 요인이라 할 수 있다.

---

06 원클릭 기술: 1997년 미국 아마존사가 개발한 인터넷 접속 프로그램이다. 온라인상에서 고객이 물건받을 주소 등 개인정보를 저장해두고, 고객이 물건을 살 때마다 이 정보를 새로 입력할 필요 없이 간단하게 접속시키는 기술이다. 이를 이용할 경우 인터넷 접속속도가 매우 빨라져 대부분의 인터넷 업체가 이용하고 있다.

표 7-3 | 기업의 지원 및 본원적 활동[6]

구분					
지원활동	(정보시스템기술 · 기획예산기술 · 사무기술)				기업하부
	(훈련기술 · 동기부여기술 · 정보시스템기술)				인적자원관리
	(제품기술 · 소프트웨어 개발기술 · CAD기술 · 정보시스템기술 · 공장운영기술)				기술개발
	(정보시스템기술 · 통신시스템기술 · 운송시스템기술)				조달활동
본원적 활동	물류투입활동	운영활동	물류산출활동	마케팅 및 판매활동	서비스활동
	• 운송기술 • 자재관리기술 • 포장기술 • 통신시스템 기술 • 정보시스템 기술	• 기초적 공정 기술 • 자재기술 • 기계, 도구 기술 • 자재관리기술 • 포장기술 • 시설유지기술 • 테스트기술 • 설계작업기술 • 정보시스템 기술	• 운송기술 • 자재관리기술 • 포장기술 • 통신시스템 기술 • 정보시스템 기술	• 미디어기술 • 오디오와 비디오 레코딩 기술 • 통신시스템 기술 • 정보시스템 기술	• 진단 및 시험 기술 • 통신시스템 기술 • 정보시스템 기술

유통업계의 비즈니스 모델 변화[7]

유통업계의 변화

유통매장에서 물건을 파는 점포를 오프라인 매장이라 하며, 전자상거래의 수단을 온라인, 스마트폰을 이용한 구매와 결제수단을 모바일이라 한다. 요즘 다양한 상품과 종류, 기능, 용도 중에서 자신에게 적합한 것을 선택하는 것은 쉽지가 않다. 그래서 한국의 소비는 10인 10색의 소비자지향으로, 개성화 · 차별화 · 다양화 · 맞춤형의 사회로 변해가는 중이다.

한국의 유통시장은 2014년 기준으로 대형마트가 44조 원을 정점으로 줄어들기 시작하였고 백화점도 34조 원의 시장규모에서 줄어들기 시작하였다. 이에 비해 전자상거래시장은 45조 원 규모에 해외 직접구매(직구)시장은 1.5조 원으로 매년 늘어날 것으로 예상된다.

제조업체가 생산하는 상품은 이미 대량생산, 대량소비 시대에서 다품종, 소량, 다빈도, 고출하의 흐름으로 변화하였으며, 소비자가 원하는 상품을 적재적소에서 배송하는 시대가 되었다. 이미 제조업체는 다양한 상품의 생산라인에서 국내외로 상품 종류별로 생산라인을 구분하여 보유하고, 해외에서는 현지화전략을 꾸준히 진행 중에 있다. 또한 대형마트와 백화점 매장을 가보면 상품이 넘쳐나고 있다. 판매부진이 지속되면서 부동재고에다 과잉재고가 늘어나게 되어 1+1, 2+1 등 묶음판매와 같은 판촉행사를 통해 제조업으로부터 발주한 상품을 소진하는 시대에 현재 와있다.

우리나라 유통매장에 가보면 브랜드상품(NB: National Brand)에서 다점포화의 강점을 활용하여 소비자 니즈에 맞춰 유통기업이 발굴하여 판매한 PB(Private Brand)상품이 다양해진 것을 볼 수 있다. 소비자는 상품을 구매할 때 사용빈도가 높은 상품 중에서 생수, 휴지, 기타 상온상품은 매장을 방문해 구매하기보다는 적정한 타이밍에 발주한 상품을 재배송해주기를 원하는 시대로 전환되고 있다.

제조업의 생산라인에서 만든 상품은 유통채널을 줄이는 만큼 상품가격은 저렴해질 것이고, 재고부담의 리스크와 반품 문제의 어려움은 줄어들게 되었다. 이런 상황에서 O2O[07]업체인 쿠팡은 구매빈도가 높은 상품을 중심으로 2시간 안에 배송한다는 로켓배송을 시작하였고, 티몬은 묶음배송을 추진하였으며, 이베이코리아의 옥션과 G마켓은 스마트배송을 제공하겠다고 나서며, 고객접점에 가까운 배송의 중요성을 강조하기 시작하였다.

'쿠팡'과 '롯데마트'

Kiva Robot

여기에 오프라인의 다점포화를 구축해온 유통기업 이마트도 수도권에 가까운 곳에 입점해 배송하는 당일과 시간대 배송을 추진하였고, 롯데마트도 강남 중심가 여러 점포에서 주문받은 것을 빠르게 배송하고 있다. 이렇게 하다 보니 온·오프라인, 소셜사이트, 오픈마켓 등에서 스피드배송은 대한민국에서 당연한 것으로 여기고 있다.

아마존은 글로벌 14개국 이상에 80조 원 이상의 매출액을 올리고 있고 프라임배송, 키바

07 O2O사업: 온라인과 오프라인을 유기적으로 연결해서 온라인의 잠재고객을 오프라인 매장으로 유도하는 사업모델

로봇(Kiva Robot[08]), 후레쉬(Fresh)차량[09] 등으로 알려지고 있는데 대형물류센터에 최대의 SKU(Stock Keeping Unit)[10]를 재고해서 고객 주문 시에 계약된 배송거래처에 의해 빠른 배송을 지원하고 있다. 일본에는 2000년대 초에 진출하여 일본인구 1억 2,780만 명 중에 5,000만 명의 회원수를 보유하고 있으며 전국에 약 13개의 대형물류거점을 확보하고 배송물류는 일본 택배 넘버원의 야마토택배를 사용하고 있다.

2) e-비즈니스 모델

e-비즈니스 모델

e-비즈니스는 거래의 주체와 판매 형태에 따라 다음과 같은 모델로 구분할 수 있다.

■ B2B

B2B(Business to Business)는 인터넷상에서 기업 간의 거래활동을 하는 비즈니스 모델이다. 기업(business)과 기업(business)이 거래주체가 되어 상호 간에 전자거래를 하는 것을 말한다.

초기에는 주로 부품이나 기계, 원료, 소재 등 산업재를 중심으로 거래하다가 현재는 제조와 유통, 서비스 등을 포함하여 기업이 제공하는 모든 물품과 서비스까지 포괄하는 개념으로 확대되었다. 거래도 지속적으로 증가하여, 2012년 한국의 전자상거래 총액(1,144조 6,890억 원)의 91.8%(1,050조 9,850억 원)를 B2B 거래가 차지하였다. 이는 2001년의 108조 9,410억 원에 비하여 10개 가까이 늘어난 액수이다.

■ B2C

B2C(Business to Consumer)는 온라인에서 기업이 소비자에게 직접 제품이나 서비스를 판매하는 모든 비즈니스 모델에 해당된다. 일반적인 인터넷 의류 쇼핑몰이나, 대형마트에서 직접 마트에 가지 않고 온라인을 통해 물품을 구입하는 서비스를 제공하는 비즈니스 모델이

08 Kiva Robot: 아마존 물류센터에 설치되어 있는 로봇시스템으로 사람 대신에 많은 일을 처리함.
09 Fresh Car: 금연차량으로 차량상태가 좋은 차량
10 SKU(Stock Keeping Unit): 재고관리를 의미하며, 개별적 상품에 대해 재고관리 목적으로 추적이 용이하도록 하기 위해 사용된 식별관리코드를 말함.

그림 7-3 ◎ B2C의 운영방식

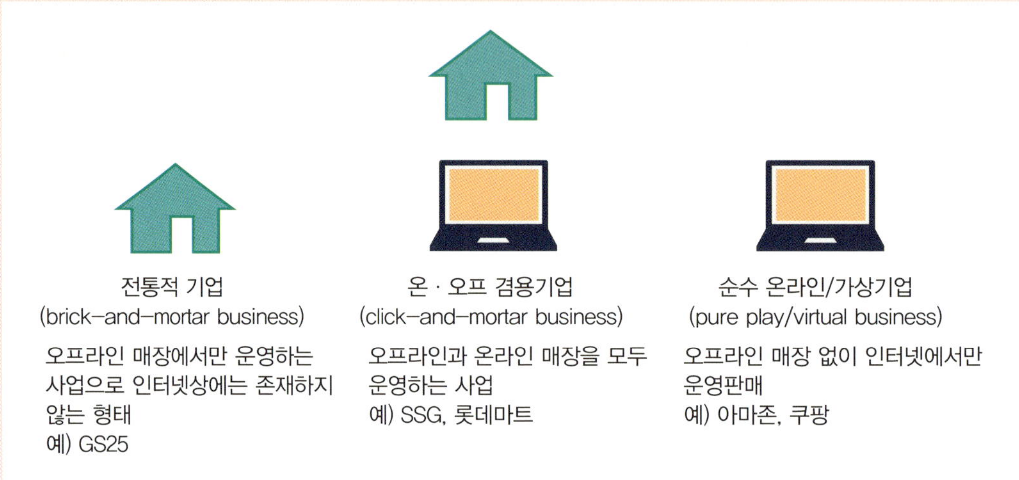

여기에 해당한다. B2C의 운영방식에는 전통적(brick-and-mortar), 온오프 겸용(click-and-mortar), 순수 온라인/가상기업(pure play)의 세 가지의 형태가 있다.

■ C2B

C2B(Customer to Business)는 온라인에서 소비자가 기업을 상대로 상품이나 서비스를 판매하는 경우이다. 이런 사업의 예로 '중고의 발견(jungomoney.com)'을 들 수 있다. 스마트폰 애플리케이션의 GPS를 통해 현재 위치 주변의 중고전자 제품매입업체들의 정보를 알 수 있고, 견적과 매입신청을 할 수 있는 서비스를 제공해준다.

■ C2C

C2C(Customer to Customer)는 인터넷상에서 소비자와 소비자 간의 상품과 서비스를 매매하는 경우를 말한다. C2C의 좋은 예로는 경매와 중고거래사이트를 들 수 있다. 경매 비즈니스 모델로는 전 세계적으로 유명한 이베이(eBay)가 있고 국내에선 옥션(Auction)이 있다. 아울러 중고거래사이트로는 네이버 카페의 '중고나라'와 인터넷 중고서점 '알라딘'이 있다.

그림 7-4 ◎ e-비즈니스 모델

e-비즈니스 모델	비즈니스 주요 형태
B2B	인터넷상에서 기업 서로 간의 판매, 구매활동을 말함
B2C	인터넷상에서 기업이 소비자에게 상품과 서비스를 파는 것을 말함
C2B	인터넷상에서 소비자(개인)가 기업에게 상품이나 서비스를 파는 것을 말함
C2C	인터넷상에서 소비자 간에 직접 거래하는 것을 말함

	기업	소비자
기업	B2B	B2C
소비자	C2B	C2C

e-비즈니스 유형

e-비즈니스 모델은 크게 4가지 유형으로 구분할 수 있지만, 기존의 오프라인산업과는 다른 새로운 비즈니스 모델이 지속적으로 개발되고 있다. 기존의 비즈니스 모델에서는 제품을 생산하고 유통 · 판매하는 것이 일반적인 비즈니스의 형태였다면 e-비즈니스에서는 유통과 마진과정이 사라지고 생산자와 소비자가 직접적인 거래가 이루어지는 비즈니스 형태가 이루어질 수 있다. 그렇기 때문에 e-비즈니스는 기존의 유통과정이 사라지는 **중계인 제거**라는 비즈니스 모델의 특성을 갖는다.

비즈니스의 형태가 다각화되면서 e-비즈니스만의 새로운 중계모델이 생겨나기도 한다. 과거 여행사를 통해 해외여행상품을 구매하던 소비자는 더 이상 여행사를 통하지 않고 인터넷을 통해 호텔과 항공사 사이트에서 직접 예약할 수 있게 되었다. 이것은 중계인 없이 전자거래하는 것을 의미한다. 하지만 소비자가 어떤 항공사의 항공편이 저렴하고 빈 좌석이 있는지 여러 항공사를 비교하고자 할 때는 항공예약전문사이트를 통해서 항공권을 확인할 것이다. 이것은 e-비즈니스에서 새로운 중계모델이 생겨난 예라고 할 수 있다. 이처럼 e-비즈니스는 지속적으로 새로운 비즈니스 모델을 창출하고 있으므로 기업에게는 새로운 도전을 할 수 있는 기회를 제공하고 있다.

표 7-5 | e-비즈니스 형태

모델	설명	예
온라인 소매	인터넷상에서 제품을 판매하는 소매업체	아마존, eBay
온 · 오프 병행소매	오프라인 상점과 온라인 사이트를 병행하여 제품판매	SSG닷컴, 롯데쇼핑
오픈마켓	개인 또는 소규모 업체가 온라인상에서 직접 상품을 등록해 판매할 수 있도록 한 전자상거래사이트	11번가, G마켓, 옥션
거래중개	웹상에서 판매자와 구매자의 거래에 중개서비스를 제공	세이프유, 아이템베이, 에스크로우,[11] 페이팔[12]
검색 에이전트	인터넷에서 유용한 정보를 검색하거나 추출하는 데 사용되는 프로그램	구글, 바이두, Bing
콘텐츠 제공	동영상, 뉴스, 사진, 음악 등의 디지털 콘텐츠를 유 · 무상으로 제공함으로써 수익을 창출	멜론, 넥플릭스, 유튜브, 다음팟
포털	엔터테인먼트, 주식, 스포츠 등과 같이 특성화된 갖가지 콘텐츠들을 일목요연하게 정리하여 사용자가 서비스를 제공받을 수 있도록 중앙 웹사이트를 운영	네이버, 다음, 네이트
SNS	관심이나 활동을 공유하는 사람들 사이의 교호적 관계망이나 교호적 관계를 구축해주고 보여주는 온라인서비스 또는 플랫폼	페이스북, 트위터, 인스타그램[13]
소셜커머스	일종의 할인쿠폰 공동구매 웹사이트로서, 소셜네트워크서비스를 통하여 이루어지는 전자상거래를 지칭	그루폰, 쿠팡, 티몬, 쿠차, 위메프

3. 관광 e-비즈니스

1) e-비즈니스와 관광산업의 변화

인터넷의 확산과 관광산업

정보통신기술의 발달은 e-비즈니스의 활성화를 가져왔고 이는 관광산업에 있어서도 새로

11 에스크로우(Escrow): 구매자와 판매자 간 신용관계가 불확실할 때 제3자가 상거래가 원활히 이루어질 수 있도록 중계하는 매매보호서비스 업체

12 페이팔(Paypal): 전 세계적으로 사용되는 온라인 전자결제시스템을 제공하는 미국기업. 미국 최대 오픈마켓 이베이의 결제시스템으로 결제에 사용할 신용카드로 본인 인증하고 이메일 계정을 만들면 결제 시마다 이메일 계정과 비밀번호만 입력하면 된다.

13 인스타그램: 사진 및 동영상을 공유할 수 있는 소셜미디어 플랫폼

운 관광 비즈니스 모델을 만들어내며 새로운 관광 트렌드를 형성하게 되었다. 인터넷의 대중화 이후 인터넷을 이용한 여행인구는 2014년까지 지속적으로 증가해왔으며, 2015년부터는 가족/친지와 기사/방송프로그램의 추천을 참고하는 비율이 높아짐으로 인해 최근에는 인터넷 이용 여행인구 비율이 소폭 감소하였다. 그에 대한 수치는 아래 표와 같이 나타났다.

표 7-6 | 온라인 예약 관광 가족여행 수치

(단위: %)

	관광여행	숙박여행	당일여행
2012년	9.3	11.7	7.3
2013년	8.7	10.6	7.2
2014년	10.0	13.1	7.5
2015년	7.9	11.2	5.3
2016년	8.2	10.7	5.9

표 7-7 | 온라인 예약 관광 개인여행 수치[8)]

(단위: %)

	관광여행	숙박여행	당일여행
2012년	3.7	5.5	2.7
2013년	4.1	8.0	2.0
2014년	5.5	10.1	2.8
2015년	4.0	7.0	2.4
2016년	3.5	6.6	2.0

관광상품은 상호 보완적인 특성을 가지고 있고 관광지, 숙박, 교통, 식음료, 축제 등의 상품이 서로 연계성을 갖고 있기 때문에 정보시스템을 통한 통합적 관리와 인터넷을 통한 실시간 정보의 흐름이 중요하다. 특히, 관광상품은 소비자가 구매하고자 하는 상품 또는 서비스와의 공간적 거리가 떨어져 있는 경우가 많기 때문에 인터넷을 활용한 정보탐색과 예약 및 구매활동이 활발히 이루어지고 있다.

대한민국에 사는 관광 소비자가 하와이여행을 계획하고 있다면 하와이에 숙소를 예약하기 위해서 인터넷을 통해 관련 검색을 한 후 예약을 할 수 있을 것이다. 이처럼 인터넷 기술은 관광산업과 개인과의 거래장벽을 해소해주고 그 편리성으로 인해 관광분야의 e-비즈니스 성장을 촉진시켜주고 있다.

관광 e-비즈니스

온라인 예약시장의 성장세에 대한 이슈는 더 이상 관광산업에 있어서 놀랄만한 일이 아니라 당연한 현상으로 받아들여지고 있다. 관광산업의 중심은 이미 오프라인에서 온라인으로 이동하고 있으며, 여행의 흐름은 패키지상품이 아닌 개별여행자(FIT) 중심으로 변화하고 있다. 그 내면에는 온라인을 통한 전자거래도 한몫 하고 있다.

e-비즈니스의 성장으로 온라인여행사(OTA: Online Travel Agency)가 성장하고 있으며, 소셜커머스, 모바일 예약앱과 같은 관광부문에 새로운 e-비즈니스 모델들이 속속 시장에 등장하고 있다.

오프라인으로 호텔 객실을 예약한 고객이 예약을 취소하려면 호텔에 전화를 걸어서 직접

그림 7-5 국내 주요 여행사 BSP[9]순위

1~30위 여행사 발권실적

(단위: 억원)

순위	여행사명	2017	2016	17 vs16
1	하나투어	7,120	6,093	17%
2	인터파크투어	5,721	5,624	2%
3	모두투어 네트워크	4,652	3,363	38%
4	노랑풍선	2,808	1,681	67%
5	온라인투어	2,003	1,861	8%
6	세중	1,856	1,807	3%
7	타이드스퀘어	1,819	982	85%
8	레드캡투어	1,561	1,381	13%
9	참좋은레저	1,208	818	48%
10	클럽로뎀	1,175	751	56%
11	롯데제이티비	892	377	137%
12	KRT	839	570	47%
13	롯데관광개발	803	557	44%
14	탑항공	741	1,030	-28%
15	현대드림투어	736	781	-6%

BSP(Billing and Settlement Plan): 국제항공운송협회(IATA)에서 시행하는 항공여객판매대금 정산제도로서 항공사와 대리점(여행사) 간의 거래에서 발생하는 국제선 항공 여객운임을 다자간 개별적으로 직접 결제하는 방식 대신 정산은행을 통하여 일괄정산하는 것을 말한다.
[네이버 지식백과] BSP(한경 경제용어사전, 한국경제신문/한경닷컴)

취소의 과정을 거쳐야 하지만, 온라인 예약시스템은 간편하게 한 번의 클릭만으로도 취소가 가능하다. 또한, 스마트폰의 확산으로 모바일 예약서비스가 증가하고 있어서 이 같은 절차는 보다 쉽고 빠르게 처리가 가능해졌다.

2) 관광 e-비즈니스 사례

AirBnB

AirBnB의 비즈니스 모델[10)]

AirBnB는 이용자들에게 목적지 지역의 개인 집에 빈 방을 빌려주거나 목적지 지역의 빌려줄 빈방을 찾을 수 있게끔 연결해주는 온라인 민박사이트이다.

2008년에 설립했으며 미국 샌프란시스코에 본부를 두고 있다. 숙박시설을 이용하는 관광객을 대상으로 장소, 시간, 집 형태의 제한 없는 숙박시설의 정보를 제공하고 있으며, 전 세계 홈스테이, 민박에 대한 공급자의 정보를 제공하고 있다. 또한 소비자의 의견을 토대로 숙박시설에 대한 등급을 책정하여 선택에 도움을 준다. 'Facebook', 'Google+', 'Twitter', 'Linkedin', 'Pinterest', 'Youtube'를 통한 실시간 연계로 후기 및 정보공유를 하고 호스트와 게스트 간의 신뢰성을 구축하고 있다.

보통 AirBnB는 웹사이트를 통해 숙박시설에 대한 정보 및 예약시스템을 제공하며 모바일로도 실시간으로 정보습득이 가능하다.

AirBnB의 효과는 지역으로 관광객을 유도하면서 지역상점, 지역식당, 카페 등의 수익증가에 긍정적인 영향을 주었고 지방관광 활성화를 위한 새로운 플랫폼으로 발전이 가능하며 지역의 부족한 관광 인프라를 어느 정도 충족이 가능하다.

하지만 뉴욕시는 AirBnB에 등록된 아파트가 호텔처럼 운영되고 있음을 발견하고 벌금을 부과하였다. 호텔체인점은 사업운영에 대한 세금과 비용을 지불하지만 AirBnB는 세금을 지불하지 않고 사업 등록을 하지 않아도 된다는 점에서 이를 악용하는 사례가 빈번하다.

이에 따라 서비스 발전을 위해서 정책적 제도 개선 및 구축이 필요하며 이와 같은 한계점이 있다. 참고로 1년 중에 AirBnB는 기존 민박업과 형평성을 고려해 연 120일까지 영업을 제한했다. 향후 iBeacon[14] 기술을 이용하여 숙박의 편의성을 증대하기 위한 체제를 구축할 예정이다.

WishBeen[11]

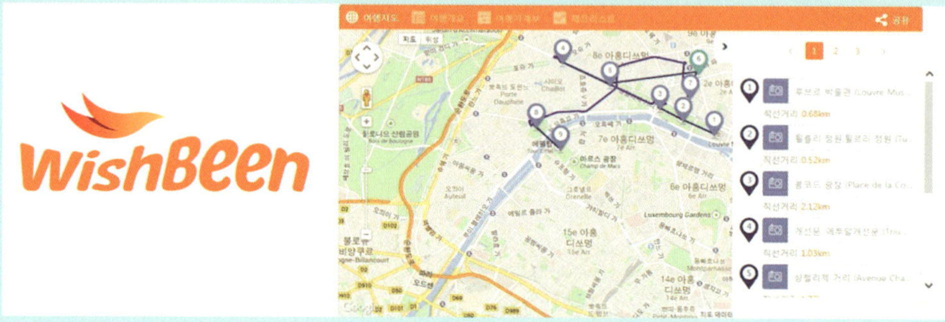

WishBeen

여행자들은 자유여행을 위해 수많은 검색을 통해 정보를 찾는다. 하지만 모든 정보가 글과 사진뿐인 블로그가 많기에 실제 사용하기에는 많은 가공이 필요하다. 최근 새롭게 등장한 '위시빈(WishBeen, www.wishbeen.co.kr)'은 그 지역의 여행을 다녀온 사람들의 경험과 일정을 받아 자신의 스타일에 맞게 수정해 사용할 수 있는 국내 최초 '여행일정 공유서비스'이다.

예를 들어, 인기 여행프로그램인 '꽃보다 할배'의 스페인 여행일정이 궁금하다면 위시빈에서 바로 확인하고 내가 원하는 일정으로 편집할 수 있다. 자유여행자들은 여행정보수집에 걸리던 시간을 단축하고, 다녀온 뒤에는 모든 여행기록을 보관할 수 있다.

그동안 여행일정은 엑셀과 같은 문서도구로 표를 만들어 정리해야 했기 때문에 모든 정보가 텍스트 중심의 정보에 지나지 않았다. 그런데 위시빈은 엑셀의 편의성과 함께 여행루트, 교통정보를 한번에 추가할 수 있는 입체적인 여행 플래닝 툴을 제공하고, 누구나 사용 또는 재수정할 수 있게 한 것이다.

위시빈을 통해 여행자는 여행지에서 보낼 하루의 시간을 합리적으로 계획할 수 있다. 예를 들어 파리를 가고 싶은 여행자가 에펠탑, 루브르박물관 같은 명소를 일정표에 자유롭게 드래그(drag)하면 일별 여행동선, 교통정보, 명소별 이용시간 등 통합정보가 자동으로 제공된다. 또한 명소에서 지출할 비용을 입력하면 전체 여행예산을 카테고리별로 나누어 분석해주고, 전 세계 모든 통화로 변경하여 확인할 수도 있다.

특히 위시빈의 실시간 교통정보는 구글과 연동되어 전 세계를 커버한다는 것이 강점이다. 예를 들어 평일과 일요일의 버스시간이 달라지는 것까지 인식하여 정보를 제공해주는 것이다. 이렇게 만들어진 일정을 원저작자(author)가 공개하면 다른 독자들은 이를 자신의 일정에 맞게 수정(customizing)해서 사용할 수 있다. 원저작자의 공유와 참여자들의 집단지성을 통해 정보가 계속 진화하는 구조이다.

---

14 iBeacon(비콘): 블루투스 4.0 프로토콜 기반의 근거리 무선통신장치. 최대 70m 이내 장치들과 교신이 가능하고, 5~10cm 단위의 구별이 가능할 정도로 정확성이 높고, 저전력 기기의 연결이 필요한 사물인터넷(IoT)에 많이 사용

여행일정을 다 만들면 강력한 여행에 관한 모든 정보가 담긴 임베드 지도(embed map)가 자동으로 생성되는데 사용자는 이를 유튜브(Youtube) 동영상처럼 웹 공간 어디에나 자유롭게 추가할 수 있다.

Expedia

Expedia[12]

익스피디아는 미국의 인터넷 글로벌 여행기업이다. 주로 호텔 · 항공권 등 여행에 관한 온라인 예약 처리, 웹사이트 및 응용프로그램을 운영한다. 익스피디아는 워싱턴주 벨뷰에 본사를 둔 온라인 여행 에이전시(OTA: Online Travel Agency)이며, 웹사이트 익스피디아의 운영뿐만 아니라 세계 각지에서 사업을 전개하는 여러 개의 기업을 총괄하고 있다.

익스피디아는 풍부한 선택지를 제공하며 세계 3만 도시, 275,000개의 국내외 인기호텔, 에어아시아와의 제휴로 취향에 맞는 에어텔을 예약할 수 있게 도와준다. 모든 호텔은 최저가격을 보장하며 언제나 쉽고 간편한 예약이 가능하도록 모바일과 웹사이트에서 서비스를 제공하고 있다. 또한 최저가격 보상제도를 실시하여 타사보다 비싼 경우 차액의 두 배, 최대 110,000원까지 환불하는 제도를 실시하고 있으며 세계 동일가격이기 때문에 한국 특유의 휴가인 설연휴, 여름휴가 시즌에도 가격을 상승시키지 않는 균일가격제를 시행하고 있다.

학·습·내·용·정·리

1. e-비즈니스의 등장은 비즈니스의 환경을 온라인이라는 새로운 환경 속으로 패러다임의 전환을 가져왔고, 기존 오프라인시장에서 이루어질 수 없었던 혁신적인 비즈니스 모델이 등장하게 되는 계기를 만들었다.

2. 롱테일(long tail)은 다품종 소량생산된 비주류 상품이 대중적인 주류 상품을 밀어내고 시장점유율을 높여가는 현상을 말한다.

3. 비즈니스 모델이란 기업이 제품이나 서비스를 어떻게 생산하고 어떻게 판매하고 어떻게 홍보하는지에 대한 경영 전반의 형태를 말한다.

4. 기업이 비즈니스 모델의 변화를 고려해야 할 상황은 다음과 같다.
   - 동종산업 내에 혁신적인 비즈니스 모델을 도입할 경쟁기업이 생겼는가?
   - 현재 우리 기업의 수익구조가 원활하게 유지되는가?
   - 새로운 기술의 변화에 우리 기업의 시스템이 뒤처지지는 않는가?
   - 현재 우리 기업의 핵심우위가 지속될 수 있는가?

5. 비즈니스의 형태가 다각화되면서 e-비즈니스만의 새로운 중계모델이 생겨나기도 한다. 과거 여행사를 통해 해외여행상품을 구매하던 소비자는 더 이상 여행사를 통하지 않고 인터넷을 통해 호텔과 항공사에서 직접적으로 예약을 할 수 있게 되었다. 이처럼 e-비즈니스는 지속적으로 새로운 비즈니스 모델을 창출하고 있으므로 기업에서 새로운 도전의 기회를 제공하고 있다.

6. 정보통신기술의 발달은 e-비즈니스의 활성화를 가져왔고 이는 관광산업에 있어서도 새로운 관광 비즈니스 모델을 만들어내고 새로운 관광 트렌드를 형성하게 되었다.

7. 관광산업의 중심은 이미 오프라인에서 온라인으로 이동하고 있으며, 여행의 흐름은 패키지상품이 아닌 개별여행자(FIT) 중심으로 변화하고 있다. 그 내면에는 온라인을 통한 전자거래도 한몫 하고 있다.

학·습·문·제

01 e-비즈니스의 정의에 대해 설명해보자.

02 e-비즈니스 장점과 단점에 대해 논의해보자.

03 긴꼬리전략에 대해 설명해보자.

04 4가지 주요 e-비즈니스 모델에 대해 논의해보자.

05 e-비즈니스가 관광산업에 미치는 영향에 대해 논의해보자.

06 O2O를 관광부문에 이용한 비즈니스 모델 기업을 조사해보자.

07 관광분야의 주요한 e-비즈니스 모델 사례를 3가지를 찾아서 논의해보자.

■ 참고자료 ■

1) 황형규(2010), 5년간 주가수익률 912%… 프라이스라인닷컴 성공비결, 매일경제, 2010.11.16.

2) http://oosim.tistory.com/97

3) NETFLIX(https://www.netflix.com)

4) 강준만(2012), 교양영어사전1, 인물과 사상사, 2012.10.22.

5) https://timnovate.wordpress.com/2013/09/10/the-world-is-pareto-not-bell-curve

6) 김민식 · 이은민(2010) 저자 재구성

7) 윤성민(2009), 소득 3만 달러 시대 온다… 유통 패러다임을 바꿔라, 한국경제, 2009.10.14.
조철휘(2015), 속도와 경쟁 속에 가치형 물류 구축하자, 물류신문, 2015.8.31.
쿠팡(https://www.coupang.com)
롯데마트(www.lottemart.com)
비즈니스 인사이더(http://www.businessinsider.com)

8) 한국문화관광연구원(2017), 2016 국민여행 실태조사, 문화체육관광부

9) 손민지(2017), [BSP 특집] 상반기 월별 발권액 평균 9,200여억 원 돌파, 세계여행신문, 2017.7.21.

10) AirB&B(https://www.airbnb.co.kr)
http://bmtoolbox.net/stories/airbnb

11) beSUCCESS(2014), 여행을 공유하는 가장 쉬운 방법, beSUCCESS, 2014.3.19.
위시빈(https://www.wishbeen.co.kr)

12) 익스피디아(https://www.expedia.co.kr)
Baltzan(2012), 비즈니스경영정보시스템, 생능출판사
NikkiHolly(2011), Web 1.0 vs Web 2.0 vs Web 3.0 vs Web 4.0 vs Web 5.0 – A bird's eye on the evolution and definition, Flat World Business, 2011.3.2.

CHAPTER 08

클라우드 컴퓨팅

학습목표

- 클라우드 컴퓨팅의 중요성에 대해 이해한다.
- 클라우드 컴퓨팅의 발전방향에 대해 공부한다.
- 관광분야의 클라우드 컴퓨팅의 대표적인 사례를 찾아서 공부한다.
- 문화분야의 클라우드 컴퓨팅의 대표적인 사례를 찾아서 공부한다.
- 클라우드 컴퓨팅의 몇 가지 종류들에 대해 찾아서 공부한다.
- 클라우드 컴퓨팅의 대표적인 기업들의 성공사례와 실패사례를 찾아서 공부한다.
- 클라우드 컴퓨팅의 가장 대표적인 약점에 대해 공부한다.

AWS & 에어비앤비 – Everything as a Service[1)]

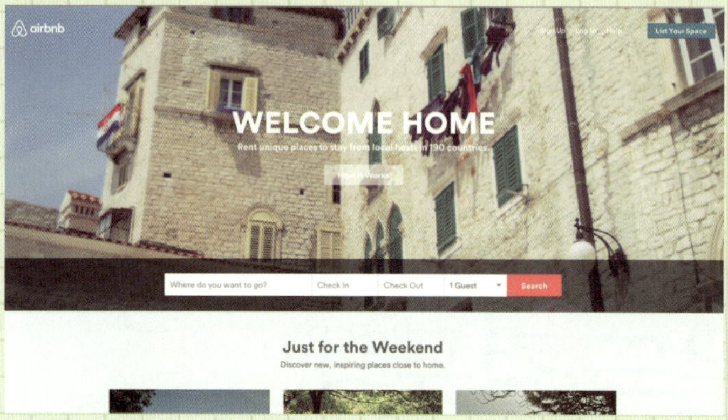

에어비앤비는 2008년 8월 샌프란시스코에서 창립된 숙박공유 플랫폼 스타트업이다. 본사는 캘리포니아주 샌프란시스코에 있으며, 2016년을 기준으로, 에어비앤비는 현재 191개국 34,000개 도시에서 200만 개의 숙박공간을 활용하여 서비스를 제공하고 있으며, 누적 이용객수는 8,000만 명을 넘어섰다. 서비스의 특성상 관광객이 많고 임대료가 높은 파리, 뉴욕 등의 세계의 주요 대도시를 중심으로 인기를 끌고 있다.

에어비앤비가 왜 클라우드를 사용하는지에 대해서는 다음과 같이 설명할 수 있다. "We have a 5 person operations team," 에어비앤비라는 거대한 기업을 운영함에 있어서 운영팀을 5명만으로 꾸리고 있다. 5명보다는 인원이 증가하였을지 모르지만, 그만큼 클라우드가 기존자원을 최대한 활용할 수 있도록 지원할 수 있으며, 핵심사업에 기타 인력들을 투입시킬 수 있기 때문이다. 구글 클라우드를 사용하는 에어비앤비는 Four Seasons, IHG(인터콘테넨탈계열), 캠핑스키(Kempinski) 등의 호텔그룹들도 클라우드시스템을 활용하고 있다.

클라우드시스템을 활용하면 당사에 서버를 전부 구축하고 운영하는 것에 비하여, 낭비되는 부분을 확실히 감소시킬 수 있다. 여기서 '낭비'란 말은 '고객가치에 직접적으로 영향을 주지 않는 노력'이라고 말할 수 있다. 위에서도 언급하였듯이, 기존의 70%를 차지하였던 운영인력들을 AWS Cloud-Based Infrastructure를 도입함으로써 30% 수준으로 줄일 수 있었으며, 그 외 70%는 고객가치와 연관되는 기업의 핵심 비즈니스에 집중할 수 있게 되었다.

클라우드 컴퓨팅서비스 – 예상밖 환경 변화도 클라우드로 대응[2)]

클라우드 컴퓨팅을 설명하려면 간략하게 IT 흐름을 되짚어 볼 필요가 있다. 1960년대 IT가 태동될 때만 해도 엔터프라이즈[01] 환경이었다. 이 환경에서는 소수의 IT 전문가들이 내부에 시스템을 구축하고 클라이언트 서버 구조로 일부 허용된 사람들만 접속할 수 있었다. 은행이 그런 경우다. 중앙에 시스템이 있고 이 시스템에 접속하기 위해서는 창구에 있는 단

01 엔터프라이즈: 대규모의 IT시스템

말기로만 가능했다. 1970년대를 지나 웹의 개념이 들어오면서 일대 혁명을 맞이한다. 모든 서비스는 웹 기반으로 바뀌고 전문적인 부분이 일반적인 환경으로 내려오면서 많은 사람들이 인터넷을 통해 다양한 정보를 공유할 수 있게 된다. 그러면서 웹의 표준, 웹의 통합 개념이 생겨났다.

클라우드가 대세가 되면서 시스템을 구축하는 사람들의 입장에서 보면 과거 일부 전문화된 기업들만 사용하던 것을 웹 교환방식을 통해 많은 고객이 시스템을 구축할 수 있게 된 것이다.

■ 클라우드 컴퓨팅과 관광산업

여행은 크게 세 가지 단계로 이루어진다. 여행정보를 수집하고 일정을 짜는 준비단계, 실제 여행을 하는 단계, 그리고 여행 후 후기를 올리고 공유하는 마무리단계로 구분할 수 있다. 이런 과정 과정마다 모바일, SNS, 클라우드 컴퓨팅 시대를 맞아 일대 혁명이 일고 있다.

관광공사의 '여행실태 조사보고'에 따르면 2005년까지는 여행사를 통해 정보를 얻는 사람이 가장 많았고 관광서적, 인터넷을 통해 정보를 얻는 사람들은 소수였지만 2007년부터 인터넷을 통해 정보를 얻는 사람이 눈에 띄게 증가했다. 이것이 트렌드다. 포털사이트를 통해 검색한 뉴스기사나 커뮤니티나 블로그 등이 새로운 정보 창구가 된 것이다.

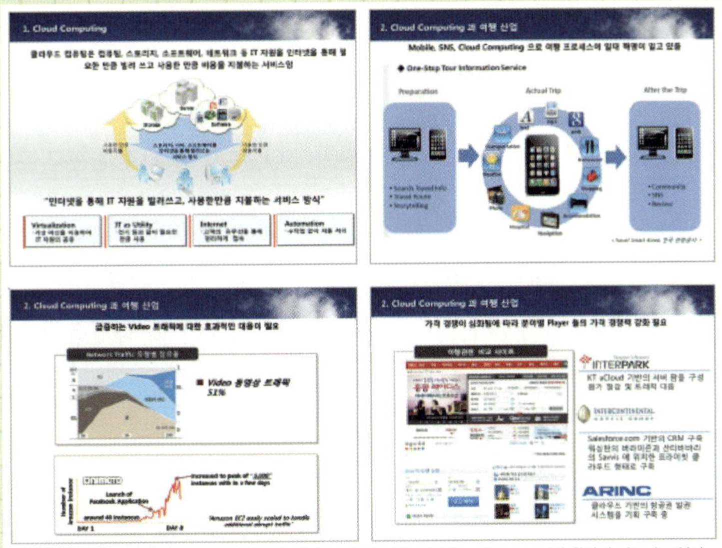

관광산업에서도 가격경쟁력과 시스템의 유연성을 높이기 위한 클라우드 컴퓨팅 도입이 활발히 검토되고 있다.

이에 맞춰 관광업계에서도 다방면으로 발 빠른 대처를 준비 중인데 성공적으로 자리잡은 케이스가 델타항공사다. 델타항공은 항공권 예약, 항공기 소개, 서비스 루트 소개 등을 모두 페이스북을 이용하고 있다. 단순히 고객과의 커뮤니케이션 채널을 넘어 예약, 검색까지 진행하고 있다. 국내에서는 트위터나 블로그를 통한 마케팅 정도가 눈에 띈다. 몇 년 전과 달라진 것이 있다면 모바일을 통해 후기를 남기는 이용객이 급증하고 있다는 것. 실제로 모바일 트래픽은 매년 3.5배 정도 증가하는 추세다.

최근에는 비디오 트래픽도 상당히 증가하고 있다. 기존에는 파일 간, 이미지 간의 트래픽이 대부분이었다. 작년부터 동영상을 올리는 사람들이 늘고 있으며 현재 발생하는 트래픽의 절반이 동영상 트래픽이다. 최근 여행사 혹은 항공사 사이트에서도 동영상이 많이 올라오는 것을 확인할 수 있다. 동영상은 서버 파워가 많이 필요하지만 여행지에 대해 가장 생생하게 보여줄 수 있는 방법이기 때문에 선택하는 이가 많아졌기 때문이다.

따라서 단순히 앱의 개발로 끝나는 것이 아니라 모바일 환경 안에 있는 콘텐츠는 이미지를 내포하고 있어야 하고 이렇게 많은 콘텐츠를 확보하기 위해 클라우드 컴퓨팅이 절실하게 된 것이다. 관광부문에서 가격경쟁이 심화되고 있고, 콘도나 민박, 펜션까지 가격을 모두 비교해주는 실시간 검색 사이트는 성수기인 여름에 트래픽이 급증한다. 하지만 기존의 환경으로는 순간순간 급변하는 트래픽에 일일이 대응하기가 쉽지 않다. 이런 이유들로 인하여 관광산업은 클라우드 컴퓨팅 시스템과 잘 맞는다고 할 수 있다.

■ 클라우드, 어디까지 가능할까?

여행업계에서 클라우드 컴퓨팅을 이용한 사례는 호주 퀸즈랜드에서 지상 최고의 직업을 위한 구인 이벤트였다. 퀸즈랜드는 마케팅의 일환으로 프레젠테이션 비디오를 우선 배포했다. 자체 사이트에 게재한 것이 아니라 유튜브를 이용했고, 신문과 웹에 구인광고, 그리고 트위터, 페이스북을 통해 지상 최고의 직업을 알렸고 실시간 소통을 진행하였다. 지원자들은 웹페이지에 자신이 만든 동영상을 등록해야 했다. 그 결과 방문객수 약 700만 명, 지원자는 36만 명, 1인당 올린 동영상은 평균 2.5개를 기록했다. 이런 폭발적인 지원은 클라우딩 환경이 아니고는 불가능했다. 결국 이 구인은 약 30억 명에게 홍보를 하며 성공적으로 마칠 수 있었다.

효과를 비용으로 환산하면 투자예산 170만 달러, 광고효과는 약 1억 달러 정도에 해당한다. 통신업계에서도 적은 비용으로 큰 이벤트를 잘 치룬 좋은 선례로 꼽힌다.

마지막으로 요약하면 클라우드의 장점은 본연의 업무에 집중할 수 있도록 돕는다는 것이다. 기존 인프라와 복잡한 IT 환경을 잘 알 필요도, 몇 명이나 몰려올까 예측할 필요가 없다. 그저 그 시간에 관광 콘텐츠 혹은 여행 프로그램 개발에 힘쓰면 된다.

자료: http://blog.naver.com/wisebizlab

1. 클라우드 컴퓨팅

1) 클라우드 컴퓨팅의 등장

클라우드 컴퓨팅의 정의

클라우드 컴퓨팅은 컴퓨터들을 연결하고 있는 인터넷 네트워크를 구름(cloud)처럼 표현한 것에서 유래한 IT용어이다. 클라우드 컴퓨팅은 인터넷이 연결되어 있는 상태에서 컴퓨팅 기술을 활용하는 다양한 서비스가 탄생하면서 이러한 서비스를 포괄하는 용어로 사용되기 시작하였다. 특히 네트워크 통신기술이 발전함에 따라 사용자들은 언제 어디서나 인터넷에 접속할 수 있게 되었고 이 같은 현상은 모바일 기기의 확산 이후에는 거의 일반화되어서 사용되고 있다.

클라우드 컴퓨팅은 이같이 인터넷 네트워크에 연결된 단말기를 중심으로 이루어지는 네트워크서비스라 할 수 있다. 하지만 기존의 인터넷서비스와는 차이점을 갖고 있다.

클라우드 컴퓨팅은 플랫폼, 저장공간, SW 등 컴퓨터 자원을 PC에 저장하여 사용하지 않고 인터넷 네트워크에 연결하여 온디맨드(on-demand)[02] 방식으로 이용자에게 제공하는 형태의 컴퓨팅 기술이다. 기존에는 개인이나 조직이 컴퓨터 자원을 사용하고자 하면 자신이 필요한 서버, 저장공간, SW 등을 구매해서 사용해야 했지만, 클라우드 컴퓨팅 환경에서는 서비스공급자가 공급하는 클라우드서비스를 정해진 기간만큼의 요금을 지불하고 제공받을 수 있다.

만약에 마이크로 윈도우(MS-Windows) 기반의 운영체제에서 문서작업을 한다면 우리는 그동안 MS의 오피스 소프트웨어(Word, Excel, PowerPoint)를 구입하여서 자신의 PC에 설치한 후 문서작업을 하였다. 하지만 대표적인 클라우드서비스 중 하나인 구글 독스(Google Docs)의 경우 MS 오피스 소프트웨어를 구입하여 설치하지 않아도 인터넷만 연결되어 있다면 인터넷상에서 구글 독스라는 소프트웨어에 접속하여 MS의 오피스와 같이 문서작업을 할 수 있는 서비스를 제공받을 수 있다.

---

02 온디맨드: 공급 중심이 아니라 수요가 모든 것을 결정하는 시스템이나 전략 등을 총칭하는 용어

그림 8-1 ◎ 클라우드 컴퓨팅[3]

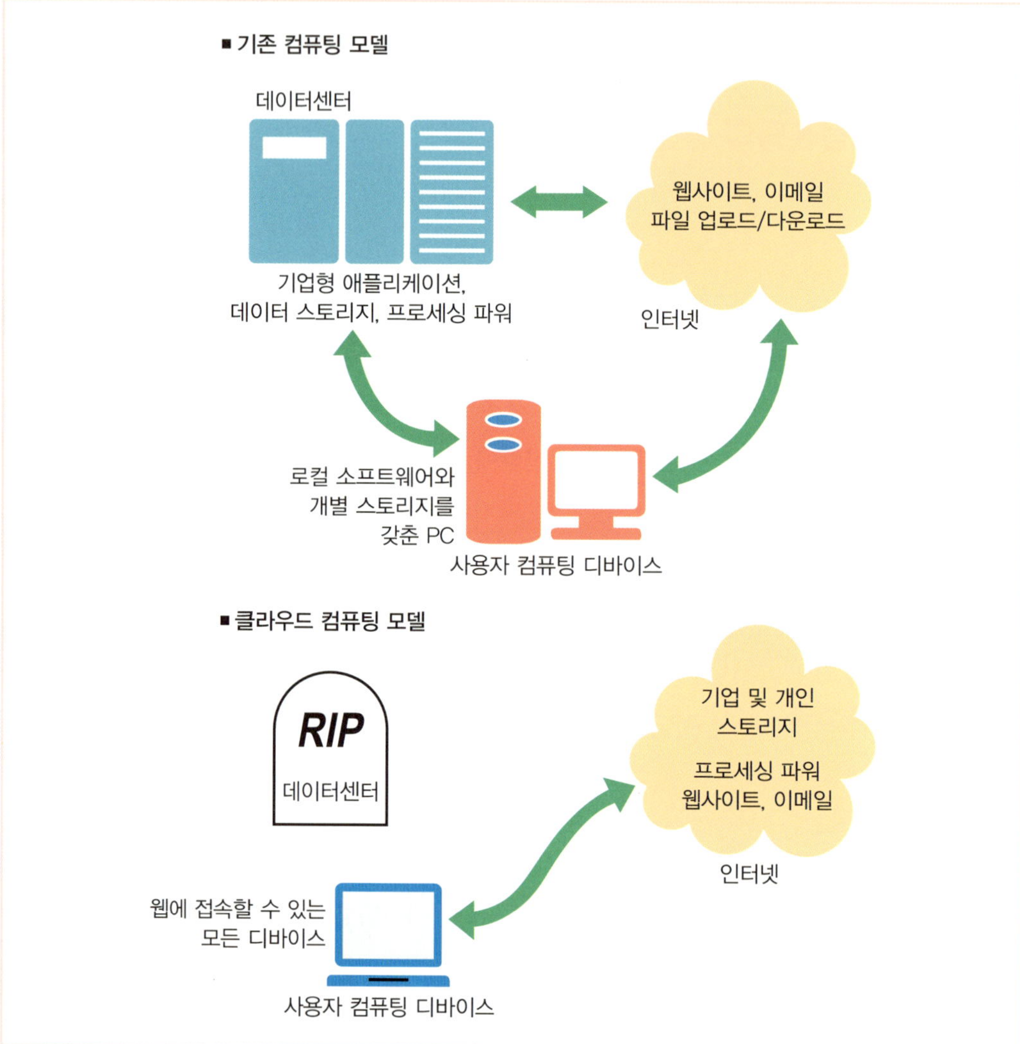

그림 8-2 ◎ Google Docs[4]

표 8-1 | 클라우드 컴퓨팅에 대한 다양한 정의[5)]

기관명	정의
Ian T. Foster	• 인터넷을 통하여 외부 고객의 요구에 따라 컴퓨팅 파워, 스토리지, 플랫폼 및 서비스를 제공하기 위해 가상화되고, 동적 확장성 및 관리가 가능하며, 규모의 경제성이 있는 대규모 분산 컴퓨팅 패러다임
Gartner	• 인터넷 기술을 활용해 많은 고객들에게 수준 높은 확장성을 가진 자원들을 서비스로 제공하는 컴퓨팅의 한 형태
Forrester Research	• 표준화된 IT 기반 기능들이 IP로 제공되고, 언제나 접근이 허용되며, 수요 변화에 따라 가변적이며, 사용량이나 광고를 기반으로 비용을 지불하고, 웹 또는 프로그램적인 인터페이스를 제공하는 형태
Wikipedia	• 인터넷으로 자원들이 제공되는 형태로 인터넷에 기반을 두고 개발하는 컴퓨터 기술의 활용을 의미함.
IBM	• 웹 기반 응용 소프트웨어를 활용해 대용량 데이터베이스를 인터넷 가상공간에서 분산 처리하고, 이 데이터를 컴퓨터나 휴대전화, 스마트폰 등 다양한 단말기에서 불러오거나 가공할 수 있게 하는 환경
Google	• 사용자 중심, 업무 중심의 수백 또는 수천 대의 컴퓨터를 연결하여 단일 컴퓨터로는 불가능한 풍부한 컴퓨팅 자원을 활용할 수 있도록 하는 기술

클라우드 컴퓨팅의 발전

클라우드 컴퓨팅이라는 용어는 구글의 엔지니어인 크리스토프 비시글리아(Cristophe Bisciglia)가 2006년에 제안한 것으로 알려져 있다. 하지만 그 개념은 1965년 컴퓨터 학자 존 맥카시(John MaCarthy)가 "컴퓨팅 환경은 공공시설을 쓰는 것과도 같은 것"이라는 개념을 제시한데에서 유래했다. 이와 같은 개념은 클라우드 컴퓨팅이 네트워크기술을 이용하여 컴퓨터자원을 공유하는 공유경제의 개념으로 발전하는 근간이 되었다고 할 수 있다. 1995년 이후 AT&T는 통신사들과의 제휴를 통해 클라우드 컴퓨팅을 구축하려는 시도를 하였다. 하지만 이 당시는 인터넷이 일반 이용자들에게 대중화되기 전이었기 때문에 이와 같은 비즈니스 모델은 성공하지 못했다.

이후 구글, 아마존과 같은 기업을 중심으로 SW 중심의 클라우드서비스가 발전하기 시작하였다. 2008년 이후 클라우드 서비스는 SW뿐만 아니라 그 영역을 플랫폼(platform), 서버 등으로 넓혔고 그 서비스 모델의 지속적인 확장을 가져왔다.

2) 클라우드 컴퓨팅의 특징

클라우드 컴퓨팅의 장점

클라우드 컴퓨팅 이용자는 컴퓨터 자원을 직접 보유하지 않고 클라우드서비스 업체로부터 제공을 받는다. 그렇기 때문에 클라우드 컴퓨팅을 이용할 경우 다음과 같은 이점을 가질 수 있다.

▪ 유지보수비용의 감소

클라우드 컴퓨팅을 사용하면 이용자가 직접 하드웨어를 관리하고 유지하는 데 드는 비용이 발생하지 않는다. 하드웨어적인 인프라는 서비스제공자가 관리하는 영역이고 이용자는 자신이 이용하는 만큼의 이용요금 외에 별도의 유지보수비용이 발생하지 않는다.

▪ 성능향상의 용이성

클라우드 컴퓨팅의 이용자는 자신이 사용하는 서비스의 성능향상이나 저장공간의 확장에 신경 쓸 필요가 없다. 이용자는 자신이 필요한 만큼의 서비스를 이용할 수 있고 유연성 있게 컴퓨터 자원을 소비할 수 있다. 또한, 기술환경의 변화에 이용자가 대처하지 않더라도 서비스제공자가 클라우드 인프라 환경을 개선하기 때문에 성능을 향상시키는 측면에서 용이하다.

▪ 장치 독립적인 기능

클라우드 컴퓨팅을 이용하기 위해서는 인터넷에 접속가능한 어떤 단말기도 상관이 없다. 만약 MS Excel로 작업한 파일을 누군가에게 전달한다면 이 작업파일을 보기 위해서는 파일 수신자 역시 MS Excel이 컴퓨터에 설치되어 있지 않으면 안 된다. 하지만 클라우드 컴퓨팅에서는 인터넷에 접속된 어떤 컴퓨터도 같은 서비스로 문서를 공유할 수 있다. 이같은 장점은 클라우드 컴퓨팅이 협업에 뛰어난 성과를 보여주는 특징이라 할 수 있다.

▪ 정보보호

클라우드 컴퓨터에 저장된 정보는 서비스제공업체가 관리하는 서버에서 보호되고 저장이 된다. 일반적으로 개인이 관리하는 컴퓨터는 바이러스나 해커의 공격으로부터 쉽게 노출이 된다. 하지만 클라우드 컴퓨팅은 전문업체가 직접 보안을 관리하기 때문에 저장한 정보가 쉽게 노출이 되거나 사라지는 경우가 없다.

■ 환경친화적

클라우드 컴퓨팅은 컴퓨터 자원을 공유하여 활용하는 공유경제의 개념과 일치한다. 즉, 필요없는 자원의 중복과 낭비를 최소화하고 중앙에서 관리하는 통합시스템을 다수의 이용자가 인터넷을 접속하여 공유하고 있는 것이다.

클라우드 컴퓨팅의 단점

■ 네트워크 연결의 필요성

인터넷에 접속만 되면 클라우드 컴퓨팅은 혁신적인 서비스로 다양한 이점을 제공하고 있다. 하지만 네트워크의 연결이 불안하거나 연결이 되지 않을 경우 클라우드 컴퓨팅은 어떤 서비스도 제공할 수 없다. 만약 인터넷 접속 환경이 좋지 않은 상황이라면 자신이 작업한 파일에도 접근조차 할 수 없다. 그렇기 때문에 안정적인 서비스의 제공은 클라우드서비스를 제공하는 업체에게 있어서 지속적인 과제이며, 이용자의 신뢰를 얻기 위한 안정성 보장에 노력을 기울여야 한다.

■ 보안의 문제

분명 개인의 관점에서 클라우드 컴퓨팅은 자신의 정보를 보호하고 관리할 수 있는 유용한 시스템이다. 하지만 대형 서버에 집중된 데이터의 관리 및 보안체계는 클라우드 컴퓨팅이 지속적으로 해결해야 할 과제이다. 또한, 기업차원의 기밀자료나 개인의 민감한 자료를 제3자가 관리하는 서버에 저장하는 것은 정보보안에 대한 우려를 가져올 수 있다.

클라우드 컴퓨팅의 장애요인과 해결방안

표 8-2 | 클라우드 컴퓨팅 장애요인과 해결방안

장애요인	해결방안
서비스 가용성	• 비즈니스 연속성을 위해 다수의 클라우드 공급자를 활용 • DDoS 공격에 대응하기 위한 클라우드 컴퓨팅의 탄력적 이용
데이터 고착 (data lock-in)	• 표준화 및 호환성 있는 소프트웨어 사용으로 인한 사용자정보 소멸 방지 • 특정 데이터베이스를 사용하거나 다른 사업자의 클라우드 사용 • 플랫폼으로 이전하는 경우 표준화된 사용자 인터페이스 기반구축 필요
데이터 기밀성 및 감사성 (auditability)	• 이용자의 신뢰성 확보를 위해 시스템 기반기술 및 운영자의 보안 관련 인식 제고 등 제반사항 구축 필요 • 특정 데이터베이스를 사용하거나 다른 사업자의 클라우드 플랫폼으로 이전하는 경우 표준화된 사용자 인터페이스 기반구축 필요 • 암호화, 방화벽 사용 등 데이터 저장장치에 법규제 적용
데이터 전송 지연	• 데이터 전송에 따른 비용절감을 위한 데이터백업/저장방식 변화, 광역통신망(WAN) 라우터 비용 감소 • LAN 스위치 대역폭 확장
예측 불가능한 성능	• 가상머신(VM: Virtual Machine)을 위한 효율적인 구조 및 운영체제 개선 • 고성능 컴퓨팅(HPC) 애플리케이션을 위한 집단 스케줄링(gang scheduling)방법 이용
확장성 가능한 저장장치	• 확장성을 위한 자원관리, 데이터 무결성, 고가용성을 위한 스토리지 개발
대규모 분산시스템 내 버그(bug)	• 분산형 가상머신에 의존한 디버거(버그 해결 장치) 개발
신속한 확장성	• 인공지능에 의존한 오토 스케일러(auto-scaler) 개발
공론 공유	• 법적인 책임 명확화를 통한 공론 공유 및 보호서비스 실시
소프트웨어 라이센스 문제	• 종량제 라이센스 대규모 사용 시 할인을 통한 판매의욕 고취

자료: 마이클 밀러, 최윤석 역, 사례로 읽는 클라우드 컴퓨팅, 에이콘 출판, 2009.

2. 클라우드 컴퓨팅의 유형

1) 클라우드 컴퓨팅의 분류(IaaS, SaaS, PaaS)

초기 클라우드 컴퓨팅은 SW 중심의 서비스가 주를 이루었지만 점차 서버, 플랫폼에 이르기까지 그 영역이 확장되었다. 클라우드 컴퓨팅은 컴퓨터 자원을 빌려 쓰는 개념으로 볼 수 있으며 그 형태에 따라 소프트웨어서비스(SaaS: Software as a Service), 플랫폼서비스(PaaS: Platform as a Service), 인프라서비스(IaaS: Infrastructure as a Service)로 구분할 수 있다.

■ SaaS(Software as a Service)

SaaS는 일반 이용자가 쉽게 접할 수 있는 형태이며 이용자의 요청에 따라 웹 기반의 소프트웨어 애플리케이션을 제공하는 서비스를 말한다. 인터넷의 발전으로 이용자는 자신이 필요한 기능의 소프트웨어를 인터넷상에서 제공받을 수 있으며 이용자는 자신이 원하는 서비스에 대한 사용요금만을 지불하면 된다. 대표적인 예로 구글의 사무용 애플리케이션 구글 독스가 있다. 구글 독스와 같은 서비스를 이용하게 되는 주요한 이유 중 하나는 막강한 협업 기능과 단말기만 있으면 회사나 집, 이동 중에도 자신이 원하는 작업을 이어서 할 수 있는 장치의 독립성에 있다.

SaaS의 활용은 개인 이용자뿐만 아니라 기업에서도 주목하고 있다. CRM(고객관계관리)이나 ERP(전사적 자원관리)와 같은 고가의 기업정보시스템에서도 SaaS방식은 강력한 장점을 발휘한다. CRM시스템의 성공사례의 경우는 CRMKorea, Salesforce.com, RightNow 등이 있다.

■ PaaS(Platform as a Service)

SaaS는 클라우드 서비스업체가 제공하는 애플리케이션만을 구동할 수가 있다면 PaaS는 제공받은 플랫폼 환경에서 자신이 원하는 애플리케이션을 제작하는 것이 가능하다. PaaS는 새로운 애플리케이션을 신속하게 개발하고 테스트 및 실행할 수 있는 등 모든 환경을 제공한다. 이렇게 제공된 환경에서 제작한 애플리케이션은 특정 조직에서만 사용하거나 누구나 사용할 수 있도록 배포하는 것도 가능하다. 그렇기 때문에 SaaS보다 응용의 범위가 훨씬 넓다.

대표적인 PaaS의 예는 구글 앱의 엔진에 있다. 구글 앱은 컴퓨터 프로그래밍 언어인 파이썬(Python)과 자바(Java)를 지원하며, 구글 서비스인 G메일, 구글 지도 등의 애플리케이션과 동일 플랫폼에서 애플리케이션 제작이 가능하고 자신이 개발한 애플리케이션과의 매시업(mashup)도 용이하다. 이외도 세일즈포스닷컴, MS Windows Azure, Zoho Creator 등의 서비스가 있다.

MashuP

기존에 서비스하고 있는 웹 기반의 콘텐츠들을 융·복합하여 새로운 서비스를 창출하는 것. 원래 음악분야에서 서로 다른 곡을 혼합하여 새로운 곡을 만들어내는 데서 유래된 용어이다.

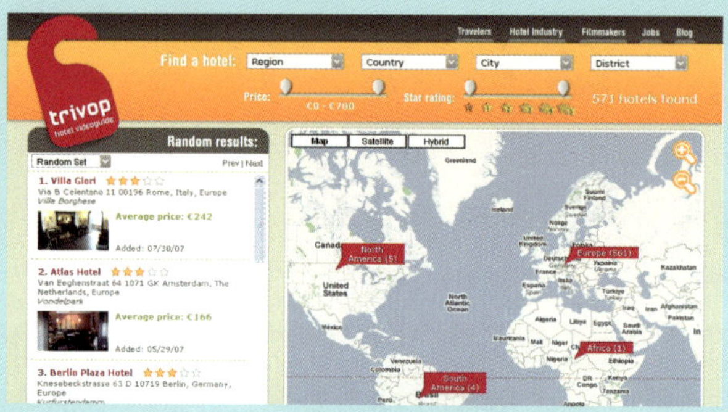

'Google Maps'와 Mashup한 'Trivop'[6)]

■ IaaS(IaaS: Infrastructure as a Service)

인프라라는 개념은 플랫폼과 애플리케이션이 운영될 수 있는 물리적인 하드웨어 환경이라 할 수 있다. IaaS는 PaaS보다 큰 범위의 환경을 제공하고 있으며, 서비스 차원에서는 가장 하위수준의 서비스를 제공하는 형태라 할 수 있다. PaaS가 표준화된 플랫폼에서 원하는 애플리케이션을 제작할 수 있는 환경을 제공하고 있다면, IaaS는 원하는 모든 형태의 애플리케이션을 개발할 수 있다. 이용자가 시스템 환경이 플랫폼 수준의 클라우드 컴퓨팅을 원한다면 PaaS를 선호할 것이고 서버환경과 플랫폼을 전부 구성하고자 하면 IaaS를 선호할 것이다.

IaaS의 클라우드 컴퓨팅을 구성하는 기본요소는 서버라 할 수 있다. 클라우드 서비스제공자는 서버환경을 제공하고 이용자는 서버(인프라) 안에서 자신이 원하는 작업을 시행할 수 있다. IaaS 제공업체는 고객들에게 서버공간을 제공하지만 이들 대부분은 '가상화(virtualization)'라는 시스템적 처리에 의해 공간을 할당받고 이용한다. IaaS의 서버를 할당하는 유형은 [그림 8-3], [그림 8-4]와 같이 4가지로 나누어진다.

그림 8-3 ○ IaaS의 서버 할당 유형[7)]

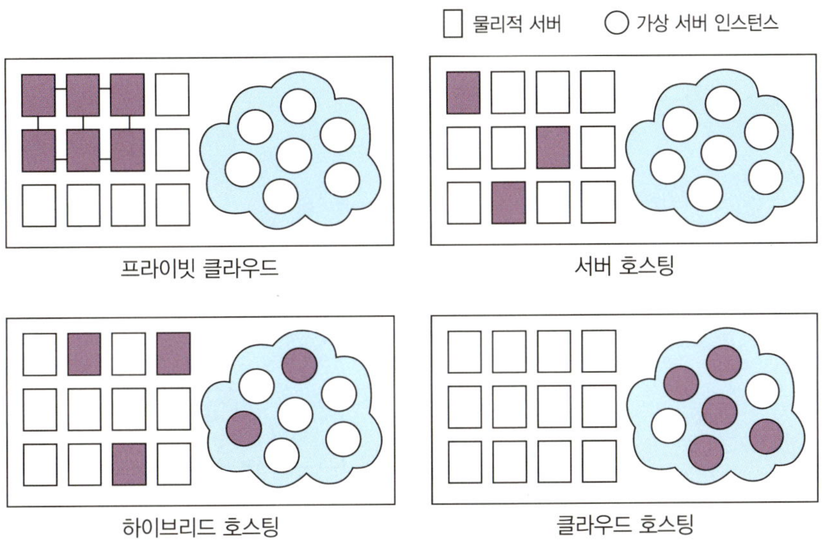

표 8-3 | IaaS의 서버 할당 유형

이름	특징
프라이빗 클라우드 (private cloud)	고객들은 데이터센터의 물리적 서버 일부를 전용으로 대여한다.
서버 호스팅 (dedicated hosting)	고객들은 전용 물리적 서버를 필요한 만큼 빌린다.
하이브리드 호스팅 (hybrid hosting)	고객들은 물리적 서버와 가상 서버 인스턴스(instance)를 복합적으로 필요한 만큼 빌린다.
클라우드 호스팅 (cloud hosting)	고객들은 가상 서버 인스턴스를 필요한 만큼 빌린다.

그림 8-4 ○ 가상화[03] 개념도[8)]

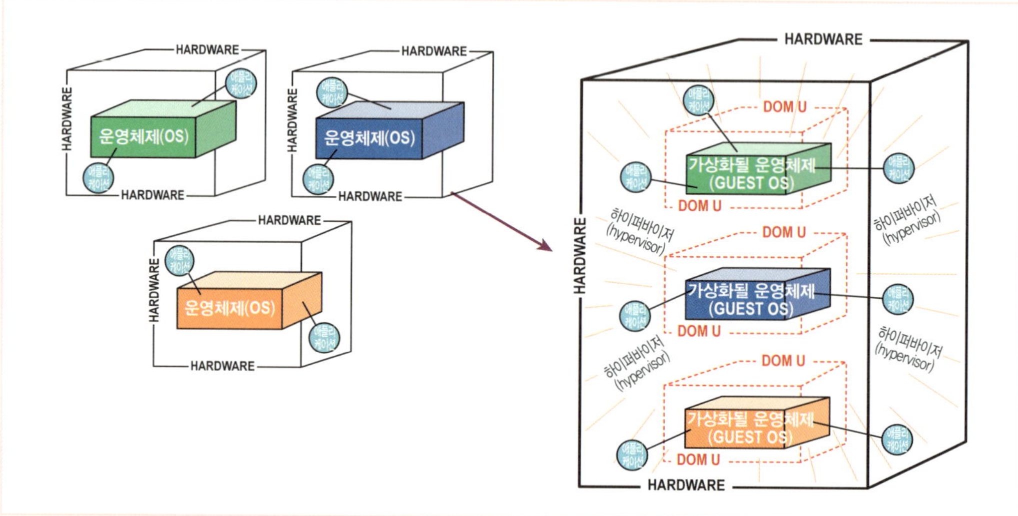

주) 하이퍼바이저(hypervisor)는 서로 다른 컴퓨터자원의 운영체제에 접근하도록 지원하는 소프트웨어

2) 클라우드 컴퓨팅 사례

Oksusu[9)]

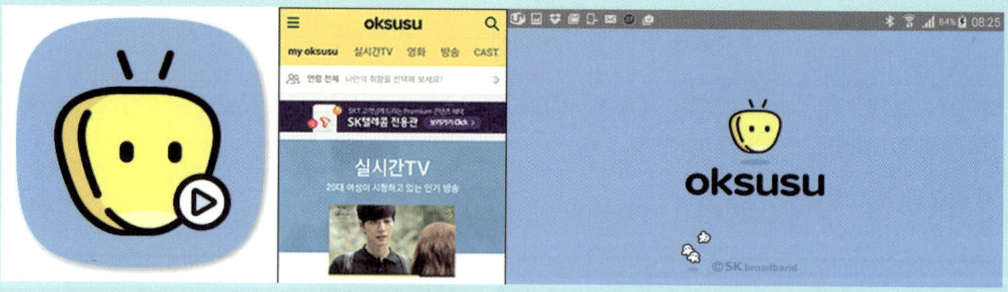

클라우드 기반 모바일 동영상 플랫폼 '옥수수(Oksusu)'

SK브로드밴드는 모바일 동영상 플랫폼인 '옥수수(Oksusu)'를 2016년 1월 26일에 런칭하였다. 이는 기존의 서비스인 'Btv Mobile'과 'Hoppin'을 하나로 통합한 서비스이다. Oksusu는 각기 다른 성향을 가지고 있는 이용자의 성향을 이해하고 공감해 무한한 영상 알갱이를 통해 최적의 콘텐츠 이용

---

03 가상화(virtualization): 하나의 시스템에 여러 운영체제를 동시에 운영할 수 있도록 소프트웨어적으로 분리하는 시스템. 물리적으로 하나의 컴퓨터가 존재해도 두 개 이상의 컴퓨터를 사용하는 것과 같은 작업이 가능한 기술이다.

경험을 제공하는 친근하고 즐거운 이미지를 담고 있다.

옥수수는 겉으로 보기에는 Youtube(Google)나 LTE비디오포털(LGU+) 등과 비슷해 보이지만 SK브로드밴드의 모바일 IPTV와 SK플래닛의 Hoppin을 운영한 경험에 기반이면서도 서비스 유전자를 확 바꾼 것이 특징이다.

'옥수수'는 국내 최다 스포츠 생중계 및 주문형 비디오(VOD)를 확보했을 뿐만 아니라, 개인마다 다른 초기 화면과 가상현실(VR) 콘텐츠, 편리한 사용자인터페이스(UI)를 지원한다. 가장 큰 특징은 지상파 방송사에 의존했던 콘텐츠를 다소 유명세가 떨어지더라도 제작능력을 갖춘 콘텐츠 전반으로 확대하면서 스낵컬처(snack culture)를 지향하고 있다는 것이다. SK브로드밴드는 다이아TV나 트레저헌터 등 멀티채널네트워크(MCN) 업체와 제휴를 추진하는 한편, 1인 미디어 제작자 풀을 활용해 모바일에 최적화된 오리지널 콘텐츠를 만들어 경쟁력을 높이고 있다.

옥수수(Oksusu)는 개인화 홈 기능을 통해 이용자의 연령 및 성별 그리고 주로 이용하는 콘텐츠가 실시간인지 VOD 중심인지에 따라 초기 화면이 다르게 구성된다. 특히 이용자가 선택한 3가지 키워드를 기반으로 약 1만여 가지 유형의 개인화된 초기 화면이 제공된다.

또한 모바일 동영상 서비스를 마치 TV처럼 즐기고자 하는 고객들의 성향을 고려해 서비스 시작과 동시에 화면 전체를 TV처럼 볼 수 있는 가로형의 'TV Like UI(User Interface)'를 제공한다. 기존 지상파, 종편 등 방송사들이 제공하는 콘텐츠가 디지털 TV 화면에 최적화된 16:9의 비율로 제작되는 점을 고려, 이에 최적화한 것이다.

도요타-파나소닉의 홈오토메이션서비스[10)]

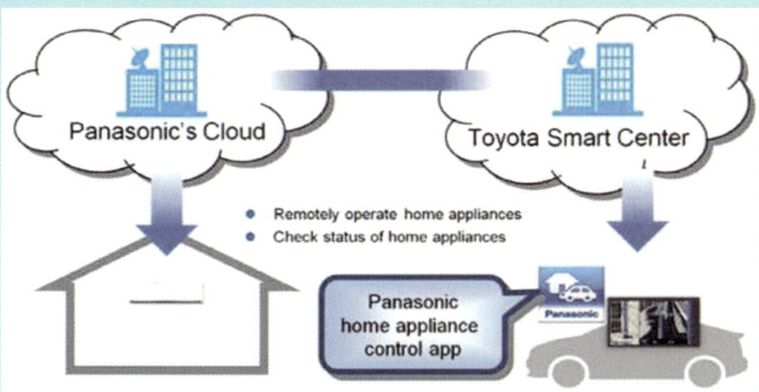

도요타-파나소닉의 홈오토메이션서비스

일본의 자동차업체인 도요타의 스마트센터와 가전업체인 파나소닉의 클라우드시스템을 서로 연결해 자동차에서 내린 명령이 집안의 가전기기로 전달되는 서비스를 개발하였다. 차에서 에어컨이나 난방장치를 켜서 집에 도착하기 전 적정온도로 맞춰놓을 수 있으며 밥통을 켜서 식사준비를 할 수도 있고, 로봇 청소기를 깨워서 바닥 청소를 해결하였고 아울러, 자동차의 GPS 정보를 인식해 자동차의 위치에 따라 자동으로 일부 가전을 켜지거나 꺼지도록 맞춰 둘 수 있는 서비스를 제공한다.

학·습·내·용·정·리

1. 클라우드 컴퓨팅은 컴퓨터들을 연결하고 있는 인터넷 네트워크를 구름(cloud)처럼 표현한 것에서 유래한 IT용어이다. 클라우드 컴퓨팅은 플랫폼, 저장공간, SW 등 컴퓨터 자원을 PC에 저장하여 사용하지 않고 인터넷 네트워크에 연결하여 온디맨드(on-demand) 방식으로 이용자에게 제공하는 형태의 컴퓨팅 기술이다.

2. 클라우드 컴퓨팅은 이용자는 컴퓨터 자원을 직접 보유하지 않고 클라우드서비스 업체로부터 제공을 받는다. 따라서 유지보수비용의 감소, 성능향상의 용이성, 장치 독립적, 정보보호 등의 장점을 갖는다. 반면에 클라우드의 단점은 반드시 네트워크 연결이 필요하다는 것, 기업차원의 기밀자료나 개인의 민감한 자료를 제3자가 관리하는 서버에 저장하는 것에 대한 정보보호 우려가 있다.

3. 클라우드 컴퓨팅은 자신의 정보를 보호하고 관리할 수 있는 유용한 시스템이다. 하지만 대형 서버에 집중된 데이터의 관리 및 보안체계는 클라우드 컴퓨팅이 지속적으로 해결해야 할 과제이다.

4. 클라우드 컴퓨팅은 컴퓨터 자원을 빌려 쓰는 형태에 따라 SaaS(소프트웨어서비스), PaaS(플랫폼서비스), IaaS(인프라서비스)로 구분할 수 있다.

5. 매시업(mashup)은 기존에 서비스하고 있는 웹 기반의 콘텐츠들을 융·복합하여 새로운 서비스를 창출하는 것을 의미한다.

6. IaaS(인프라서비스)의 서버 할당유형은 프라이빗 클라우드, 서버 호스팅, 하이브리드 호스팅, 클라우드 호스팅으로 구분할 수 있다.

7. 가상화는 하나의 물리적 시스템에 여러 운영체제를 동시에 운영할 수 있도록 소프트웨어적으로 분리하는 시스템을 말한다.

학·습·문·제

01 클라우드 컴퓨팅의 장점과 단점에 대해 설명해보자.

02 클라우드 컴퓨팅의 3가지 분류에 대해 설명해보자.

03 IaaS의 서버 할당 분류 4가지에 대해 설명해보자.

04 가상화가 컴퓨팅에 어떤 장점을 가지고 있는지 설명해보자.

05 문화콘텐츠 산업에서 클라우드 컴퓨팅의 의의에 대해 설명해보자.

06 호텔에서 클라우드를 사용한 예를 찾아 설명해보자.

■ 참고자료 ■

1) G국제컨퍼런스(2014), Amazon Webservice 발표자료, 2014.11.6.

2) 여행신문(2011), [세미나 | '모바일 시대의 관광산업'] 4.클라우드 컴퓨팅서비스 –예상밖 환경 변화도 클라우드로 대응, 여행신문, 2011.7.11.

3) http://pre.bookcube.com/epub.php?book_num=121000253

4) 구글(https://www.google.com)

5) 한국클라우드컴퓨팅연구조합(http://cccr.or.kr)

6) Trivop(http://trivop.com)

7) http://slidesplayer.org/slide/11193153 그림 재구성

8) IDC HOWTO(2015), 웹호스팅 서비스 위한 프라이빗 클라우드 구축 및 무정지 마이그레이션, IDC HOWTO, 2015.3.17.

9) 김현아(2016), SK 미디어 합병 밑그림 모바일 플랫폼 '옥수수(Oksusu)' 런칭. 월 3천원, 이데일리, 2016.1.26.

Oksusu(https://oksusu.com)

10) 신태환 · 성광규, 국내외 클라우드 컴퓨팅 기반 융합 사례(The Convergence Services Cases on Cloud Computing), 클라우드지원센터

김창욱(2014), 日 도요타–파나소닉, 자동차와 가전 잇는 IoT 서비스 공동개발, 전자신문, 2014.6.11.

NGsolutions(http://ngsolutions.com.pl)

Christopher Barnatt(2011), 클라우드 컴퓨팅, 미래의창

임민철(2016), 클라우드 컴퓨팅 시대 인텔 역할은–SW정의 인프라 실현할 오케스트레이션 방법론, ZD Net Korea, 2016.4.22.

홍일유 · 차훈상(2012), 디지털 기업을 위한 경영정보시스템, 법문사, p.435.

CHAPTER 09

소셜네트워크전략

학습목표

- 소셜네트워크서비스의 특징에 대해 이해한다.
- 소셜네트워크서비스가 우리 생활에 미치는 영향에 대해 알아본다.
- 관광산업에서 소셜네트워크서비스의 의의에 대해 탐구한다.

인터파크투어, SNS 통해 마케팅 강화[1)]

PC보다는 모바일을 통한 인터넷 활용이 많아지고, 모바일로 SNS를 이용하는 문화가 대세가 되면서, SNS 인기 여행지가 급부상하고 있다. 인터파크투어(tour.interpark.com)에 따르면, 2015년 2분기 47% 수준이던 모바일 거래 비중은 2016년 2분기에 절반을 돌파해 약 54%로 크게 상승한 데 이어, 2016년 5월에 60%를 기록하며 빠른 증가세를 나타내고 있다.

이에 따라, SNS에서 인기가 높은 국내 여행지들이 덩달아 크게 관심을 끌고 있는데, 대표적인 곳이 인스타그램 해시태그 4만 개를 돌파한 인천 네스트호텔과 2만 5천을 넘긴 제주 히든클리프호텔이다. 인천 네스트호텔과 제주 히든클리프호텔은 인터파크투어 국내 숙박앱 '체크인나우' 기준으로 4월 대비 5월 예약률이 평균 17% 증가를 나타냈다. 이 중 히든클리프호텔의 경우 전월 대비 예약 증가율이 31%에 달하였다.

특히, SNS 마니아층을 겨냥한 인터파크투어의 '먹고찍고' 상품의 경우도 출시한지 5년째가 되었음에도 2017년 5월까지 누적으로 지난해 대비 약 5%가량 판매량이 늘어 꾸준한 증가세를 보이며 식지 않은 인기를 자랑했다. '먹고찍고' 상품은 기존의 패키지 여행에서 차별화된 테마 상품으로, 전문 사진작가와 함께 일정을 진행하기 때문에 여행 도중 중요한 순간들을 SNS에 남기고 싶어하는 SNS 마니아층에게 각광받고 있다.

이처럼 SNS의 인기가 여행 트렌드에까지 미치는 현상을 감안해, 인터파크투어는 SNS 이벤트를 더욱 확대하고 전용상품을 개발하는 등 SNS 프로모션을 확대해 나간다는 방침이다. 페이스북 친구 34만 명과 카카오톡 플러스 친구 62만 명을 보유해 국내 여행업계 SNS 인기 1위의 위상을 유지 및 강화하기 위해 다양한 연령층을 겨냥한 콘텐츠를 지속적으로 강화할 예정이며, 대중이 원하는 콘텐츠를 제공하기 위한 효과적인 스토리텔링을 활발히 개발해 나갈 예정이라고 한다.

레저업계 'SNS마케팅' 하나로 通하다[2)]

디지털 시대에 맞추어서 페이스북(Facebook)과 트위터(Twitter)를 비롯한 SNS가 경쟁이 치열한 여행 · 레저업계에서 최근 가장 큰 화두로 등장하였다. 단방향의 정보전달 위주의 홈페이지의 한계를 벗어나서 SNS는 기업 입장에서는 실시간으로 소식을 전할 수 있다는 장점이 있다. 특히 고객들의 반응을 즉각 확인할 수 있으며, 고객 역시 온갖 정보들을 손쉽고 빠르게 얻을 수 있다는 장점 때문에 이용자들에게 SNS는 '빛의 속도'로 급격히 확산하는 추세에 있다.

■ 대명리조트

대명리조트

대명콘도는 블로그, 트위터, 페이스북을 운영하며 SNS를 대내외 소통 채널과 마케팅 도구로 활용한다. 이를 위해 마케팅팀 SNS 전담파트를 운영하는 등 투자를 아끼지 않는다.

블로그는 트위터, 페이스북과의 연계를 포함하여 온라인, SNS마케팅의 베이스캠프라 할 수 있기 때문에 가장 기본적으로 관리해야 하는 분야이다. 2010년 초 개설된 대명리조트 공식 트윗계정(@daemyungfamily)은 호텔, 리조트 업계 최고의 활동폭을 기록하고 있다. 특히 대명리조트 마케팅팀 SNS 전담직원이 직접 등장해 팔로워들과 소통하며 기업체의 딱딱한 느낌을 버리고 친근한 이미지를 부각하고 있다. 356일 24시간 운영하며 하나의 인격체와 소통하는 느낌을 준다.

또한, 업계 최초로 트위터 사랑의 경매(티켓 판매수익 전액 기부) 프로모션을 진행하는 등 실시간 홍보활동과 RT(Reliable Transfer)[01]율을 이용한 바이럴(viral)마케팅[02] 활동을 하고 있다. 트위터에 이어 SNS의 새로운 트렌드로 자리를 잡은 페이스북 역시 2011년 4월 공식 계정을 오픈했다.

■ 한화리조트

워터피아 리뉴얼 오픈에 SNS 이벤트 '소셜원정대' 60여 명을 전면에 내세우며 높은 효과를 얻었다. 이번 소셜원정대는 한화리조트의 공식 페이스북을 통해서만 신청을 받았음에도 불구하고 600여 명이 넘는 인원이 몰려 10 대 1에 가까운 높은 경쟁률을 보였다.

'소셜원정대' 이벤트는 SNS를 통해 다양한 조별 미션과 개인 미션이 주어지고, 미션을 받은 참가자들이 트위터와 페이스북을 통해 실시간 전송하는 방식으로 진행됐다.

소셜원정대 참가자(트위터 아이디: @ajooguri)는 신규 어트랙션(attraction) 인증샷 미션에서 "방금 패밀리 레프

---

01 RT: 오픈 시스템들 간에 응용 프로토콜 데이터 단위의 전송을 하고, 재전송량을 최초로 하여 통신과 단말시스템의 고장, 오류로부터 회복하기 위한 응용-독립적 메커니즘(참고: 네이버 지식백과)

02 바이럴마케팅: 누리꾼이 이메일이나 블로그, SNS 등 전파 가능한 매체를 통해 자발적으로 어떤 기업 또는 제품을 홍보하도록 유도하는 마케팅 기법, '컴퓨터 바이러스'처럼 확산된다고 해서 붙인 명칭(참고: 한경경제용어사전)

한화호텔&리조트
Hanwha Hotels & Resorts

한화리조트

트를 타고 내려왔습니다! 슬라이드가 시작되자마자 저절로 질러지는 함성! 지루할 새도 없이 끝난 패밀리 레프트, 타는 동안 너무 재밌어서 미친듯이 소리 질렀어요"라며 트위터를 통해 즐거움을 표현하기도 했고, 또 다른 참가자(트위터 아이디: @delicioussky)는 "SNS로 만나 워터피아에서 미션을 함께 수행하다 보니, 오래된 친구들을 만난 것처럼 너무 즐거운 시간이다"라고 소감을 전하기도 했다.

■ W 서울 워커힐호텔

W 서울 워커힐호텔

2010년 10월부터 공식 페이스북(www.facebook.com/wseoulwalkerhil)을 오픈해 서비스 중이며 국내 호텔업계 최대인 8,000명 이상의 팬 수를 확보하고 있다(W 서울 워커힐호텔 8,200여 명/그랜드하얏트호텔 4,800여 명/롯데호텔 2,000여 명 /인터컨티넨탈호텔 1,100여 명 등).

실시간으로 교류가 가능한 페이스북의 장점을 통해 고객들에게는 W호텔의 새로운 소식을 가장 빠르게 전달해주고, 기존 홈페이지에서는 볼 수 없었던 W호텔에서 열리는 다양한 파티, 행사 등의 생생한 현장 스케치 이미지와 함께 다양한 이벤트를 실시하고 있다.

최근 진행 중인 각종 식음료 프로모션에서 페이스북을 보고 찾아왔다고 말하는 고객들도 실제로 상당수가 있다. 이런 페이스북을 관리하려면 즉각적인 인터렉션(interaction)을 위해 담당하는 온라인 마케터의 상당한 집중력이 필요한 일이다.

■ 롯데호텔

롯데호텔

호텔의 다양한 마케팅활동을 온 · 오프라인을 통해 효과적으로 알리는 SNS 대학생 마케터 소셜리어가 활동 중이다. 선발된 인원은 호텔의 마케팅 실무 경험을 쌓을 수 있는 기회를 제공받는다.

또한, 소셜리어로서의 활동 중 활동비의 지급은 물론 수료 후에는 활동 우수자를 뽑아 호텔 주니어스위트룸 투숙 기회 제공 및 롯데그룹 공채 지원 시 가산점을 부여하는 등 다양한 혜택을 제공한다.

1. SNS의 등장

1) 소셜네트워크서비스

SNS(Social Network Service)

페이스북에서 동영상 시청횟수는 매일 10억 회가 넘는다. 이 중 65%가 모바일로 소비한다 (2014. 9. 페이스북 조사). 미국의 10대는 4명 중에 1명이 'Vine[03]'을 사용하고 있다. 이미지 중심의 SNS인 인스타그램도 주목을 받고 있다. 인스타그램은 이제 '필수'라는 단언도 나오고 있다. 브랜드 고유의 해시태크 개발, 위치 태깅 등 인스타그램의 기능을 활용한 적극적인 비주얼마케팅도 필요해진 것이다(이노버즈미디어가 정리한 2015년 트렌드 핵심 팁에서 발췌).

인터넷의 확산으로 오늘날 우리 사회는 사회 기반의 모든 것이 네트워크로 연결된 사회로 변화하였다. 인간관계에서도 인터넷의 역할이 점차 커지고 있으며 오프라인 관계뿐만 아니라 온라인 관계가 중요해지고 온라인 공동체와 같은 새로운 사회구조가 형성되었다. 이렇게 네트워크로 연결된 사람과 사람 사이의 관계 중심으로 상호교류가 일어나는 온라인서비스를 소셜네트워크서비스(SNS: Social Network Service)라 한다.

위키피디아에 의하면 SNS는 **"사용자 간에 자유로운 의사소통과 정보공유, 그리고 인맥확대 등을 통해 사회적 관계를 생성하고 강화시켜주는 온라인 플랫폼"**이라고 정의하고 있다. SNS에서 가장 중요한 부분은 온라인으로 사회적 관계망을 생성 · 유지 · 강화 · 확장시킬 수 있다는 것이다. 학술적인 관점에서 Boyd & Ellison(2008)은 SNS를 온라인서비스를 이용하는 개개인이, 첫째 특정 서비스에서 자신들의 신상정보를 공개 또는 준공개를 하고, 두 번째 자신과 관계를 맺고 있는 다른 이용자의 관계목록을 제시하며, 세 번째 자신과 다른 사람들이 관계를 맺고 있는 리스트를 확인할 수 있는 웹 기반의 서비스라고 정의하였다. 즉, SNS는 소셜(social)이라는 단어에서 알 수 있듯이 온라인 환경에서 사람들과의 관계성을 중심으로 서로의 관계를 유지하고 강화할 수 있는 온라인서비스라 할 수 있다.

---

03 Vine: 트위터가 운영하는 2013년 출범한 동영상 어플. 2013년 사용자 2억 명을 정점으로 지속적으로 감소함. 6초의 짧은 동영상을 게재하는 어플로 타 어플과 차별화함.

그림 9-1 ○ SNS[3)]

SNS와 소셜미디어

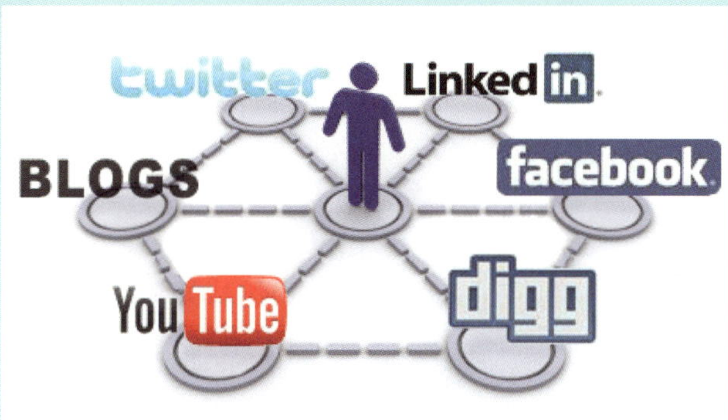

소셜미디어[4)]

우리는 SNS(Social Network Service)와 소셜미디어(social media)를 혼용하여 사용하고 있으나 SNS는 사회적 관계망을 기반으로 한 웹 서비스를 총칭하는 용어이다.

반면에 소셜미디어는 마케팅 관점에서 새로운 정보미디어의 관점으로 SNS를 바라보는 시각의 관점이라 할 수 있다. 소셜미디어라는 용어의 개념을 사용한 것은 가이드와이어그룹(Guidewire Group)의 창업자이자 디렉터인 크리스 시플리(Chris Shipley)가 2004년 The Blog on Conference에서 제시하면서 사용된 것으로 알려져 있다. 그는 블로그, 위키(Wiki), SNS와 연관된 다양한 서비스가 결합되어 사용자들의 참여를 촉진시켜주는 의미에서 소셜미디어의 중요성을 주장하였다.

SNS의 확산

한국인터넷진흥원의 '**2015년 인터넷 이용실태조사 요약보고서**'에 따르면 국내의 인터넷 이용자들 중 91.4%는 인터넷을 커뮤니케이션(이메일, SNS, 채팅, 인터넷전화 등)을 위해 사용하는 것으로 나타났다. 이 중에서 SNS 이용자는 전체 인터넷 이용자의 64.9%로 2014년 대비 4.2% 상승하였다. SNS를 이용하는 가장 주된 이유는 '친교/교제를 위해서'라는 이유가 가장 많았다. 이는 SNS가 이용자들 사이에서 더 빠르게 확산하는데 주된 역할을 한다는 것을 알 수 있다. 미국의 리서치 회사인 이마케터(eMarketer)의 조사에 의하면 사람들이 가장 자주 활용하는 인터넷서비스는 이메일이지만 이용시간이 가장 긴 것은 SNS를 사용하는 시간이라고 조사되었다.

32개국 17만 명 이용자의 응답을 대상으로 진행된 2013년 4분기 글로벌웹인덱스(GWI: Global Web Index)[5]의 조사에 따르면, 세계적으로 가장 많은 침투율을 보인 SNS는 페이스북인 것으로 나타났다. 2014년 2월을 기점으로 서비스를 출시한지 10년째 접어드는 페이스북[6]은 전 세계에서 12억 명의 이용자를 확보하고 있으며, 약 161조 원의 시가총액을 보유해 188조 원의 삼성전자와 비교할만한 규모로 성장하였다. 2012년 4월에 페이스북이 인수한 사진공유서비스 인스타그램(Instagram)은 사용자수가 2014년 12월에 3억 명을 넘었으며 9개월만인 2015년 9월에 4억 명을 돌파했다고 발표했다.

그림 9-2 인터넷 이용자 현황[7]

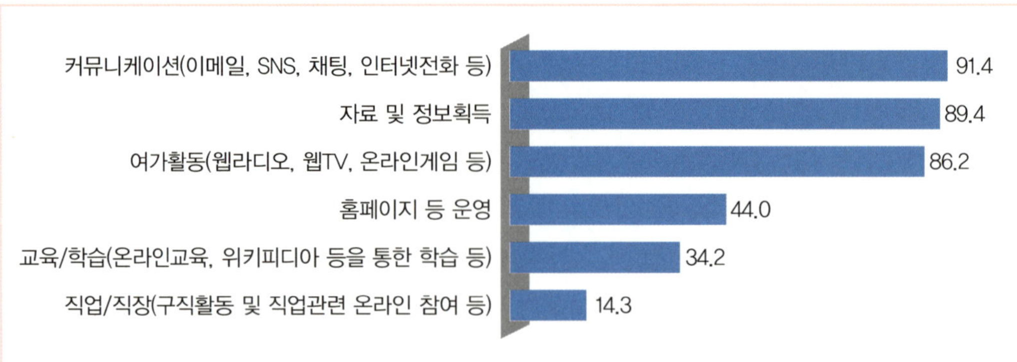

그림 9-3 SNS 이용자 증가량[8)]

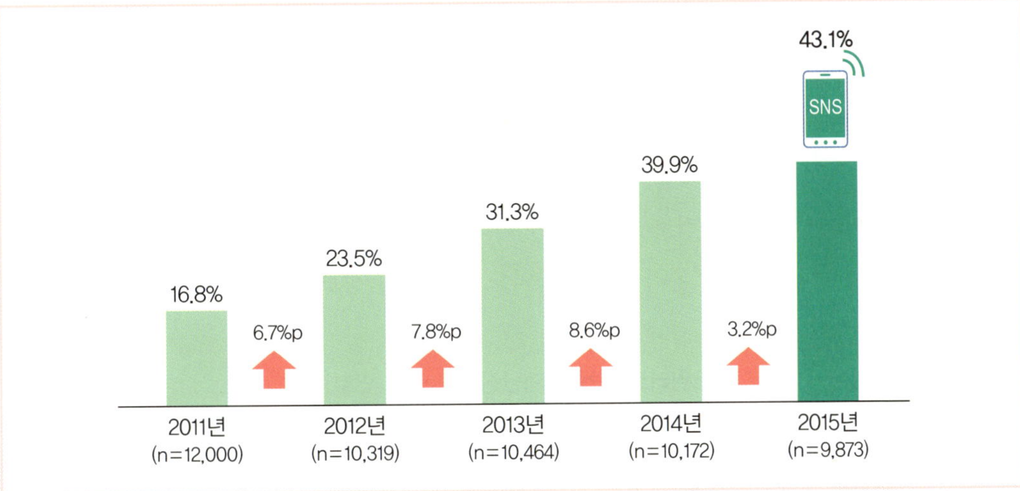

SNS의 특징

SNS는 서비스마다 그 특징과 기능이 상이하기 때문에 특징을 포괄적으로 정의하는 것은 어렵다. 그러나 SNS의 폭발적인 확산으로 학술적 · 산업적 · 사회적으로 SNS에 대한 탐구가 지속되고 있으며, 다음과 같은 특징들을 갖고 있다고 정리할 수 있다.

■ 상호작용성

인터넷서비스의 특징인 쌍방향성이 가장 잘 활용되고 있는 서비스가 SNS라 할 수 있다. SNS는 누구나 쉽게 콘텐츠를 제작하고 배포할 수 있으며, 자신이 받은 콘텐츠에 대한 피드백과 재생산이 유용한 온라인서비스이다. 예를 들어 하와이에 신혼여행을 다녀온 사람이 자신의 페이스북에 여행후기를 올린다면 그것을 본 다른 이용자들은 그 정보에 대한 댓글을 달고 즉각적인 상호작용이 이루어질 수 있다. 특히, SNS는 사회적 관계망을 중심으로 연결된 서비스이기 때문에 이 같은 상호작용은 보다 신속하고 의미 있게 이루어질 수 있다.

■ 정보의 빠른 교류

SNS 정보는 누구나 쉽게 정보를 생산하고 정보를 확산할 수 있다. 기존의 미디어보다 빠르고 쉬운 정보의 확산은 SNS를 사용하는 큰 강점 중 하나이다. 2011년도에 일어난 동일본 대지진 사태 당시에 트위터의 역할은 잘 알려진 사례이다. 재난지역 주민들이 트위터를 통해서 안부를 남겨서 친지들이 안부를 확인할 수 있었으며, 지진발생 1시간 이내에 동경에서만 매분 1,200건 이상의 트윗(tweet)이 된 것으로 알려져 있다. 이것은 SNS의 정보영향력과 전달력이 기존 다른 미디어보다 뛰어나다는 것을 보여준 사례이다. SNS는 이용자 누구나 쉽게 정보를 생산할 수 있기 때문에 기존의 미디어 시스템보다 월등히 빠른 정보전파속도를 가지고 있다. 이 같은 장점으로 인해서 SNS를 새로운 마케팅 도구로서 많은 기업들이 활용하고 있다. 특히 SNS는 신속한 정보전달력뿐만 아니라 사회적 관계망에 기반한 정보전달이 이루어지기 때문에 기존에 다른 온라인 미디어와도 차별화된 정보교류의 특징을 갖고 있다.

그림 9-4 동일본 지진 당시 트위터로 활용한 재난정보(#anpi: 안부)[9]

■ 네트워크 커뮤니케이션

SNS의 정보전달력과 상호작용성은 SNS가 사람과 사람 간의 관계성을 기반으로 하기 때문이라 할 수 있다. SNS는 나를 중심으로 관계를 맺는 사람들이 서로 간에 연결이 되어 있다. 즉, 각 개개인은 네트워크망 안에서 하나의 노드(node)로서 서로 다른 네트워크와 연결되어 있으며 하나의 커다란 소셜네트워크를 형성한다. 이렇게 형성된 네트워크를 중심으로 정보는 다른 어떤 미디어보다 빠르게 전달되며 그 정보의 신뢰성 또한 높아진다고 할 수 있다.

Kietzmann et al.(2011)은 소셜미디어와 SNS의 특징을 학술적으로 논의하면서 사용자 간의 연결을 중심으로 해석하였다. 그들의 연구에 의하면 SNS의 특징은 크게 실제감(presence), 공유(share), 대화(talk), 집단형성(group formation), 평판(repute), 관계유지(maintenance of relation), 정체성(identity)으로 구분하였다.[10]

표 9-1 | 소셜미디어 특성

구분	내용
실제감	사용자가 다른 사용자와의 연결상태를 확인하게 함
공유	각종 정보와 콘텐츠를 쉽게 공유함
대화	기존 미디어와 달리 양방향성 커뮤니케이션이 가능함
집단형성	온라인을 통하여 개인이 유지할 수 있는 규모보다 더 큰 집단구성을 가능하게 함
평판	타인을 인식하고 평가하는 평판체계가 존재함
관계유지	사용자 간의 관계를 유지하는 다양한 서비스가 제공됨
정체성	사용자가 자신의 정체성을 노출할 수 있게 함

2) SNS의 유형

SNS의 유형

SNS의 유형은 기능별, 특성별, 콘텐츠별로 그 분류가 다양하게 나누어질 수 있다.[11]

표 9-2 | 소셜미디어 유형

	서비스 유형	해외 서비스	국내 서비스
커뮤니케이션 모델	Blog	Blogger, Live Journal, Open Diary, Typepad, Word Press, Vox, Expression Engine	포털 블로그, 이글루스, 티스토리
	Micro blog	Twitter, Plurk, Jaiku	
	Social Networking	Bebo, Facebook, Linkdin, Mysapce, Orkut, Skyrock, Hi5, Ning, Elgg, FriendFeed, Weibo	싸이월드, 카카오스토리
	Event Networking	Upcomming, Eventful, Meetup.com	

협업 모델	Wikis	Wikipedia, PBwiki, Wetpaint	리그베다위키, 나무위키, 리브레위키
	Social Bookmarking (or tagging)	Delicious, StumbleUpon, Google Reader, CiteULike	마가린, 마이픽업, 네이버me 북마크, 안드로이드 북마크
	Social News	Digg, Mixx, Reddit	네이버 오픈캐스트
	Aeview & Opinion sites	Epinion, Yelp, citydata.com, epinions.com	디시인사이드, 다음 아고라
	Community Q&A	Yahoo! Answers, WikiAnswers, Askville, Google Answers	네이버지식iN, Daum Tip, JISKMAN
콘텐츠 공유 모델	Photo sharing	Flickr, Zooomr, Photobucket, SmugMug, instagram	
	Video sharing	YouTube, Vimeo	판도라TV, 엠군, 다음TV팟, 네이버 TV캐스트
	Livecasting	Ustream.tv, Justin.tv, Stickam, bizbuzztour.com	아프리카TV, 윙크TV
	Audio and Music Sharing	Imeem, The Hype Machine, Last.fm, ccMixter	벅스뮤직, 멜론
엔터테인먼트 모델	Virtual worlds	Second Life, The Sims Online, Forterra	
	Game sharing & play	Miniclip, Kongregate	넥슨, 한게임

그 중 가장 대중적으로 많이 사용되고 있는 SNS의 형태는 다음과 같다.

■ 블로그(Blog)

블로그(Blog)는 웹(web)과 로그(log)의 합성어로 단어 그대로 웹상에 자신의 관심사나 취미에 따라 자유롭게 글을 올릴 수 있는 웹사이트를 말한다. 블로그는 SNS 중에서 가장 대중적인 형태 중 하나이며, 대표적인 1인 미디어의 성격을 갖고 있다.

1인 미디어란 기존의 대중 미디어와 달리 블로그를 운영하는 개개인이 자신이 원하는 정보를 공유하고 자신만의 트렌드를 추구할 수 있는 미디어의 성격을 가지고 있다는 뜻이다. 블로그는 기존의 홈페이지보다는 좀 더 간소화되고 편리한 사용자환경(user-interface)을 제공하며 단순한 텍스트뿐만 아니라 사진, 음원, 동영상 같은 멀티미디어 소스를 전부 제공할 수 있다. 최근에 등장한 다른 SNS에 비해서는 상대적으로 콘텐츠 용량의 제한이 적으며 자신의 표현하고 싶은 내용을 자세히 전달할 수 있다는 장점이 있다. 대표적인 서비스로는 네이버블로그, 텀블러, 티스토리, 다음블로그, 야후블로그, 드림위즈블로그, 이글루스블로그 등이 있다.

■ 마이크로블로그

마이크로블로그(Microblog)는 블로그의 한 종류로서 블로그에 비해서 제한된 콘텐츠 용량을 제공하고 있다. 블로그보다 제한된 내용을 전달하지만 좀 더 간편하고 빠른 소통을 목적으로 하는 SNS라 할 수 있다. 일반 블로그의 경우 상대적으로 자세한 내용과 카테고리화된 포스트에 대한 부담감이 있을 수 있지만 마이크로블로그는 단편적이고 실시간적인 감정이나 소식을 짧은 콘텐츠로 쉽게 작성하여 교류할 수 있는 장점이 있다. 또한, 블로그에 비해서 소셜네트워킹에 좀 더 중점을 두고 있어서 정보의 교류는 훨씬 빠르다는 특징을 가지고 있다.

대표적인 마이크로블로그는 트위터를 들 수 있으며, 제한된 글자수에 빠른 소통을 장점으로 성장하고 있다. 특히 미국의 전 대통령 오바마가 사용하여 화제가 되었으며, 유명 정치인과 연예인들이 대중과 소통하는 데 많이 사용되고 있다.

그림 9-5 ○ 마이크로블로그 트위터(좌), 미투데이(우)[12]

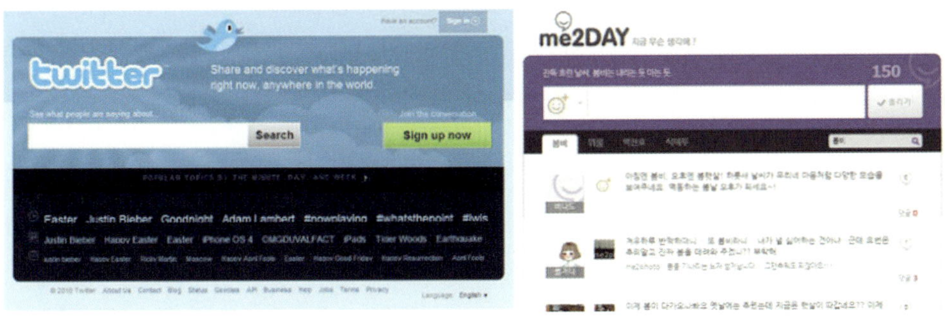

■ 위키(Wiki)

위키(Wiki)는 사용자들이 콘텐츠를 추가하고 변경할 수 있는 특징을 가진 웹페이지의 유형이다. 위키는 웹 2.0의 한 종류로 엄밀한 사용자 간의 소셜네트워크를 중심으로 한 서비스는 아니지만 사람들의 지성을 한데 모으는 집단지성(collective intelligence)을 대표하는 서비스이다. 위키는 간단한 마크업 언어(markup language)를 이용해서 이용자들이 웹상으로 공동으로 작업과 의견의 교류가 가능한 장점을 가지고 있다.

대표적인 서비스로는 위키피디아가 있으며 현재 전 세계 200여 개 언어로 서비스가 제공되고 있다. 위키피디아는 대표적인 집단지성을 추구하여 이용자들이 자신의 의견과 지식을 동원하여 잘못된 정보를 바로잡고 새로운 정보를 추가하여서 지속적으로 업데이트가 되는 정보를 제공하는 서비스이다.

■ 소셜콘텐츠(social contents)

소셜콘텐츠는 소셜네트워크를 통해서 공유되고 전파되는 정보서비스를 말한다. 온라인을 통해서 많은 사람들이 사진, 동영상 등의 콘텐츠를 공유하고 그것을 활용하는 서비스를 통칭한다. 대표적인 서비스로는 유튜브가 있으며 매일 1억 개가 넘는 동영상 콘텐츠가 공유되는 소셜콘텐츠서비스이다. 이러한 소셜콘텐츠서비스는 화제가 되는 소식이나 사건의 전파와 새로운 문화 트렌드를 형성하는 데 큰 역할을 하고 있다.

■ 소셜플랫폼(social platform)

SNS는 소셜네트워크를 기반으로 하여 사용자와 사용자 간의 관계형성을 중심으로 한 서비스이다. 이러한 서비스가 활성화되면서 각각의 SNS가 하나의 커다란 플랫폼으로 성장하고 있다. 사람들 사이에 관계망이 형성되는 것은 인맥을 중심으로 한 온라인 커뮤니티가 형성된다는 의미다. 이렇게 형성된 커뮤니티는 다양한 분야에서 마케팅 소스로 활용이 가능하며 현재 브랜드홍보, 소셜게임, 공공부문 등에서 확장되고 있다.

페이스북[13)]

페이스북은 2004년 하버드대 출신의 마크 주커버그(Mark Zuckerberg)가 설립한 SNS사이트로 2015년 2분기 기준, 전 세계 14억 9천만 명 이상의 월 사용자가 활동 중인 세계 최대의 소셜네트워크 서비스 중 하나이다. 사용자들이 서로의 개인정보와 글이나 동영상 등을 상호 교류하는 온라인 인맥

Facebook

서비스의 대표 격이다. 활발한 사용자 중 절반 이상은 모바일 기기에서도 페이스북을 이용하고 있다. 사용자들은 페이스북을 이용하기 전에 가입을 해야 되고, 가입 후 자신의 프로필을 만들고 사용자들을 친구로 추가하고, 메시지를 교환할 수 있다. 친구들이 프로필을 업데이트하면 자동적으로 알림이 뜬다. 또한 사용자들은 공통의 관심사를 가진 사용자 그룹에 가입할 수 있으며, 이 그룹들은 직장, 학교 등과 같은 특성으로 분류되고, 친구들은 '직장친구', '가까운 친구' 와 같이 분류가능하다.

트위터

트위터는 소셜네트워크서비스이자 마이크로블로그서비스이다. 여기서 "트윗(tweet)"이란 작은 새가 지저귀는 소리를 나타낸 영어 낱말이다. 영어를 포함한 여러 언어들을 지원하며, 지역에 제한 없이 전 세계 이용자와 짧은 글로 대화를 주고받거나 친구를 맺을 수 있다. 사용자수가 많으며, 실시간 대화와 비슷한 방식으로 이야기가 오가는 특징이 있기 때문에, 누군가가 시작한 이야기가 급속히 유포되어 세계적인 이슈가 되는 일도 일어난다.

장문의 진지한 글을 쓰는 데 좋은 블로그와 달리, 트위터는 간단한 글을 손쉽게 쓸 수 있는 단문 전용 사이트이기 때문에, 이동통신 기기를 이용한 글 등록도 편리하다. 상대방의 최근 활동을 알게 해주는 '팔로우(follow)'라는 기능이 있다는 점, 그리고 메신저와 같은 신속성을 갖춘 점이 특징이다. 그리고 다른 SNS와는 달리 상대방이 허락하지 않아도 일방적으로 '팔로어(follower)'로 등록할 수 있다. 2010년 서비스 규정에 따르면, 트위터사이트 내에서는 외부광고가 금지되지만 대신 유명인사들이 돈을 받고 자신의 트위터에 어떤 제품이나 상표를 홍보하는 문구를 남기는 것은 허용된다.

미국 내의 트위터 사용자로서 유명인은 저술가이자 저널리스트인 애나 데이비드, 정치인인 존 에드워즈와 버락 오바마를 꼽을 수 있다. 미국의 첫 흑인 대통령이 된 버락 오바마가 대통령 선거에서 승리하는데 트위터를 이용한 홍보효과를 톡톡히 본 것으로 알려져 있으며, 기업들도 홍보나 고객불만 접수창구 등으로 활용하고 있다.

트위터는 월간 실제 사용자수가 3.2억 명이며 모바일 기기에서 실제 사용자수가 80%에 달한다. 미

Twitter

국 외 계정 비율이 79%이며 지원언어수가 35개를 넘어가기 때문에 전 세계적인 서비스라고 할 수 있다.

인스타그램

인스타그램(Instagram)은 온라인 사진공유 및 소셜네트워킹서비스로, 사용자들은 인스타그램을 통해 사진을 찍음과 동시에 다양한 디지털 필터(효과)를 적용하며 페이스북이나 트위터와 같은 다양한 소셜네트워킹서비스에 사진을 공유할 수 있다. 가장 큰 특징은 폴라로이드 사진을 연상케 하는 정사각형 모양의 사진 크기이며 이는 보통의 모바일 기기에서 사용하는 16:9 비율과 차이가 있다. 2012년 기준 인스타그램 이용자수는 8,000만 명을 돌파했다. 또한, 2014년 12월 11일 기준으로 세계 월간 활동사용자(MAU)가 3억 명을 돌파했다. 인스타그램은 케빈 시스트롬과 마이크 크리거가 만들었으며 2010년 10월 런칭했다.

Instagram

카카오톡

카카오톡(KakaoTalk)은 주식회사 카카오가 2010년 3월 18일 서비스를 시작한 글로벌 모바일 인스턴트 메신저이다. 카카오톡은 현재 스마트폰 사용자를 대상으로 프리웨어로 제공된다. 안드로이드 모바일 장치 사용자는 Google Play 스토어에서, 애플의 모바일 장치 사용자는 애플 앱스토어에서, 블랙베리 기기 사용자는 앱월드에서, 노키아 기기 사용자는 오비(노키아)에서, 윈도우폰 사용자는 윈도우 스토어에서 내려받아서 사용할 수 있다.

KakaoTalk

사용자수는 대한민국 사용자와 해외 사용자수를 합하여 2011년 4월 1일 1,000만 명, 2011년 7월 28일 2,000만 명, 2011년 11월 14일 3,000만 명을 넘어선 데 이어, 2012년 3월 11일 4,000만 명을 돌파하였다. 2011년 12월 29일 카카오톡을 통해 하루에 오고가는 메시지 개수가 10억 건이 넘었다. 2014년 5월 26일 다음으로 합병되어 다음카카오로 통합법인이 되었다. 2015년 10월 1일에는 다음카카오에서 카카오로 사명을 바꾸었다.

카카오톡은 상대방과 단순한 대화기능 외에 다양한 기능과 서비스들을 가지고 있다. 카카오톡의 주 기능으로는 상대방에게 메시지, 사진, 동영상, 음성 그리고 연락처 등을 전송할 수 있고, 친구들과 일정을 만들 수도 있다. 또한, 보이스톡 기능을 이용하여 상대방과 음성으로 대화할 수 있다. 또한, 카카오게정을 이용해 친구들과 게임을 할 수 있다. 최근에는 페이스톡 기능이 추가되어 영상대화를 할 수 있다.

3) SNS와 우리 생활의 변화

SNS와 문화

소셜(social)이라는 용어는 온라인 이전부터 우리 사회와 관계된 다양한 분야에서 사용된 단어이다. 하지만 SNS의 등장 이후로 우리는 소셜이라는 단어를 SNS와 연결하여 사용하고 있다. '소셜'이라는 단어가 '사회적'이라는 의미를 가지고 있는 것처럼 우리는 사회적 네트워크와 커뮤니케이션에 기반한 서비스를 소셜이라는 단어를 붙여서 쓰고 있다.

특히, 온라인상에서 네트워크로 연결된 사람과 사람 간의 관계를 중요시 하는 문화를 소셜문화라 할 수 있을 것이다. SNS를 흔히 컴퓨터매개커뮤니케이션(CMC: Computer Mediated Communication) 도구라 말한다. 우리는 친구와의 관계, 회사동료와의 관계뿐만 아니라 가족 간에도 SNS를 통해서 서로 연락하고 소식을 전하고 있다. 이 같은 현상은 스마트폰을 중심으로 한 모바일 기기의 확산 이후 더 커지고 있다. 때문에 SNS는 새로운 문화적 이슈를 만들어내고 사람들이 열광하는 새로운 문화를 창조하는 공간으로 자리잡았다.

대표적인 예로는 2014년도에 있었던 '**아이스 버킷 챌린지**'가 있다. 아이스 버킷 챌린지는 루게릭병 환자들에 대한 관심을 갖기 위해서 2014년도 여름 미국에서 시작된 캠페인으로 참가자가 자신의 지인을 지목하고 24시간 안에 100달러를 기부하든지 얼음물을 뒤집어쓰고 동영상을 온라인에 인증하는 방식으로 전개되었다. 이 같은 캠페인은 SNS를 통해서 전파되었고 전 세계로 확산되어서 하나의 새로운 문화로 자리하였다. 이처럼 SNS는 사람들 간의 관계가 온라인으로 연결되어 있기 때문에 빠른 확산 속도와 제한 없는 범위를 가지고 있다.

하지만 SNS의 문화적 영향이 긍정적이지만은 않다. SNS의 빠른 전파력은 잘못된 루머의 양산과 개인정보의 노출과 같은 부정적인 현상을 야기하고 있다. SNS는 개인미디어로서 자

그림 9-6 ○ 아이스 버킷 챌린지[14]

유로운 의견과 사상의 표출이라는 장점을 가지고 있지만 반대로 절제되지 않고 규제받지 않은 정보가 무분별하게 양산되는 단점을 가지고 있다. 이는 사회적으로 부정적인 이슈를 만들어내기도 하여서 새로운 문화적 의식이 형성될 필요가 있다.

SNS와 기업환경의 변화

SNS가 기업운영에 가장 영향을 주는 분야는 마케팅이라 할 수 있다. 이용자가 직접 정보를 생산하는 이용자 참여의 문화는 새로운 정보자원으로서 SNS의 활성화를 가져왔다. SNS 마케팅이 이처럼 기업경영전략에 유용한 것은 다음과 같은 이유라 할 수 있다.

첫째, SNS의 가장 큰 장점인 정보의 확산력이다. SNS는 자신과 인맥관계를 가진 사람들에게 정보를 전달할 수 있는 네트워크 기반의 온라인서비스이다. 그렇기 때문에 한 소비자가 자신이 이용한 기업서비스 정보를 SNS에 제공한다면 그와 연결되어 있는 지인들은 전부 간접적인 홍보정보를 보게 될 것이다. 또한 자신과 사회적 관계를 맺은 사람이 추천하는 정보는 거부감 없이 수용될 수 있기 때문에 그 홍보효과가 크다고 할 수 있다. 대표적인 것이 e-WOM(Electronic Word of Mouth: 온라인구전)전략이라 할 수 있다.

둘째, SNS는 관심사나 선호도가 비슷한 사람들이 서로 관계를 맺고 서비스를 이용하기 때문에 기업은 목표고객을 선정하여 소비자를 대상으로 홍보전략을 수립할 수 있다. 비슷한 취향의 사람들을 통해서 홍보전략을 펼치기 때문에 효율적으로 목표고객을 대상으로 홍보하는 것이 수월하다고 할 수 있다.

셋째, SNS에서 정보를 생산하는 것은 기업이 아닌 소비자이다. 즉, 기업은 마케팅 홍보에 대한 전략을 수립하고 이벤트를 개최할 수 있지만 실질적으로 정보를 공유하는 것은 소비자가 하게 된다. 이것은 기업이 홍보를 위해서 추가적으로 발생하는 비용을 절감할 수 있고 소비자 스스로 정보를 생산하기 때문에 기업의 홍보라는 거부감으로부터 자유로울 수 있다. 이 같은 장점들로 인해 많은 기업들이 SNS를 활용한 마케팅전략을 수립하고 이를 활용하고자 한다.

롯데, 유커 겨냥 '관광안내 앱' 출시 … 중국인 개별관광객 잡아라[15)]

롯데그룹이 중국인 관광객(유커 · 遊客)을 겨냥해 종합 관광안내서비스 애플리케이션(앱)을 개발했다. 이 앱은 국내 유명 관광지와 추천 맛집 등을 비롯해 중국어 지도와 번역서비스 등을 제공한다. 또 롯데멤버스, 롯데면세점, 롯데백화점, 롯데호텔, 롯데월드 등 롯데그룹 15개 계열사의 쇼핑과 이벤트 정보, 모바일 쿠폰 등을 총망라했다.

롯데는 이 앱을 개발하며 유커 대상 여행정보 전문 스타트업인 '짜이서울'과 제휴를 맺어 1,800여 개 소상공인 상점 위치와 소개를 수록했다. 향후 지역 식당이나 상점 등 소상공인들과 제휴를 확대해 맛집과 인기 여행지 정보를 지속적으로 추가할 계획이다. 유커가 자주 찾는 키워드와 주요 동선, 이용 시간대 등 앱을 통해 얻는 빅데이터를 제휴한 소상공인에게 제공하기로 했다. 소상공인들이 중국인 마케팅을 펴는 데 도움을 주기 위해서다.

관광안내 앱

롯데가 관광안내 앱을 개발한 것은 유커들의 관광형태가 단체관광에서 개별자유여행으로 변하고 있기 때문이다. 한국관광공사 자료에 따르면 유커 개별자유여행객은 2013년 164만 명에서 2015년 353만 명으로 2배가량 증가했다. 2016년에는 555만 명까지 증가할 것으로 업계는 예상하고 있다. 이 관광안내 앱은 애플 스토어와 구글플레이 스토어를 비롯해 360, 바이두(百度) 등 중국의 주요 앱마켓에서 무료로 다운받을 수 있다.

롯데 미래전략센터장은 "면세점이나 백화점 등을 통해 유입되는 유커를 다른 계열사와 중소업체 및 소상공인들에게 소개하는 효과가 기대된다"며, "우리나라 관광만족도 향상에도 기여할 수 있을 것"이라고 말했다.

4) 소셜커머스

소셜커머스의 등장

SNS가 활성화되면서 많은 기업에서는 소셜마케팅을 비롯한 다양한 경영전략을 펼치기 시작하였고 새로운 비즈니스 모델에 대한 고민을 하기 시작하였다.

e-커머스사이트에서 사람들이 상품에 대한 평가를 하고 정보를 교류하는 것이 일반화되고 이를 넘어서 공동구매와 같은 온라인 교류가 일어나면서 등장하게 된 것이 소셜커머스라 할 수 있다. 소셜커머스는 소비자가 모여서 일정 수 이상의 구매자가 모일 경우 할인된 가격으로 판매하는 방식에서 시작된 온라인 쇼핑형태라 할 수 있다. 소셜커머스라는 용어는 온라인으로 같은 상품을 구매하는 사람들을 모으는 방식에서 주로 SNS가 활용되면서 이러한 용어가 탄생하였다.

소셜커머스라는 용어는 2005년 야후쇼핑몰에서 장바구니 공유서비스인 쇼퍼스피어(Shoposphere) 같은 사이트에서 처음 소개되었으며 지금의 소셜커머스가 자리잡은 것은 2008년 설립된 미국의 그루폰(Groupon)의 비즈니스 모델이 성공하면서 본격적으로 알려졌다.

소셜커머스는 보통 주어진 시간과 수량의 제품을 판매하면서 일정 구매자 이상의 수가 충

그림 9-7 ◎ 국내 대표 소셜커머스 기업[16]

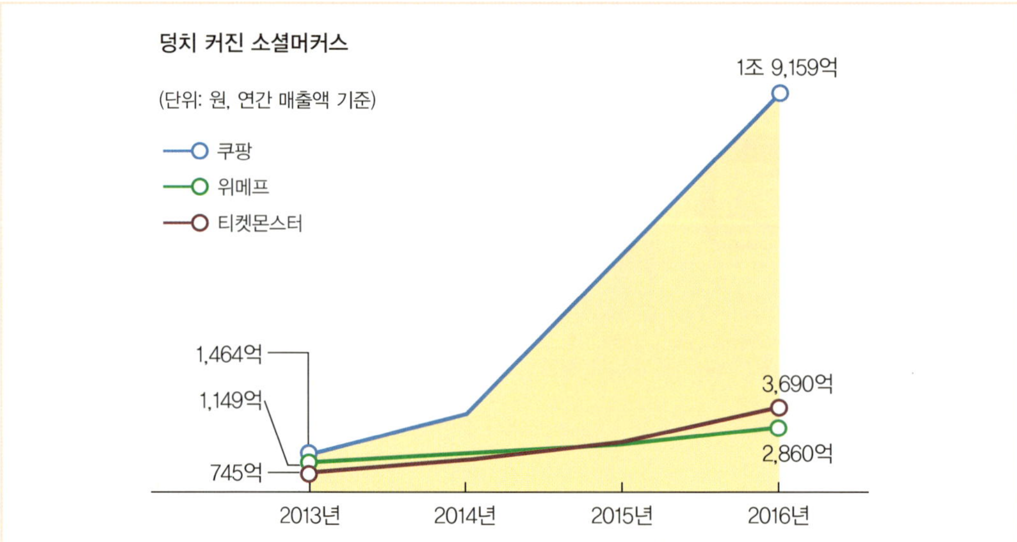

족될 경우 할인율을 조정하여 판매하는 형식의 비즈니스 모델을 구성하고 있다. 예를 들어 특정 레스토랑의 식사 쿠폰을 50명이 구매하면 20% 할인을 하고 100명이 구매하면 30%를 할인하는 식의 제도를 가지고 있다. 소셜커머스의 품목은 제품과 서비스 전 분야에서 거래가 이루어지고 있지만 주로 공연, 레스토랑, 미용 등 서비스산업을 중심으로 크게 발전하였다. 이 같은 이유는 제품의 수량과 보관에 제한이 있는 제조제품보다는 서비스산업이 소셜커머스의 비즈니스 구조에 적합하기 때문이다.

국내의 경우 2010년부터 소셜커머스 업체가 늘어나기 시작했으며 쿠팡, 티켓몬스터, 위메프 등의 서비스가 대표적인 국내 소셜커머스 업체이다. 또한, 소셜커머스는 전 세계적으로 계속 성장하고 있으며 국내 소셜커머스 시장은 매년 고성장세를 지속하며 2014년 거래규모 5조 원을 돌파하였다. 이는 업계 간의 주도권 경쟁이 이어진데다 모바일 이용 고객이 급증한 데 기인하였으며 국내 소셜커머스사들은 모바일을 적극 활용해 오픈마켓 대비 고성장이 가능하였다.

그림 9-8 ◎ 소셜커머스 시장 성장 추이 및 주요 e-커머스별 모바일 비중

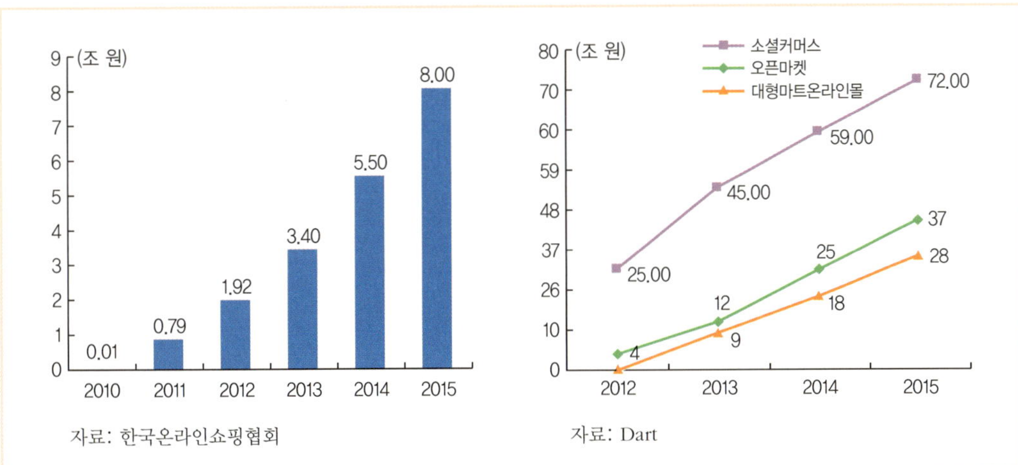

소셜커머스의 특징

소셜커머스는 SNS의 특성과 같이 사람들의 관계와 입소문에 의해서 성장하고 있는 e-커머스 유형으로 다음과 같은 특징들을 가지고 있다.

■ 마케팅의 효율화

소셜커머스에서는 제품이나 서비스에 대한 홍보가 필요 없다. 소셜커머스의 시스템 자체가 사람들이 많이 찾고 추천도가 높은 제품과 서비스를 중심으로 판매가 되기 때문에 기업이 직접 홍보를 하지 않아도 소비자들이 스스로 정보를 공유하게 된다.

■ 박리다매효과

소셜커머스의 판매전략은 전통적으로 보면 박리다매의 판매방식이다. 즉, 가격은 최대한 저렴하게 하지만 일정 수 이상이 모이지 않으면 판매를 하지 않기 때문에 손익분기점을 계산하여 판매를 할 수 있다. 또한 많은 수의 제품을 싸게 팔기 때문에 이에 따른 홍보효과가 저절로 따라오는 방식이라 할 수 있다.

■ 충동구매효과

소셜커머스는 한정된 기간 동안 할인된 가격에 제품과 서비스를 판매하기 때문에 소비자로부터 구매의 충동을 자극한다. 많은 사람들이 구매를 하고 많은 사람들이 추천을 하는 제품은 결국 소비자에게 구매를 유도하는 자극제로 작용하게 된다. 물론 이것은 소비자가 필요 없는 구매를 하게 됨으로써 생기는 환불로 이어지는 부작용을 유발하는 특징이기도 하다.

2. 집단지성과 크라우드소싱

1) SNS와 집단지성

집단지성의 개념

집단지성(collective intelligence, 集團知性)이란 다수의 개체들이 협력하며 형성하는 집단 또는 조직이 보유하게 되는 지적 능력을 말한다.

집단지성은 원래 곤충학에서 벌이나 개미와 같이 군집생활을 하는 개체들이 협동적으로 집합적인 지능을 만드는 것에서 유래했다. 이것은 사회학적으로 연구되어서 인간사회에서 사람들의 협동과 협업을 통해 지능을 향상시키는 과정을 탐구하였다.

집단지성에 대한 관심이 좀 더 커진 것은 웹 2.0과 SNS의 등장으로부터라 할 수 있다. 온라인 네트워크로 서로 연결되어 있는 사람들이 서로의 의견을 모아 정보를 완성하고 이에 따른 하나의 집합적인 행동으로 연계되는 현상을 집단지성으로 이해할 수 있다. 사람들은 SNS를 통해 서로 생각을 공유하고 다양한 의견을 제시하면서 집단적인 지성을 만들어간다.

집단지성의 대표적인 예로는 위키피디아서비스를 들 수 있는데, 온라인으로 백과사전서비스를 하고 있는 위키피디아는 전통적인 백과사전인 브리태니커 백과사전이 사업을 철수하게 만드는 계기를 만들었다.

대학생이 위키피디아 동해 표기 오류 수정[17)]

한 여대생이 온라인 백과사전 위키피디아의 동해 표기와 관련된 글에서 오류를 찾아내 수정한 사실이 뒤늦게 알려졌다.

위키피디아

2013년 7월 28일 경희대에 따르면 지리학과 3학년에 다니는 한 학생이 지난달 23일 위키피디아의 '동해-일본해 표기 논쟁(Naming Dispute)' 글에서 2012년 모나코에서 열린 국제수로기구 총회에서 동해 표기가 기각됐다는 내용의 문장을 발견했다. 그러나 지난해 4월 열린 국제수로기구 총회에서는 동해와 일본해 표기와 관련해 결정이 내려지지 않았고 논의는 2017년 총회로 미뤄졌다. 학생은 위키피디아에 수정요청 메일을 보내 이 사실을 알렸고 위키피디아는 곧 시정하겠다는 내용의 답장을 보냈다. 한국관광공사와 반크(VANK: Voluntary Agency Network of Korea)가 공동으로 주최하는 'SNS 한국관광홍보단'의 일원인 이 학생은 전 세계 웹사이트, 책자 등을 살펴보며 한국관광, 문화유산과 관련된 오류를 찾아내고 시정을 요청하는 메일을 보내는 활동을 하고 있다.

"독도, 동해와 관련해 정확한 정보를 알리는 일을 계속 하고 싶다"며 "독도가 한국 땅이고 동해 표기가 맞다는 것을 전 세계 사람들이 알았으면 한다"고 말했다.

2) 크라우드소싱과 오픈이노베이션

오픈이노베이션(open innovation)

오픈이노베이션의 개념은 미국 UC 버클리대학의 헨리 체스브로 교수(Henry Chesbrough)가 2003년에 제시한 기술혁신 전략적 개념이다. 헨리 체스브로 교수에 의하면 오픈이노베이션은 "**내부혁신을 가속화하고, 기술을 발전시키기 위하여 내 · 외부 아이디어를 모두 활용하고, 가치를 창출하기 위해 내 · 외부의 시장경로를 모두 활용하는 것**"이라고 정의하였다. 즉, 기업운영 및 개발에 있어서 폐쇄적인 형식을 버리고 기술혁신을 위해서 아이디어와 기술을 외부에서 도입하는 것을 말한다. 기업은 오픈이노이베이션을 위해 기업 간의 공동개발, 전략적 제휴, 조인트벤처(jointventure) 등의 다양한 전략을 구사할 수 있다. 오픈이노베이션이 가져오는 효과는 다음과 같다.

- 첫째, 외부의 새로운 아이디어 도입을 통해 투입자원 및 시간을 절감할 수 있을 뿐만 아니라, 연구개발(R&D)효과를 배가시킬 수 있다.
- 둘째, 내부지식의 라이센스 아웃(license-out)은 추가적인 매출을 창출해주고, 내부 인재에게 동기를 부여함으로써 인재유지에도 도움을 준다.
- 셋째, 내부아이디어를 외부의 시각으로 평가함으로써 현재 추진 중인 연구개발 프로젝트의 가치를 측정하고 향후 방향을 정하는 데 도움을 준다.
- 넷째, 내 · 외부 간의 아이디어 교환을 통하여 기업은 자사가 잘할 수 있는 핵심역량을 확인할 수 있다.

인소싱, 아웃소싱 그리고 크라우드소싱까지

기업운영에 가장 기초적인 단계를 인소싱(insourcing)이라 할 수 있다. 인소싱이란 기업의 모든 프로세스에 있어서 필요한 자원을 기업 안에서 해결하는 방식을 말한다. 인소싱 체제에서 기업은 문제해결이나 의사결정에 이르는 모든 과정을 기업 안에 있는 자원을 활용해서 해결하게 된다.

반면에 아웃소싱(outsourcing)은 기업의 자원을 외부로부터 끌어오는 경영방식이라 할 수 있는데, 주로 일부 프로세스에 해당되는 전문인력을 제3자에게 위탁하는 시스템이라 할 수 있다. 아웃소싱은 기업이 가지고 있지 못한 전문적인 인력을 외부에서 끌어올 수 있으며, 반대로 투자가치가 없는 하부프로세스의 업무를 외부업체를 통해서 운영할 수도 있다.

크라우드소싱(crowdsourcing)은 아웃소싱이 좀 더 확장된 개념이라 할 수 있다. 크라우드소싱의 어원은 군중(crowd)와 아웃소싱(outsourcing)이 결합한 용어로 기업활동에 있어서 모든 과정에서 소비자를 포함한 이해관계자 모두가 참여하여 기업활동의 능력을 향상시키는 방식을 말한다. 크라우드소싱은 기업의 경영상의 의사결정과 개선방안 등을 온라인 네트워크에 연결된 대중들의 지식을 모아서 해결하는 형태로 온라인 네트워크, 특히 SNS를 기반으로 많은 지식의 결합이 이루어지는 집단지성의 한 형태이다. 그렇기 때문에 크라우드소싱과 오픈이노베이션은 연계성이 높으며 많은 기업들이 오픈이노베이션을 위해서 크라우드소싱을 선택하고 있다.

표 9-3 | 인소싱, 아웃소싱, 크라우드소싱 비교

인소싱 (insourcing)	아웃소싱 (outsourcing)	크라우드소싱 (crowdsourcing)
• 기업 안에서 해결 • 문제해결이나 의사결정에 이르는 모든 과정을 기업 안의 자원 활용	• 기업자원을 외부에서 수급 • 전문인력을 제3자에게 위탁 • 하부프로세스의 업무를 외부업체에서 운용	• 기업활동의 모든 과정에서 소비자를 포함한 이해관계자가 모두 참여 • 의사결정과 개선방안 등을 연결된 대중에게 지식을 모아서 해결 • SNS 기반의 집단지성 형태 • 오픈이노베이션과 연계성 높음

크라우드소싱의 특징

크라우드소싱은 일반 대중이 기업의 상품기획, 판매, 홍보 등의 프로세스에 직접 참여할 수 있도록 개방하고 자발적으로 참여한 소비자가 수익에 긍정적인 영향을 주면 수익을 배분하는 방식으로 활용되고 있다. 이에 따른 크라우드소싱의 특징은 다음과 같다.

■ 비용감소

크라우드소싱은 대중의 지식을 모아서 문제를 해결하는 집단지성을 활용한다. 그렇기 때문에 기업의 문제해결을 위해 전문가를 고용해야 하는 비용을 절감할 수 있다. 크라우드소싱이 성공적으로 수행된다면 제품 및 서비스 기획, R&D 등에 소용되는 시간과 비용을 줄일 수 있다.

■ 소비자 니즈파악

일반 대중이 기업 가치사슬에 참여함으로써 소비자의 생각과 니즈를 파악할 수 있다. 대중의 의견을 모으는 것은 자연스럽게 대중들의 요구사항이 반영되는 과정이기 때문에 고객 인사이트 확보로 이어질 수 있다.

그림 9-9 ◯ 크라우드소싱의 장점[18]

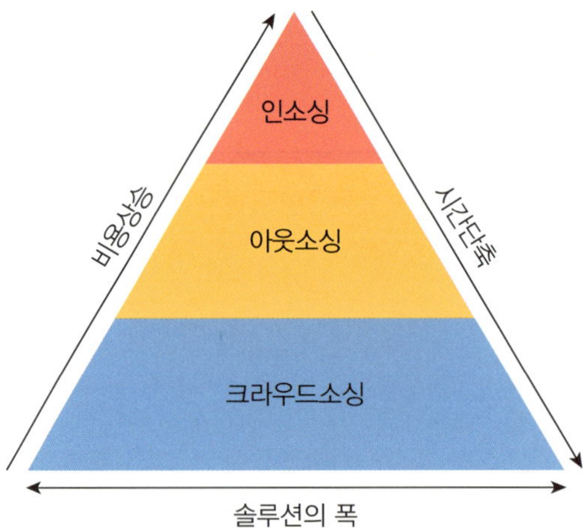

■ 다양성의 추구

크라우드소싱은 온라인으로 연결된 수많은 사람들의 의견을 기업 경영지식으로써 활용할 수 있다. 그렇기 때문에 기업이라는 틀에 갇혀 있지 않은 열린 사고와 새로운 발상을 경영에 적용할 수 있다.

3) 크라우드소싱의 사례

Threadless.com[19]

Threadless는 2000년 미국 시카고 출신의 20대 청년 제이크 니켈(Jake Nickell)이 100달러를 가지고 설립한 온라인 기반의 의류제조 · 판매 업체이다. Threadless는 대중이 예술을 어렵게 보는 것을 원하지 않았다. 그들은 대중이 예술을 좀 더 재미있게 즐기길 원했고 사람들이 협력하여 더 멋진 아이템을 만들어낼 수 있기를 바랬다. 그래서 그들은 자신들의 서비스를 통해 모두가 즐겁게 아이템을 만들 수 있도록 하였다.

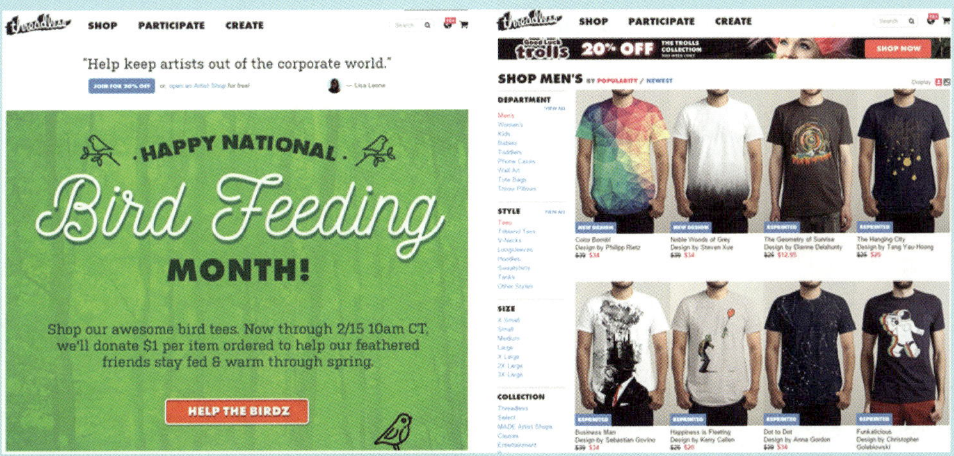

스레드리스(Threadless)

Threadless의 이용자들이 예술을 즐기는 방법은 간단하다. 예를 들면 일상생활에서 당신이 무심코 어떤 일러스트를 그렸다고 하자. 그 일러스트를 Threadless의 홈페이지에서 매주 열리는 티셔츠 디자인 경연대회에 판매하고 싶은 아이템 형태로 올리기만 하면 된다. 그 다음은 사람들이 그 아이템에 대해 별점을 주어 투표를 할 것이다. 그렇게 채택된 일러스트는 티셔츠에 찍혀서 팔리거나 양말, 가방 등 여러 가지 아이템으로 팔릴 수 있다. 간단히 말해서 Threadless는 예술에 '크라우드소싱(crowd-sourcing)'의 개념이 적용되었다고 할 수 있다. 그리고 사람들에게 경연에 참가할 동기를 부여하기 위해 Threadless는 자신의 작품이 선정이 되면 2,000달러의 상금 및 500달러 상당의 Threadless 상품권을 수여하는 방식을 적용하고 있다.

스레드리스 웹사이트

Threadless는 모든 이들에게 예술을 어렵지 않게 만들어주면서 예술을 자연스럽게 우리 일상에 스며들게 하였다. 현재 Threadless에서 판매되는 아이템들이 이 사실을 증명해준다. 이 아이템들은 우리의 일상생활 안에서 흔히 접할 수 있는 것들이기 때문이다.

Threadless에서 판매되는 아이템은 정말 다양하다. Threadless에서 채택된 일러스트는 티셔츠, 후드, 바지 그리고 긴팔 등 성인 남녀의 옷을 비롯한 다양한 생활용품에 적용된다. 특별히 여자 옷 중에는 일러스트가 패턴처럼 적용되어 있는 원피스 상품군도 있다. 또 Threadless는 성인남녀의 옷이 아닌 아동복도 판매하고 있다. 특히 이 아동복 코너는 사람들에게 폭발적인 호응을 얻었다고 한다. 이 외에도 WallART라든지 아이폰 케이스, 주방용품, 노트북 파우치, 가방, 액세서리 그리고 양말 등 다양한 상품군이 판매 중이다. Threadless에서 거래된 상품의 가격은 보통 9천 원~2만 원 사이의 합리적인 가격으로 사람들의 호응을 받고 있다.

Threadless의 시스템 구조는 단순 크라우드소싱 서비스이지만 사람들에게 폭발적인 반응을 이끌어낼 수 있었던 이유는 그 서비스를 이용자들이 일상생활에서 쉽게 즐길 수 있고 흥미를 가질 수 있는 내용으로 채웠기 때문이다. 또한 Threadless에서 생산해내는 아이템이 모두 잠재구매자들의 선호도 및 구매의향이 정확히 반영된 상품이기 때문에 Threadless의 제품이 인기를 끌 수밖에 없는 것이다.

Dell[20)]

컴퓨터 제조회사 델은 리눅스가 탑재된 PC를 출시했다. 이 아이디어는 대중에게서 나왔다. 델은 2006년 블로그형 사이트인 '아이디어스톰'(ideastom, 브레인스토밍과 아이디어의 합성으로 고객들이 델과 델의 제품에 대한 혁신적인 집단아이디어를 내고 의견에 대해 토론하는 사이트)을 개설, 소비자들이 비즈니스와 기술에 대한 의견을 직접 교환토록 했고, 제시된 아이디어를 제품에 반영하고자 했다. 1년 반 만에 1만 개 이상의 아이디어를 대중으로부터 받았다. 기술지원 전화상담실을 미국에 두라는 것부터 데스크톱 컴퓨터 뒷면에 더 많은 USB 슬롯을 만들어달라는 요구에 이르기까지 다양한

델과 아이디어스톰

아이디어들이 포함돼 있다.

SNS 방식을 이용해 새 아이디어를 추가할 수 있을 뿐 아니라 8만 명의 사이트 회원들은 댓글과 추천 · 비추천시스템으로 다른 사람의 아이디어에 대해 의견을 제시할 수 있다. 가장 많은 추천을 받은 아이디어는 홈페이지 상위에 표시된다. 한 사용자는 델이 리눅스 기반 컴퓨터를 제작해야 한다고 제안하자 약 3만 명의 아이디어스톰 사용자가 이에 동의했고, 몇개월 간 사이트에서 부동의 1위를 지켰다. 3개월 후 델은 리눅스 운영체제를 이용한 3개의 모델을 출시했다.

델은 고객들의 협력과 창의적인 문제해결책을 창출함으로써 비즈니스 혁신으로 세계 최고의 컴퓨터회사로서 명성을 유지할 수 있었다. 델은 지난 2005년 하반기 이후 가격 대비 수익성 악화로 곤경에 처했다. 고객서비스와 마케팅비용을 감축했지만 돌아온 건 제품과 서비스품질 저하에 대한 고객들의 불만뿐이었다. 2006년 8월 일본에서 개최된 컨퍼런스에서 델의 노트북이 폭발하는 사건이 일어나면서 창업 후 최대 위기에 봉착했다. 마이클 델 회장은 2007년 회장으로 재취임하고 난 후 새로운 고객과의 커뮤니케이션 수단인 아이디어스톰을 개설해 고객 커뮤니케이션을 강화했다. 제품과 기업에 대한 고객들의 아이디어를 자유롭게 듣고 반영하기 위해서다. 채택된 아이디어에 대해 1,000달러를 현금으로 보상하는 획기적인 인센티브로 고객의 참여를 대폭 늘렸다. 델은 위기국면에서 유통마진을 줄여 가격경쟁력을 확보하기보다는 고객과 대화를 최우선으로 여겨 고객이 원하는 가치를 찾아냈다.

3. SNS와 관광산업

1) 관광정보와 SNS

관광산업에서의 SNS

관광산업은 생산과 동시에 소비가 일어나는 특성을 가지고 있고 경험을 하지 않고서는 상품의 특성을 알 수 없기 때문에 정보의존도가 높은 산업이다. 특히, 경험재라는 관광상품의 특성은 불확실성을 줄이기 위해서 정보를 탐색하고자 하지만 공급자가 제공하는 홍보성 정보만으로는 소비자의 의사결정에 확신을 얻기 어렵다.

SNS정보는 관광객에게 다양한 플랫폼을 통하여 관광경험에 대한 후기와 사진과 같은 정보를 제공하기 때문에 관광객의 의사결정에 있어서 중요한 정보미디어로 선호하고 있다. 관광경험을 한 소비자는 새로운 정보제공자로서 페이스북, 인스타그램, 블로그 등을 통해서 자신이 방문한 호텔, 관광지, 레스토랑의 사진과 후기를 공유한다. 이러한 정보는 잠재적 관광객에게 동기유발과 새로운 소비욕구를 촉진시키는 관광정보로 활용된다.

한국관광공사는 대한민국 구석구석 홈페이지와 VisitKorea 홈페이지 및 SNS를 통해서 내 · 외국민 관광객과 소통을 하고 있다. 관광공사는 보유하고 있는 정보 데이터베이스를 근간으로 대한민국 관광을 하고자 하는 잠재적 관광객의 니즈에 맞는 관광마케팅을 펼치고 있으며 다양한 소셜미디어를 통해서 공유와 확산을 시도하고 있다. 또한, 유튜브와 같은 소셜 콘텐츠서비스를 이용하여 한류문화를 알리고 홍보하는 활동을 하고 있다.

그림 9-10 ○ 한국관광공사 '대한민국 구석구석,' SNS 활동[21]

SNS 관광정보의 특성

SNS 관광정보의 특성은 인식과 기술적 부문으로 구분할 수 있다.

표 9-4 | 인지적인 특성과 기술적 특성

인지적인 특성(cognitive qualities)	전문성(expertise)과 지식(knowledge), 역량(competence), 믿음성(trustworthiness), 메시지의 정확성(accuracy)
기술적 특성(technical qualities)	형태(format)와 인터페이스디자인(design of interface), 유연성

2) 관광산업에서 SNS의 활용

소셜트래블(social travel)

SNS의 경험적 정보와 상호작용성은 관광상품을 제공하는 기업과 소비자가 온라인 커뮤니케이션을 통하여 자유롭게 정보와 의견을 교류하게 하고 있다. 관광경험을 한 사람들은 자신의 경험을 블로그, 페이스북 등을 통해 포스팅(posting)하고 이러한 정보는 기존의 포털사이트에서 제공하는 정보보다 우선시되고 있다. 또한 스마트 기기의 보급이 확대되면서 시·공간의 제약 없이 SNS를 사용할 수 있게 되었고 사람들은 관광활동을 하는 그 순간에도 수많은 정보를 생산하게 된다.

표 9-5 | 소셜트래블서비스 특징[22)]

구분	내용
경험공유	자신의 여행경험을 공유하는 사람은 여행이 끝난 후에도 다른 사람들과의 정보공유로 자신의 여행 기억을 회상함
실시간성	여행 중에도 모바일 기기를 통해 상호 교환적인 서비스로 새로운 정보를 얻고 일정을 변경할 수 있음
편리성	다른 여행자의 경험과 일정, 사진정보 등을 통해 편리한 여행을 계획할 수 있음
신뢰성	다른 여행자가 직접 경험하고 공유하는 정보를 제공받아 믿을 수 있는 정보를 얻을 수 있음
맞춤형	다양한 정보와 일정을 통해 자신에게 특화된 여행경로를 계획할 수 있음

이렇게 사용자 간의 경험정보를 교류로 한 '소셜트래블'이 확산되고 있다. 소셜트래블이란 학술적 정의를 내리기는 어렵지만 SNS를 중심으로 정보의 교류와 의사결정이 이루어지는 관광 트렌드의 한 형태라 할 수 있다. 소셜트래블은 자신의 관광경험을 공유하고 자신만의 관광계획을 위한 관광소비자들에게 선호되며 [표 9-5]와 같은 특징을 가지고 있다.

소셜트래블서비스

소셜트래블을 대표하는 SNS는 다음과 같다.

트립어드바이저(Tripadvisor)

트립어드바이저[23]

트립어드바이저는 완벽한 여행계획을 세우고 즐길 수 있도록 수백만 여행자로부터 정보, 조언 및 의견을 들을 수 있는 여행 커뮤니티다. 여행자들에게 여행을 계획하고 실현하는 것을 위한 정보를 제공해주며 2000년 미국에서 설립되었다.

각국의 관광지를 여행하고자 하는 여행객들을 대상으로 여행계획 및 관광지 정보와 여행자들이 작성한 호텔, 관광명소, 식당 등의 후기에 대한 정보를 제공한다. 또한 웹 및 애플리케이션으로 서비스를 제공함으로써 확장성을 늘리고 페이스북을 통해 상호 정보교류가 가능하게 하였다. 자체적으로 개발한 예약플랫폼(Tripadvisor connect)과 익스피디아와 연계하여 예약시스템을 제공하고 모든 규모의 숙박업체가 온라인 부킹 엔진을 통해 가격비교 서비스에 참여 및 고객 이용후기를 수집할 수 있도록 지원하고 있다. 이 자체 예약시스템을 통해 중계하는 불필요한 소모비용을 줄이고, 중소규모의 단독 경영 숙박업체에도 자동화 및 자율화된 서비스 사용이 가능하게 함으로써 시장경제 활성화를 도모하였다.

트래블로(Travelro)

트래블로[24]

트래블로(Travero)는 여행길을 기반으로 여행자들끼리 여행정보를 공유하는 여행 소셜미디어 서비스이다. '페이스북', '트위터', '미투데이', 카페, 블로그 등에 공유하고 관심있는 여행지들에 대한 정보를 습득할 수 있는 서비스를 제공하고 있다. 콘텐츠의 기반이 여행자들의 여행기이며 다양한 시각으로 여행지를 볼 수 있는 장점이 있다. '구글 맵'을 이용하여 여행일차별로 장소를 넣어 일정표를 만들 수 있고 사용자와 공유할 수 있다. 그리고 활동에 따라 쌓이는 '스탬프 미션 수행' 서비스를 제공하여 단순히 여행뿐만 아니라 재미를 제공하고 있다.

얍(YAP)

얍[25]

얍(YAP)은 포털 및 기타 인터넷 정보매개서비스업으로써 '현명한 소비 플랫폼'이라는 문구를 대표로 가지고 있다. 소비자들이 꼼꼼하게 이것저것 혜택을 받고 싶은데 제대로 받는 방법을 일일이 알기에는 너무 많은 할인정보가 있고 실질적으로 소비자들이 '잘몰라서, 까다로워서, 지갑을 놓고 와서, 귀찮아서'라는 이유로 혜택을 받지 않는 틈새를 공략하였다. 쿠폰(무료맛집, 술집, 생활, 뷰티 등 할인쿠폰), 멤버십카드(브랜드 멤버십부터 각종 멤버십카드), 결제(소액결제)서비스를 제공하고 블루리본이라는 레스토랑에 대한 평가정보를 제공함으로써 효용성을 높였다.

학·습·내·용·정·리

1. SNS는 '사용자 간에 자유로운 의사소통과 정보공유, 그리고 인맥확대 등을 통해 사회적 관계를 생성하고 강화시켜주는 온라인 플랫폼'이라고 정의할 수 있다.

2. SNS의 특징은 상호작용성, 정보의 빠른 교류, 네트워크 커뮤니케이션 등으로 특징지울 수 있다.

3. 소셜커머스(social commerce)는 보통 주어진 시간과 수량의 제품을 판매하면서 일정 구매자 이상의 수가 충족될 경우 할인율을 조정하여 판매하는 형식의 비즈니스 모델을 구성하고 있다.

4. 소셜커머스의 특징은 마케팅의 효율화, 박리다매의 효과, 충동구매 효과를 갖는다.

5. 집단지성(collective intelligence, 集團知性)이란 다수의 개체들이 협력하며 형성하는 집단 또는 조직이 보유하게 되는 지적 능력을 말한다.

6. 오픈이노베이션은 내부 혁신을 가속화하고, 기술을 발전시키기 위하여 내 · 외부 아이디어를 모두 활용하고, 가치를 창출하기 위해 내 · 외부 시장경로를 모두 활용하는 것이다.

7. 크라우스소싱은 아웃소싱의 확장된 개념으로 군중(crowd)과 아웃소싱(outsourcing)이 결합한 용어이다. 기업활동에 있어서 모든 과정에서 소비자를 포함한 이해관계자 모두가 참여하여 기업활동의 능력을 향상시키는 방식을 말한다.

8. 소셜트래블이란 SNS를 중심으로 정보의 교류와 의사결정이 이루어지는 관광 트렌드의 한 형태라 할 수 있다.

학·습·문·제

01 SNS와 기존의 미디어와의 차이점이 무엇인지 논의해보자.

02 SNS 정보가 빠른 확산력을 가진 이유에 대해 논의해보자.

03 SNS 유형별 특성에 대해 조사해보자.

04 SNS가 문화에 어떤 영향을 미치는지 논의해보자.

05 소셜커머스의 등장과 SNS의 연관성에 대해 논의해보자.

06 기업의 R&D에 있어서 크라우드소싱이 갖는 의의에 대해 논의해보자.

07 인소싱, 아웃소싱, 크라우드소싱의 차이를 예를 들어서 설명해보자.

08 관광산업에서 SNS의 중요성에 대해 설명해보자.

09 관광마케팅에서 SNS전략이 어떻게 사용되는지 조사해보자.

■ 참고자료 ■

1) 여행정보신문(2017), 인터파크투어, SNS 통해 마케팅 강화, 여행정보신문, 2017.6.23.
강정훈(2012), 인터파크투어, 페이스북 오픈해 고객소통 채널 강화, 엑스포츠뉴스, 2012.10.9.

2) 전경우(2011), 레저업계 'SNS 마케팅' 하나로 通하다, 스포츠월드
대명리조트(www.daemyungresort.com)
한화호텔&리조트(www.hwrc.co.kr)
워커힐호텔(https://www.walkerhill.com)
롯데호텔(www.lottehotel.com)

3) 백지영(2016), 소셜네트워크서비스(SNS) 관리 툴 시장을 주목하라, 디지털데일리, 2016.2.2.

4) 소셜마케팅코리아(http://socialmkt.co.kr/archives/7882)

5) GlobalWebIndex(2014), GWI Social Summery.

6) 김보영(2014), '페이스북 10년 … 전 세계 12억 명이 '페북'서 소통, 한국경제, 2014.2.2.

7) 한국인터넷진흥원(2015), 2015년 인터넷 이용실태조사 요약보고서, 미래창조과학부

8) 정보통신정책연구원(2015), KISDI STAT REPORT, 15-03.

9) Wikitree(2014), 모바일 재난대응체계 OECD 국가 사례, Wikitree, 2014.5.1.

10) Kietzmann, Jan H., Hermkens, Kristopher, McCarthyIan, P., Silvestre, Bruno S.(2011), Socialmedia? Get serious! Understanding the functional building blocks of socialmedia, BusinessHorizons, 54, pp.241~251.(저자 재구성)

11) 최민재 · 양승찬(2009), 인터넷 소셜미디어와 저널리즘, 한국언론재단, p.22.(논자첨가)

12) http://blog.daum.net/mojjustice/8703868

13) http://blog.naver.com/kindness8426/220069133749
Facebook(http://facebook.com)
Twitter(http://twitter.com)
Instagram(https://www.instagram.com)
Kakao(http://kakao.com)

14) 이사야(2015), [나눔 문화 확산, 법 · 정책 재정비가 답이다] 모금도 재밌고 따라하기 쉽게 … 마케팅 기법도 활용, 국민일보, 2015.10.28.
Rachel Emma Silverman & Lindsay Gellmanat(2014), 아이스 버킷 챌린지 열풍 그후(2): 기부금, 신약개발에는 턱없어, The Wall Street Journal, 2014.9.17.

하선영(2014), 빌 게이츠도 저커버그도 '얼음물 샤워' 왜?, 중앙일보, 2014.8.18.

15) 이성희(2016), 롯데, 유커 겨냥 '관광안내 앱' 출시 … 중국인 개별관광객 잡아라, 경향비즈, 2016.1.27.

16) 최현주(2017), [J Report] 마트보다 싸게 vs 모바일 인재 영입 … 유통 전방위 전쟁, 중앙일보, 2017.4.1.

17) 김보경(2013), 경희대생, 동해 표기 위키피디아 오류 수정, 연합뉴스, 2013.7.26.

18) 이윤재(2010), 기업들 '크라우드소싱'에 주목하라, 아시아경제, 2010.4.20.

19) 조아라, beSUCCESS(2013), [미국] 모두가 예술가가 될 수 있는 곳, Threadless.

20) 코스리, SR와이어(2013), (크라우드소싱) R&D에 집단지성 활용한 Dell.
미디어SR(2013), (크라우드소싱) R&D에 집단지성 활용한 Dell, 2013.12.11.
Dell(www.dell.co.kr)
http://mediasr.kr/archives/6722

21) 한국관광공사(korean.visitkorea.or.kr)

22) 허경석(2014), 관광객의 소셜미디어 정보활용이 사용동기 및 행동의도에 미치는 영향

23) Tripadvisor(https://www.tripadvisor.co.kr)
정현주(2012), '트립어드바이저(Tripadvisor)' 한국 상륙하다!, 한국관광신문, 2012.6.29.

24) 트래블로(travelro.tistory.com)

25) YAP(https://yap.net/ko)
한국온라인쇼핑협회(http://www.kolsa.or.kr)
Jason Mander(2015), GWI Social Summery(Q4 2014), Globalwebindex.
김윤화(2016), SNS(소셜네트워크서비스) 이용추이 및 이용행태 분석, KISDI STAT REPORT, 정보통신정책연구원, 16(7).

PART 03

관광과 문화생활

CHAPTER 10

모바일과 관광

학습목표

- 네트워크 기술과 모바일 기술에 대해 알아본다.
- 모바일 환경에서 비즈니스의 변화에 대해 이해한다.
- 관광산업에서 모바일의 특징에 대해 알아본다.

오디오로 해설하는 내 손 안의 가이드 '스마트투어가이드'[1]

스마트투어가이드는 현지 관광지 또는 언제 어디서나 편리하게 스마트폰을 통해 오디오로 관광안내해설을 받을 수 있는 서비스이다. 가족여행객이나 개별관광객이 스토리텔링 방식의 관광안내해설을 들을 수 있도록 구축된 서비스로, 한국관광공사는 2011년부터 2012년까지 역사여행 시리즈(신라, 백제, 가야 등), 유네스코 세계문화유산(조선왕릉, 해인사, 양동마을, 하회마을, 경주, 종묘 등) 앱 서비스를 단계별로 제공하였다. 특히 국립공원관리공단과 협약을 통해 '북한산 둘레길' 앱을, 지리산둘레길조합의 위탁을 받아 '지리산 둘레보고' 앱을 개발, 이관하기도 하였다.

2013년에는 외국인 관광객들이 많이 찾는 청계천 · 광화문지역, 북촌지역 등 도보코스 서비스를 출시하였고, 2014년 1월 기존 앱들을 하나로 묶은 통합 앱을 출시하였다. 통합 앱은 앱 사용성 전문가와 내 · 외국인 사용자를 대상으로 인터뷰 및 조사한 결과를 분석하여, 쉽고 편리하게 앱 서비스를 사용할 수 있게 앱 화면설계구조를 획기적으로 개선했다.

스마트폰을 활용한 스토리텔링 방식의 관광지 해설 서비스

다운로드 83만 회 = 관광객 83만 명에게 관광안내 해설을 제공한 효과

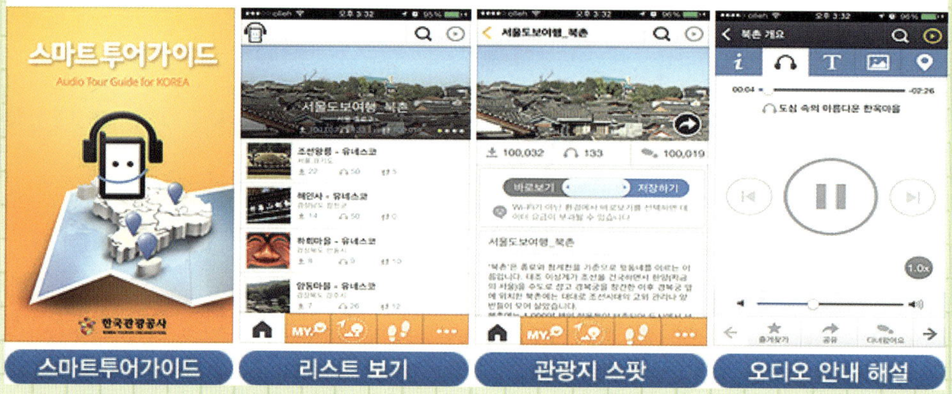

스마트투어가이드 서비스를 사용한 내 · 외국인 관광객을 대상으로 현장 모니터링 등을 실시한 결과, 서비스를 사용한 내국인 84%, 외국인 95%가 관광지에 대한 이해가 높아지고 흥미가 생긴다고 답함으로써 관광지 체험 만족도 증가에 크게 기여하는 것으로 나타났다.

스마트투어가이드 서비스 이외에도 서비스의 주요 요소인 스토리텔링콘텐츠는 프리미엄 가이드 양성 교재로도 활용되고 있고, 북팔에서 e-북 형태로 제공되고 있다. 또한 초등학교 교사 약 14만 명의 회원을 보유한 아이스크림 사이트에서도 학생들의 체험학습 프로그램으로 도입되는 등 다양한 융복합콘텐츠 서비스로 활용되고 있다.

스마트투어가이드 서비스는 2013년 9월 PATA(Pacific Asia Travel Association, 아시아태평양관광협회)로부터 Marketing Media 부문 PATA Gold Awards를 수상했고, 2014년 1월 UNWTO(UN World Tourism Organization, 세계관광기구)로부터 관광산업 발전에 기여한 혁신적 기술/서비스 제공기관에 수여하는 UNWTO Ulysses Award 상을 연속으로 수상하는 등 국제적으로 인정받게 되었다.

지자체와 박물관으로부터 오디오 안내해설 서비스의 구축 요청 및 문의가 빈번하여, 공사는 그동안의 구축 경험을 토대로 지자체 등 기관과 개발업체의 지원을 위하여 스토리텔링콘텐츠 초기 기획과정부터 개발 · 운영 · 관리에 이르기까지 구축개발의 전체적인 프로세스를 담은 '스마트투어가이드 제작 매뉴얼'을 제작하여 배포했다.

배낭여행자들을 위한 가이드 안내 서비스 '마이리얼트립'[2)]

매일 반복되는 일상에 심신이 지친 현대인들은 현재 삶에서 잠시 벗어난 시간, 즉 여행을 갈망한다. 어떤 이에게는 찰나의 휴식이, 다른 이에게는 새로운 도전이, 또 다른 이에게는 일탈이 되는 시간이다. 여행에 대한 욕구는 국민소득 증가 및 산업화의 가속화와 맞물려 해외여행객의 급격한 증가로 이어졌다. 여기에 여행업계의 가격경쟁으로 해외여행비가 예전보다 저렴해진 덕분에 해외여행자수는 꾸준한 상승세를 보이고 있다.

실제로 한국관광공사에 따르면 여행사의 해외여행 패키지상품에 대한 만족률은 57.2%로, 전체 해외여행 만족률인 68.4%에 비해 낮은 편이다. 전체 여행자 중 패키지상품을 구입하는 여행자 비중도 갈수록 줄어들고 있다.

여행자들의 니즈가 변하는데 여행사들은 여전히 제자리다. 이대로라면 여행사는 소비자의 외면을 받을 뿐 아니라 경쟁력을 잃게 될 것이다. 항공과 호텔 시장이 성숙해지면서 온라인상에서 시작된 최저가 경쟁이 대표적인 예다. 요즘은 누구든 인터넷을 할 줄만 알면 원하는 호텔을 최저가로 예약할 수 있다. 또 여행시장은 소수 기업이 선점한 독과점 구조로 새로운 사업자에게는 기회조차 주어지기 힘든 레드오션이다. 이런 가운데 마이리얼트립은 불합리한 구조를 가진 기존 업체들의 정체된 모습과 여행을 대하는 소비자들의 변화한 자세 사이의 간극을 보며 오히려 여행시장에 뛰어들어 볼 만한 블루오션이라고 판단해 성과를 일궈낸 사례다.

마이리얼트립은 자유여행자들을 대상으로 현지에서 활동하는 가이드들을 소개하고 이들이 등록한 여행상품을 예약할 수 있도록 서비스하고 있으며, 제공하는 여행상품은 개인맞춤형 상품으로 이용이 가능해 언제 어디든 본인이 원하는 일정으로 조절이 가능한 것이 특징이다.

모바일 앱을 통하여 217개 도시의 730여 개 현지 여행상품을 지역별과 테마별로 찾을 수 있으며, 모바일결제시스템을 통해 예약과 결제가 가능하다. 뿐만 아니라 현지 가이드와 직접 일정 조율 및 소통할 수 있는 1:1 메시지 전송기능을 제공한다.

1. 네트워크와 모바일

1) 네트워크 기술의 분류와 정의

네트워크의 정의

우리는 현재 정보화 시대에 살고 있으며 우리가 정보화를 이루는 데 있어서 가장 핵심적인 기술 중에 하나가 네트워크 통신기술이다. 현대사회는 365일, 24시간이 끊임없이 통신망이 연결되어 있으며 우리는 언제 어디서든 네트워크로 연결된 사회에서 살고 있다.

네트워크(network)라는 용어는 정보통신기술에 있어서 컴퓨터 간의 접속을 위해서 사용되는 기기, 선로 및 교환기 등으로 구성되는 전송매체를 총칭하는 용어이다. 단어 뜻 그대로 통신망이 그물처럼 연결되어서 광범위하게 전파통신을 가능하게 하는 기술을 말한다. 우리는 친구와 통화하기 위해 통신을 연결하고, 정보를 검색하기 위해서 인터넷에 접속한다. 또한, 모바일 기기를 통해서 라디오서비스, 위치기반서비스와 같은 이동성 서비스를 제공받을 수도 있다. 이 모든 것은 우리가 사용하고 있는 기기들이 네트워크라는 기술을 기반으로 서로 연결되어 있기 때문에 가능하다.

네트워크 접속기술

네트워크 접속기술은 크게 아날로그 방식과 디지털 방식으로 나눌 수 있다. 아날로그 방식은 연속적인 신호체계에 따른 전송방식인데 전화통신이 음성신호를 전송하기 위해서 개발되었다. 아날로는 신호는 크게 주파수(frequency)와 진폭(amplitute)의 개념으로 나눌 수 있는데 주파수는 신호의 웨이브 간의 거리를 말하고, 진폭은 웨이브의 폭의 깊이를 말한다.

초기 PC통신에 사용되었던 모뎀(modem)은 아날로그 통신을 사용한 네트워크 기술로 컴퓨터의 디지털 신호를 아날로그 신호를 변환하여 전화선을 통해 데이터를 전송하였다.

전송된 신호는 다시 모뎀을 통해서 디지털화되어서 컴퓨터에 정보를 전달하였다. 현재는 디지털 기술의 발달로 아날로그 신호를 이용하는 모뎀은 사용하지 않으며, 2000년대 이후 DSL[01](Digital Subscriber Line)을 이용한 초고속 인터넷이 보급되었다. DSL은 기존의 전화

01 DSL: 일반전화선을 사용하면서 메가급 데이터 전송속도를 제공하고, 집집마다 광케이블을 설치 않고도 빠른 통신 네트워크를 구축할 수 있어서 대부분의 가정에서 데이터 통신에 사용하고 있다.

그림 10-1 ○ 주파수와 진폭

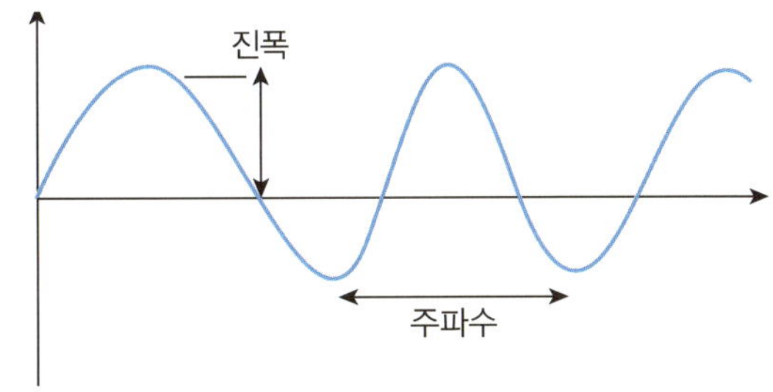

선보다 훨씬 빠른 속도로 데이터를 송 · 수신할 수 있으며, 전화와 공용으로 사용하는 것이 아닌 인터넷 전용으로 항상 연결되어 있는 네트워크 환경을 제공할 수 있다는 장점을 가지고 있다. 이후 케이블, T1, T2로 이어지는 접속기술들이 발전하였다.

표 10-1 | 인터넷 접속의 종류

접근기술	설명	대역폭
다이얼업	모뎀이나 보통의 전화선을 이용한 온디멘드 접속	56Kbps 이하
DSL	항상 연결되어 있음. 특수한 모뎀이 필요함	다운로드: 1~2Mbps 업로드: 128kbps~ 1Mbps
ADSL[02]	구리선을 이용한 가입자망 고도화 전략을 위한 최상의 방안으로 부각되고 있는 새로운 변복조 기술	다운로드: 1.5~6.1Mbps 업로드: 16~640kbps
HDSL	네 가닥의 구리동선을 이용하여 양방향으로 고대역폭의 전송로를 구성함	다운로드: 1.5~2.0Mbps 업로드: 1.5~2.0Mbps
SDSL	비대칭 통신을 제공한다. 하향 비트 전송률이 상향 비트 전송률보다 많이 높음	다운로드: 768kbps 업로드: 768kbps
VDSL	ADSL의 대안으로 짧은 거리에서 동축케이블, 광섬유케이블, 꼬임쌍선케이블을 사용함	다운로드: 25~55Mbps 업로드: 3.2Mbpskbps
케이블	항상 연결되어 있음. 특수한 모뎀과 케이블선이 필요함	다운로드: 512kbp~ 50Mbps 업로드: 786Kbps
T1~T4	높은 대역폭을 위한 임차한 회선	1.544Mbps~274.176Mbps
E1~E4	높은 대역폭을 위한 임차한 회선	2.048Mbps~565.148Mbps

02 ADSL(Asymmetric DSL): 기존 전화선을 이용해 컴퓨터의 데이터 통신을 할 수 있게 하는 통신수단

네트워크의 유형

네트워크의 유형은 크게 지리적인 거리를 기준으로 분류할 수 있다. 근거리에서의 통신을 위한 근거리통신망(LAN), 근거리통신망보다 범위가 넓은 도시단위의 통신망을 포함하는 광역통신망(MAN), 그리고 광범위한 지역을 연결해주는 원거리통신망(WAN)으로 나눌 수 있다.

▪ 근거리통신망(LAN: Local Area Network)

오피스 빌딩, 집, 학교 같은 비교적 가까운 거리에 위치한 각각의 컴퓨터들을 연결한 네트워크를 말한다. LAN은 다른 LAN과 연결되어 광역통신망(MAN)을 만들 수 있다.

▪ 광역통신망(MAN: Metropolitan Area Network)

큰 도시 또는 캠퍼스에 퍼져 있는 컴퓨터 네트워크이다. LAN과 WAN의 중간 크기를 갖는다. DSL 전화망, 케이블 TV 네트워크를 통한 인터넷서비스 제공이 대표적인 예이다.

▪ 대도시권 통신망(WAN: Wide Area Network)

국가, 대륙 등과 같은 넓은 지역을 연결하는 네트워크를 뜻한다. 원거리 통신망이라고도 한다. WAN은 도시 간, 지역 간, 국가 간과 전 세계상에서 직원, 고객, 공급자, 사업파트너, 다른 조직들 사이에 정보를 전송하고 받을 수 있게 해주기 때문에, 많은 국가와 정부기관에

그림 10-2 LAN, MAN, WAN의 개념[3)]

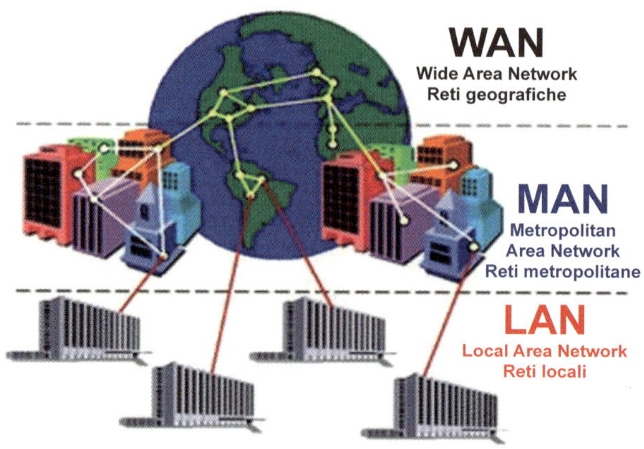

서 일상적 활동을 하는 데 필수적이다.

네트워크 프로토콜

프로토콜(protocol)은 네트워크상에서 데이터를 전송할 때 지켜야 할 통신규칙이자 표준에 대한 규약이라 할 수 있다. 만약 네트워크 통신을 하고자 하는 컴퓨터들이 서로 다른 신호체계를 가지고 전송을 한다면 컴퓨터는 전송받은 신호를 데이터화할 수 없고 혼란이 가중될 것이다. 그렇기 때문에 네트워크를 사용하는 데 있어서 상호 간에 접속방식, 전송방식, 자료의 형식, 코드변환 형식 등에 대한 표준을 정한 것이 프로토콜이다. 우리가 가장 많이 사용하는 네트워크 통신인 인터넷의 경우 TCP/IP라는 통신규약을 따르고 있다. 프로토콜이라는 규약은 네트워크 통신을 하는데서 발생할 수 있는 오류와 이상현상으로부터 정보를 정확하고 신속하게 전송하기 위해서 신호의 동기화 및 정보량의 조절과 같은 규칙을 정해서 통신을 사용하게 도와준다.

■ TCP/IP(Transmission Control Protocol / Internet Protocol)

TCP/IP는 인터넷 환경에서 사용하는 프로토콜을 의미한다. TCP는 데이터 패킷의 크기가 전송되는 동안 일정하게 유지시켜주며, 데이터가 정확하게 전송되지 않을 경우 다시 반송을 한다. IP는 인터넷 통신에 있어서 데이터를 전송받을 주소를 생성하며 정확한 IP주소에 전송이 되었는지를 확인해준다. 예를 들어 커다란 물건을 배달하기 위해서 그 물건을 배달하기 좋은 크기로 분리한다면 우리는 일정한 규약과 정리를 통해서 그 물건을 분리하고 재조립할 것이다. 이것이 TCP의 역할이다. 배달할 물건을 정확한 주소에 전달하기 위해서 우편주소를 확인하고 전달한다면 이 우편주소가 IP의 역할이라 할 수 있다.

IP는 225.112.20.XX와 같이 숫자로 표기되는 주소로 사용되며 현재 우리가 사용하고 있는 12자리의 번호로 이루어진 IP는 IP v4이다. 즉, IP의 4번째 버전이라 할 수 있으며 32비트로 이루어져 있다. 최근 인터넷 사용량의 폭발적인 증가로 인해 IP의 수용력에 한계가 다가왔고 IP의 확장이 필요하여 IP v6가 개발되었으며 최대 128비트를 수용하는 주소체계를 가지고 있다. IP주소체계는 한 가지 단점이 있는데 그것은 숫자로 이루어져 있어서 주소인식에 어려움이 있고 혼란이 온다는 것이다. 이 같은 단점을 보완하기 위한 것이 DNS[03]

03 DNS(Domain Name System): 네트워크에서 도메인이나 호스트 이름을 숫자로 된 IP주소로 해석해주는 TCP/IP 네트워크서비스

TCP/IP 응용 프로토콜	FTP	File Transfer Protocol의 약어로서, 서버와 클라이언트 간에 파일을 교환하기 위한 최초의 표준 프로토콜이다.
	HTTP	Hypertext Transfer Protocol의 약어로서, 웹문서를 전송하기 위한 규약이며. 웹상에서 텍스트, 이미지, 사운드, 비디오 등의 파일을 주고받는 데 사용한다. HTTP를 통하여 전달되는 자료는 URL로 조회가 가능하다.
	SMTP	Simple Mail Transfer Protocol의 약어로서, 이메일을 전송하는 TCP/IP 프로토콜이다. 주로 SMTP는 메일을 보내는 데 사용하고, POP3 프로토콜은 이메일을 가져오는 데 사용된다.
	TELNET	원격지원 프로토콜을 말하며, 타인의 컴퓨터에 사용권한을 갖고 있다는 가정하에 원격으로 액세스를 가능하도록 도와주는 프로토콜이다. FTP, HTTP는 원격지에서 특정 파일을 요구하지만, 실제로 그 컴퓨터의 사용자가 되어 로그인하는 것은 아니다. 하지만 TELNET은 정식사용자로서 부여된 권한에 따라 응용프로그램이나 데이터를 이용할 수 있는 것이 특징이다.

(Domain Name Server)이다. 식별하기 어려운 IP주소를 사람들이 인식하기 쉬운 명칭으로 변경하여 대처하는 방식이다.

IP주소	도메인 네임
163.180.16.53	khu.ac.kr
211.252.150.11	kisa.or.kr

자료: 한국인터넷진흥원(kisa.or.kr)

기관의 종류	미국	미국 외 국가의 표시
회사, 기업체, 상업기관	.com	.co
정부기관	.gov	.go
교육기관	.edu	.ac
비영리조직	.org	.or

주요 국가	도메인 네임
오스트레일리아	.au
캐나다	.ca
프랑스	.fr

일본	.jp
미국	.us
한국	.kr

2) 모바일 기술의 분류와 정의

모바일 네트워크

기존의 네트워크 기술은 우리를 연결된 사회로 만들어주었고 이 기술은 무선기술과 결합하여 모바일 네트워크의 시대를 만들었다. 무선 네트워크는 1927년 미국과 영국 사이에서 최초의 무선전화시스템이 개통되면서 시작되었다. 이후 무선통신기술은 휴대용 전화기를 거쳐서 지금의 스마트폰에 이르기까지 발전하고 있다.

모바일(mobile)이라는 용어가 의미하듯이 무선통신기술은 기기가 선에 연결되지 않고 이동하여도 지속적인 통신이 가능한 특징을 가지고 있다. 이러한 특징을 이동성이라 하며 이동이 가능한 통신 연결로 인하여 다양한 분야에서 모바일 기술의 활용도가 증가하고 있는 스마트폰을 이용해서 이동 중에도 이메일을 확인하고 지도서비스를 사용해서 목적지를 찾아가

그림 10-3 ○ 모바일 네트워크[4]

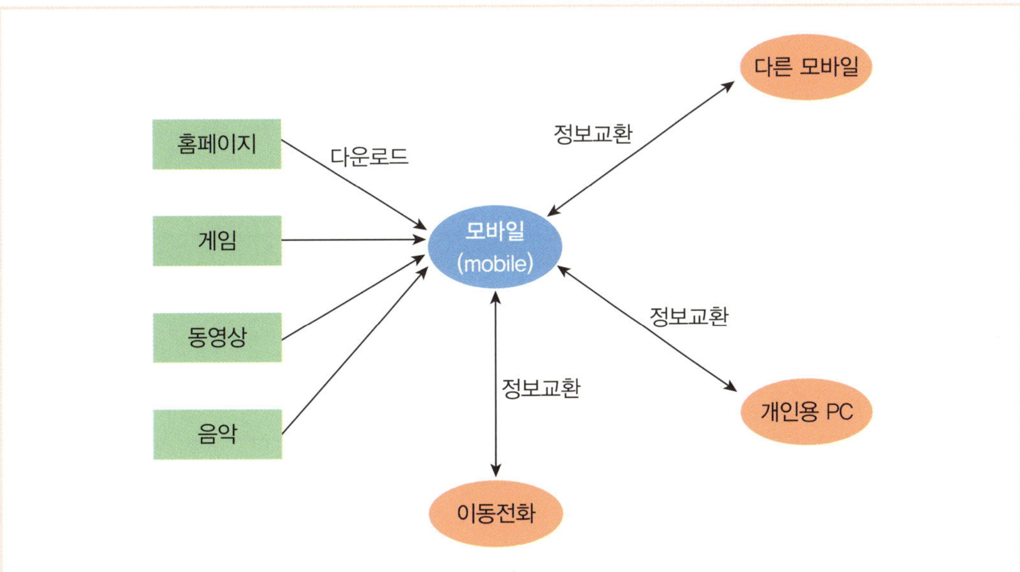

고, 음악을 듣는 등 다양한 서비스를 제공받을 수 있다.

우리 생활에 깊숙이 자리한 스마트서비스들은 대부분 모바일 기술을 근간으로 활용되고 있다고 해도 과언이 아니다. 모바일 네트워크는 이전의 네트워크 기술이 가지고 있었던 장소적 제약을 해소해주었고 이것은 이용자에게 편리성과 더불어 실시간 정보 생산을 확산시키는 결과를 가져왔다. 이 같은 정보의 생산과 서비스의 편리성은 과거보다 더 많은 정보를 생산하고 교류를 촉진시켰다. 이러한 흐름은 우리가 모바일 시대와 더불어 빅데이터 시대를 열 수 있었던 원인의 하나라 할 수 있다. 모바일 기술의 발전은 정보교류와 이동성 서비스를 근간으로 새로운 비즈니스 모델을 창출하고 다양한 기회를 만들어내고 있다.

무선 네트워크의 발전

무선 네트워크를 대표하는 통신기술 중 하나는 휴대전화라 할 수 있다. 휴대전화는 광범위 무선 네트워크(WWAN: Wireless Wide Area Network)의 한 방식인 셀룰러(celluar) 방식을 사용하고 있는데 광범위한 지역의 통신을 연결하기 위해서 지역별로 기지국을 설치하는 방식이다. 각 지역에 전파를 전송하는 기지국의 단위를 셀(cell)이라 부르며 마치 세포가 연결되어 있는 형상처럼 네트워크가 연결되어 있기 때문에 휴대전화를 셀룰러폰(cellular phone)이라 부른다.

무선 네트워크 통신은 음성기반인 아날로그 방식에서 시작되어 현재의 4세대 통신망이라고 불리는 LTE(Long Term Evolution) 디지털 기술에 이르기까지 발전하고 있다. 2020년에는 5세대 통신망의 상용화가 가능해질 것으로 예측되고 있으며 무선 네트워크 기술은 지속적으로 발전하고 있다.

표 10-2 | 이동통신 방식의 발전과정

구분	1G	2G	3G	4G
접속방식	아날로그	GSM, CDMA	WCDMA, HSDPA, CDMA2000, 와이브로	LTE, LTE-advanced, 와이브로-에볼루션(와이맥스 2)
전속속도	9.6~14.4Kbps	14.4~64Kbps	144~2Mbps	100~1Gbps
전송형태	음성	음성, 문자	음성, 문자, 동영상	음성, 문자, 동영상

2. 스마트폰의 등장

1) 스마트폰과 모바일의 확산

스마트폰의 등장

2007년 6월 IT 역사에 큰 변혁을 가져온 사건이 있었다. 아이폰이 세상에 처음 소개된 것이다. 아이폰의 등장은 본격적인 스마트폰의 역사가 시작된 시점이라 할 수 있다. 아이폰은 기존에 개발되었던 아이팟 터치에서 휴대전화 기능과 카메라, GPS, 무선인터넷 기능 등이 추가된 융복합의 디지털 기기라 할 수 있다. 물론 아이폰 이전에도 PDA나 블랙베리와 같은 기기가 개발되었고 휴대전화의 일부인 기능은 이미 스마트폰과 비슷한 형태의 기술로 발전된 상태였다. 하지만 아이폰의 등장은 그 어떤 모바일 기기와도 비교할 수 없을 정도로 큰 파장을 일으켰다.

초기 아이폰은 8GB 모델이 599달러로 상당히 고가로 책정이 되었음에도 불구하고 전 세계적으로 엄청난 호응을 얻으며 판매되었다. 아이폰의 등장과 함께 전 세계 휴대전화 시장

그림 10-4 아이폰 초기 모델[6]

그림 10-5 ◎ 2016년 전 세계 업체별 최종사용자 대상 스마트폰 판매량

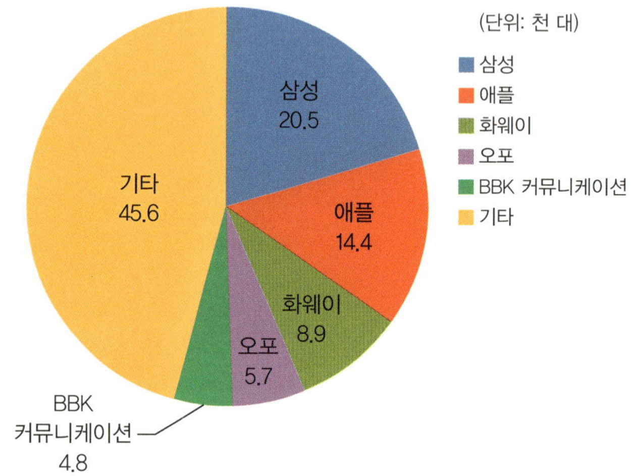

자료: IT WORLD 편집부(2017), "2016년 4분기 전 세계 스마트폰 판매량 7% 증가," 가트너 발표, IT WORLD, 2017.2.17.

은 큰 변화를 가져왔고 다른 경쟁기업도 앞다투어 스마트폰의 개발에 열을 올렸다.

스마트폰은 2015년 1분기 기준으로 휴대전화 시장의 80%를 차지할 정도로 급격히 성장하였으며 2018년도에는 스마트폰의 비중이 93%까지 증가할 것으로 예상된다.[5] 이제 휴대전화는 곧 스마트폰으로 인식할 정도로 비중이 커졌다. 국내 기업의 경우도 삼성전자와 LG전자가 2015년도 4분기 기준으로 세계 스마트폰 시장점유율 1위와 6위를 하고 있어서 스마트폰 시장은 국내산업에서도 굉장히 중요한 부분을 차지하고 있다.

스마트폰이 이처럼 각광받은 이유는 기존의 휴대전화와 달리 하나의 기기를 통해서 통합적인 작업이 가능하다는 것이다. 기존의 휴대전화에도 부분적으로 이메일 확인이나 MP3음원 기능, 동영상 재생 등 다양한 기능을 가지고 있던 기기들이 출시되었다. 하지만 스마트폰은 하나의 운영체제(OS)를 기반으로 한 인터페이스를 제공하면서 하나의 기기를 이용하여 기존에 PC나 노트북에서만 할 수 있었던 거의 대부분의 작업이 가능해진 것이다. 또한, 기존의 휴대전화가 초기개발단계에서 지원한 서비스만을 이용할 수 있었다면 스마트폰은 OS를 기반으로 새로운 애플리케이션 개발이 가능하므로 서비스의 한계가 없으며, 지속적인 개발이 가능하다는 장점을 갖고 있다. 이 같은 장점을 기반으로 스마트폰 이용자는 지속적으로 증가하고 있고 우리 생활에 필수적인 도구로써 자리를 차지하고 있다.

그림 10-6 ◎ 전 세계 스마트폰 이용률[8)]

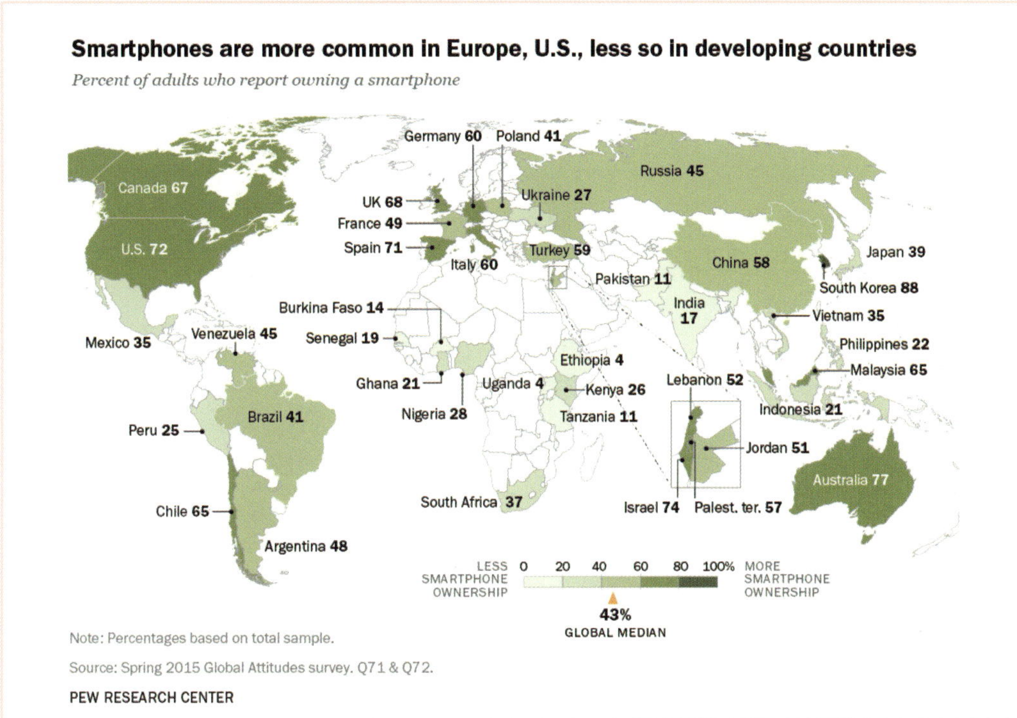

스마트폰과 우리 생활

스마트폰은 이제 우리 생활에 있어서 없어서는 안될 필수품이 되었다. 산업은 물론 사회 전반에 걸쳐서 스마트폰을 활용한 비즈니스와 서비스가 증가하고 있고 이는 '스마트'라는 단어가 붙은 다양한 용어의 등장과 함께 확산되고 있다. 스마트폰과 태블릿PC를 활용하는 용도에 따라 '스마트 워크(smart work)', '스마트 러닝(smart learning)', '스마트 트래블(smart travel)'과 같이 다양한 용어가 사용되고 있다. 즉, '스마트혁명'이라고 할 수 있을 정도의 큰 변화를 우리 사회에 가져다 주었다.

'스마트(smart)'라는 단어의 뜻과 같이 스마트폰은 우리 생활에 있어서 효율적이고 현명한 의사결정을 도와준다. 물건을 구매하고자 하는 소비자는 스마트폰을 활용한 실시간 가격비교가 가능하고 그 자리에서 구매결제도 가능하다.

누군가 갑자기 여행을 떠나고자 한다면 그 자리에서 스마트폰으로 항공권과 호텔을 예약할 수 있다. 이처럼 스마트폰의 등장은 모바일 비즈니스의 트렌드를 바꿔놓기 시작하였고 그것은 우리의 생활과 문화에도 영향을 주고 있다. 과거에 지하철을 타면 우리는 사람들이 책과 신문을 읽는 모습을 쉽게 볼 수 있었다. 하지만 최근에는 지하철 안에서 많은 사람들이 스마트폰을 꺼내들고 인터넷을 검색하거나 게임, 음악 등을 듣고 있다. 이 같은 생활의 변화는 기업의 광고마케팅에도 영향을 주었다. 과거 지하철 벽면에는 많은 광고 공간이 활용되고 기업들은 자신의 상품과 서비스를 홍보하기 위해서 광고비를 지불하고 지하철 내부에 광고를 하였다. 하지만 사람들은 이제 지하철 안에서 모두 스마트폰만 보고 있기 때문에 과거에 비해서 지하철 내부 광고는 큰 효과를 거두기 힘들어졌다.

반대로 광고시장은 소비자의 주목을 끌기 위해서 인터넷과 모바일서비스 시장으로 이동하기 시작했다. 이처럼 스마트폰의 등장은 사람들의 생활과 행동에 변화를 주고 있고 이것은 기업에게 있어서 새로운 기회와 동시에 변혁을 요구하는 시대적 흐름으로 다가왔다.

2) 스마트폰 애플리케이션

스마트폰 OS

스마트폰의 애플리케이션을 구동하기 위한 기본적인 환경은 스마트폰 OS라 할 수 있다. OS는 비단 스마트폰뿐만 아니라 모든 컴퓨터를 구동하기 위해서는 필수적인 소프트웨어이

그림 10-7 2016년 1분기, 글로벌 스마트폰 OS 이용률 현황 통계[9]

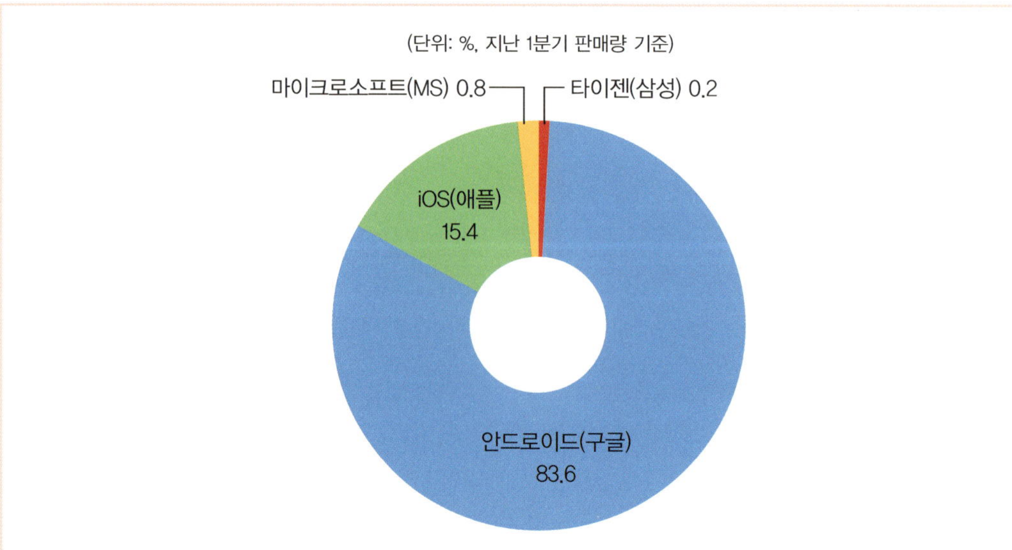

자료: 스트래티지 애널리틱스(SA)

다. 애플의 아이폰이 지금과 같은 소비자의 호응을 얻을 수 있었던 것은 애플이 개발한 iOS라는 운영체제 때문이다. 현재 전 세계 스마트폰 시장에서 가장 많이 사용되고 있는 OS는 구글에서 제품화한 안드로이드(Android)이며 그 다음이 iOS이다. 그 외에도 MS windows 등이 있다.

애플의 3월 9일 이벤트 … 역시 '에코시스템'[10)]

애플이 2015년 3월 9일 미디어 이벤트를 실시했다. 애플은 먼저 에코시스템을 구축하고 서비스가 준비되면 발표한다. 아이팟부터 아이폰, 그리고 애플워치, 애플페이, 리서치키트(ResearchKit)까지 모든 서비스에는 에코시스템이 준비되어 있었다. 헬스키트(Health Kit)의 앱이 900개나 준비되어 있다. 아이폰 사용자 7억 명을 대상으로(본인이 동의하는 경우만 해당), 옥스포드, UCLA를 비롯한 세계의 대학들이 참여하여 파킨슨병, 당뇨, 심장질환, 천식(asthma), 유방암 등 5개 병을 진단 · 분석하는 리서치키트를 3월 9일부터 오픈소스(open source)로 공개한 것이다.

애플워치(Apple Watch) 미디어 이벤트

이는 구글의 인체 데이터의 패턴을 빅데이터로 분석한 인체 지도(human body map)에 견줄만한 대단한 프로젝트이다. 단 본인이 데이터를 공유하고 애플은 데이터를 갖고 있지 않는다. 애플페이(Apple Pay)가 2014년 9월에 6개의 은행들과 조인했는데, 지금은 카드를 발행하는 2,500개의 은행 카드사로 확대했다. 2014년에 50개의 협력사로 출발했지만, 2015년 70만 개(Location 숫자)의 편의점과 밴딩머신으로 확대되었다. 단, 문제는 우리 돈 100만 원 상당의 NFC 카드리더기인데 애플은 현금이 많아 이를 쉽게 풀 수 있을 것으로 예상된다. 애플워치는 2015년 기준 1,000여 개의 앱이 개발되어 있다. 가령 호텔을 예약하고 호텔 객실문을 열 수도 있다. 또는 집의 주차장을 외부에서 여는 등 다양한 서비스도 전개되고 있다.

애플워치의 가격은 349달러에서 17,000달러로 가격대가 다양하게 출시되었다. 주요 기능은 크게 세 가지로 나눌 수 있다. 시간, 커뮤니케이션, 피트니스이다. 특히 커뮤니케이션에 전화를 받고 대답하는 기능이 들어가 있다.

피트니스의 기능은 Move, Exercise, Stand Up인데 팀쿡 애플 최고경영자는 "의자에 오래 앉아 있는 사람들을 서서 걷게 하거나 뛰게 하거나 하는 방식이 사람들의 생활습관을 바꿀 것"이라고 강조했다.

역시 한계는 배터리(battery)다. 사용량이 18시간으로 적어도 하루에 한 번 이상 충전을 해야 하는 번거로움이 있다.

삼성, 애플과의 경쟁에서 승리하려면 … '에코시스템' 구축이 필요

통합 에코시스템으로 브랜드충성도 구축[11)]

삼성전자는 모바일폰 분야에서 글로벌 리더십을 구축해왔다. 하지만 삼성전자의 입지는 부침이 심한 모바일 사업에서 애플보다 취약해보인다. 그 이유는 삼성전자는 애플이 보유한 '에코시스템'이 없기 때문이다. 에코시스템이란 외부 애플리케이션 개발자가 소프트웨어, 서비스, 콘텐츠, 소비자 지원 등을 제공하여 고객의 브랜드충성도를 유지하는 것이다. 싱가포르 소재 조사기관인 캐널리시스의 레이첼 래시포드 대표는 "삼성전자는 사람들에게 모바일 기기만 팔면 된다는 사고방식에서 벗어나야 한다"라면서 "삼성전자에 필요한 것은 더 이상 하드웨어 업체가 아니라는 인식전환이다"라고 말한다.

에코시스템을 구축한 것은 애플이다. 애플은 모바일 유저들에게 다운로드가 가능한 프로그램과 콘텐츠를 제공하고 있다. 그 예로 유저들은 아이튠즈(iTunes)에서는 음악을 제공받고 앱스토어(App Store)에서는 앱 프로그램을 다운받을 수 있다. 이들 프로그램과 콘텐츠들은 최상의 품질이며 애플 기기를 통해 접근이 가능하고 애플 기기 사이에도 공유된다. 이를 통해 애플은 유저들과 애플 사이의 결속력을 강화하고 또 다른 애플 기기를 구매하도록 유도하고 있다. 이에 따라 아이폰 유저가 아이패드를 구입하는 것은 자연스런 일이 되었다.

시장조사기관인 스트래티지 애널리틱스(SA)의 스콧 비체노 수석 애널리스트는 "애플이 이룬 가장 큰 업적은 디자인 외에도 에코시스템의 개발이라고 할 수 있다"라고 말한다.

최근 세계 일부 지역에서는 애플의 에코시스템서비스 중 일부가 지연되고 있다. 아이튠즈는 최근에야 비로소 아시아 전역에 제공되고 있다. 이는 미국에서 아이튠즈가 선을 보인지 9년 만이다. 그럼에도 불구하고 애플의 프로그램 및 콘텐츠 제공 서비스는 경쟁업체들을 앞서가고 있다.

삼성전자가 이와 유사한 시스템을 구축하려고 애쓰는 중이지만 아직 그 결과는 신통치 않다. 삼성전자의 뮤직 허브(music hub)는 음원 다운로드 및 스트리밍서비스이다. 뮤직 허브는 2012년 5월에 독일, 프랑스, 스페인, 이탈리아, 영국에서, 2012년 7월에 미국에서 공개됐다. 하지만 뮤직 허브는 갤럭시 S3를 구매한 유저들에 한해서만 사용이 가능하다.

OS는 소비자가 스마트폰을 선택하는 데 가장 중요한 선택요인 중 하나이며 선택한 OS에 따라 스마트폰의 인터페이스가 달라지며 이용할 수 있는 애플리케이션과 서비스에도 차이가 나타난다. 예를 들어 아이폰을 구매한 이용자는 iOS의 환경에서 제공되는 다양한 서비스를 이용할 수 있다. 대표적인 서비스로 아이튠즈, iCloud와 같은 애플이 제공하는 콘텐츠와 플랫폼서비스를 이용할 수 있다. 하지만 안드로이드폰을 이용하는 이용자는 이와 같은 서비스를 이용할 수 없으며 구글이 제공하는 유사한 서비스를 이용할 수 있다.

그림 10-8 아이튠즈, 아이클라우드

스마트폰 애플리케이션

스마트폰의 기능이 기존의 휴대전화기와 다르게 확장성을 갖고 있는 이유가 애플리케이션을 추가적으로 설치하여 이용할 수 있다는 점이다. 우리가 컴퓨터를 사용할 때 문서작업을 위해서 워드프로세서 소프트웨어를 설치하는 것과 같이 스마트폰도 특정 작업을 위한 애플리케이션을 설치해야 한다. 스마트폰 애플리케이션(이를 약자로 '어플' 또는 '앱'이라 칭함)은 IT산업에서 가장 빠르게 성장하는 시장 중 하나라 할 수 있다.

스마트폰의 하드웨어가 지속적으로 발전되는 것과 같이 소프트웨어 측면의 애플리케이션도 다양하게 변화하고 있다. 초기 스마트폰의 애플리케이션이 단순히 인터넷기능을 응용하는 정도였다면 이제는 모바일결제, 위치기반서비스, 증강현실, 지문인식서비스 등 다양한 하드웨어적 기능을 응용한 애플리케이션이 개발되고 있다.

그림 10-9 모바일 앱스토어 다운로드 현황 및 전망[12]

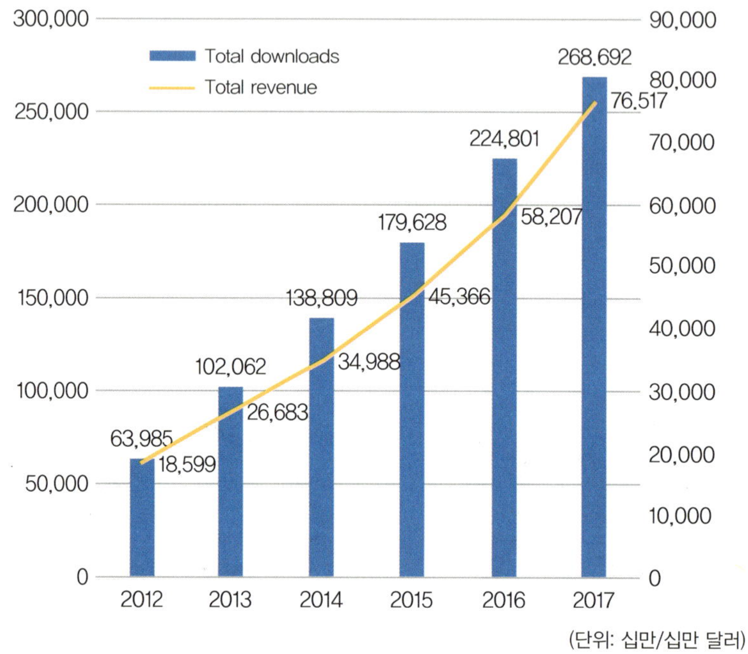

3. 모바일 비즈니스와 IoT(Internet of Things)

1) 모바일 비즈니스

모바일 비즈니스의 확산

스마트폰의 확산은 비즈니스의 영역을 기존의 e-비즈니스에서 모바일 비즈니스로 확장시켜 주는 계기가 되었다. 기존의 e-비즈니스가 이루어지기 위해서는 소비자가 컴퓨터 앞에 앉아서 인터넷에 접속하여 서비스를 제공받을 수 있었지만 모바일 비즈니스에서는 이러한 공간적 제약 없이 언제 어디서나 모바일서비스를 제공받을 수 있게 되었다.

기업은 모바일 비즈니스를 비즈니스전략에 도입하고 고객만족과 생산성 향상을 가져올 수 있으며 새로운 부가가치를 창출할 수 있는 기회를 얻을 수 있다. 이에 따라 국내 모바일 쇼핑시장 규모는 2012년 6,000억 원에서 2013년 1조 3,000억 원으로 약 50%가 증가하는 현상을 보이며 관심과 수요가 빠르게 늘고 있다.

그림 10-10 ○ 국내 모바일 쇼핑시장 규모[13)]

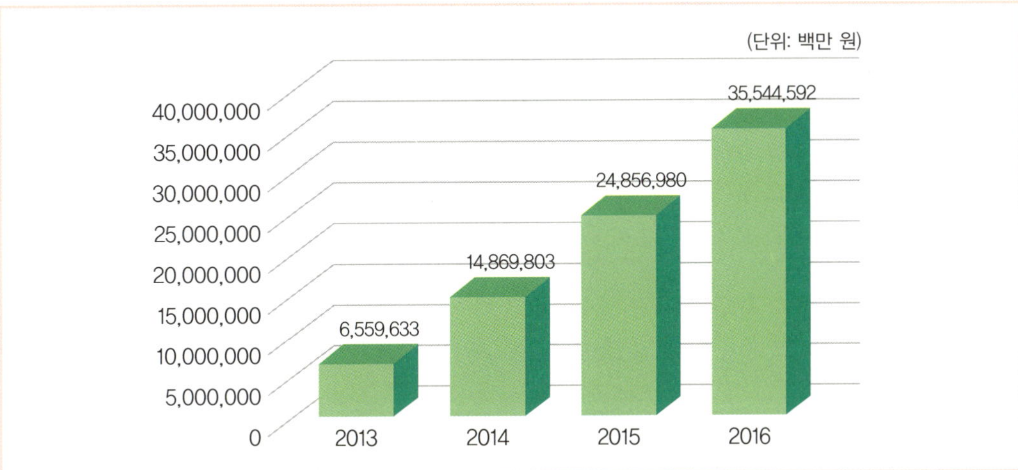

모바일 비즈니스의 특징

모바일 비즈니스는 기본적으로 e-비즈니스를 기반으로 하여 발전되어 왔기 때문에 e-비즈니스와 유사성을 가지고 있다. 하지만 모바일 네트워크의 특성상 이동성을 비롯한 [표 10-3]과 같은 모바일 비즈니스만의 특징을 가지고 있다.

표 10-3 | 모바일 비즈니스의 특징

이름	특징
편재성(ubiquity)	어디에서나 실시간 정보유통 및 상거래가능
접근성(reachability)	언제 어디서나 자유롭게 정보 및 거래원과 접속가능
보안성(security)	개인전용 단말기 사용에 따라 보안가능
편리성(convenience)	소형의 간편한 통신기구 활동
지역성(localization)	실시간으로 사용자의 위치정보 파악 및 지역정보 제공
즉시성(instant connectivity)	필요시 언제든지 즉시 정보취득 및 거래가능
개인성(personalization)	이동통신 사용자의 특성에 맞는 정보제공 및 거래차별화 m-비즈니스는 비즈니스 적용 단계별로 거래, 부가서비스, 거래지원, 기업혁신으로 구분

모바일 비즈니스의 과제

이동성을 중심으로 한 모바일 비즈니스는 기업에게 생산성과 효율성을 주고 소비자에게는 편리성을 제공하고 있다. 하지만 모바일 기술의 이점이 분명 우리에게 긍정적인 영향을 주고 있지만 모바일 비즈니스에 있어서 몇 가지 과제를 해결해야 할 과제도 있다.

■ 보안문제

모바일 비즈니스에서 가장 큰 이슈는 보안성에 관련된 문제라 할 수 있다. 보안회사인 시만텍은 "접속하는 것 자체로 보안 이슈는 발생한다"라고 하였다. 즉, 모바일 기기는 장소나 시간의 제약 없이 무선인터넷에 항상 접속할 수 있으며 이것은 곧 상시 보안의 위협으로부터 노출되어 있다고 할 수 있다. 그렇기 때문에 모바일 비즈니스에 뛰어든 많은 기업들이 외부 침입과 해커들의 공격으로부터 보호할 수 있는 보안기술에 많은 노력을 쏟고 있다.

락인컴퍼니, 모바일 보안 기업 최초 '해킹 손해배상보험' 가입[14)]

LOCKIN COMPANY

국내에선 처음으로 해킹보험에 가입된 모바일 보안솔루션이 나왔다. 모바일 보안 전문기업 락인컴퍼니는 자사 모바일 앱 보안 솔루션인 '리앱(LIAPP: LOCKIN APP PROTECTOR)'을 더욱 안심하고 사용할 수 있도록 '해킹 손해배상보험'에 가입했다고 밝혔다. 국내 최대 화재보험사에 가입을 완료한 해킹보험으로 향후 락인컴퍼니의 모든 고객사가 리앱 사용 중 해킹 문제가 발생했을 경우 금전적 보상을 최대 1억 원까지 받을 수 있다. 락인컴퍼니는 어떠한 해킹도 막아내는 보안성에 대한 강력한 자신감을 바탕으로 가장 안전한 모바일 세상을 만들어가는 기업 비전에 한걸음 더 다가선다는 계획이다.

모바일 보안 기업이 자사 보안솔루션을 적용하는 고객사를 보호해주기 위해 해킹보험에 가입하는 경우는 이번이 처음이다. 기존에도 금융사를 중심으로 개인정보유출 배상책임보험에 가입하는 경우는 있었지만, 보안솔루션 기업이 해킹보험에 가입하는 경우는 흔치 않다. 이는 제품구매단계에서 기술력만이 고객사를 위한 정답이 될 수 없는 보안솔루션 시장의 특수성에 대한 락인컴퍼니의 해답이다. 고객사의 모바일 앱을 이용하는 모든 고객들의 정보를 어떠한 해킹에서도 막아주고, 혹시나 하는 걱정까지 책임지겠다는 것, 락인컴퍼니의 리앱은 절대 해킹에 뚫리지 않는다는 자신감의 표현이기도 하다.

락인컴퍼니는 고객사의 걱정을 덜기 위해 석 달여의 노력 끝에 모든 해킹을 보상해줄 수 있는 보험을 찾아냈다. 앞으로 락인컴퍼니는 리앱을 적용하는 모든 금융권, 공공기관, 일반기업이 운영 중인 모바일 앱 내 핵심기술 및 중요정보 유출로 피해를 입은 경우에 금전적 손해를 보상해줄 수 있다.

금융권의 전자거래 앱, 공공기관의 업무용 앱, 게임사의 모바일게임 앱, 일반기업의 O2O(Online To Offline)서비스 앱까지 리앱(LIAPP)[04]을 적용하는 모든 앱이 해킹 손해배상보험 적용을 받을 수 있어 2중 안심장치를 마련했다. 특히 해킹보험이라 불리는 IT전문보험을 보안전문 기업이 직접 가입함으로써 무형의 손실에 대한 인식저조 및 비용부담으로 보험가입을 꺼리는 고객사의 부담을 덜고 효율적인 보안솔루션 도입만 고려할 수 있도록 해준다. 락인컴퍼니는 이번 업계 최초 해킹보험 가입을 계기로 제품의 신뢰성과 안정성을 널리 알리면서 적극적인 마케팅과 영업활동을 전개한다는 전략이다.

락인컴퍼니 대표는 "해킹을 당했을 때 소 잃고 외양간 고친다는 말이 있지만, 외양간을 지어주고 혹시나 외양간이 무너져도 외양간까지 고쳐주는 락인컴퍼니의 신뢰 · 안심서비스가 고객의 소중한 자산을 지켜줄 수 있을 것"이라며 "강력한 보안성과 안정적인 기술력은 기본이고, 만일의 사태에 대비해야 하는 고객의 입장에서 진행된 이번 보험 가입을 시작으로 적극적인 고객만족 행보를 이어갈 계획"이라고 말했다.

■ 개인정보보호의 이슈

모바일 네트워크를 통해 누구나 쉽게 정보를 생산하고 공유할 수 있고 이러한 정보는 많은 기업들이 관심을 갖는 황금자원이라 할 수 있다. 기업들은 모바일마케팅을 통해 정보를 수집하고 데이터분석을 통해 새로운 사실을 발견하고 활용하고자 한다. 만약 통신사에서 한 사람의 통신내역과 무선인터넷 접속 위치만 확인한다면 그 사람이 어디를 가고 무엇을 하는지 전부 파악할 수 있을 것이다. 이것은 기업에게 굉장히 효율적인 정보를 제공하게 되지만 동시에 개인의 사생활을 침해할 수 있는 위험성도 내포하고 있다.

■ 모바일 기기 분실의 위험

우리가 매일 같이 사용하는 스마트폰에는 내 일상생활이 찍힌 사진과 내 주변인들의 연락처가 저장되어 있으며 모바일 뱅킹과 커머스를 이용하는 이용자는 스마트폰만으로 금융거래와 쇼핑을 해결할 수 있다. 이처럼 편리한 기능은 스마프폰을 분실하거나 도난당했을 때 커

04 LIAPP(리앱): 모바일 앱 안전을 침범하는 모든 종류의 위협요소를 무력화시키는 모바일 보안 솔루션

다란 손실로 다가올 수 있다. 다른 사람이 내 스마트폰으로 거래를 하고 내 개인정보를 빼돌린다면 이것은 2차, 3차의 피해를 불러일으킬 수가 있다. 그렇기 때문에 스마트폰 제조사들은 스마트폰의 보안과 암호설정에 대한 기술에 노력을 기울이고 있다. 최근에는 지문인식, 동체인식과 같은 생체보안시스템이 도입되어 이러한 문제점을 보완하고자 노력하고 있다.

그림 10-11 ○ 아이폰 지문인식 및 갤럭시노트 홍채인식[15)]

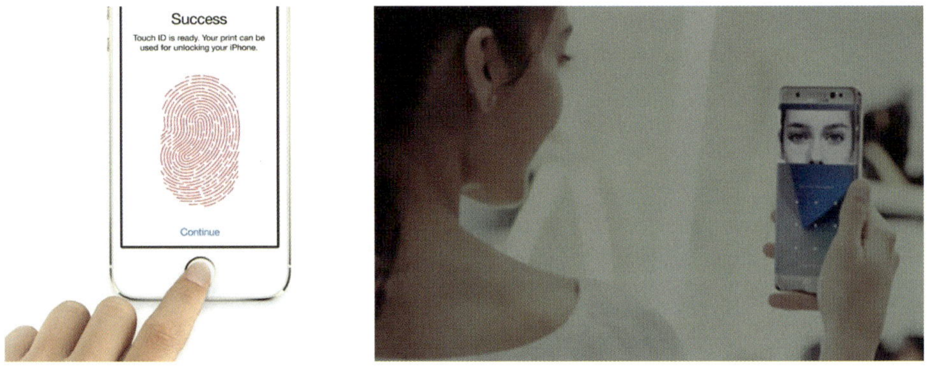

자료: 삼성뉴스룸, '7문7답'으로 알아보는 갤럭시 노트7 홍채인식, 2016.8.23.

2) IoT(Internet of Things)

IoT의 개념

모바일 기술이 발전되면서 무선 네트워크 기술은 이제 컴퓨터나 스마트폰과 같은 네트워크통신을 위한 특정 기기에만 사용되는 기술이 아니다. 우리가 사용하는 가전제품, 자동차, 건물 등 우리 주변에 있는 모든 사물에 무선 네트워크 기술이 접목되기 시작했다. 이처럼 모든 사물에 무선 네트워크가 응용되는 것을 우리는 사물인터넷(IoT)이라 부른다.

우리 생활 곳곳에서 인터넷이 연결된다는 IoT의 개념은 과거 유행하였던 유비쿼터스(Ubiquitous)와 유사하지만 유비쿼터스가 어디서나 통신이 가능하다는 무선통신의 확산에 비중을 두었다면 기기의 제약 없이 무엇이든 네트워크로 연결이 가능하다는 의미에서 IoT는 그 개념이 진화하였다고 할 수 있다. 어떤 사물에도 인터넷 연결이 가능하다는 의미에서 IoT는 IoE(Internet of Everything)라 불리기도 한다. 이처럼 IoT는 사물을 기반으로 현실

세계와 온라인세계를 연결하여 정보의 상호작용을 이루는 새로운 기술적 개념으로 이해할 수 있다.

모바일 네트워크에서 시작한 IoT의 개념은 다양하게 연구되고 정의되고 있지만 대표적으로 다음의 세 가지 공통 특성을 가진다.

그림 10-12 사물인터넷을 이루는 3가지 공통요소[16]

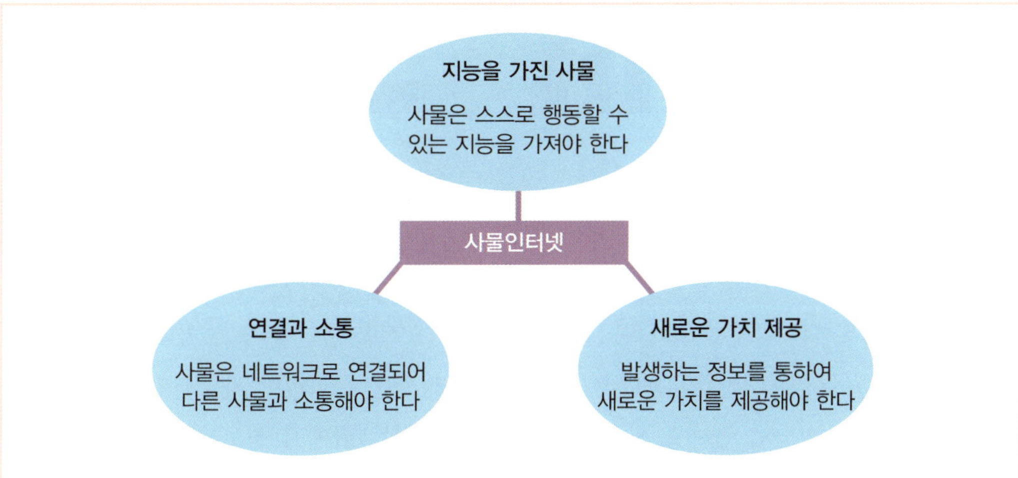

IoT의 성장

IoT가 이처럼 주목받고 있는 것은 성장가능성이 무한한 산업이기 때문이다. IoT는 단순히 무선통신 단말기의 확장이 아닌 각 사물 간의 네트워크를 기반하고 있는 무한한 비즈니스의 확장가능성을 가지고 있다. IoT가 설치되어 있는 스마트홈이 구축된 집안의 경우 집안의 조명, 난방, 수도, 가전제품 등은 인터넷에 연결되어 있어 그 정보를 지속적으로 공유할 수 있다. 이것은 그 사물들의 사용성을 높여주는 것 뿐만 아니라 새로운 사실들을 확인하여 줄 것이다. 조명과 난방의 사용량에 따라 이 집의 주인은 몇 시에 나가서 몇 시에 들어오는 것을 확인할 수 있으며, TV 사용이나 전자레인지의 사용 등 가전제품의 사용시간에 따라 생활에 대한 정보가 쌓이게 될 것이다. 이 같이 IoT를 기반으로 정보는 실시간으로 축적되며 임의로 저장하지 않아도 일상생활 속에서 정보가 축적이 된다.

실제 네타트모(Netatmo)사의 웨더 스테이션(weather station)은 외부 날씨와 실내온도, 습도, 공기오염도 등을 측정하여 분석된 정보를 고객의 스마트폰으로 전송한다. 전송된 정

그림 10-13 ◎ 국내 사물인터넷 시장규모 및 전망[17]

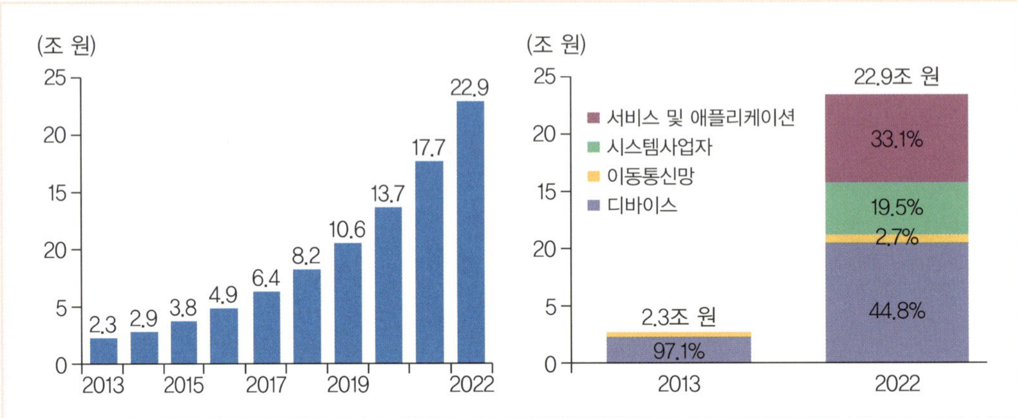

자료: 임정선, "IoT-가속화되는 연결의 빅뱅과 플랫폼 경쟁의 서막," 2015 ICT 10대 주목이슈, KT 경제경영연구소, Special Report, 2015.

보를 통해서 이용자는 실내를 환기하고 공기청정의 필요성을 판단할 수가 있다.

이처럼 IoT는 우리 일상생활 속에서 실시간으로 정보를 수집하며 가공되지 않은 정보를 저장한다. 우리가 임의로 정보를 생산하지 않더라도 일상생활에서 정보가 축적되기 때문에 기존의 정보와는 다른 직접적이고 명확한 분석이 가능하다. 이것은 IoT가 일차적인 비즈니스에서 끝나는 것이 아닌 2차, 3차 비즈니스로 확장할 수 있는 기회를 제공할 수 있는 시작점을 제공한다는 점에서 그 가능성이 무한하다고 할 수 있다.

또 다른 예로 LG전자의 'LG 워치 어베인(LG Watch Urbane)' 스마트 시계는 독일 아우디와 기술협력으로 시계를 착용한 아우디 사용자가 자동차 열쇠가 없어도 아우디 문 손잡이 근

그림 10-14 ◎ 웨더 스테이션(weather station)[18]

처에 기기를 갖다 대면 문을 열고 잠글 수 있다. 또한 운전석에 앉으면 자동차 시동을 걸고 끌 수도 있다. BMW는 IoT 기술을 활용해 차량을 원격주차시킬 수 있는 '커넥티드 미러'(connected mirror) 기술을 개발했다.

IoT와 모바일 비즈니스

IoT는 모바일 비즈니스의 영역을 확장시키고 있다. 미국의 전자상거래업체 아마존이 개발한 아마존 대시(Amazon Dash)는 기존의 e-비즈니스와 모바일 비즈니스와는 다른 혁신적인 비즈니스 모델을 선보였다. 아마존 대쉬는 작은 막대 모양의 기기로서 바코드 인식과 음성인식을 지원하는 모바일 기기로서 일상생활에 사용하던 생필품이 떨어지면 음성명령이나 사용하던 제품에 바코드만 찍으면 동일한 제품을 아마존 닷컴을 통해서 즉시 구매를 할 수 있다. 더 이상 소비자는 쇼핑이라는 구매활동을 하지 않아도 되며 무엇을 살지 고민할 필요 없이 아마존 대쉬를 통해서 손쉽게 내게 필요한 물품을 집까지 배송받을 수 있게 된 것이다.

그림 10-15 Amazon Dash[19]

벨킨(Belkin)사에서 개발한 위모(Wemo)의 경우 기존의 전기스위치에 와이파이 기능을 추가하였다. 전기스위치는 무선인터넷과 연결이 되어서 스마트폰으로 원격제어가 가능하도록 편리성을 높였다. Wemo의 경우 대표적인 저부가가치 제조품인 전기스위치에 IoT를 적용해서 고부가가치의 제품으로 재탄생시킨 대표적인 사례라 할 수 있다. Wemo의 초기 판매금액은 49.99달러로 기존의 전기스위치의 10배에 가까운 가격에 판매가 되었다. 이처럼 IoT는 새로운 제품이 아닌 기존의 제품에 부가가치를 더하는 비즈니스의 확장으로도 그 가능성이 무한히 열려 있다고 할 수 있다.

그림 10-16 벨킨(Belkin)의 위모(Wemo)[20]

자료: http://www.belkin.com/kr

4. 모바일과 관광

1) 모바일과 관광산업

모바일 관광시장의 성장

관광산업과 다른 산업과의 큰 차이점 중의 하나가 관광은 이동성이 높은 산업이라는 것이다. 우리가 여행을 떠나면 하나의 목적지에 머무르지 않고 다양한 관광목적지를 이동하면서 관광행동이 이루어진다. 예를 들어 제주도를 여행하면서 중문단지에 숙소를 잡고 성산일출봉에서 해돋이를 보고 모슬포항에 가서 회를 먹을 수 있을 것이다. 이 같은 관광행동은 각자 다른 장소에서 다른 소비를 만들어내는 특징을 갖고 있고 각각의 관광상품들이 서로 연계되어 하나의 관광경험을 만들어낸다. 스마트폰을 중심으로 한 모바일서비스는 이러한 관광활동을 지원하는 데 가장 효율적인 도구라 할 수 있다.

관광객이 관광목적지를 찾아가는 데 길안내를 도와주고 이동 중에도 새로운 정보를 제공해주어서 좀 더 편리한 의사결정을 도와주는 역할을 할 수 있다. 이 같은 편리성은 관광산업에서도 모바일시장의 성장을 가져왔다. 2015년 기준으로 모바일 애플리케이션을 이용한 호텔 및 항공예약은 인터파크투어의 기준으로 방문자수(UV: Unique Visits)가 2013년 5월 62만 명에서 1년만인 2014년 5월에는 143만 명까지 상승했으며, 2015년 5월에는 212만 명까지 증가한 것으로 나타났다. 이는 2013년 대비 무려 241%, 2014년 대비 48.5% 증가한 수치이다.[21]

그림 10-17 ◯ 인터파크 투어 방문자수 증가추이[22]

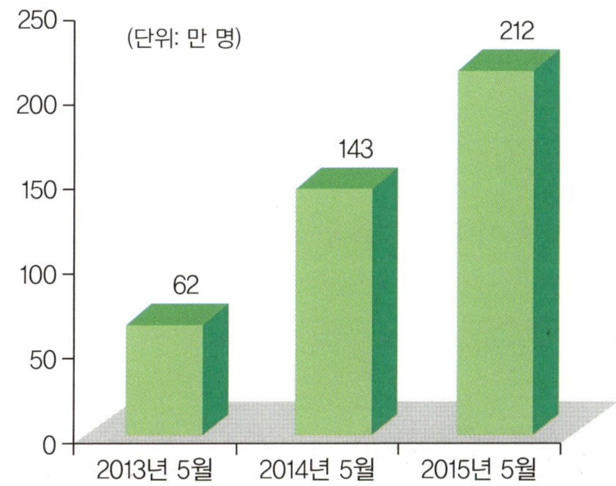

모바일과 관광트렌드의 변화

모바일 기술은 관광산업뿐만 아니라 관광문화 자체에도 영향을 미치고 있다. 과거에 관광을 계획한 사람은 목적지와 숙소, 교통편 등 관광계획을 세우고 일정에 따라 관광활동을 하였다. 하지만 스마트폰이 대중화된 지금은 관광객이 이동 중에도 새로운 정보를 받아서 목적지를 수시로 변경할 수 있다. 예를 들어 숙소에서 거리가 있는 유명관광지를 방문할 계획이었는데 일정이 늦어져서 방문할 수 없다면 관광객은 스마트폰을 검색해서 근처에 방문할 수 있는 관광지를 찾아볼 수 있을 것이다.

또 방문하려 했던 유명한 레스토랑이 예상치 못한 휴무일이라면 다른 레스토랑을 찾아보고 목적지를 변경할 수도 있다. 이 같은 흐름은 모바일 시대의 관광트렌드 변화라 할 수 있다. 관광객은 점차 스마트한 관광행동을 하고 재미없고 맛없는 서비스를 피해서 자신의 관광만족도를 높이려 한다. 그렇기 때문에 관광객을 이끌 수 있는 매력도가 낮은 관광서비스는 더욱 더 도태될 수밖에 없을 것이다.

모바일서비스는 관광활동 중만이 아니라 관광동기를 유발하는 서비스도 제공하여 즉흥적인 관광의사결정을 만들어내기도 한다. 관광상품은 특성상 그날 판매하지 못하면 사라지는 소멸 특성을 갖고 있는데 이러한 상품을 판매하기 위한 모바일 시장이 형성되고 있다. 호텔 숙박이나 항공권, F&B(Food & Beverage)에 이르기까지 당일 예약판매하는 서비스가 스마트폰 애플리케이션으로 제공되었고 이 시장이 크게 성장하고 있다.

대표적인 국내 당일 예약애플리케이션인 '데일리호텔'의 경우 2013년 6월에 출시하여서 지속적인 성장을 하고 있다. 데일리호텔의 놀라운 성장세를 보여주는 것은 2015년 12월 매출이 2014년 연간 매출보다 높았다는 것이다. 이러한 모바일서비스는 관광상품에 대한 소비자의 인식과 관광행동 패턴을 바꾸고 있다. 비교적 구매결정에 장시간 계획을 하는 관광상품이 즉흥적이고 빠른 결정으로 소비되는 새로운 트렌드가 형성되고 있는 것이다. 이것은 모바일서비스가 제공하는 실시간 정보와 장소의 제약 없이 제공받을 수 있는 이동성이라는 장점이 새로운 관광흐름을 만들어낸 예라고 할 수 있다.

그림 10-18 데일리호텔 애플리케이션[23]

2) 모바일 관광산업의 사례

믿고 부르는 '카카오택시'[24]

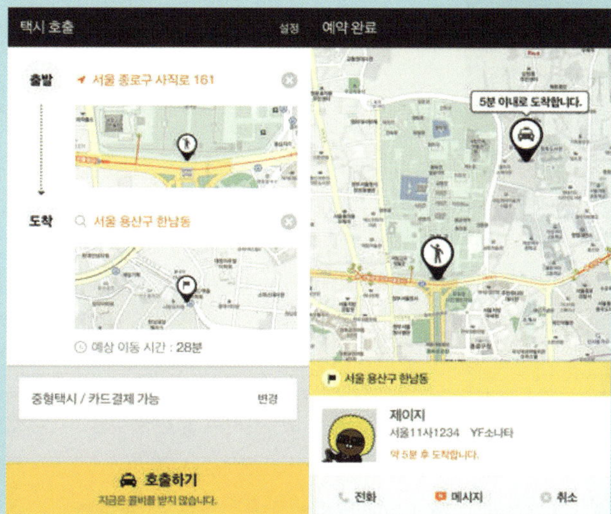

카카오택시

카카오택시는 고객이 원하는 장소 어디에서든 믿고 부를 수 있는 콜택시서비스다. 외국인 관광객들은 주요 관광지로의 빠른 이동이나 무거운 쇼핑물품 배송, 대중교통의 복잡성으로 인한 두려움 등으로 택시를 이용한다.

그동안 택시를 이용하는 외국인들이 의사소통의 어려움이나 난폭운전, 불친절, 바가지요금 등을 호소해왔는데, 카카오택시의 경우 승객 78.4%가 일반 택시를 탑승했을 경우보다 더 친절하다고 답한 것으로 나타나, 이러한 문제해결에 일부 기여할 수 있을 것으로 예상된다. 또한 카카오톡을 기반으로 한 서비스인 만큼 카카오톡을 사용하고 있는 외국인들에게 쉽게 다가갈 수 있는 강점이 있다.

편리한 숙박시스템 '야놀자'

여행 중 숙소예약은 필수코스다. 특히 잠자리는 여행의 만족도를 좌지우지할 만큼 중요한 요소이기 때문에, 관련 서비스의 외국어 지원이 가능해진다면 외국인 관광객들의 많은 수요가 생길 것이라 관광전문가들은 기대했다. 특히 국내에서 가장 많은 제휴점수를 확보하고 있는 숙박 O2O 야놀자는 앱 설치만으로도 직접 찾아가지 않으면 알 수 없는 양질의 숙박업소 정보를 회원들의 별점과 생생한 이용후기로 확인할 수 있다.

야놀자[25]

특히 개별관광객(FIT)이 늘면서 합리적인 가격의 숙소를 찾는 이들에게 적격이 될 것으로 예상된다. 야놀자는 서울뿐만 아니라 강원도, 제주도, 경기도 등 주요 관광지의 많은 펜션, 게스트하우스 등의 데이터베이스를 가지고 있기 때문에 전국 어디서든 간편하게 관광객들이 원하는 숙박정보를 누릴 수 있다.

'현지인은 어디를 가?'(去哪儿当地人): 중국의 사례

현지인은 어디를 가?

2014년 오픈한 '현지인은 어디를 가?' 애플리케이션은 월별 방문객 7억 5천 명의 Qunar.com(온라인 관광서비스)의 로컬 가이드 매칭 서비스이다. 현지인 가이드와 매칭을 시켜주며 관광정보를 제공하고 있다.

내국인 관광객(중국어권 관광객)을 대상으로 국내 · 국외 관광정보 및 사용자의 리뷰, 관광코스 제안, 여행 가이드 매칭, 쇼핑정보 등 신뢰할 수 있는 정보가 올라오며 오픈마켓 형식으로 이용자가 직접 여행상품을 업로드할 수도 있다. 국내 · 외 거주 중인 중국인 가이드와 소비자 간을 연결하는 소셜 관광 마켓 플랫폼이라 할 수 있다.

현지 로컬 가이드와 개별관광객을 매칭하여 지역관광지에 대한 접근성을 향상시키고 관광객의 여행만족도를 높여주었으며, 교통, 숙박, 음식 등의 문제를 가이드가 해결하므로 여행자의 편의성 향상에 기여하여서 지역관광 활성화를 기대할 수 있게 되었다.

Barrier-Free Travel Guide: 홍콩의 사례

Barrier-Free Travel Guide

홍콩의 관광지를 이용하는 고령자 및 장애인을 위해 홍콩 사회복지센터에서 제공하는 서비스로 2011년 12월에 서비스를 시작하였다. 홍콩 관광지를 방문하는 관광객을 대상으로 서비스를 시작하였으며 홍콩 관광지에 대한 소개(관광, 레저, 생태계, 문화코스 등)를 담고 있고 고령자 및 장애인을 위해 시설안내 및 정보를 제공하고 있다. 홍콩 사회복지센터가 직접 작성하여 정보에 대한 신뢰도가 높다.

즉, 정부(Office of the Government Chief Information Officer–CIO)의 CIO가 직접 지원하고 홍콩 청소년 사회복지센터가 운영하는 모바일 앱으로 고령자와 장애인 관광객에 초점을 맞춘 맞춤형 관광정보서비스를 제공한다. 고령자가 증가하고 있는 현 추세를 반영하여 홍콩을 방문하는 고령자 및 장애인 관광객에게 편의성을 극대화하고 홍콩에 대한 좋은 이미지를 만들어내는 전략을 유도하고 있다.

DD택시(滴滴打車): 중국의 사례

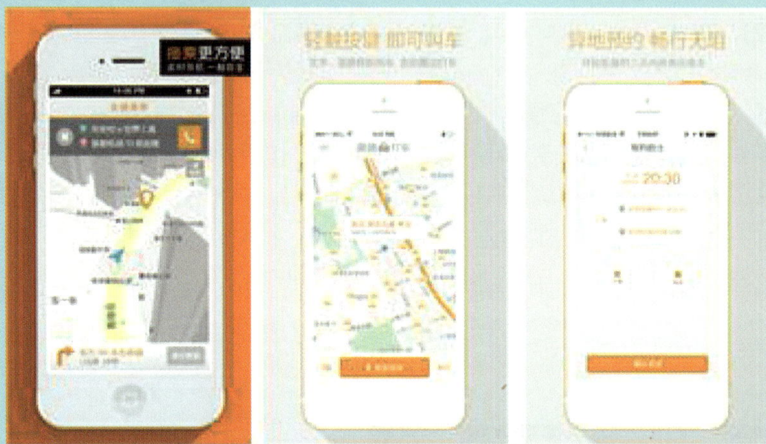

DD택시

DD택시는 택시 예약 및 호텔 애플리케이션으로 중국 300개 도시에서 활용되고 있다. 개발사인 '베이징 과학기술 유한회사'는 중국 내 스마트 관광선도 기업에 선정이 되었으며 국내의 '카카오택시'보다 먼저 서비스를 진행하였다. 관광대상자는 내국인 관광객 및 일반인이며 앱 내에 전자결제시스템 사용으로 사용자의 편의성을 증대시키고 운전자평가시스템 운영으로 이용객의 신뢰성을 향상시켰다. 또한 음성지원을 통해 운전자(이용자)의 운전 시 불편한 문제를 해결하였으며 불필요하게 편중되어 있는 택시 밀집현상을 해결하고 소비자가 필요로 하는 장소에서 택시를 이용할 수 있다는 점에서 도심 교통문제 해결과 소비자 니즈 충족의 이점이 있다.

학·습·내·용·정·리

1. 네트워크(network)라는 용어는 정보통신기술에 있어서 컴퓨터 간의 접속을 위해서 사용되는 기기, 선로 및 교환기 등으로 구성되는 전송매체를 총칭하는 용어이다.

2. 모바일(mobile)이라는 용어가 의미하듯이 무선통신기술은 기기가 선에 연결되지 않고 이동하여도 지속적인 통신이 가능한 특징을 가지고 있다. 이러한 특징을 이동성이라 하며 이동이 가능한 통신연결로 인하여 다양한 분야에서 모바일 기술의 활용도가 증가하고 있다.

3. 무선 네트워크 통신은 음성 기반인 아날로그 방식에서 시작되어 현재 4세대 통신망이라 불리는 LTE(Long Term Evolution) 디지털 기술에 이르기까지 발전하고 있다. 2020년에는 5세대 통신망의 상용화가 가능해질 것이라 예측된다.

4. '스마트(smart)'라는 단어의 뜻과 같이 스마트폰은 우리 생활에 있어서 효율적이고 현명한 의사결정을 도와준다.

5. 스마트폰은 OS를 기반으로 새로운 애플리케이션 개발이 가능하므로 서비스의 한계가 없으며, 지속적인 개발이 가능하다는 장점을 갖고 있다.

6. 스마트폰의 애플리케이션을 구동하기 위한 기본적인 환경은 스마트폰 OS이다. 현재 OS는 안드로이드(구글), IOS(애플)가 가장 많이 사용된다.

7. 모바일 비즈니스는 기본적으로 e-비즈니스를 기반으로 발전되어 왔기 때문에 e-비즈니스와의 유사성을 가지고 있다. 하지만 모바일 네트워크의 특성상 이동성을 비롯한 모바일 비즈니스만의 특성을 가지고 있다.

8. 우리가 사용하는 가전제품, 자동차, 건물 등 우리 주변에 있는 모든 사물에 무선 네트워크 기술이 접목되기 시작했다. 이처럼 모든 사물에 무선 네트워크가 응용되는 것을 우리는 사물인터넷(IoT)라 부른다. 우리 생활 곳곳에서 인터넷이 연결된다는 IoT의 개념은 과거 유행하였던 유비쿼터스(ubiquitous)와 유사하지만, 기기의 제약없이 무엇이든 네트워크로 연결이 가능하다는 의미에서 IoT는 그 개념이 진화하였다.

9. 관광객이 관광목적지를 찾아가는데 길안내를 도와주고 이동 중에도 새로운 정보를 제공해주어서 좀 더 편리한 의사결정을 도와주는 역할을 할 수 있다.

학·습·문·제

01 네트워크 발전과정에 대해 논의해보자.

02 네트워크 영역에 따른 분류에 대해 설명해보자.

03 TCP/IP의 특징에 대해 설명해보자.

04 스마트폰의 등장이 우리 생활에 미친 영향에 대해 논의해보자.

05 모바일 비즈니스의 특징에 대해 설명해보자.

06 모바일 기술의 장점과 단점에 대해 설명해보자.

07 IoT의 구성요소와 그 의의에 대해 설명해보자.

08 관광산업에서 모바일 기술이 중요한 이유에 대해 논의해보자.

09 모바일 환경에서 관광전략의 변화에 대해 논의해보자.

■ 참고자료 ■

1) 한국관광공사(2014), 한국관광공사 웹진, http://www.kcti.re.kr, 2014.6.

2) 최기영(2015), 가이드와 여행객이 온라인서 여행설계 플랫폼만 제공하지만, 트렌드를 장악, 동아비즈니스리뷰 183호, 2015.8.
앱피타이저(2015), 배낭여행자들을 위한 가이드 안내 서비스 '마이리얼트립' 출시, 조선닷컴, 2015.1.12.
http://www.venturesquare.net/733047

3) https://storify.com/alturacs

4) http://blog.daum.net/ds2cauu/7

5) IC Insights, 2015.

6) Katherineiliana(2012), Los cinco mejores inventos tecnologies para los periodistas, katherineiliana, 2012.5.31.

7) ITworld(2017), 2016년 4분기 전 세계 스마트폰 판매량 7% 증가, 가트너 발표, ITworld. 2017.2.17.

8) 강희종(2016), 韓 스마트폰 보급률 세계 1위, 아시아경제, 2016.3.28.

9) 김용출(2016), 삼성 OS '타이젠' 영토확장 나섰지만 …, 세계일보, 2016.6.13.

10) 아스팩미래기술경영연구소(2015), 애플의 3월 9일 이벤트 … 역시 '에코시스템,' IT뉴스, 2015.3.11.

11) 권영미 · 김정한(2012), [분석] 삼성, 애플과의 경쟁에서 승리하려면 … 에코시스템 구축 통합 에코시스템으로 브랜드충성도 구축, News1, 2012.9.6.

12) 한국전자통신연구원(2015), Electronics and Telecommunications Trends, Vol.30, No.4, Aug., 2015, pp.82~91.

13) 통계청, 온라인쇼핑동향조사

14) 박정섭(2016), 락인컴퍼니, 모바일 보안 기업 최초 '해킹 손해배상보험' 가입, NSP통신 2016.2.17.

15) 전자신문(2016), FPC, 시냅틱스 누르고 세계 지문인식칩 시장 1위 … 韓 크루셜텍도 수혜, 전자신문, 2016.2.14.

16) 편석준 · 진현호 · 정영호 · 임정선(2012), 클라우드와 빅데이터를 뛰어넘는 거대한 연결 사물인터넷, 커넥팅랩, 미래의창

17) 임경선(2015), 'IoT-가속화되는 연결의 빅뱅과 플랫폼 경쟁의 서막,' 2015 ICT 10대 주목이

슈, KT 경제경영연구소, Special Report, 2015.

18) http://optimalfriction.com/2017/05
http://flygood.co.kr

19) Amazon(https://www.amazon.com)

20) Belkin(http://www.belkin.com)

21) 이우석(2015), '200만 명이 인터파크로 슝~', 인터파크 항공 앱 200만 다운로드 돌파, 스포츠서울, 2015.7.11.

22) 송혜영(2015), 인터파크투어 항공 앱 200만 다운로드 돌파, 전자신문, 2015.7.10.

23) 헤럴드경제(2014), 스마트창작터 사업 선정 '데일리호텔 앱' 승승장구, 헤럴드경제, 2014.8.18.

24) 이정민(2016), O2O 서비스 인바운드 성장 돕는다, Travel Daily, 2016.8.9.
이대호(2015), 우버 떠난 자리, 카카오택시가 채울까, 디지털데일리, 2015.3.31.

25) 야놀자(http://yanolja.in/ko)
Gartner Inc(http://www.gartner.com)
Strategy Analytics(www.strategyanalytics.com)
Baltzan(2012), 비즈니스경영정보시스템, 생능출판사. p.330.
KOLSA(2013), 2013 온라인쇼핑 시장에 대한 이해와 전망, 한국온라인쇼핑협회
홍일유 · 차훈상(2015), 기업혁신을 위한 경영정보시스템, 법문사, pp.263~264.
오찬종(2016). 중소기업도 스마트워크 확산 '회사 생산성 오르고 직원은 칼퇴근,' 매일경제 MK, 2016.2.4.

CHAPTER 11

4차 산업과 관광산업의 변화

학습목표

- 4차 산업이란 무엇인지를 알아본다.
- 4차 산업을 통해서 향후 어떠한 변화들이 있을지 알아본다.
- 디지털 환경에서 발전하고 있는 새로운 기술들이 어떻게 사용되는지 알아본다.
- 새로운 기술의 발전이 우리 생활과 산업에 미치는 영향에 대해 알아본다.
- 증강현실과 가상현실에 대해 알아본다.

EMG 센서로 소비자 분석 … 공룡 여행사의 단칸방 혁신센터[1)]

면적 7㎡(2평) 남짓한 방에 물건이라고는 책상과 의자 그리고 데스크톱과 카메라가 전부다. 세계 최대 온라인 여행사 익스피디아의 '실험실' 풍경이다.

미국 워싱턴주 밸뷰에 본사를 둔 익스피디아는 1996년 마이크로소프트(MS) 사내 벤처로 탄생했다. 호텔 · 항공 · 렌터카 등 여행상품 검색 · 예약서비스를 제공하는 온라인 여행사로, 1999년 MS에서 독립한 뒤 2016년 3분기에만 710억 달러(약 83조 원)의 매출을 올렸다. 세계 3만 개 도시의 32만 개 호텔과 네트워크를 갖고 있으며, 한국을 비롯해 세계 33개국에 현지화한 사이트를 운영 중이다.

이처럼 큰 공룡 여행사의 실험실이라면 대규모 공장만한 크기일거라 짐작되지만, 익스피디아 직원은 하나같이 고시원 방보다 작은 이 단칸방을 '실험실'이자 '혁신센터'라고 부른다.

연구원이 실험에 참가한 여성의 얼굴에 전자근운동기록기(EMG: electromyography) 센서를 부착했다. 곧이어 관찰실 TV 화면에 참가자의 감정상태를 표시하는 그래프가 떴다. 두 개로 나뉜 그래프는 각각 '집중도'와 '행복감'을 수치로 나타냈다. 연구원이 이 여성에게 "예산에 상관없이 당신이 머물고 싶은 호텔을 검색해보라"고 주문하자 홍콩 만다린 오리엔탈 호텔 사진을 들여다보는 여성의 집중도 · 행복감 곡선이 요동을 쳤다. 반대로 "예산에 합당한 호텔을 찾으라"라는 말에 행복감 그래프가 하향곡선을 그렸다.

EMG에 시각추적(eye-tracking) 기능도 딸려 있어, 실험 참가자의 동공 움직임도 감지할 수 있었다. 여성이 주시하고 있는 화면에 주황색 점이 표시됐고, 시선이 이동할 때마다 주황색 점도 따라 움직였다. 예약 과정을 관찰한 결과 이 여성이 호텔 후기를 꼼꼼히 들여다보고, 예약에 앞서 호텔 소개 페이지에 등록된 사진을 모두 체크한다는 사실을 파악할 수 있었다. 수영장 사진을 들여다볼 때 행복감이 올라가는 것도 눈에 띄었다.

익스피디아 사이트 이용자가 어떤 정보에 관심을 갖고, 어떤 이미지에 감정 변화를 보이는지에 대한 실험은 1시간 정도 진행됐다. 뒤이어 아시아계 남성 참가자에게도 똑같은 실험이 진행됐는데, 여성과의 차이점이 확연했다. 남성은 여성보다 시선의 움직임이 빠르고, 사진이 멋있는 호텔보다는 '오늘만 50% 할인'이라는 문구가 붙은 호텔을 클릭하는 횟수가 잦았다. 시내 중심가에서 호텔까지 거리가 가까운 호텔을 들여다볼 때 집중도가 올라갔다.

익스피디아는 본사가 있는 밸뷰와 영국 런던 지사에 실험실을 설치해, 소비자의 여행상품 예약 전 과정을 관찰해오고 있다. 2015년에 1,375건, 2016년에는 1,450건의 테스트를 진행했다. 실험을 통해 얻은 데이터는 곧장 익스피디아 사이트를 개선하는 데 반영한다.

익스피디아의 아 · 태지역 여행시장 규모는 3,920억 달러(약 441조 5,000억 원 · Southeast Asian Traveler Report 2017) 정도인데, 이 중 온라인 예약 비중이 37%에 이르며, 아 · 태지역 온라인 여행수요의 5%를 점유하고 있다.

서울 북촌길, IoT 활짝[2)]

북촌 IoT 기술 체험의 시작은 안국역 풍문여고부터다. 풍문여고 정문은 삼청동과 북촌으로 이어지는 산책길이 시작되는 지점이다. 이곳에 첫 번째 IoT 기술이 마련돼 있다. IoT 스타트업 이큐브랩이 제작한 '클린캡'이다. 클린캡은 쓰레기통 위에 부착하는 적외선 장비다. 쓰레기통이 일정수준 이상 채워지면 자동으로 서울시의 다산 콜센터로 연락하도록 설계됐다. 이큐브랩의 쓰레기 감지 적외선 센서는 북촌 전역에 마련된 약 20여 개의 쓰레기통에 설치됐다. 쓰레기통을 주기적으로 비워야 하는 환경미화원의 동선을 효율적으로 관리해주는 솔루션이다.

풍문여고 산책길을 따라 사거리로 올라가면, 오른쪽에서 서울교육박물관을 찾을 수 있다. 교육박물관에서는 유비게이트가 개발한 '북촌 런닝맨' 게임이 도입됐다. 마치 TV 프로그램 '런닝맨'처럼 교육박물관을 무대로 게임을 즐기도록 고안된 서비스다. 박물관 전시물을 보고, 관련 문제를 풀거나 북촌 한옥마을에 어울리는 '미션'을 수행해 관광객의 북촌 방문에 색다른 경험을 제공한다. 관광에 '게이미피케이션(gamification)'[01] 기법을 도입한 사례로 박물관 관람에 집중도를 높이는 효과를 기대할 수 있다.

관광경험 혁신하는 가회동 성당의 증강현실

가회동 성당에는 관광객을 위한 증강현실 기술이 구현돼 있다. 올리브스토리가 비콘 기술로 제작한 스마트 박물관 안내서비스다.

가회동 성당 내부에 마련된 전시실에는 비콘 센서가 부착돼 있다. 스마트폰이나 태블릿PC에서 '가회동 성당 AR' 앱을 내려받으면, 성당 내부 전시실로 들어갈 때 증강현실 체험 알림을 받을 수 있다. 비콘이 부착된 전시물에 스마트폰을 비추면, 전시물에 대한 다양한 정보를 얻을 수 있다. 가회동 성당을 중심으로 7개 전시물에 증강현실 안내서비스가 진행되고 있다.

북촌은 서울시의 첫 번째 IoT 시범사업 공간이다. 서울시는 북촌의 IoT 실험을 발판삼아 다양한 지역으로 도시문제 해법을 전파한다는 방침이다. 또한 서울시는 북촌 IoT 시범사업에 참여한 스타트업의 다양한 기술이 해외로 진출할 수 있도록 도울 예정이다. 해외 진출에는 인텔코리아가 다리를 놓기로 했다. 인텔코리아는 전 세계에 갖고 있는 기술과 네트워크, 협력업체를 적극적으로 활용한다는 계획이다.

---

01 게이미피케이션(Gamification): 게임이 아닌 분야에 게임구성요소 등을 적용하여 흥미를 유발하고 대상을 몰입시키는 것

1. 4차 산업(Industry 4.0)

1) 4차 산업이란?

2016년 최고의 경제적 화두는 4차 산업에 관한 것이다. 주요 선진국들은 2008년 금융위기 후 제조업의 중요성을 인식하고 제조업 혁신정책을 추진하였다. 이러한 환경에서 IT는 제조업 혁신과 서비스화를 촉진하는 중요한 핵심수단이 되고 있다.

세계경제포럼(WEC: World Economic Forum)에서 4차 산업혁명이란 "**AI(인공지능), Machine Learning, IoT, 3D프린팅, BIO 등의 발전에 기반한 기술혁명이다**"라고 정의하였다.

그림 11-1 Industry 4.0[3)]

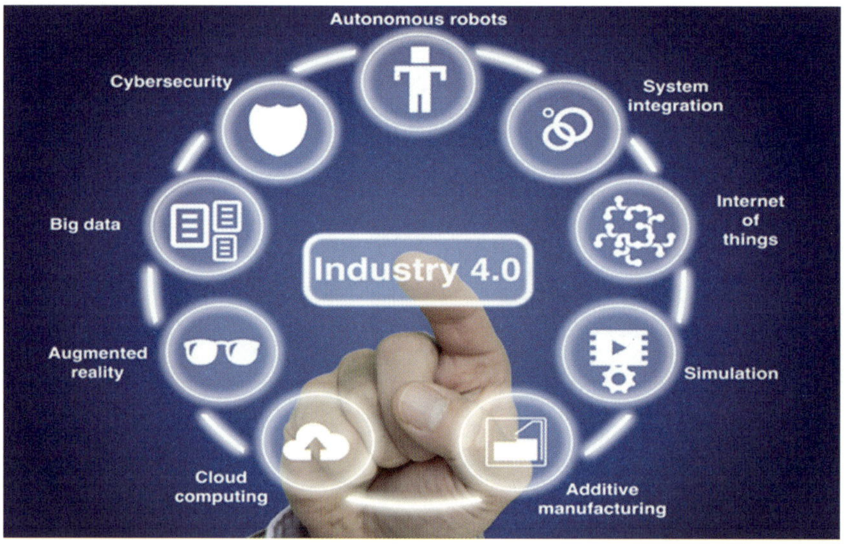

4차 산업혁명의 기원은 2011년 독일 하노버산업박람회에서 '**인더스트리 4.0**'을 클라우스 슈밥(Klaus Schwab: WEF, 다포스포럼) 회장이 독일 제조산업의 리브랜드 과정에서 시작되었다. 즉 독일의 제조업 경쟁력 강화차원에서 지멘스, SAP, 아디다스 등 민간기업이 현재의 다양한 IT기술을 활용하여 제조업 경쟁력을 강화시키자는 차원에서 시작되었다. 이후 아디다스는 동남아시아에서 제조하던 신발들을 본국으로 이전하는 리쇼어링(reshoring)[02]을 실행했다.

미국, 일본 등 선진국들은 제조업의 연구개발 강화·효율화 등을 통해 제조업의 육성과 혁신을 가속하면서 리쇼어링을 추진 중이다. 이후 나라마다 각 나라의 장점을 살릴 수 있는 방향으로 4차 산업을 미래 발전을 위해 다음과 같이 각기 다른 이름으로 접근하고 있다.

표 11-1 | 주요 국가의 4차 산업혁명 주요 내용

국가	주요 내용
독일(인더스트리 4.0)	2012년부터 제조업과 IT를 접목해 생산성과 효율성 극대
일본(산업재흥플랜)	제조업의 경쟁력 강화를 목표
중국(제조2025)	2015년 차세대 IT, 로봇, 신에너지, 바이오, 첨단설비제조, 신소재, 전기차 등 신산업을 육성
미국(스마트산업혁명)	디지털 디자인 및 3D프린팅 역량 강화, 혁신형 창업촉진 등을 추진
한국(인더스트리 3.0)	제조업 혁신–지속적 성장동력 확보를 위한 제조업 경쟁력 강화

주요 골자는 IT(또는 ICT)가 갖고 있는 다양한 기술들을 제조업과 융합을 통해 제품을 다품종·소량생산을 시뮬레이션을 통해 자동생산하는 형태로 접근하는 것이다. 현재 IT의 급격한 발전과 함께 4차 산업혁명은 거의 모든 산업부문으로 확산되고 있다. 여기서 산업혁명이란 "**신기술의 경제체제와 사회구조를 급격하게 전면적으로 변화시키는것**"이며 현재 4차 산

표 11-2 | 산업혁명 과정(제조업의 혁신단계) 비교

구분	1차 산업혁명	2차 산업혁명	3차 산업혁명	4차 산업혁명
시기	18세기 후반	20세기 초반	1970년 이후	2020년 이후
혁신부문	증기의 동력화	전력, 노동분업	전자기기, ICT혁명	사물인터넷, 서비스 간 인터넷(IoT & IOS)
생산방식	생산기계화	대량생산	부분자동화	시뮬레이션을 통한 자동생산
생산통제	사람	사람	사람	기계 스스로

• IoT: Internet of Things • IOS: Internet of Service
자료: 현대경제연구원

02 리쇼어링: 제조업의 본국 회귀라는 의미로, 인건비 등 각종 비용절감 등을 이유로 해외로 나간 자국 기업들을 다시 국내로 돌아오는 현상을 말함.

업혁명이 진행되고 있다고 보아야 할 것이다.

인더스트리 4.0은 독일정부에서 처음 사용한 용어로 생산자뿐만 아니라 공급자, 제조공장, 유통 등 생산을 둘러싼 모든 과정이 디지털로 연결되는 가치사슬을 공급할 것으로 기대된다. 이러한 이유로 인해 인더스트리 4.0을 '**스마트 팩토리**', 산업 IoT, 스마트 산업 또는 첨단 제조업이라 불리는데 제일 많이 사용하는 용어는 '스마트 팩토리'이다.

이러한 4차 산업혁명은 지식서비스 분야에도 많은 영향을 주고 있다. 스마트 시티, 스마트 헬스케어 등 아래와 같이 다양한 산업부문에 영향을 주고 있다. 4차 산업혁명은 "사람과 사람, 사람과 사물, 사물과 사물(기계, 설비, 재료, 제품, 인간, 소비자, 협력사, 유통, 물류) 등 모든 객체들이 연결되어서 상호작용하는 초연결 · 초융합할 수 있는 환경 조성에 따른 산업구조의 혁신"이라고 넓게 표현하기도 한다.

기존의 산업혁명의 역사가 사람의 노동을 기계로 대체해온 과정이라면 4차 산업혁명은 의사결정을 중심으로 하는 '인간의 정신노동까지 기계가 대체'하는 시대로 진입하였다는 것이다.

독일의 인더스트리 4.0 및 우리나라의 제조업 3.0과는 밀접한 관계가 있지만, 2차 산업뿐만 아니라 1, 2, 3차 산업 전체를 아우르는 큰 개념으로 변모하고 있다.

모든 것들이 연결되고 융합되는 초연결 · 초융합의 환경실현이 가능해짐에 따라 스마트 로

테마	가치/효용	소요 기술	
스마트 시티	공공서비스, 교통, 보건/의료, 에너지, 환경, 기간시설, 치안, 안전	IoT, 빅데이터, AI, 로봇, 스마트 글래스, 웨어러블, AR/VR	
스마트 헬스케어	헬스케어, 정밀의료, 진단, 예방, 치료, 의료기기, 재활	IoT, 빅데이터, AI, 로봇, 의료기기, 웨어러블, 스마트 글래스	
스마트 라이프	홈, 위생, 청결, 소통, 보안, 모빌리티, 오락, 러닝,	IoT, 빅데이터, AI, 로봇, 스마트 글래스, AR/VR	
스마트 제조	개발, 설계, 생산 자재, 품질, 검사, 설비, 협업, 유통/물류	IoT, 빅데이터, AI, 로봇, 스마트 글래스, 웨어러블, AR/VR	
스마트 오피스	비서, 사무, 서무, 법무, 재무, 세무/회계, 컨설팅, 마케팅, 경제, 금융	IoT, 빅데이터, AI, 스마트 글래스, AR/VR	
스마트 기기	자가진단(고장/안전/내구성), 자가수리, 소통, Connected 서비스	IoT, 빅데이터, AI, 로봇, 자동차, 가전, 기구, AR/VR	

봇, 스마트 자동차, 스마트 바이오, 스마트 공장, 스마트 헬스와 같은 지능형 제품과 서비스들이 나오기 시작하였다.

이러한 4차 산업혁명은, 첫째 초연결 · 초융합이란 환경에서 생성되는 **'양적 · 질적으로 풍부한 데이터의 활용'**이 가능해지고, 둘째 최적의 의사결정을 통해 제품 및 서비스에 **'지능화된 서비스적 가치를 극대화'**시킬 수 있으며, 셋째 새로운 부가가치를 창출하는 **'서비스화 또는 제조-서비스의 융합'**이 핵심이 될 것이라 예상된다.[4)]

2. 증강현실과 가상현실

1) 증강현실

증강현실이란?

증강현실(augmented reality)은 우리가 살고 있는 현실세계에서 가상의 3차원 화면을 겹쳐서 표현하는 기술을 말한다. 증강현실은 완전한 가상세계가 아닌 우리가 실제 살고 있는 현실에 가상의 세계가 혼합되기 때문에 이를 혼합현실(mixed reality)이라고도 한다.

일본의 인기 만화인 '드래곤볼'을 보면 '스카우터'라고 명칭된 눈에 착용하는 기기로 상대방의 모습과 함께 전투력에 대한 정보를 확인하는 장면이 등장한다. 현실 대상의 정보를 IT 기기가 추가적인 정보와 함께 이 기기를 통해서 전달하는 것이다. 이것은 이제 더 이상 만화 속에서만 가능한 이야기가 아니다. 실제 구글이 2012년도에 개발한 구글 글라스(Google Glass)는 이용자가 단순히 안경처럼 착용한 후 사진촬영, 내비게이션, 인터넷검색 등의 기능을 이용할 수 있다. 과거 우리가 공상과학소설에서나 상상하던 일들이 이제는 실제 이용 가능한 기술로 우리에게 다가온 것이다.

그림 11-2 ○ 구글 글라스[5]

증강현실 vs 가상현실

증강현실(augmented reality)과 가상현실(virtual reality)을 이야기할 때 많은 사람들이 그 기술의 차이점에 혼동을 한다. 가상현실은 디지털 기술로 인해서 창조된 완전한 가상의 환경을 조성하는 기술이라면 증강현실은 현실의 배경에 디지털 기술로 추가된 화면을 혼합하여 보여주는 기술이다.

말 그대로 현실에 새로운 정보를 증강하여 제공해주는 기술이라 할 수 있다. 그렇기 때문에 가상현실이 실제 존재하지 않은 정보나 체험을 우리에게 제공하여 준다면 증강현실은 실제 우리 생활에 추가적인 정보를 제공하여서 도움을 주는 기술이라 할 수 있다. 예를 들어 증강현실을 응용한 내비게이션의 경우 자동차가 주행하고 있는 도로의 화면은 카메라를 통

그림 11-3 ○ 기존 내비게이션과 증강현실(AR) 사용 내비게이션[6]

해서 실제 보여주고 그 화면에 도로정보와 길안내서비스를 제공하고 있다. 과거 가상으로 생성된 지도를 기반으로 길안내를 하던 내비게이션보다 훨씬 현실감과 생동감이 있는 정보의 제공이 가능하게 되었다.

증강현실은 현실생활에 추가적인 정보를 제공해줄 수 있는 특징이 있기 때문에 현재 널리 보급된 스마트기기를 기반으로 그 활용도가 계속 증가하고 있으며 길안내, 위치기반서비스, 관광체험 등에 새로운 주목을 받고 있는 기술이라 할 수 있다.

표 11-3 | 산업혁명 과정(제조업의 혁신단계) 비교

용어	개념	사례
증강현실 (augmented reality)	• 현실의 정보에 가상의 정보를 합성해 사물이나 이미지의 정보를 '증강'시켜주는 것을 의미함 • 눈에 보이지 않는 가상의 정보를 현실 정보에 더해주므로 인간의 감각과 인식을 확장시킨다는 측면에서 '확장현실'로 불리기도 함	• 축구경기 중계방송 중 프리킥 위치에서 골대까지 거리표시 효과 • 전투기 파일럿의 디스플레이 화면
가상현실 (virtual reality)	• 실재하는 공간이나 이미지를 CG로 만들어 재현해 낸 것	• 컴퓨터그래픽으로 재현된 유명 명소 CG • 현실공간을 바탕으로 재구성된 가상공간(게임 등에서 활용)

자료: 스트라베이스

관광산업과 증강현실

스마트기기를 중심으로 한 증강현실 애플리케이션서비스가 증가하면서 가장 주목받는 분야 중 하나는 관광서비스이다. 증강현실이 가장 먼저 도입되고 응용된 분야가 위치기반을 활용한 내비게이션서비스이며 이것은 자연스럽게 관광정보서비스와 연계되어 발전하고 있다.

스마트폰을 활용한 관광 증강현실서비스는 정보의 제공과 더불어 관광체험을 극대화하는 서비스로 발전하고 있다. 이제는 더 이상 관광을 하면서 지도를 들고 다니면서 고생할 필요 없이 스마트폰 카메라로 거리를 비추면 그 거리의 맛집, 쇼핑지역, 교통정보를 쉽게 제공받을 수 있게 된 것이다.

관광산업에서 증강현실을 활용하는 것은 스마트폰 애플리케이션뿐만이 아니다. 2013년

그림 11-4 ◎ 증강현실 이용 애플리케이션 '내손 안의 경복궁'[7]

1월 서울 강남역에서는 소녀시대의 콘서트를 보기 위해 수많은 관광객이 운집하였다. 하지만 실제 소녀시대는 같은 시간에 다른 곳에 있었고 사람들은 홀로그램으로 제공되는 소녀시대의 콘서트를 보면서 열광하였다.

증강현실을 이용한 새로운 문화관광콘텐츠의 가능성을 보여준 사례이다. 증강현실은 기존의 영상매체가 줄 수 없는 현실감과 생동감을 전달할 수 있기 때문에 관광객의 체험효과를 높여주고 새로운 상품 개발의 가능성이 열려 있는 기술이라 할 수 있다. 동대문 DDP에서는 2014년도부터 KT와 미래창조과학부 그리고 YG엔터테인먼트가 합작으로 제작한 K-live K-pop 홀로그램 콘서트 전용관이 개관하였다. 전 세계적으로 흥행을 하고 있는 한류콘텐츠를 활용한 새로운 관광상품 개발의 좋은 예라 할 수 있다.

그림 11-5 ◎ K-live 빅뱅 홀로그램[8]

2) 가상현실

가상현실

가상현실은 디지털 기술을 이용해 특정 환경이나 상황을 가상으로 만들어서 이용자가 실제 환경처럼 느끼고 상호작용할 수 있게 하는 가상공간을 말한다. 가상현실은 온라인커뮤니티, 가상현실게임 등과 같이 컴퓨터 환경에서 이용할 수 있는 서비스에서부터 최근에 등장한 VR(Virtual Reality)체험 기기까지 그 범위가 광범위하다. 2000년대 초반 린든랩(Linden Lab)[03]이 개발한 '세컨드라이프'[04]의 경우 사이버공간에서 5억 달러의 실제 현금이 거래되기도 하면서 가상현실의 시장성을 확인하였다. 국내의 경우 '리니지'[05]를 필두로 한 온라인게임 시장이 성장하면서 가상현실은 주목할 만한 시장으로 성장하였다.

2000년대 초반 온라인게임과 커뮤니티를 중심으로 성장한 가상현실 시장은 최근 새로운 기술개발과 함께 변화를 가져왔다. 삼성의 '기어VR', 오큘러스의 '오큘러스 리프트' 등 실제 가상현실을 생생하게 경험할 수 있는 기기들이 개발되면서 가상현실기술은 많이 주목을 받고 있다. 2016년 국제소비자가전박람회[05](CES: The International Consumer Electronics Show 2016)에서는 가상현실과 관련된 새로운 제품들이 소개되면서 앞으로 가상현실이 IT

그림 11-6 ○ 세컨드라이프, 리니지

03 린드랩: 1999년 샌프란시스코에서 설립된 회사로 가상현실 기술로 유명하며, 혁신적 변화를 이끌어내어 레이브상(Rave-Award)을 받았다.
04 세컨드라이프 공식 홈페이지
05 리니지 공식 홈페이지
06 CES: 매년 1월 라스베이거스에서 개최되는 세계 최대의 전자제품 전시회로 1967년부터 시작되었다.

그림 11-7 삼성의 '기어VR' 시연회[9]

분야의 주력 산업의 하나로 성장할 것으로 보인다.

관광산업과 가상현실

가상현실이 주목받는 분야는 영화나 게임과 같은 영상과 관련된 분야이다. 가상의 공간에서 생생한 경험을 전달할 수 있는 것이 가상현실의 큰 장점이라 할 수 있다. 사람들이 직접 경험하기 어려운 우주체험이나 동화 속의 풍경체험들이 가상현실에서는 구현이 가능하다. 그렇기 때문에 새로운 체험과 콘텐츠를 필요로 하는 관광산업에서 가상현실의 응용가능성은 무궁무진하다. 테마파크에서는 3D를 넘어서 4D체험을 할 수 있는 놀이기구가 개발되었고 여기에 가상현실기술을 더해서 좀 더 사실감 있는 체험이 가능한 놀이기구가 탄생할 수 있을 것이다.

실제 미국의 월트디즈니는 HMD[07](Head Mounted Display)를 쓰고 체험할 수 있는 가상현실 테마파크를 준비 중에 있으며 앞으로 가상현실체험이 관광체험에 큰 변화를 가져올 것임을 예상할 수 있다.

07 HMD: 안경처럼 머리에 쓰고, 대형 영상을 즐길 수 있는 영상표시장치로서 휴대하면서 영상물을 대형화면으로 즐기거나 수술이나 진단에 사용하는 의료기기에 적용하기도 한다.

그림 11-8 ◎ 미국 내 테마파크에 가상현실을 활용한 롤러코스터[10)]

3. RFID/NFC

1) RFID

RFID

RFID(Radio Frequency IDentification)는 IC칩과 무선전파방식을 통해서 정보를 전달하는 기술을 말한다. RFID는 기존에 유통분야에서 가장 널리 사용되고 있던 바코드(barcode) 방식을 대체할 대표적인 기술로 주목받았다.

RFID는 정보를 관리할 수 있는 초소형 IC칩에서 전송되는 전파를 인식하여 정보를 전달하는 특징을 가지고 있어서 시각적 정보에 의존하던 바코드 방식에 비해 효율적인 성능을 가지고 있다. 기존의 바코드 방식이 저장용량이 적고 항상 동일 위치를 스캔하지 않으면 정보를 인지하지 못하는 것에 비해 RFID는 비교적 떨어져 있는 거리에도 전파가 전달가능한 장점이 있다. 이 같은 특징은 특히 유통분야에서 활용이 되고 있으며 물품에 RFID를 장착하면 컨베이어벨트를 지나가기만 해도 어떤 물품이 어디로 이동하는지 자료전송이 바로 이루어지기 때문에 유통과정에서 시간을 절약할 수 있는 장점을 가지고 있다.

RFID의 활용

RFID는 바코드에 비해 많은 저장용량을 가지고 있고 넓은 인식범위로 인해서 활용범위 또한 무궁무진하다.

표 11-4 | RFID 활용범위

산업	활용범위
물류산업	• RFID가 가장 먼저 도입되고 활용되고 있는 분야 • 물류품의 정보를 실시간으로 빨리 받아들일 수 있는 장점
유통산업	• 제조품 계산 및 물류관리
도서관	• 도서출납관리
서비스산업	• 간편결제 및 고객정보관리

RFID의 단점

표 11-5 | RFID의 단점(한계점)

단점(한계점)	내용
프라이버시 침해	• RFID 기술 특성상 RF리더기를 가지고 있는 사람이 다른 사람의 정보를 취하기 쉬움
비싼 가격	• IC칩의 가격이 비싸서 바코드나 QR코드처럼 다량으로 생산하기 어려움
전파 적용범위가 한정적	• RF리더기와 IC칩 사이의 전파적용 범위가 한정적임
국가별 주파수 상이	• 국가별로 사용하는 주파수가 달라서 국제시장에서 표준화가 필요

그림 11-9 NFC vs Beacon[11]

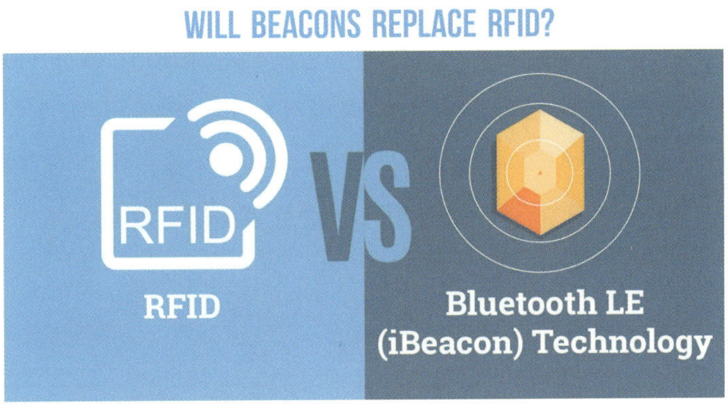

2) NFC

NFC

NFC(Near Field Communication)는 IC칩을 사용하는 RFID 방식의 일종으로 10cm 이

그림 11-10 NFC[12]

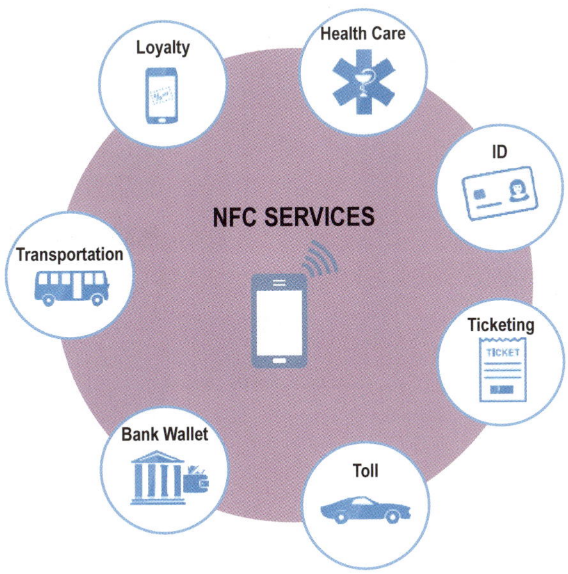

내의 거리에서 전파를 이용해 정보를 전달하는 기술이다. 통신거리가 짧기 때문에 광범위형 네트워크기술에 비해서는 보안이 우수하고 저렴한 특징을 가지고 있다. 기존의 RFID와는 다르게 자료를 읽고 쓰는 기능이 모두 포함되어 있기 때문에 RFID에서 사용하던 리더기가 따로 필요하지 않다는 장점을 가지고 있다. 국내에서는 2010년 12월 13일에 삼성전자의 애니콜 코비N(SHW-A170K)에 처음 내장이 되면서 휴대폰을 활용한 결제, 마일리지카드, 정보전달 등에 활용되면서 차세대 근접 네트워크 기술로 주목받고 있다.

NFC의 활용

스마트폰의 보급과 보안성과 편리성이라는 장점으로 NFC의 활용성은 높아지고 그 적용범위도 광범위하다. 특히 NFC는 통신거리가 짧기 때문에 다른 네트워크통신에 비해 보안성에 유리하여 모바일 결제분야에서 도입이 되고 있다. 대표적인 예로는 2014년 애플이 개발한 '애플페이(Apple Pay)'가 있다. 애플페이의 경우 스마트폰에 자신의 신용카드 정보를 저장한 후 결제 시 아이폰을 단말기에 접촉하여 결제를 처리한다. 특히, 아이폰 5S 이후 내장된 지문인식기능은 모바일 결제 시 보안성을 높여줘서 NFC를 이용한 결제서비스가 확산되고 있다. 국내의 경우 교통카드에 NFC가 도입되어서 널리 활용되고 있다.

그림 11-11 NFC를 활용한 결제

자료: 애플, 안드로이드, 삼성전자, 네이버, 티머니

관광산업에서도 NFC의 도입은 다양한 방면에서 시도되고 있다. NFC 기능을 지원하는 스마트폰의 보급이 확산되면서 관광객의 편의를 돕는 관광안내정보를 제공하는 서비스가 증가하고 있다.

국내의 경우 수원 화성 38곳의 안내표지판에 QR코드와 NFC를 활용한 관광안내정보를 제공하고 있다. 관광객은 안내판에 스마트폰을 갖다 대기만 하면 수원 화성의 주요 시설물에 대한 음성안내와 동영상자료를 확인할 수 있다. NFC를 통한 안내정보는 디지털화된 자료를 제공함으로써 안내판에 많은 정보를 제공할 필요 없이 관광객들이 자신의 스마트폰으로 정보를 제공받을 수 있다는 장점이 있다.

그림 11-12 NFC와 QR코드 모바일 앱을 활용한 수원 화성 관광안내[13]

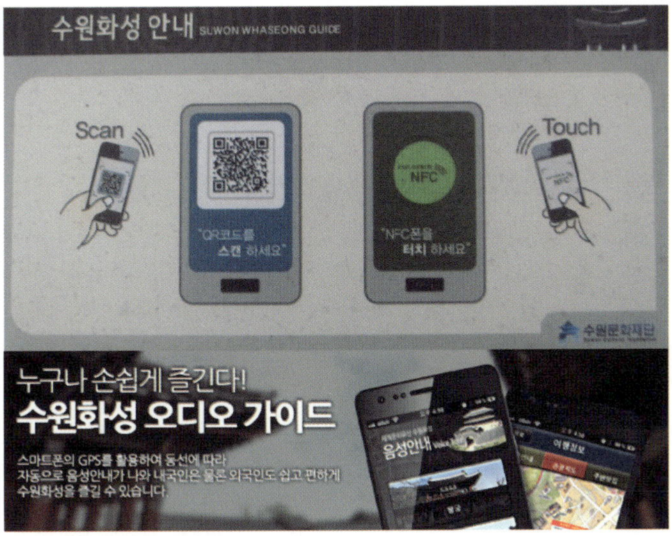

표 11-6 기업의 모바일 페이 결제방법과 특징[14]

구분	카카오페이	애플페이	페이코×티머니	삼성페이	안드로이드페이
출시연도	2014년 9월	2014년 10월	2015년 8월	2015년 6월	2015년 하반기
서비스 유형	온라인 카드결제	오프라인-온라인 카드결제	오프라인-온라인 카드결제	오프라인-온라인 카드결제	오프라인-온라인 카드결제
오프라인 결제방식	미지원	NFC	NFC	NFC, 마그네틱	NFC

지원방식	앱에서 지원	운영체제에서 지원	앱에서 지원	기기내장형	운영체제에서 지원
가맹점	130여 개 (온라인몰)	70만여 개 (NFC, POS)	20만여 개 (온라인 · 오프라인몰)	3,000만여 개 (마그네틱 POS + NFC, POS	70만여 개 (NFC, POS)
결제인증	PIN 입력	지문인식, PIN 입력	PIN 입력	지문인식, PIN 입력	지문인식, PIN 입력
결제저장정보 보호기술	스마트폰과 데이터센터 분리저장	HW 기반 토큰화	서버 저장(추정)	HW 기반 토큰화 (KNOX, Trust Zone)	SW 기반 토큰화 (HCE)
이슈	• 오프라인결제 미지원 • 가맹점수가 적음	NFC결제 단말기 확보 어려움	오프라인결제는 티머니 가맹점에 한해 이용가능	• IC칩 전환대응 어려움(MST의 경우) • 안드로이드페이와 경쟁 불가피	NFC결제 단말기 확보 어려움

중국인 관광객들, 국내서 '애플페이'로 간편쇼핑[15)]

APPLE Pay

직장 때문에 한국에 머물고 있는 중국인 오탁영 씨는 요즘 옷을 사기 위해 동대문의 한 쇼핑몰을 자주 찾는다. 평소 중국에서 사용하던 간편결제방식인 '애플페이'를 한국에서도 사용할 수 있어 편리하기 때문이다. 이처럼 내국인들은 아직 애플페이를 사용하지 못하고 있지만, 중국에서 발급받은 카드를 사용하는 중국인들은 국내에서도 일부 가맹점에서 애플페이 사용이 가능하다. 해당 중국 신용카드사는 중국 관광객들의 애플폰 사용률이 높은 점을 고려해 한국 내 애플폰 사용 편의성을 높일 계획이다.

유니온페이 담당실장은 "중국인 관광객의 60% 정도가 애플폰을 가지고 있다. 애플폰은 NFC(근거리무선통신)만 지원이 되기 때문에 유니온페이는 NFC 기반 가맹점에 초점을 맞춰서 확대해 나갈 계획이다"라고 말하였다. 유니온페이는 현재 동대문의 쇼핑몰 두타와 GS25 등에서만 가능한 퀵패스를 통한 애플페이 결제를 면세점까지 확대할 계획이다. 신라면세점, 신세계면세점 등과 진행 중인 제휴가 성공해 간편결제가 가능해지면 결제시간도 줄어들 전망이다. 이에 따라 그동안 면세점에서 결제를 위해 긴 줄을 서서 기다리던 중국관광객들의 모습도 사라질 것으로 보인다.

애플페이 확산 '순항중' … 전 세계 가맹점 200만 개 돌파[16)]

APPLE pay 결제

애플페이가 전 세계로 순조롭게 확산되고 있다. 블룸버그는 애플페이로 결제할 수 있는 상점이 전 세계적으로 200만 개를 넘어섰다고 보도했다. 크레이트앤배럴(Crate & Barrel), 칙필레(Chick-fil-A), 오봉팽(Au Bon Pain) 등도 곧 애플페이 결제를 도입할 예정이다.

본래 애플은 2015년 말까지 전 세계적으로 150만 개의 가맹점을 확보하는 것을 목표로 제시했었다. 보도에 따르면, 애플은 이 목표를 초과달성한 것은 물론 인앱 애플페이 결제도 2015년 하반기에만 2배로 늘어났다. 이러한 성과는 온라인 이커머스 업체가 주도한 것으로 보인다.

이커머스 업체인 자포스(Zappos)의 모바일 담당 임원은 "오랫동안 애플페이를 지원해 달라는 사용자의 요구가 있었다"며 "고객경험을 개선할 수 있는데 왜 도입하지 않겠나?"라고 반문했다. 애플은 지난 3일 업체는 가맹점을 위한 iOS 앱을 업데이트했다. 스타벅스와 KFC, 칠스, 베스트바이도 모두 올해 내에 애플페이를 지원할 예정이다.

일단 애플페이가 점점 인기를 끌고 있기는 하지만 시작은 꽤 더딘 편이다. 특히 미국 내에서 그렇다. 서비스를 출시한 지 1년이 된 2015년 10월 기준 애플페이의 시장점유율은 전체 미국 내 상거래 건수의 1%에 그쳤다. 유통업계는 애플페이가 더 확산하지 못하는 이유로 소비자가 현재의 결제시스템에 만족하기 때문이라고 분석한다. 애플페이로 바꿨을 때 어떤 장점이 있는지 분명치 않다는 것이다. 아이폰 사용자가 이를 더 사용하도록 하는 애플의 활동이 미흡하다는 지적도 나왔다.

이런 가운데 애플은 애플페이를 영국, 중국, 캐나다, 호주 등으로 확대하며 세계시장 공략으로 전략을 수정했다. 스퀘어(Square)도 애플페이 리더기를 가맹점을 대상으로 보급하기 시작했다. 이제 중소기업도 애플페이와 NFC 기반 결제시스템을 모두 지원할 수 있게 됐다. 애플이 지난 몇달 만에 가맹점 200만 개를 돌파한 것은 이러한 전략이 유효했다.

애플은 현재도 여전히 가능한 한 많은 가맹점을 확보하는 데 주력하는 것으로 보인다. 소비자를 애플페이 구매자로 바꾸는 교육과 유인책을 사용하기 전 단계인 셈이다. 애플페이에 열광하는 사용자가 자신이 좋아하는 치킨집에서 애플페이를 쓰지 못한다고 실망하는 것을 외면하는 것도 바로 이 때문일 것이다.

4. 블루투스/비콘

1) 블루투스

블루투스

블루투스(Bluetooth)는 10m 안팎의 단거리에서 무선 네트워크를 연결하는 근거리무선통신(PAN) 기술이다. 블루투스는 1994년 스웨덴의 에릭슨사에서 휴대전화와 주변장치를 연결하는 무선 솔루션을 고안하기 위해 연구를 시작하였다. 이후 1998년 에릭슨을 주축으로 노키아, IBM, 도시바, 인텔 등의 IT기업을 중심으로 블루투스 SIG(Special Interest Group)가 구성되면서 발전하였다. 현재 블루투스는 스마트폰과 노트북을 중심으로 무선마우스, 무선키보드, 무선이어폰 등에 활용되면서 대중적인 네트워크 기술로 널리 활용되고 있다.

그림 11-13 블루투스를 활용한 무선키보드, 마우스, 헤드폰, 스피커[17]

자료: Beats bu Dr.dre, Logitech

블루투스의 장점

블루투스는 제품별로 장점이 다양하지만 선이 없어지면서 자유로움이 생기는 것이 가장 큰 장점이다. 전송속도는 Wi-Fi보다 느리지만 일반적인 데이터통신에는 충분한 속도를 갖고 있기 때문에 안정성을 기반으로 지속적인 통신이 필요한 서비스를 제공한다. 또한 저전력으로 사용이 가능하다는 점도 큰 장점이다. 4.0이라는 버전까지 발전하면서 24Mbps라는 무선통신속도를 보장하며, 스마트워치의 주 통신원으로 발전할 만큼 저전력을 자랑한다.

표 11-7 | 블루투스의 장점

구분	내용
편리성	• 전 방향으로 신호가 전송되므로 일정한 각도를 유지할 필요가 없음
활용성	• 여러 주파수에 걸쳐서 분할해 보낼 수 있음 • 전 세계가 일률적인 표준규격을 사용 • 장애물의 투과성이 높아 멀리 전파가능 • 자유로운 데이터 교환
확장성	• 위치기반서비스(LBS: Location Base Service)로 확장가능
저전력	• 100mW의 낮은 소비전력

자료: 두산백과, IT동아

2) 비콘

비콘

비콘(Beacon)은 블루투스 4.0 기반의 프로토콜을 사용하는 근거리무선통신(PAN) 기술로서 기존의 블루투스가 10m 내외의 전송거리를 갖는다면 비콘은 50~100m 범위까지 전송이 가능하다. 가용거리가 NFC, 블루투스 등의 다른 근거리 네트워크보다 길기 때문에 위치기반 서비스에 유리하며 온라인과 오프라인을 연결하는 O2O서비스에도 적합하다. 또한 저전력 블루투스의 발전 형태로 전력소모가 적으며 실내에서 효율성이 떨어지는 GPS의 단점을 보완할 수 있는 장점을 가지고 있다.

그림 11-14 여러 형태의 비콘[18]

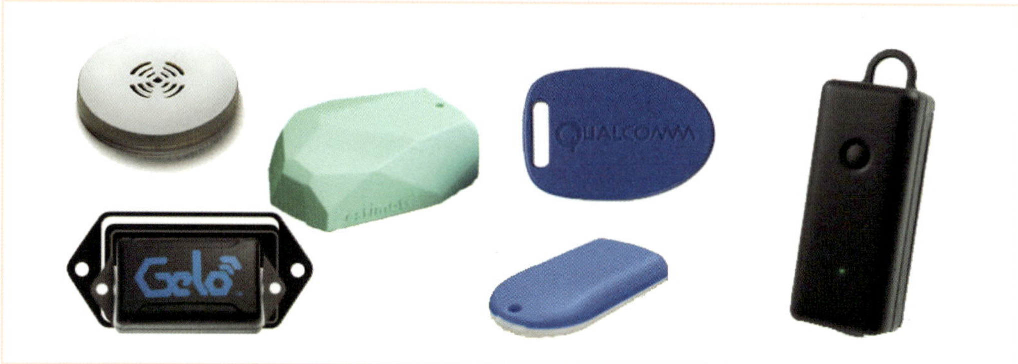

표 11-8 | Beacon의 장점

통신거리	• 최대 70m 이내의 장치들과 가능
정확성	• 5~10cm 단위의 식별이 가능할 정도로 높은 정확성
활용성	• 다양한 소프트웨어 응용기술 가능 • 컨버전스(convergence)에 용이
확장성	• 위치기반서비스(LBS)로 확장가능
저전력	• 동전모양 전자로 최대 2년 사용
능동성	• 마케팅 기술 적용에 용이

자료: 위키피디아, RIGHT BRAIN lab, LG CNS

비콘의 활용

비콘은 가용범위가 다른 근거리통신에 비해 넓기 때문에 이동성이 높은 관광산업의 활용도가 높다.

런던 히드로공항에서 버진항공사의 iBeacon 사용[19]

버진아틀란틱의 iBeacon

버진아틀란틱(Virgin Atlantic)은 항공사들 중에서도 혁신과 IT 선두주자로 널리 알려져 있다. 2014년 5월부터 런던의 히드로공항의 어퍼클래스윙(Upper Class Wing)에서 처음으로 iBeacon을 사용하기 시작했다. 버진항공사의 프리미엄 승객들은 체크인이 끝나면 아이폰을 통해서 맞춤형 오퍼를 받을 수가 있는데 수수료 없는 환전이나 기내 엔터테인먼트 스페셜 등을 미리 알림 서비스로 받는다.

니베아, 어린이 보호 & 관찰용 iBeacon 앱 사용

니베아의 iBeacon

글로벌 로션과 화장품 브랜드인 니베아(Nivea)는 StickNFind 애플리케이션을 출시해서 부모들이 해변가에서 아이들을 안전하게 볼 수 있도록 돕는 기능을 선보였다. 브라질의 Beja Rio잡지를 구독하는 사용자들은 내부 광고물을 통해 팝업 팔찌를 받았는데, 이 수중팔찌를 아이의 팔에 달고 니베아의 애플리케이션을 다운받아서 세이프존(안전한 구역)을 설정하면 아이가 그 구역을 벗어나는 순간 부모의 스마트폰에서 알람이 울리게 되어 있다.

미식축구리그 NFL의 iBeacon 활용[20]

NFL, MLB의 iBeacon 사용

미식축구리그 NFL은 타임스퀘어에서 '슈퍼볼 불로바드(Super Bowl Boulevard)' 행사를 진행할 때 아이비콘을 사용하였다. 메이저리그는 2014년 시즌부터 20곳 이상의 경기장에 아이비콘을 도입하여 LA다저스 구장, 뉴욕메츠 구장(Citi Field), 샌디에이고 파드레스 펫코(Petco) 파크 구장에 60여 개의 아이비콘을 설치하였다. 비콘 설치로 인해 메이저리그 애플리케이션인 'MLB.com at the ballpark'와 연동해서 사용할 수 있도록 하고 티켓을 구매하면 입장권과 함께 좌석위치를 지도에서 바로 확인할 수 있도록 하였다. 경기장에 들어가 물건을 구매하면 위치를 인식하여 구단 전용 매장이용 할인쿠폰을 제공한다.

BC카드와 롯데카드의 비콘서비스[21]

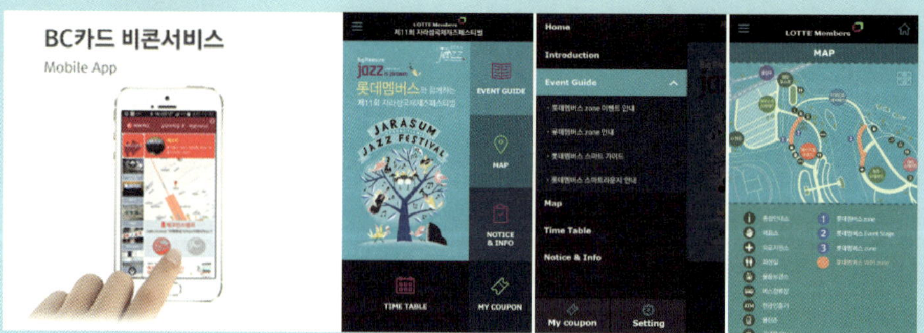

BC카드와 롯데카드의 Beacon서비스

BC카드는 2014년 11월 카드업계 최초로 한국을 방문하는 중국인 관광객을 대상으로 '비콘(Beacon)'서비스를 상용화하였다. 중국인 관광객 전용 앱에 비콘 기능을 탑재하고, 명동에 있는 유니온페이카드 VIP 라운지를 방문하면 한국 관광지 소개 및 유니온페이카드 이벤트 등에 대한 정보를 제공한다.

롯데카드는 롯데 멤버스를 대항으로 2014년 10월 3일부터 5일까지 비콘을 활용한 위치기반 모바일서비스를 자라섬 국제 재즈페스티벌에서 시범운영하였고 약 3만 명의 고객이 체험할 수 있도록 제공하였다.

학·습·내·용·정·리

1. 4차 산업이란 독일의 제조업 강화차원에서 시작되었고, 현재는 IT의 다양한 기술들을 활용하여 IoT, 인공지능, BIO 등을 활용하여 다양한 산업부문에 많은 영향을 가져다주고 있다. 특히 각 나라마다 4차 산업을 자국이 갖고 있는 경쟁력 있는 부문들을 중심으로 활용하고 있는 것을 볼 수 있다.

2. 증강현실(augmented reality)은 우리가 살고 있는 현실세계에서 가상의 3차원 화면을 겹쳐서 표현하는 기술을 말한다. 증강현실은 완전한 가상세계가 아닌 우리가 실제 살고 있는 현실에 가상의 세계가 혼합되기 때문에 이를 혼합현실(mixed reality)이라고도 한다.

3. 가상현실(virtual reality)이 주목받는 분야는 영화나 게임과 같은 영상과 관련된 분야에서 발전하고 있다. 가상의 공간에서 생생한 경험을 전달할 수 있는 것이 가상현실의 큰 장점이라 할 수 있다.

4. RFID(Radio Frequency IDentification)는 IC칩과 무선전파방식을 통해서 정보를 전달하는 기술을 말한다. RFID는 기존에 유통분야에서 가장 널리 사용되고 있던 바코드(barcode) 방식을 대체할 대표적인 기술로 주목받고 있다.

5. NFC(Near Field Communication)는 IC칩을 사용하는 RFID 방식의 일종으로 10cm 이내의 거리에서 전파를 이용해 정보를 전달하는 기술이다.

6. 블루투스(Bluetooth)는 10m 안팎의 단거리에서 무선 네트워크를 연결하는 근거리무선통신(PAN) 기술이다. 비콘(Beacon)은 블루투스 4.0 기반의 프로토콜을 사용하는 근거리무선통신(PAN) 기술로서 기존의 블루투스가 10m 내외의 전송거리를 갖는다면 비콘은 50~100m 범위의 전송이 가능하다.

학·습·문·제

01 4차 산업이 나온 배경에 대해 설명해보자.

02 4차 산업을 통해 제조업부문에 어떠한 변화를 가져다주었는지 설명해보자.

03 4차 산업이 지식부문에 어떠한 변화를 가져다주었는지 설명해보자.

04 4차 산업이 호텔 및 관광산업에 활용한 사례를 조사해 설명해보자.

05 증강현실과 가상현실의 차이점에 대해 설명해보자.

06 관광산업에서 증강현실의 사례를 조사해보자.

07 RFID의 장점과 단점을 설명해보자.

08 NFC 기술을 활용한 모바일 핀테크 기술의 특징에 대해 논의해보자.

09 관광산업에서 비콘(Beacon)의 발전방향에 대해 논의해보자.

■ 참고자료 ■

1) 양보라(2017), EMG 센서로 소비자 분석 … 공룡 여행사의 단칸방 혁신 센터, 중앙일보, 2017.4.29.

2) 오원석(2015), 서울 북촌길, IoT 활짝, Bloter, 2015.10.25.

3) LG CNS(http://www.lgcns.co.kr)

4) 4차 산업혁명과 Knowledge Service & Engineering R&D, 한국산업기술평과관리원

5) 류준영(2015), 웨어러블 기기 新 성공방정식 '한 듯 안한 듯', 머니투데이, 2015.11.17.

6) 윤상호(2010), 팅크웨어, 3D 내비 '아이나비 KE100' 선봬, 디지털데일리, 2010.3.18. http://www.piscomu.com/User_Smart/286898

7) 박지호(2014), 경복궁(고궁도 스마트하게 관람하자), 전자신문, 2014.2.12.
한아름(2014), 경복궁 앱 갖고 가면 경복궁이 다시 보인다!, 대한민국 정책기자단, 2014.2.25.

8) 윤경환(2015), 홀로그램의 진화 … 상상이 눈앞에 펼쳐지다, 서울경제, 2015.9.9.

9) 삼성뉴스룸(2016), 삼성전자, CES 2016에서 오감을 만족시키는 '기어 VR 4D 체험존' 운영, 2016.1.7.

10) 김희정(2016), 'VR 롤러코스터' 에버랜드에선 언제 타보지?, 머니투데이, 2016.4.5.

11) https://blog.beaconstac.com/2015/11/will-beacons-replace-rfid

12) https://www.infopoint-security.de/7-mythen-rund-um-mobile-nfc/a8399

13) 경기관광포털(http://.ggtour.or.kr) 도란도란 수원 e야기(수원시 공식블로그, http://blog.naver.com/suwonloves)

14) 문고운(2016), 카카오 · 애플 · 삼성 등 간편결제서비스 보안성 비교해보니, IPnomics, 2016.1.4.

15) 김용갑(2016), 중국인 관광객들, 국내서 '애플페이'로 간편쇼핑, 매일경제, 2016.4.4.
Applepay(https://www.apple.com/apple-pay)

16) Oscar Raymundo(2016), 애플페이 확산 '순항중' … 전 세계 가맹점 200만 개 돌파, CIO Korea, 2016.2.5.

17) Logitech(http://logitech.com)
강일용(2014), 비츠, 스튜디오 와이어리스 헤드폰과 필2.0 스피커 국내 출시, IT동아, 2014.7.21.

18) http://uxable.net/?p=3155

19) http://smartincome.tistory.com/179

20) 한국IDG 공식블로그(http://blog.naver.com/idg_korea)

21) 이현주(2014), BC카드, 업계 최초 '비콘' 서비스 상용화, 아시아경제, 2014.10.15.
롯데카드 공식블로그(http://blog.lottecard.co.kr)
Second Life Official Site(http://secondlife.com)
안드로이드(http://android.com)
보안연구부(2015), 주요 간편결제서비스의 보안성 비교 분석, 금융보안원, 2015(022).
한형상(2017), 4차 산업혁명과 Knowledge Service & Engineering R&D, 한국산업기술평가관리원

■ 찾아보기

| 저자소개 |

변정우_경희대학교 호텔관광대학 교수

경희대학교에서 공학박사학위를 받았으며, 대학 및 대학원에서 호텔경영정보, 관광정보 등 호텔 및 관광산업과 ICT가 연관된 강의와 연구를 주로 하였다.
관심 갖고 있는 분야는 서비스와 ICT 등 호텔 및 관광부문과의 융합·복합 등을 통한 새로운 비즈니스의 창출, 기존 비즈니스의 혁신 등이다. 경희대학교 호텔관광대학교 학장, 한국호텔경영학회 회장, 서비스사이언스학회 회장 등을 역임하였으며, 현재는 경희대학교 교수로 문화관광서비스포럼 책임대표를 맡고 있다.

정남호_경희대학교 호텔관광대학 교수

현재 경희대학교 호텔관광대학 교수로 재직 중이며 성균관대학교에서 경영학박사학위를 받았다. 소비자의 정보시스템 사용과 지식공유활동에 관한 연구와 강의를 해왔으며 최근에는 연구분야를 호텔 및 관광분야로 확장하여 스마트 관광과 관련된 다양한 연구와 과제를 수행 중이다. 한국경영정보학회에서 부회장을 역임하였으며 그간의 업적을 인정받아 경희대학교 명예의 전당에 이름을 올렸다.

관광과 ICT

2017년 10월 20일 1판 1쇄 인쇄
2017년 10월 25일 1판 1쇄 발행

저　　자 | 변정우 · 정남호
발 행 인 | 이수영
발 행 처 | 도서출판 청람
서울시 마포구 독막로 288(대흥동, 세양상가 109호)
전　　화 | 02)3272-2601~2
팩　　스 | 02)3272-2603
이 메 일 | crbooks@daum.net
홈페이지 | www.crbooks.co.kr
등　　록 | 2000년 8월 26일 제6-0509호

ISBN 978-89-5972-599-1 93320 [정가 25,000원]